Schandris berü

SEVERUS Verlag

ISBN: 978-3-95801-398-8
Druck: SEVERUS Verlag, 2016

Satz und Lektorat: Carolin Giesberg, Nathalie Strnad

Der SEVERUS Verlag ist ein Imprint der Diplomica Verlag GmbH.
Bibliografische Information der Deutschen Nationalbibliothek:
Die Deutsche Nationalbibliothek verzeichnet diese Publikation in der Deutschen National-
bibliografie; detaillierte bibliografische Daten sind im Internet über http://dnb.d-nb.de
abrufbar.

© SEVERUS Verlag, 2016
http://www.severus-verlag.de
Printed in Germany

Marie Schandri

Schandris berühmtes Regensburger Kochbuch

SEVERUS

Inhalt

Vorrede

Wiederholte Aufforderungen, namentlich von Seite einiger meiner früheren Schülerinnen, haben mich bestimmt, meine langjährigen Erfahrungen in der Kochkunst in dem hier vorliegenden Kochbuch niederzulegen.

Es war zunächst die bürgerliche Küche und zwar dieselbe sowohl bei Zubereitung einer gesunden, nahrhaften und unverkünstelten Hausmannskost, als auch dieselbe bei festlichen Gelegenheiten, die ich im Auge hatte.

Obwohl ich es mir angelegen sein ließ, in allen Rezepten genau und deutlich zu beschreiben, so mag es doch Vorkommen, dass man bei Benützung eines Rezeptes nicht recht mit sich einig ist, wie etwas gemacht wird; in solchem Falle lese man nur einige Rezepte derselben Abteilung nach und man wird sich leicht zurecht finden. Auch war ich stets bestrebt nicht nur die einfachste und beste, sondern auch die möglichst billige Art der Bereitung, wie sie mir vieljährige Praxis gelehrt, anzugeben.

Wie bei allem in der Welt so sind auch in der Kochkunst Erfahrung und Übung Hauptsachen; allein beide wird man sich leichter und schneller an der Hand eines guten und zuverlässigen Kochbuches aneignen, als ohne diese Beihilfe.

Indem ich für das Buch um eine freundliche Aufnahme bitte, hoffe und wünsche ich, dass es recht vielen Hausfrauen und Köchinnen Ratgeber und Führer sein möge.

Regensburg, im November 1866.

Die Verfasserin.

5

Einleitung

Für das Wohlbefinden einer jeden Familie ist die Zubereitung der Nahrungsmittel von größtem Einfluss. Es sollte deshalb jedes Mädchen, auch aus den höheren Ständen, schon bei Zeiten anfangen, sich mit der Kochkunst vertraut zu machen, um später als Hausfrau entweder selbst kochen oder doch im Verhinderungsfall der Köchin diese wenigstens auf kurze Zeit vertreten zu können. Jedenfalls sollte jede Hausfrau im Stande sein, die Küche überwachen und selbst anschaffen zu können, um nicht ganz von den Dienstboten abzuhängen. Dass junge, unerfahrene Hausfrauen die hierzu notwendigen Kenntnisse leichter und schneller durch die Beihilfe eines zuverlässigen Kochbuches, als durch Erfahrung allein erlangen, wird gewiss nicht in Abrede gestellt werden. Diese Hilfe jungen Anfängerinnen zu gewähren und ebenso Geübteren Gelegenheit zur Erweiterung ihrer Kenntnisse zu bieten, war das Bestreben der Herausgeberin dieses Kochbuches.

Bevor wir nun die einzelnen Kochrezepte folgen lassen, geben wir hier einige allgemeine Hauptregeln, die sich jede Köchin zur Richtschnur sein lassen darf.

Als das erste und wichtigste Erfordernis der Kochkunst muss die Reinlichkeit bezeichnet werden. Es wird deshalb gut sein, wenn die angehende Köchin schon von ihrem ersten Auftreten in der Küche an sich die größte Reinlichkeit angewöhnt. Hände und Kleidung der Köchin, sämtliches Küchengerät, Anrichten, Tische und Stühle, überhaupt die ganze Küche werde stets sauber und reinlich gehalten. Es ist dies eine goldene Regel, die den Köchinnen nicht genug eingeschärft werden kann. Ein weiteres Erfordernis zu einer guten Köchin ist die Sparsamkeit. Diese besteht nicht allein darin, dass die einzelnen Zutaten nicht in zu großer Menge verwendet werden, auch in der zweckmäßigen Benutzung von anscheinenden Kleinigkeiten lassen sich ersprießliche Resultate erzielen. So lässt sich z.B. durch zweckmäßige

Verwendung von Speiseresten, Abschöpffett (welches zu mancher Speise oft besser als Butter ist), usw. nicht unerheblich sparen. Die Sparsamkeit muss übrigens am rechten Orte und zu rechter Zeit angewendet werden, denn eine Zutat in zu geringem Maße verwendet, ist keine Sparsamkeit mehr, sondern es kann dadurch leicht die ganze Speise verdorben werden. Durch den Ankauf eines Artikels in größerer Quantität kann auch häufig gespart werden, allein solche Ankäufe sollten stets in richtiger Berücksichtigung des Bedarfes gemacht werden, damit nicht etwa durch zu langes Lagern der Vorrat verdirbt. Jedenfalls muss auf die Aufbewahrung der eingekauften Artikel gehörige Sorgfalt und Umsicht verwendet werden.

Sehr wesentlich ist es auch, dass die Speisen immer zu rechter Zeit aufs Feuer kommen, es ist hierüber mit Aufmerksamkeit zu wachen. Auch die Größe der Geschirre im Verhältnis der zu bereitenden Portion darf man nicht außer Acht lassen.

Ferner ist es ratsam sich daran zu gewöhnen, von einzelnen Zutaten, wie von Salz, Pfeffer, Essig, Zucker u. dgl. anfänglich nicht zu viel an die Speisen zu geben, denn nachträglich kann man in den meisten Fällen noch recht gut zugeben, während das Zuviel sich gewöhnlich nicht so leicht wieder verbessern lässt.

Eine Hauptregel ist es endlich, dass bevor man mit der Bereitung einer Speise beginnt, man die benötigten Ingredienzen, Geschirre etc., zur Stelle geschafft hat, nicht aber, dass man erst mit dem Herbeiholen beginnt, wenn man schon mit dem Kochen selbst beschäftigt ist. Um dies möglichst zu erleichtern, ist denjenigen Rezepten, zu welchen eine größere Anzahl von Ingredienzen gehört, die Angabe des „Bedarfs" besonders beigefügt. Es ist dies eine Einrichtung, die sich unseres Wissens noch in keinem Kochbuche vorfindet, die sich gewiss als höchst praktisch bewähren wird.

Vorbemerkungen

I. Über Maße und Gewichte

Die Maße und Gewichte in diesem Kochbuch sind die bayerischen, das Pfund zu zweiunddreißig Loth und die bayerische Maß gleich zwei Seidel.

Die Ausdrücke Quart und Schoppen, die in den Rezepten abwechselnd vorkommen, sind ganz gleichbedeutend, es ist darunter der vierte Teil einer bayerischen Maß verstanden, ein Quart ist gleich zwei gewöhnlichen Weingläsern, von denen sechs auf eine ordinäre Weinflasche gehen.

Das Verhältnis des bayerischen Maßes und Gewichtes zu dem der umliegenden Länder ist am besten aus nachstehender Zusammenstellung ersichtlich.

Es ist eine Maß bayerisch gleich:

In Baden und in der Schweiz: um ein halbes Weinglas weniger als zwei Drittel einer badischen oder Schweizer Maß.

In Frankreich: ein halbes Weinglas mehr als ein Litre.

In Hannover: ein halbes Weinglas weniger als eine halbe hannoversche Kanne.

In Hessen: um ein halbes Weinglas weniger als eine halbe hessische Maß.

In Österreich: um zwei Weingläser weniger als eine österreichische Maß.

In Preußen: fast dem preußischen Quart gleich.

In Sachsen: um ein Weinglas mehr als eine sächsische Kanne.

In Württemberg: um ein Weinglas weniger als eine halbe württembergische Maß.

Das Gewichtsverhältnis ist aus folgender Zusammenstellung leicht ersichtlich:

Ein Pfund bayerisch ist in Baden fast gleich einem Pfund vier Loth.

Ein Pfund bayerisch ist in Frankreich gleich fünfhundertundsechzig Grammen.

Ein Pfund bayerisch ist in Hessen gleich einem Pfund vier und ein Viertel Loth.

Ein Pfund bayerisch ist in Hannover gleich einem Pfund sechs Loth.

Ein Pfund bayerisch ist dem österreichischen ganz gleich.

Ein Pfund bayerisch ist in Preußen, Sachsen und Württemberg gleich einem Pfund sechs Loth.

Ein Pfund bayerisch ist in der Schweiz gleich einem Pfund vier Loth.

II. Erklärung einiger fremder und provinzieller Ausdrücke, die in diesem Buche vorkommen

Aspik. – Eine saure Sulze aus Kälberfüßen, Fleisch, Essig etc. bereitet. (Siehe Nr. 455.)

Aufziehen. – Etwas durch Hitze in die Höhe ziehen, bei Zubereitung von Mehlspeisen, namentlich bei Aufläufen gebräuchlich.

Anstauben. – Auf Fleisch, Gemüse etc. ein wenig Mehl streuen.

Almodegewürz. – Ein Regensburger Lokalausdruck für Piment. (Nelken- oder Jamaikapfeffer.)

Bavesen oder Pavesen. – Gefüllte Semmeln oder Milchbrote. (Siehe Nr. 226.)

Béchamel. – Ein Mus aus Butter, Milch und Mehl. (Siehe Nr. 232.)

Blanchieren. – (spr. blanschieren.) Fleisch, Geflügel oder Gemüse kurze Zeit in siedendem Wasser abkochen.

Boeuf à la mode. – Ein Stück Ochsenfleisch, welches in einer braunen Essigsauce gegeben wird. (Siehe Nr. 128.)

Bouillon. – Fleischbrühe. (Siehe Nr. 21.)

Bratreine. – Provinzieller Ausdruck für Bratpfanne.

Chaudeau. – (spr. Schodoh.) Eine Schaumsauce aus Wein, Eiern und Zucker. (Siehe Nr. 241.)

Consommé. – Kraftbrühe von Rind-, Kalbfleisch und Geflügel.

Creme. – Ein aus Rahm, Eiern, Zucker und Hausenblase oder Gelatine bereitetes Gericht.

Dressieren. – Überhaupt allem eine gefällige Form und Ansehen geben nennt man Dressieren, besonders beim Zubereiten von Fleisch und Geflügel gebräuchlich.

Einbrenn. – Gemisch aus Fett (meist Butter) und Mehl zum Binden von Saucen, je nach Bräunungsgrad wird die Sauce heller oder dunkler.

Farce (spr. Farss'). – Fein gehacktes oder gestoßenes Fleisch mit Speck, Butter, Brot u. dgl. vermischt.

Filet (spr. Fileh). – Man versteht darunter die innere Rückenmuskeln, den Lendenbraten beim Schlachtvieh oder Wildbret, auch bezeichnet man damit die großen, an beiden Seiten der Brust liegenden Muskeln beim Geflügel.

Flammieren. – Damit die feinen Härchen am gerupften Geflügel abgesengt werden, hält man es über hell aufloderndes Feuer. Es muss dies schnell unter fortwährendem Umwenden des Geflügels geschehen, da dasselbe sonst leicht anbrennt.

Fricandeau. – Gespickte Stücke Fleisch vom Schlegel.

Frikassieren. – Etwas mit Ei, welches mit Wasser oder Milch verrührt ist, verbinden.

Garnieren. – Die Speisen verzieren, belegen.

Gelatine. – Ist eine feine Gattung Leim, und wird wie dieser aus tierischen Substanzen, Sehnen, Muskeln, Knochen etc. bereitet und wird zu Creme, süßen Sulzen u. dgl. verwendet.

Gelee (sprich Scheleh.) – Süße Sulze.

Glace (spr. Glas). – Stark eingekochte Fleischbrühe.

Hachee (spr. Hascheh.) – Eine Speise von gekochtem, feingewiegtem oder gehacktem Fleisch.

Heschebetsch oder Hüffenmark. – Provinzielle Bezeichnungen für Hagebutten.

Kompott. Ein Gericht von frischen oder getrockneten, gekochten oder eingemachten Früchten.

Kotelett oder Karbonaden. – Gebratene Rippenstückchen.

Marinieren. – Fische, Fleisch oder Geflügel, in Essig, Öl, Zitronensaft mit starken Gewürzen legen und einige Zeit zugedeckt darin stehen lassen. (Vergl. Nr. 97.)

Marmelade. – Das mit Zucker eingekochte Mark von Früchten.

Passieren. – Durchseihen, durch ein Sieb streichen.

Rannen. – Rote Rüben.

Saucière. – Gefäß, in welchem mau die Sauce zu Tische gibt.

Tranchieren – Zerteilen, Zerlegen, Vorlegen.

Weinbeeren. – In Süddeutschland gebräuchlicher Ausdruck für Korinthen.

Zibeben. – In Süddeutschland gebräuchlicher Ausdruck für Rosinen.

III. Vom Tranchieren

Zum Tranchieren braucht man einen starken hölzernen Tranchierteller, ein scharfes dünnes Messer für Braten und ein anderes ebenfalls scharfes aber starkes Messer um Geflügel zu tranchieren. Ferner ist eine zweizinkige starke Tranchiergabel erforderlich. – Als allgemeine Regeln beim Tranchieren von Braten und Rindfleisch hat man zu beobachten, dass die Fleischfasern immer über quer durchschnitten werden müssen.

Die abgeschnittenen Stücke dürfen weder zerrissen noch zerfetzt sein, müssen ein zierliches, gleichmäßiges Aussehen haben, und dürfen weder zu groß noch zu klein sein. Beim Braten muss ein jedes mit ein wenig von der braunen Haut bedeckt sein.

Nachdem das Fleisch tranchiert ist, wird es zierlich auf die dazu bestimmte Platte gelegt. Vom Geflügel werden die Bruststücke oben auf gelegt.

Schnelles Tranchieren ist notwendig, damit die Stücke nicht kalt werden.

Was man zerschnitten hat, darf nie mit den Händen berührt, sondern muss immer mit der Gabel aufgefasst werden.

Kapaun: Man sticht die Gabel in die Mitte der Brust, schneidet dann den Hals mit dem Kopf ab, dann die beiden Oberschenkel, welche man wieder in zwei Teile abteilt. Hierauf schneidet man die Flügel, an welche man ein wenig vom Brustfleisch lässt, ab, worauf dann das Brustfleisch vom Gerippe abgeschnitten wird. Endlich löst man die beiden Brustbeinchen, welche sich in der Nähe des Halses befinden, aus, und haut das Geruppe der Länge nach durch. Den Rücken zerhaut man ebenfalls über die Quere in zwei bis drei Stücke. Bei feineren Diners gibt man das Geruppe, Kopf und Hals nicht zu Tische.

Indian (Truthahn): Wird gerade so wie der Kapaun tranchiert, nur werden aus dem Brustfleisch drei bis vier feine Stücke geschnitten.

Gans: Wird ebenfalls tranchiert wie der Kapaun, nur werden von der Brust sogenannte Pfaffenschnitze, aus je einem Stück zwei Stücke geschnitten und der Rücken vom Bürzel befreit, dann der Länge nach durchgehauen. Das übrige Geruppe wird nicht zu Tische gegeben.

Huhn: Dasselbe kann auf zwei verschiedene Arten tranchiert werden: Bei der ersten Art schneidet man den Kopf mit dem Halse ab, dann die beiden Schenkel, welche man wieder in zwei Stücke zerlegt, hierauf die beiden Flügel, an welche man ein wenig vom Brustfleisch lässt. Dann schneidet man die Brust samt dem Brustbein ab, zerschneidet dieselbe über die Quere in zwei Stücke. Das Geruppe wird der Länge nach durchschnitten und der Rücken der Länge nach in zwei Teile geteilt. Die andere Art das Huhn zu tranchieren ist folgende: man schneidet den Kopf mit dem Halse ab, halbiert das Huhn der Länge nach, schneidet an jeder Hälfte drei Stücke, nämlich den Schenkel, das Mittelstück und die Flügel.

Spanferkel: Unmittelbar hinter den Kopf steckt man die Gabel in den Hals, haut zuerst den Kopf ab und spaltet ihn der Länge nach, alsdann haut man ein zweifingerbreites Stück vom Halse (sog. Kränzchen) ab, dann schneidet man die beiden Vorderfüße ab, hierauf werden aus dem Rücken drei bis vier Stücke gehauen, zuletzt spaltet man die Hinterschenkel, die man wieder in zwei Teile auslöst. Legt das Fleisch zierlich auf eine Platte, der Kopf wird oben darauf gestellt.

Rehschlegel: Derselbe wird in drei Stücke vom Beine abgelöst, dann jedes über die Quere in gleiche dünne Stücke geschnitten. Oder man schneidet etwas schief, schöne dünne halbhandgroße Schnitze, ohne das Fleisch vom Beine abzulösen.

Rehziemer: Am Rückgrat macht man an beiden Seiten der Länge nach einen langen Schnitt, löst das Fleisch mit einem Messer sorgfältig ab, und schneidet es über die Quere in fingerlange Stücke und diese wieder der Länge nach in drei bis vier Stückchen. Das Gerippe wird dann umgewendet, das innere Fleisch, welches man Filet nennt, herausgeschnitten und auch in gleichmäßige dünne Stückchen zerteilt.

Hase: Der Rücken wird über die Quere in drei bis vier Stücke zerhauen, hierauf die Hinterfüße gespalten und jeder Schlegel in zwei bis drei Stücke geschnitten.

Fasan, Schnepfe, Rebhuhn, Haselhuhn werden wie gewöhnliche Hühner tranchiert, nur die Schlegel werden nicht mehr zerlegt.

Auerhahn und Birkhahn werden wie der Indian tranchiert.

Wachteln und Wacholderdrosseln werden ganz zu Tische gegeben nur die Krallen an den Füßen werden abgeschnitten.

Rindfleisch: Man schneidet dasselbe über die Quere in halbfingerdicke Scheiben, legt sie zierlich auf eine Platte, bestreut das Fleisch ein wenig mit Salz und gießt einen Löffel heiße Fleischbrühe darüber, damit das Fleisch saftig liegt.

Lendenbraten: Hiervon schneidet man über die Quere fingerdicke Stücke, legt das Fleisch in der Form, die das Bratenstück früher hatte, auf eine gewärmte Platte und gießt ein wenig Sauce darüber.

Kalbs- oder Hammelschlegel: Derselbe wird gerade wie der Rehschlegel tranchiert. Das Fleisch vom Hammelschlegel muss sogleich nachdem es tranchiert ist, auf eine gewärmte Platte gelegt werden, da es sehr schnell kalt wird. Alle Braten, wenn sie tranchiert sind, werden mit ihrem eigenen Saft ein wenig übergossen.

Nierenbraten: Zuerst schneidet man die Niere heraus, die man in dünne, runde Stückchen zerschneidet. Hierauf wird die lappige Haut, dann jede Rippe mit dem Rückgrat abgeschnitten. Auf jede Rippe wird ein Stückchen Niere gelegt. Das Rückgrat soll schon roh eingehauen werden, dadurch wird das Tranchieren sehr erleichtert. Statt die Niere in oben beschriebener Weise zu tranchieren, kann man dieselbe auch nicht vorher ablösen, sondern jede Rippe mit Niere so durchschneiden, dass etwas von der Niere an jedes Stück kommt.

Brustbraten: Die Kalbsbrust wird fast immer gefüllt. Dieselbe wird in fingerdicke Scheiben der Quere nach geschnitten so zwar, dass jedes Stück etwas von der Fülle erhält.

IV. Von den Gemüsen

Kartoffeln sind gut von Mitte Juli bis April, wenn sie einmal anfangen, stark auszuwachsen, sind sie unschmackhaft und der Gesundheit weniger zuträglich. Die mehligen Kartoffeln sind die besten, man erkennt sie an der rauen zersprungenen Schale. Zu Kartoffelsalat und Kartoffelgemüse sind die langen sogenannten Mäuse am geeignetsten.

Weiße Rüben sind im September am besten, doch bekommt man sie bis Februar, sie dürfen nicht zu groß sein, müssen eine zarte weiße Haut haben und süßlich schmecken. Die fein geschnittenen (dem Kraute ähnlich) nennt man Rübenkraut.

Bayerische Rüben sind im Monat November am wohlschmeckendsten, sie müssen klein und nur so dick wie ein Finger sein.

Dorschen (Steckrüben) bekommt man am besten von November bis Februar; sie dürfen nicht zu groß sein und müssen sich leicht schneiden lassen.

Kohlrabi ist am besten von Juli bis Oktober; die Köpfe dürfen nur die Größe eines mittelgroßen Apfels haben; das Grüne muss frisch und zart sein.

Schwarzwurzeln bekommt man am besten von November bis April; sie dürfen nicht dicker als ein Finger sein. Wenn man sie auseinanderbricht, müssen sie weiß sein und einen milchähnlichen Saft haben; wenn sie hohl sind, dann sind sie schlecht.

Wirsing: Die Köpfe desselben dürfen nicht zu groß und die Blätter müssen sehr schön grün und zart sein; der gelbe Wirsing kocht sich rauer. Der Gartenwirsing ist dem, welcher auf dem Felde wächst, vorzuziehen.

Weißes Kraut: Die Köpfe sollen nicht zu groß, aber sehr fest sein, und müssen eine hellgrüne Farbe haben.

Blaues Kraut: Die mittelgroßen, festen Köpfe mit zarten Rippen und von sehr dunkler Farbe sind am besten.

Kohl muss fein gekrauste Blätter haben; er ist im Winter, wenn er gefroren ist, am besten.

Blumenkohl muss eine große weiße feste Rose haben, darf nicht mit kleinen grünen Blättchen durchwachsen sein, fängt die Rose schon an, gelb zu werden, so ist er alt und hat weder einen guten Geschmack noch ein schönes Ansehen.

Rosenkohl: Der lange Stängel muss ganz dicht mit kleinen festen grünen Röschen bewachsen sein, dieselben dürfen keine gelben Blättchen haben, er ist von November bis Februar am besten.

Bohnen: Die jungen zarten, ohne starke Fäden, sogenannten Stangenbohnen sind von Juni bis September am besten.

Grüne Erbsen, frisch gepflückte, von hellgrüner Farbe und nicht zu groß, sind im Juli am besten.

Zuckererbsen sollen frisch gepflückt, nicht zu groß sein, eine hellgrüne Farbe haben und, wenn man sie durchbricht, noch keine starken Fäden haben, im Juni sind sie am besten.

Gelbe Rüben dürfen nicht zu groß sein und keine zu dunkle Farbe haben, dann sollen sie gerade gewachsen sein.

Rote Rüben dürfen nicht zu groß sein und müssen eine sehr dunkle Farbe haben.

Hopfen ist im April am besten; je dicker und weißer er ist, desto besser ist er, jedoch darf er nicht gar zu lang sein und das Köpfchen oben muss geschlossen sein, sonst ist er bereits ausgewachsen.

Spargel ist am besten von April bis Juni, er soll frisch gestochen und sehr dick sein. Der in Regensburg und Umgegend wachsende Spargel muss eine schöne grüne Farbe haben. Wenn der Spargel am Schnittende noch saftig und nicht trocken ist, ist er frisch gestochen.

Spinat ist am besten, wenn er kleine, gleichgroße hellgrüne Blättchen hat und frisch gepflückt ist. Der alte hat große, ungleiche Blätter und eine dunkelgrüne Farbe, er ist am besten von April bis Juli.

Gurken dürfen nicht zu groß sein und müssen eine schöne grüne Farbe ohne Flecken haben.

Sellerie: Mittelgroße schwere Köpfe, welche nicht viele Auswüchse haben, sind die besten.

Morcheln sind im April und Mai am besten. Die mittelgroßen sind den ganz großen vorzuziehen. Pilzlinge sind im Mai am besten, die kleinen sind den Großen vorzuziehen, da sie sich nicht so schleimig kochen, sie müssen eine schöne braune Farbe haben und dürfen nicht von den Würmern zerfressen sein, man sieht das leicht am Stamme, der alsdann kleine Löcher hat.

Getrocknete Früchte als Erbsen, Linsen und weiße Bohnen tut man gut, in der Nacht vor deren Verwendung in frisches Wasser zu legen; am andern Tage setzt man sie mit frischem kaltem Wasser zum Feuer.

V. Einiges über Geflügel, Wildbret und andere Fleischarten

Indian: Die jungen Tiere haben graue Krallen und rötlichen Kopf, die alten bläuliche Krallen und bläulichen Kopf.

Kapaun: Derselbe muss kleine stumpfe Sporne und zarte Krallen haben; er ist sehr fett am besten.

Junge Hühner sind am besten im Juni und Juli, sie sollten immer fett fein.

Alte Hühner sollen fett sein und keine Finnen (Ausschlag) haben. Sind dieselben über ein Jahr alt, verwendet man sie nur zu Suppe.

Gänse: Sie sollen kurze, zarte Füße haben, das Schlossbeinchen muss sich gut brechen lassen, die Haut muss zart und weiß sein. Wenn die Gans ein blaues Mahl auf der Brust hat, so ist das ein Zeichen, dass sie alt ist. (Es ist hier von geschlachteten und gerupften Gänsen die Rede.)

Tauben müssen feine flaumige Federn haben und fett sein. Im Sommer sind sie am besten.

Spanferkel sind am besten, wenn sie vier bis sechs Wochen alt sind, sehr weiße Haut und einen fetten Hals haben. Zum Braten nimmt man die Weibchen.

Rebhühner müssen gelbe, zarte Füßchen haben, die Alten haben graue Füße.

Rehwildbret ist am besten von September bis Februar. Dasselbe muss hellrotes zartes Fleisch und weißes Fett haben.

Hirschwildbret ist am besten von Juni bis September.

Schwarzwildbret ist am besten im November und Dezember. Die Schwarte soll zart und die Knochen fein sein.

Birkhahn ist am besten von März bis Mai, die Henne ist viel besser zum Braten als der Hahn.

Auerhahn ist ebenfalls von März bis Mai am besten, die Jungen haben ein weiches zartes Fleisch.

Hase soll nur halb ausgewachsen und fett sein, ferner müssen sich die Läufe leicht brechen lassen.

V. Von den Fischen

Schill: Derselbe ist ein sehr feiner Fisch, viel zarter und schmackhafter als der Hecht.

Huch: Sein Fleisch ist sehr weich und fein, derselbe gehört zu den feinen Fischgattungen.

Rutte: Je größer dieselbe ist, desto besser ist ihr Fleisch, sie ist ein sehr feiner Fisch und dem Aal vorzuziehen.

Forelle: Je größer sie ist, desto besser ist ihr Fleisch, nur wenn sie sogleich, nachdem man sie getötet hat, kocht, bekommt sie eine schöne blaue Farbe, auch das Fleisch ist dann am besten.

Hecht: Soll nicht schwerer als fünf bis sechs Pfund sein, nur dann ist er gut, da er ohnehin ein hartes Fleisch hat; er ist am besten von August bis März.

Karpfen: Von Flussfischen sind die sogenannten Spiegelkarpfen die besten, ihr Fleisch ist körnig und schmackhaft, vier bis fünf Pfund schwer sind sie am besten; der Milchner ist dem Rogner vorzuziehen. Weiherkarpfen haben gewöhnlich einen moosigen Geschmack.

Weißfische: Die großen Fische sind am besten, sie sind namentlich zur Bereitung von Fischpudding, Fischwürsten u. dgl. zu empfehlen; sie sind besser und billiger als jeder andere Fisch und haben ein sehr zartes schmackhaftes Fleisch.

Schellfische, Kabeljau: Da dieselben gewöhnlich lange auf dem Transport bleiben, werden sie vor der Versendung schon ausgenommen und eingesalzen. Von November bis März werden sie am besten verschickt. Dieselben müssen einige Stunden vor dem Kochen in frisches Wasser gelegt werden, damit sich das Salz etwas auszieht.

Bücklinge: Dieselben sind geräucherte Heringe und müssen vor dem Gebrauch in eine Mischung von Milch und Wasser gelegt werden, damit sie nicht zu scharf sind.

Heringe: Diese müssen glänzend weiße Schuppen und ein rosafarbiges Fleisch haben. Die aus Holland kommenden Heringe sind gewöhnlich die besten.

Krebse sind am besten von Monat Mai bis August.

Suppen

NB: Alle im vorliegenden Kochbuche enthaltenen Rezepte sind, wenn nicht ausdrücklich anders bemerkt ist, für sechs Personen berechnet.

1. Fleischbrühe

Ein Stück Rindfleisch wird geklopft, rein gewaschen, mit einem Stück Rindsleber, Herz, einem guten Rindsknochen, nebst etwas Salz zum Feuer gesetzt, und wenn es zu sieden anfängt, der Schaum abgenommen. (Auf ein Pfund Fleisch rechnet man eine Maß Wasser.) Hierauf gibt man ein Stück Sellerie, Porree, Petersilie, eine gelbe Rübe dazu und kocht die Fleischbrühe langsam, bis das Fleisch weich ist. Alsdann schöpft man das Fett ab, gießt die Suppe durch ein Sieb und lässt sie ruhig stehen. Will man die Suppe sehr gut haben, so siedet man vom Anfänge an eine alte Henne mit.

2. Schüh (Jus oder braune Suppe)

Der Boden eines Kasserols oder Tiegels wird mit fein geschnittenem Nierenfett oder in Ermanglung dessen mit Abschöpffett belegt, eine große Zwiebel, ein halbes Pfund Rindfleisch, ebenfalls fein geschnitten, sowie verschiedenes Wurzelwerk, als: Sellerie, gelbe Rüben etc., auch Abfälle von Geflügel können dazu genommen werden. Ist alles auf einander gelegt, so deckt man das Kasserol oder den Tiegel mit einem Deckel gut zu, rührt es öfters um, damit es nicht anbrennt. Ist alles schön braun, dann gießt man Fleischbrühe darauf und lässt es etwa zwei und eine halbe Stunde kochen, nimmt das Fett ab und schüttet die Brühe auf ein Haarsieb, dieselbe kann dann beliebig, sogleich gebraucht oder zu späterem Gebrauche aufgehoben werden.

3. Baumwollsuppe

Ein Stück Butter, hühnereigroß, lässt man in einem Tiegel oder Kasserol zerschleichen, rührt drei schwache Kochlöffel Mehl dazu, schlägt fünf bis sechs ganze Eier, eines nach dem andern, daran und verrührt dieses sehr gut. Dann wird es mit kochender Fleischbrühe aufgefüllt und so lange gerührt, bis es gerinnt, und hierauf sogleich zu Tische gebracht.

4. Einlaufsuppe

Vier Rührlöffel Mehl, drei Eier und ein Löffel Milch oder Wasser wird in einem Topf fein abgerührt und der Teig noch mit zwei Eiern verdünnt, dass er sich beim Einlaufen in kochendes Wasser langsam wie geschnittene Nudeln weiterspinnt. Nach dreimaligem Aufsieden wird immer eine Partie mit einem Schaumlöffel in eine Schüssel gefasst und so fortgefahren, bis der Teig zu Ende ist. Dünn wird er in kochende Fleischsuppe gehoben, wo er einmal aufsieden muss, ehe er angerichtet wird.

5. Zettelsuppe

Drei Rührlöffel feines Mehl werden mit drei Eiern glatt abgerührt, dann noch drei Eier zum Verdünnen langsam dazu gegeben, Fleischsuppe in einem breiten Tiegel siedend gemacht und der dünne Teig hoch aus einem Topfe während beständigem Umrühren in die Fleischbrühe laufen gelassen.

6. Nudelsuppe

Von zwei Eiern, Mehl und etwas Salz wird auf einem Nudelbrett ein fester Teig gemacht, fein geknetet, alsdann in drei bis vier Teile geteilt, kleine Laibchen daraus geformt und zu dünnen Flecken ausgewalkt, welche ein wenig getrocknet werden müssen. Ist dies geschehen, dann werden die Flecke zusammengerollt und feine Nudeln daraus geschnitten, Fleischbrühe siedend gemacht und die Nudeln hinein gekocht. Beim Einkochen muss so lange gerührt werden, bis die Suppe wieder zu sieden anfängt, da sonst die Nudeln zusammenkleben.

7. Fleckelsuppe

Ist derselbe Teig zu machen, wie bei der Nudelsuppe. Die ausgewalkten Flecke werden ebenfalls zusammengerollt, jedoch kleine fingerbreite Nudeln daraus geschnitten und diese noch vier bis fünfmal nach der Quere durchschnitten, so, dass sich viereckige Stückchen bilden, welche, auseinander geschüttelt, auch in siedende Fleischbrühe gekocht werden.

8. Geriebene Teigsuppe

Wird ebenso ein Teig von Mehl, Eiern und Salz gemacht, jedoch fester als der obige, so fest er sich kneten lässt, wird dann auf dem Reibeisen gerieben und eine Stunde ruhig liegen gelassen und getrocknet. Nachdem wird Fleischbrühe siedend gemacht und der geriebene Teig langsam und unter beständigem Rühren in der Suppe aufgekocht.

9. Geriebene Gerste, geröstet

Man lässt in einem Tiegel oder Kasserol ein Stück Rindschmalz heiß werden, gibt die Gerste, welche ganz nach Nr. 8. bereitet wird, hinein, und rührt sie beständig, bis sie schön gelb ist. Dann schlägt man zwei bis drei ganze Eier hinein, gießt siedende Suppe einen Löffel nach dem andern daran, verrührt es ganz fein, damit es keine Bätzchen (Knötchen) gibt, verdünnt sie nach Belieben und lässt sie gut auskochen.

10. Brotgerstensuppe

Für drei Kreuzer fein geriebene Bröseln von altem Milchbrot röste man in einem Stück Rindschmalz schön gelb, und lasse sie im Tiegel ein wenig erkalten. Dann schlage man unter beständigem Rühren drei bis vier ganze Eier, je eines nach dem andern daran, gieße siedende Fleischbrühe langsam hinzu, rühre es, bis es kocht, und gebe sie sogleich zu Tisch.

11. Makkaronisuppe

Die Makkaroninudeln oder Sternchen werden in siedendem Salzwasser abgekocht, hernach in einen Seiher geschüttet, mit kaltem Wasser abgeschwemmt, und alsdann die Makkaroni oder Sternchen in siedende Fleischbrühe oder Schüh eingekocht.

12. Suppe mit gebackenen Erbsen

Man lasse ein Quart Milch mit einem walnussgroßen Stück Schmalz in einem Kasserol siedend werden, gebe ein Schoppenglas voll Mehl hinein und rühre es auf dem Feuer so lange, bis es sich vom Kasserol ablöst. Dann falze man es, und rühre noch vom Feuer weg vier Eier, die zuvor in warmes Wasser gelegt werden müssen, je eines nach dem andern daran. (Man muss den Teig mit den ersten paar Eiern stark hin- und herdrücken, dass er sie annimmt, die beiden andern rühren sich leicht ein.) Hernach lasse man den Teig zugedeckt abstehen, bis er fast kalt ist. Dann setze man Schmalz aufs Feuer, und wenn dieses raucht, gebe man mit einem Kaffeelöffel, den man öfters in das Schmalz taucht, kleine, ungefähr erbsengroße Teilchen von dem Teige in das siedende Schmalz. Oder man kann auch den Teig durch einen großlöcherigen Seiher treiben, doch nicht zu viel auf einmal.

13. Suppe mit gewöhnlichen Semmelklößchen

Sechs Loth Butter oder Suppenfett werden schaumig abgerührt, sechs ganze Eier, eines nach dem andern daran gerührt, für drei Kreuzer altes Milchbrot zu Bröseln gerieben, so viel davon hinein gerührt, bis es so fest ist, dass sich leicht Klößchen daraus drehen lassen, etwas Salz, ein wenig Petersiliengrünes, eine halbe Zwiebel, ein Zitronenschälchen fein gewiegt und ebenfalls dazu gegeben, Fleischbrühe kochend gemacht und die Klößchen hineingelegt, und einmal umgewendet.

14. Suppe mit gebackenen Semmelklößchen

Der Teig wird ebenso bereitet, wie bei Nr. 13, nur zwei Löffel kalte Milch beigefügt. Dann wird Schmalz heiß gemacht, die Klößchen vorher alle gedreht, alsdann ins Schmalz gelegt und beständig mit dem Blechlöffel umgewendet, damit sie sich gleich backen. Sind sie hellgelb, werden sie herausgenommen, Fleischbrühe siedend gemacht, die gebackenen Klößchen eine Viertelstunde darin gekocht und dann angerichtet.

15. Suppe mit Brotklößchen und Krebsen

Die Masse wird bereitet, wie bei der vorhergehenden Nr. 14. Nur vor dem Zusammendrehen wiegt man von acht kleinen, gesottenen Krebsen die ausgelösten Schweifchen und Scheren fein, und rührt sie darunter. Dann werden sie ebenfalls in kochende Fleischbrühe gelegt und zehn Minuten gekocht.

16. Suppe mit Hühnerklößchen

Eine fein gewiegte Zwiebel und ein wenig fein gewiegte Petersilie werden in drei Loth Butter gedünstet, für einen Kreuzer in Milch eingeweichtes Milchbrot fest ausgedrückt und darin abgetrocknet. Von einer ganzen alten Henne das Fleisch von den Knochen abgelöst, mit einem viertel Pfund Nierenfett fein gehackt, dann das gedünstete Brot, das Fleisch mit einem viertel Pfund Butter, zwei Löffel Béchamel (Nr. 232) in einem Mörser ganz fein gestoßen. Zuletzt werden ein ganzes Ei und zwei Dotter darunter gerührt, kleine Klößchen gemacht und in siedender Fleischbrühe eingekocht.

17. Suppe mit abgetrockneten Brotknödeln

Für drei Kreuzer Milchbrot wird abgeschält, in vier Teile zerschnitten, und in kalter Milch eingeweicht. Nach einer Stunde wird das Brot recht fest ausgedrückt, in einem Tiegel mit vier Loth Butter auf der Platte so lange abgetrocknet (beständig gerührt), bis es ganz fein ist und sich zusammenballt, dann lässt man es in einer Schüssel erkalten. Alsdann schlage man drei ganze Eier, eines nach dem andern daran, salze es und verrühre den Teig recht gut. Hernach mache man Rindsschmalz in einer Pfanne siedend, lege mit einem Blechlöffel kleine Knödel ein, und wende sie mit demselben Löffel in der Pfanne beständig um, damit sie in der Farbe gleich werden und backe sie schön hellgelb. Man bringe sie sodann in einen Durchschlag, lasse sie auskühlen, und vor dem Anrichten gebe man siedende Fleischbrühe oder Schüh darüber.

18. Suppe mit Markklößchen

Für sechs Kreuzer Rindsmark wird eine Stunde eingewässert, damit es schön weiß wird. Dann wird es ganz fein geschnitten, in einem kleinen Tiegel zerschmolzen und durch ein Sieb in eine Schüssel gegossen. Nachdem es ein wenig erkaltet ist, wird es schaumig gerührt, vier ganze Eier, eines nach dem andern daran geschlagen, für vier Kreuzer Semmelbrösel gerieben und hinein gerührt, etwas Salz, eine kleine Zwiebel und etwas Petersilienkraut fein gewiegt, darunter gemischt und kleine Klößchen daraus geformt. Wenn die Fleischbrühe siedend ist, werden sie hineingelegt und darin eine viertel Stunde gesotten.

19. Suppe mit Griesknödel

Man nehme vier ganze Eier, zerklopfe sie stark, netze so viel Gries damit, dass es einen zähen Teig gibt, und lasse alles eine Stunde stehen. Dann rühre man drei Löffel Abschöpffett oder zwei Löffel Fett und ein Stückchen Butter gut schaumig, gebe den angefeuchteten Gries mit etwas Salz und Muskatnuss dazu, und drehe den leichten Teig mit einem Esslöffel in die siedende Suppe.

20. Suppe mit Leberknödel

Ein halbes Pfund Kalbsleber wird gewaschen, abgehäutet, ausgeschabt und mit einer kleinen Zwiebel und etwas Petersiliengrünem fein gewiegt. Dann treibe man in einer Schüssel ein viertel Pfund Butter oder Suppenfett schaumig ab, schlage vier ganze Eier, eines nach dem andern, unter beständigem Rühren daran. Hernach gebe man die fein gewiegte Leber, zwei Kaffeelöffel Salz und eine Prise Pfeffer hinein, reibe für drei Kreuzer altes Milchbrot zu Bröseln, gebe so viel daran, bis es ein Teig wird, woraus man Knödeln formen kann; dann werden sie in siedende Fleischbrühe eingekocht.

NB: Gut ist es, wenn man bei Knödeln immer ein Stück zur Probe in die Fleischbrühe legt, damit man sieht, wie sie werden. Sind sie zu fest, schlage man noch ein Ei daran, sind sie zu locker, nehme man noch mehr Brösel.

21. Suppe mit Leberspatzen

Ein halbes Pfund Kalbsleber wird mit einer kleinen Zwiebel fein gewiegt; dann treibe man in einer Schüssel ein viertel Pfund Butter oder Abschöpffett schaumig ab, schlage vier ganze Eier, eines nach dem andern daran, gebe in die fein gewiegte Leber zwei Löffel Mehl, zwei Kochlöffel Salz, eine Prise Pfeffer und ein wenig Muskatnuss hinein, reibe für drei Kreuzer altes Milchbrot zu Bröseln, gebe so viel davon daran, bis es leichter Knödelteig wird. Hernach wird Fleischbrühe siedend gemacht und der Teig durch einen Spatzenseiher getrieben. Ist ein Teil davon gesotten, werden die Spatzen mit einem Schaumlöffel herausgenommen und wieder neue hineingetrieben. Zuletzt werden alle Spatzen noch einmal ausgekocht und dann angerichtet.

22. Suppe mit kleinen Kartoffelknödeln

Ein viertel Pfund Butter, Abschöpffett oder Schmalz wird schaumig gerührt, vier bis fünf ganze Eier, eines nach dem andern, daran geschlagen, gut verrührt, drei viertel Pfund gesottene, alte, geriebene Kartoffel, eine Hand voll feine Brösel und, wenn man will, ein wenig klein gewiegten Schinken hinein gerührt. Dann drehe man kleine Klößchen (Knödel) daraus, lasse Fleischbrühe siedend werden, gebe die Knödel hinein, lasse sie zehn Minuten sieden und gebe sie dann sogleich zu Tische.

23. Suppe mit Schinkenklößen

Für drei Kreuzer Milchbrot oder Semmel wird in feine Schnitten geschnitten, eine Prise Salz, ungefähr ein viertel Pfund guter, gesottener Schinken fein gewiegt, drei ganze Eier mit einem halben Schoppen Milch gut abgeklopft, Schinken und Brot damit angefeuchtet und eine halbe Stunde zugedeckt stehen gelassen. Hernach wird noch einmal alles mit dem Kochlöffel durcheinander gerührt und wieder eine halbe Stunde stehen gelassen. Zuletzt werden wieder zwei verklopfte Eier darangegeben und mit zwei Esslöffeln Mehl durcheinander gerührt, kleine Klößchen daraus geformt und in siedender Fleischbrühe eine halbe Stunde gesotten.

24. Suppe mit Butternocken

Ein viertel Pfund Butter oder Suppenfett wird schaumig abgetrieben, vier ganze Eier, eines nach dem andern, daran gerührt, vier bis fünf Kochlöffel Mehl, ein wenig Salz gut darunter vermengt. Dann wird Fleischbrühe siedend gemacht, mit einem Esslöffel kleine Nocken eingelegt und einige Male aufgekocht.

25. Suppe mit Griesnocken

Wird derselbe Teig bereitet wie zu den Griesknödeln (Nr. 19), nur werden mit dem Löffel längliche Nocken in siedende Fleischbrühe gesetzt. Den Löffel taucht man jedoch jedes Mal in die kochende Suppe, damit sich der Teig besser vom Löffel ablöst und wendet die Nocken einmal um.

26. Suppe mit Hühnernocken

Eine alte Henne wird rein geputzt, das Fleisch von den Knochen abgelöst, gehackt und dann mit einem viertel Pfund Butter in einem Mörser feingestoßen.

Alsdann für zwei Kreuzer abgeschältes, in kalte Milch eingeweichtes und dann fest ausgedrücktes Milchbrot, vier Eidotter, etwas Salz, zwei Löffel Béchamel hinzugegeben, und ebenfalls noch fein gestoßen.

Letzteres wird bereitet, wie folgt: Butter, nussgroß, lässt man in einem Tiegel zerschleichen, gibt eine kleine Zwiebel mit einer Nelke besteckt hinein, alsdann wird ein Löffel Mehl hineingerührt und sogleich mit kochender Milch angegossen. Der Teig muss wie ein dickes Kindsmus sein. Hernach lässt man ihn gut auskochen. Dann passiert man alles durch ein Sieb, und legt mit einem Löffel Nocken in die kochende Fleischbrühe.

27. Spatzensuppe

Ein Viertel Maß Mehl und etwas kalte Milch wird zu einem dicken Teig mit etwas Salz gut abgerührt, dann drei ganze Eier, eines nach dem andern, darangegeben, bis der Teig sich durch einen großlöcherigen Spatzenseiher mit einem Blechlöffel oder einem kleinen Schäufelchen treiben lässt. Der Teig muss zähe sein und schnell ins siedende Wasser träufeln, damit die Spatzen nicht ungleich werden. Ist eine Partie gut und oft übersotten, dann nimmt man die Spatzen mit einem Schaumlöffel heraus und lässt sie in einem Seiher ablaufen, bis alles beisammen ist. Dann wirft man sie in kochende Fleischsuppe oder, wenn Fasttag ist, in ein anderes kochendes Salzwasser.

28. Hirnbavesensuppe

In einem Stückchen Butter (nussgroß) wird eine kleine, fein gewiegte Zwiebel sowie ein wenig Petersiliengrünes gedünstet, ein Kalbshirn in lauwarmes Wasser gelegt, abgehäutet, dann ebenfalls mitgedünstet, mit etwas Salz, einer Prise Pfeffer, etwas Muskatnuss gewürzt, beständig gerührt, nach acht Minuten zwei Eidotter gut mitverrührt, dann große Milchbrote in ganz dünne Scheiben geschnitten, das gedünstete Hirn auf eine Seite eingefüllt, eine leere Scheibe darauf gelegt und gut zugedrückt, in kalte Milch schnell eingetaucht und auf eine Platte gelegt. Alsdann ein Löffel Mehl mit einem Ei glatt eingerührt, noch drei ganze Eier daran geschlagen, nach einer Viertelstunde das Brot in die Eier eingetaucht, auf einer flachen Pfanne ein Stück Schmalz heiß gemacht und dieselben darauf schön hellgelb gebacken. Sind die Bavesen kalt, so werden sie in vier Teile zerschnitten, in die Suppenschüssel gelegt, siedende Fleischbrühe daran gegossen, ein wenig stehen gelassen, und dann zu Tische gebracht.

29. Verrührte Hirnsuppe

Zwei Kalbshirne werden eine Viertelstunde in lauwarmes Wasser gelegt, dann abgehäutet; eigroß Butter lässt man in einem Kasserol oder Tiegel zerschleichen, gibt das Hirn hinein, verrührt es gut und dünstet es flüchtig. Dann staube man zwei Löffel Mehl daran, verrühre es gut, verdünne es mit guter Fleischbrühe, gieße es durch ein Sieb in einen andern Tiegel und lasse es gut aufkochen. Vor dem Anrichten frikassiere man es mit zwei Eidottern und gebe gebähte Brotschnitten hinein.

30. Suppe mit Hirnpfänzlein

Ein viertel Pfund Butter oder Suppenfett wird schaumig abgerührt, ein und ein halbes Hirn in lauwarmes Wasser gelegt, abgehäutet, mit dem Fett gut verrührt, vier ganze Eier, eines nach dem andern, daran gerührt, drei abgeschälte Milchbrote in kalte Milch eingeweicht, gut ausgedrückt und auch daran gerührt, sowie Salz, ein wenig fein geriebene Muskatnuss, und, wenn man will, ein wenig Petersiliengrünes feingewiegt dazu gegeben. Alsdann wird eine Dunstform mit Butter oder Schmalz bestrichen, gut ausgebröselt, eingefüllt, im Dunste eine Stunde gesotten, oder die Form in eine Rain mit zwei fingerhoch Wasser in das Rohr gestellt und eine Stunde gebacken. Sollte das Wasser einkochen, so gießt man ein wenig nach. Ist es fertig, wird es auf ein Brett gestürzt, nachdem es ein wenig erkaltet ist, in Würfel geschnitten und siedende Fleischbrühe darüber gegeben.

31. Flädlesuppe

Eine halbe Maß Mehl wird mit kalter Milch zu einem dicken Teig abgerührt, vier bis fünf Eier, eines nach dem andern, daran geschlagen, gut verrührt, dann der Teig mit Milch noch flüssiger gemacht, Salz nach Belieben darangegeben. Indessen lässt man ein viertel Pfund Schmalz in einer Pfanne zerschleichen, gießt es in ein kleines Gefäß heraus und stellt es warm; etwas Schmalz lässt man in der Pfanne heiß werden, gießt ein wenig Teig hinein, und lässt ihn in der Pfanne herumlaufen, doch nicht zu viel Teig, damit die Flädlen nicht zu dick werden. Merkt man, dass es auf der einen Seite gelb ist, dann träufelt man oben ein wenig Schmalz darauf, wendet es um, und backt es auch auf der andern Seite, und so fährt man fort, bis der Teig zu Ende ist. Sind die Flädle erkaltet, so rollt man sie zusammen und schneidet feine Nudeln daraus und gießt alsdann siedende Fleischbrühe darüber.

32. Bisquitsuppe

Ein viertel Pfund Butter, besser Suppenfett, wird schaumig abgerührt, sechs Eidotter langsam, eine nach der andern, daran gerührt, dann sechs Esslöffel Mehl und ein wenig Salz hinein gegeben. Zuletzt wird von den sechs Eiweiß ein steifer Schnee geschlagen, und leicht darunter gehoben. Dann bestreiche man ein vier fingerhohes Geschirr mit Schmalz, gebe die Masse hinein und backe sie drei Viertelstunden lang schön gelb im Rohre.

33. Goldwürfelsuppe

Für drei Kreuzer Milchbrot wird in große Würfel geschnitten, drei Eier, drei Löffel Milch und eine Prise Salz verrührt, die Würfel damit eine halbe Stunde eingeweicht, wonach sie im heißen Schmalz schön gelb gebacken werden. Während des Backens müssen sie in der Pfanne mit einem Blechlöffel oder Kochlöffelstiel fleißig umgerührt werden, damit sie gleich werden. Hernach gibt man sie in einen Durchschlag. Beim Anrichten gießt man siedende Suppe darüber.

34. Reissuppe

Ein viertel Pfund Reis wird siedend gebrüht, dann kalt gewaschen, mit Suppe, Wasser und einem Stückchen Butter eine und eine halbe

Stunde gekocht. Man muss sorgfältig umrühren und gleich ziemlich viel Brühe daran gießen, damit die Körner ganz bleiben. Salz nach Belieben, und wenn man will, kann man auch ein Stückchen Sellerie mitkochen. Vor dem Anrichten kann man sie mit einem bis zwei Eidottern frikassieren, dann darf man aber keine Schüh dazu nehmen.

35. Reisschleim

Wird ebenso verfahren wie Nr. 34, nur wird der Reis dicker gekocht und ganz zerrührt. Ist er ganz weich, wird er durch ein Sieb getrieben und ebenfalls mit einem Ei frikassiert.

36. Reissuppe mit Huhn

Eine alte Henne und ein Pfund Rindfleisch, erstere, nachdem sie rein geputzt ist, werden mit Wasser, Salz, Petersilienwurzeln, einer gelben Rübe, etwas Sellerie und Petersilienkraut zum Feuer gesetzt und weich gekocht. Alsdann wird die Brühe abgegossen, und in dieser Reis nach Belieben gesotten. Ist der Reis weich, wird das Huhn in kleine Teile geschnitten, in die Suppe gelegt, ein wenig damit aufgekocht und dann angerichtet.

37. Braune Reissuppe

Weich gekochter Reis wird in eine Schüssel gebracht und mit brauner Fleischbrühe (Schüh) aufgefüllt.

38. Gelbe Rübensuppe mit Reis

Vier große gelbe Rüben werden in dünne runde Scheiben geschnitten, mit drei dünnen Scheiben rohem Schinken, einem Stück Butter und mit einem Löffel Suppe weich gedünstet. Alsdann gut verrührt und so viel Suppe nachgegossen, als für sechs Personen nötig ist. Nach diesem durchpassiert, vier Loth weich gedünsteten Reis in die Suppe gegeben, und so zu Tische gebracht.

39. Rollgerstensuppe

Feine Rollgerste wird gewaschen, mit Wasser und einem Stückchen Butter aufgekocht, dann Fleischbrühe nachgegossen, eine Viertelstunde vor dem Anrichten ein Kochlöffel Mehl mit etwas kaltem Wasser oder Milch zu einem Teig angerührt darangegeben und fertig gekocht.

40. Gerstenschleim

Wird wie Nr. 39 verfahren; nur das Ganze durch ein Sieb getrieben, damit die Körner zurück bleiben. Nach Belieben mit einer Eidotter frikassiert.

41. Grüne Kernsuppe

Grüne Kerne werden zuerst in Abschöpffett geröstet, dann mit Fleischbrühe langsam zwei bis drei Stunden gekocht, bis sie dick und schleimig sind; alsdann werden sie durch ein Sieb getrieben. Man kann in Schmalz gebackenes Brot oder gebähte Schnitten vor dem Anrichten hinein geben.

42. Sagosuppe

Fünf Loth Sago werden rein gewaschen und mit guter Fleischbrühe so lange gekocht, bis die Körner groß und glänzend sind. Vor dem Anrichten kann man sie mit zwei Eigelb und etwas kaltem Wasser verklopft frikassieren.

43. Braune Sagosuppe

Wird ebenso verfahren wie Nr. 42, nur nimmt man statt gewöhnlicher Fleischbrühe Schüh.

44. Suppe von Kartoffelsago

Werden ebenfalls fünf Loth Sago mit guter Fleischbrühe eine Stunde lang gekocht und dann verfahren wie Nr. 42.

45. Griessuppe

In siedender Fleischbrühe lässt man unter beständigem Rühren neun Esslöffel Gries einlaufen und denselben eine halbe Stunde kochen. Vor dem Anrichten verrühre man zwei Eidotter mit einem Löffel Wasser oder Milch in der Suppenschüssel und gieße die Suppe daran.

46. Wurzelsuppe

Zwei gelbe Rüben, vier Petersilienwurzeln, zwei Porree und ein Stück Sellerie werden geputzt, gewaschen, in Würfel, und ein Viertelkopf Weißkraut und Wirsing nudelförmig geschnitten. Dieses kommt zusammen in ein Kasserol, dazu eigroß Butter, zwei Löffel Suppe, und wird so weich gedünstet und mit dem Kochlöffelstiel fleißig umgerührt. Ist alles weich, gieße man Fleischbrühe daran, dass es schwimmt und lasse es noch eine Viertelstunde kochen. Wenn man will, kann man auch Schüh daran gießen. Gebe es mit gebähtem, länglich fein geschnittenem Brot, gebackenen Erbsen oder kleinen Klößchen zu Tische.

47. Endiviensuppe

Von zwei bis drei Stauden Endivie werden die gelben Blätter abgeputzt, rein gewaschen, in kochendem Salzwasser abblanchiert, dann abgeseiht, ausgedrückt und fein gewiegt, mit einem Stück Butter in einem Tiegel gedünstet, zwei Löffel Mehl angestaubt, gut verrührt, mit guter Fleischbrühe aufgefüllt, gut ausgekocht, mit zwei Eidotter frikassiert, über gebackenes oder gebähtes Brot angerichtet.

48. Kräutersuppe

Eine Hand voll Petersilie, ein wenig Sauerampfer und drei Händevoll Körbelkraut werden fein gewiegt, währenddessen ein Stückchen Butter mit etwas Mehl gelb geröstet, dann die Kräuter hinein gegeben und ziemlich lange darin gedünstet, mit guter Fleischbrühe langsam, einen Löffel nach dem andern, aufgefüllt, mit zwei Eidotter frikassiert und in Würfel geschnittenes oder in Schmalz gebackenes Brot hinein gegeben.

49. Kräutersuppe auf andere Art

Dieselben Kräuter wie Nr. 48 werden fein gewiegt, in einem Stück Butter oder Suppenfett gedünstet, mit zwei Löffel Mehl angestaubt, dann ebenfalls mit Fleischbrühe langsam aufgegossen. Man kann sie auch mit zwei Eidottern und etwas Wasser beim Anrichten frikassieren.

50. Gelbe Rübensuppe

Zwölf junge gelbe Rüben werden gewaschen, abgeschabt und in dünne Scheibchen geschnitten, zwei Löffel Butter oder Suppenfett heiß gemacht, und die Rüben mit einem Löffel Fleischbrühe darin gedünstet. Wenn sie weich sind, werden sie mit zwei Esslöffeln Mehl angestaubt und noch eine halbe Stunde gekocht, alsdann mit Fleischbrühe aufgefüllt, durch ein Sieb getrieben, und über gebähtes Brot angerichtet.

51. Selleriesuppe

Zwei große Sellerieköpfe werden rein gewaschen, abgeschält und in dünne Scheiben geschnitten und dann ebenso verfahren wie bei der Rübensuppe Nr. 50.

52. Pastinaksuppe

Wird ebenso verfahren wie Nr. 50.

53. Suppe von grünen Erbsen (Brockelerbsen)

Man nehme eine halbe Maß grüne Erbsen, wasche sie rein, bringe sie in einen Tiegel, worin ein Stück Butter zerschlichen ist, salze sie ein wenig und lasse sie so lange dünsten, bis sie ganz weich sind. Alsdann staube man zwei Rührlöffel Mehl daran, fülle sie langsam mit guter Fleischbrühe auf, treibe sie durch ein Sieb und lasse sie noch einmal aufkochen. Mit zwei Eidottern und etwas Wasser frikassiert, werden sie über gebähtes, in Scheiben geschnittenes Brot angerichtet.

54. Carfiolsuppe

Eine Rose Carfiol (Blumenkohl) wird in kleine Sträußchen zerteilt, rein gewaschen und in Salzwasser gesotten. Ein Stückchen Butter wird mit etwas Mehl gelb geröstet, mit Fleischbrühe und einem Löffel Carfiolwasser aufgegossen, gut ausgekocht, der Carfiol in eine Suppenschüssel gebracht und die Brühe darüber gegeben. Wenn man will, kann man auch kleine Semmelklößchen dazu legen.

55. Sauerampfersuppe

Zwei Handvoll Sauerampfer werden fein gewiegt und dann ebenfalls so verfahren wie mit der Kräutersuppe Nr. 48.

56. Spargelsuppe

Ungefähr zwanzig Stück dünne Spargel werden geputzt, soweit sie weich sind, in längliche Stücke geschnitten, gewaschen und in Salzwasser weich gekocht.

Währenddessen wird ein Stückchen Butter mit etwas Mehl gelb geröstet, mit Fleischbrühe aufgegossen, gut ausgekocht. Der Spargel mit gebähtem Brot in die Suppenschüssel gebracht und die Brühe darüber gegossen.

57. Spargelsuppe auf andere Art

Man putze und wasche zwanzig Stück dünnen Spargel rein, siede sie in kochendem Salzwasser ganz weich und gebe sie in einen Durchschlag zum Ablaufen. In einem Tiegel oder Kasserol lasse man ein Stück Butter oder Suppenfett zerschleichen, rühre drei Löffel Mehl hinein, lasse es ein wenig anlaufen, dann gebe man den Spargel hinein, verrühre ihn ganz fein, fülle es mit guter Fleischbrühe auf, lasse es aufkochen und gieße es dann durch ein Sieb. Zwölf in kleine Stückchen geschnittene Spargel werden in Salzwasser weich gekocht, in der Suppenschüssel zwei Eidotter mit einem Löffel Milch verrührt, die Suppe daran gegossen, die zwölf weich gekochten Spargel mit gebähtem oder gebackenem Brot hineingelegt und so zu Tische gegeben.

58. Spinatkrapfensuppe

Drei Handvoll junger Spinat wird gewaschen und fein gewiegt und dann in einem Stückchen Butter mit etwas fein geschnittener Zwiebel und etwas Salz ein wenig gedünstet. Währenddessen wird für einen halben Kreuzer Milchbrot fein geschnitten, in Schmalz geröstet, mit einer Tasse warmem Rahm übergossen und so eine Zeit lang stehen gelassen. Hernach werden zwei Stück magerer Schinken fein gewiegt, und Brot und Schinken unter den gedünsteten Spinat vermengt. Aus einem fein ausgewalkten Nudelteig (Nr. 6) werden viereckige Stücke geschnitten, am Rande mit Eiweiß bestrichen, ein Löffel Fülle hinein gegeben, zusammengeschlagen, fest zugedrückt und eine Viertelstunde auf dem Nudelbrette getrocknet. Indessen macht man Fleischbrühe siedend, legt die Kräpfchen sorgfältig hinein, und lässt sie eine Viertelstunde darin kochen.

59. Suppe von Allerlei

Gesottene Hühnerlebern und Hühnermägen, auch gesottener Kalbskopf, werden in längliche, schmale Stückchen geschnitten, sowie Eierkäs (Nr. 77) in Würfeln und gebackene kleine Erbsen dazu gegeben mit Schüh oder gewöhnlicher Fleischbrühe übergossen, angerichtet.

60. Schwarze Brotsuppe

Man nehme schwarzes und weißes Brot und verkoche es mit Fleischbrühe recht fein; dann treibe man es durch ein Sieb in einen Tiegel.
Vor dem Anrichten gebe man ein paar Löffel sauren Rahm daran und
frikassiere sie mit einer Eidotter.

61. Schwarze Brotsuppe auf andere Art

Man schneide das schwarze Brot in ganz feine Schnittchen, trockne
es ein wenig im Ofen, gebe es in die Suppenschüssel, gieße siedende
Suppe darüber, wenn man will, kann man auch kleine Bratwürstchen
oder Eier darein geben. Die Würstchen müssten dann eine Viertelstunde vor dem Anrichten in siedendem Wasser gekocht und die Eier
in siedende Fleischbrühe gelegt werden, damit sie anziehen, bevor
man sie zu Tische gibt.

62. Panadelsuppe

Milchbrot, klein geschnitten, wird mit Fleischbrühe zu Brei verkocht
und vor dem Anrichten mit einem Ei frikassiert.

63. Gebähte Schnittensuppe mit Eiern

Von Milchbrot oder Semmeln schneide man runde Schnitten, bähe
sie auf der Platte oder im Rohr schön gelb, gebe sie in die Suppenschüssel, gieße gewöhnliche Fleischbrühe oder Schüh darüber und
setze Eier hinein, auf je eine Person ein Ei. Die Eier müssen eine Viertelstunde vor dem Anrichten in die Suppe gesetzt werden, damit sie
anziehen.

64. Kartoffelsuppe

Sechs Kartoffeln vom vorigen Tage werden geschält und auf dem Reibeisen fein gerieben. Währenddessen lasse man hühnereigroß Butter
oder Abschöpffett in einem Tiegel zerschleichen, gebe zwei Löffel Mehl

daran, röste es hellgelb, gebe alsdann die geriebenen Kartoffeln hinein, dünste sie, bis sie sich vom Tiegel lösen und fülle sie unter beständigem Rühren langsam mit guter Fleischbrühe auf, gebe dann auch ein wenig feingewiegtes Petersiliengrünes daran. Die Suppe wird über in Schmalz gebackenes und in Würfel geschnittenes Brot angerichtet.

65. Kartoffelsuppe auf andere Art

Acht große rohe Kartoffeln werden abgeschält und in Salzwasser weich gekocht. Dann wird das Wasser abgeseiht, ein Stückchen Butter hinein gegeben, ganz fein verrührt, mit Fleischbrühe aufgefüllt, hernach durch ein Sieb oder einen Seiher gegossen, wonach man es aufkochen lässt. Vor dem Anrichten werden zwei Eidotter in der Suppenschüssel mit einem Löffel Milch oder Wasser verklopft und die Suppe damit frikassiert, das Brot in Würfel geschnitten und in Schmalz geröstet hineingegeben.

66. Linsensuppe

Eine halbe Maß braune Linsen werden gewaschen und mit Wasser und etwas Salz ans Feuer gesetzt, bis sie weich gekocht sind. Alsdann werden sie durch ein Sieb getrieben. Währenddessen lasse man ein Stück Butter oder Schmalz in einem Tiegel zerschleichen, gebe Mehl hinein, röste es gelb, und fülle es mit den durchgetriebenen Linsen langsam auf. Ist es zu dick, gebe man noch gute Fleischbrühe nach. Über in Würfel geschnittenes Milchbrot wird die Suppe angerichtet. Man kann auch gebratene Bratwürste in dünne Scheiben geschnitten hineingeben.

An Fasttagen nehme man Wasser statt Fleischbrühe.

67. Suppe von dürren Erbsen

Man nehme eine halbe Maß dürre Erbsen, koche sie in Wasser oder Fleischbrühe mit etwas Salz weich, alsdann treibe man sie durch ein Sieb, mache ein hellgelbes Einbrenn von Suppenfett oder Butter, gieße es mit den durchgetriebenen Erbsen an, sollte es zu dick sein, gebe man noch Fleischbrühe nach, und lasse es gut aufkochen. Man kann in

Schmalz gebackenes Brot, gebackene Erbsen von Brandteig (Nr. 486) oder in Wasser abgekochte, geschnittene Nudel hineingeben.

68. Suppe von dürren Bohnen

Eine halbe Maß dürre Bohnen werden gewaschen und mit Wasser und etwas Salz ans Feuer gesetzt und zu einem Brei verkocht. Alsdann lasse man in einem Tiegel ein Stück Butter oder Abschöpffett zerschleichen, röste Mehl hellgelb darin, treibe die Bohnen mit etwas Suppe durch ein Sieb, gieße das Einbrenn damit an, verdünne es nach Belieben und lasse es noch gut aufkochen. Hierauf gieße man sie durch ein Sieb über gebähtes oder in Schmalz gebackenes Brot.

69. Krebssuppe

Zwölf Stück schöne Krebse werden gewaschen, in kochendes Salzwasser geworfen und eine Viertelstunde gekocht. Alsdann werden die Schweife ausgelöst und eigens aufbewahrt. Nun wird das Innere des Krebses herausgenommen, nachdem es vom Schmutze gereinigt ist, wird es samt den Scheren in einem Mörser fein gestoßen. Indessen lasse man sechs Loth Butter zerschleichen, gebe die gestoßenen Krebse hinein und lasse sie dann unter öfterem Umrühren eine halbe Stunde lang rösten, fülle sie mit guter Fleischbrühe auf, lasse sie wieder eine halbe Stunde kochen, gieße sie dann durch ein Sieb in einen Topf und lasse sie ruhig stehen, damit, was unrein ist, sich zu Boden setzt. Die Krebsbutter nehme man oben langsam mit einem Löffel herunter und bewahre sie eigens auf. Dann gebe man ein Stück Butter in einen Tiegel, röste Mehl darin hellgelb, gieße es mit dem Absud der Krebse an und lasse es gut aufkochen. Hernach bähe man für zwei Kreuzer Milchbrot, gieße die Suppe darüber, gebe die Krebsschwänzchen hinein und zuletzt gieße man die Butter oben darauf.

70. Krebssuppe auf andere Art

Die Krebse werden ebenfalls gewaschen, in kochendem Salzwasser eine Viertelstunde gesotten, dann die Schweife ausgelöst und aufbewahrt.

Für drei Kreuzer Milchbrot wird in Scheiben geschnitten, ein Stück Schmalz auf der Omelettepfanne heiß gemacht, das Brot mit zwei ganzen Eiern schön gelb gebacken, und mit den Krebsen und einem viertel Pfund Butter im Mörser gestoßen. Alsdann kommt es in einen Tiegel oder in ein Kasserol und wird geröstet, dann staube man es mit einem Kochlöffel Mehl an, fülle es mit Fleischbrühe auf und lasse es gut aufkochen. Hernach gieße man es durch ein Sieb, lasse es langsam kochen, bis sich die Butter oben zeigt, schöpfe sie herunter und bewahre sie bis zum Anrichten auf. Man kann gebackene Erbsen, kleine Klößchen, klein geschnittenes Fleisch, gebackenes oder gebähtes Brot hineingeben.

71. Hasensuppe

Abfälle von einem gebratenen Hasen werden in einem Mörser fein gestoßen, darauf in einem Tiegel, worin man ein Stück Butter hat zerschleichen lassen, mit gewiegter Petersilie, Zwiebel, Zitronenschale und einem Löffel roten Wein gedünstet, mit zwei Kochlöffel Mehl angestaubt, mit kochender Fleischbrühe aufgefüllt, gut ausgekocht, dann durch ein Sieb gegossen und gebähtes Brot hineingegeben.

72. Schneckensuppe

Es werden achtzehn Stück Schnecken in siedendem Salzwasser gekocht, dann aus ihren Häusern genommen, die Schweife beseitiget, und das übrige fein gewiegt, in vier Loth Butter mit etwas fein gewiegter Petersilie eine Viertelstunde geröstet, dann mit zwei Löffel Mehl angestaubt, mit kochender Fleischbrühe aufgefüllt, ausgekocht, mit zwei Eiern frikassiert, und über gebähtes Brot angerichtet.

73. Vogelsuppe

Sechs Wachholderdrosseln werden rein geputzt, gesalzen, in einem Tiegel oder Kasseroll in Butter oder Abschöpffett gebraten, bis sie schön gelb sind und das Fleisch weich ist. Dann nimmt man sie heraus, löst die Brust aus, nimmt den Magen heraus und stößt das Übrige fein zusammen. Hat man Überreste von Hühnerlebern, oder

Abfälle von Wildbret, so kann man sie auch mitstoßen, auch einige gebackene Brotschnitten. Dann röste man es in einem Stück Butter oder Abschöpffett, staube es mit zwei Kochlöffel Mehl an, verrühre es gut, fülle es mit Fleischbrühe, besser Schüh, auf, und lasse es gut aufkochen. Dann passiere man es durch ein Sieb, schneide die Brüste in längliche Stückchen, lege sie in die Suppe, und lasse es noch aufkochen. Wenn man will, kann man kleine Brotklößchen oder gebackene Brotschnitten hineingeben.

74. Falsche Schildkrötensuppe

Ein Stück Butter wird mit einem Kochlöffel Mehl gelb geröstet, mit einer Maß ganz kräftiger Schüh langsam aufgefüllt und gut verrührt. Dann gebe man drei Nelken, drei Pfefferkörner und drei Almodekörner (Piment) in die Suppe und lasse es gut kochen. Man macht kleine Brotklößchen und kocht sie in siedender Fleischbrühe. Ein gebratener Kalbskopf in Würfel geschnitten, sowie Hühnerleber, Magen, Hühnerfleisch, Bratwürstchen in der Mitte abgedreht, gesotten, dann abgeschnitten, alles in einer eigenen Suppe gekocht, dann in eine Suppenschüssel gegeben, die Schüh mit dem Gewürz durch ein Sieb darüber gegossen. Sollte es zu wenig sein, kann man noch Fleischbrühe nach Belieben daran gießen. Vor dem Anrichten wird ein Glas Madera hinein gegossen.

75. Lebersuppe

Ein halbes Pfund Leber wird gewaschen, abgehäutet, in längliche, dünne Schnitten geschnitten, gesalzen und gepfeffert, nachdem es auf der Pfanne in Schmalz gebacken, wird es in einem Mörser gestoßen. Alsdann in einen Tiegel mit etwas Butter, gewiegte Petersilie und Zwiebel gegeben, gedünstet, mit zwei Kochlöffel Mehl angestaubt, mit siedender Suppe aufgefüllt und gut ausgekocht, alsdann durch ein Sieb gegossen. Beim Anrichten frikassiere man sie mit zwei Eidotter. Man gibt gebähtes oder in Schmalz gebackenes Brot hinein.

76. Milzsuppe

Ein ganzes Kalbsmilz wird gewaschen, rein ausgeschabt, in einem Stückchen Butter oder Suppenfett gedünstet, mit zwei Löffel Mehl angestaubt, mit guter Fleischbrühe verdünnt, noch einmal aufgekocht, durch ein Sieb gegossen, mit zwei Eiern frikassiert und über gebackenes oder gebähtes Brot gegossen.

77. Suppe mit Eierkäs

Sechs ganze Eier werden mit einem Schoppen kalter Milch in einem Hafen tüchtig abgeschlagen, dann derselbe in ein nicht zu heißes Wasser gestellt, bis es eine feste Masse wird. Gleich vor dem Anrichten wird er mit einem Löffel in kleine Stückchen ausgestochen und in die Suppe gelegt. Am besten dazu ist Schüh-Suppe.

78. Dreifarbige Nockerlsuppe, weiße, rote und grüne

Man koche in siedender Fleischbrühe wie Nr. 24 weiße Nockerln. Dieselbe Behandlung erhalten die roten. Anstatt dem gewöhnlichen Fett nehme man von kalter, roter Krebsbutter, und zu den grünen gebe man sehr fein gewiegten Spinat, Petersilie und ein wenig feine grüne Zwiebelröhrchen, damit es grün färbt, hinein.

Suppen an Fasttagen

(Siehe auch Nr. 27, 66, 67.)

79. Einbrennsuppe

Vier Loth Rindschmalz lasse man in einem Tiegel heiß, werden, gebe Mehl hinein, und lasse es mit etwas Salz schön braun rösten. Wenn es braun ist, kann man eine Prise Kümmel hineinwerfen, und einige Minuten mitrösten. Dann füllt man sie mit kochendem Wasser auf. Beim Anrichten gießt man sie über in Würfel geschnittenes, weißes Brot, auch kann man sie mit zwei Eidotter frikassieren oder ganze Eier, auf je eine Person ein Ei, in die Suppe geben. Vor dem Anrichten lässt man sie ein wenig anziehen.

80. Wassersuppe von weißem Brot

Für drei Kreuzer fein aufgeschnittenes Milchbrot oder Semmel werden in Wasser mit etwas Salz verkocht, zu einem dünnen Brei verrührt, zuletzt mit in Butter gelb gerösteten, fein geschnittenen Zwiebeln aufgeschmalzen.

81. Krebssuppe mit Milch

Zwölf schöne Krebse werden gesotten, das Mittlere herausgenommen, vom Schmutze befreit, die Schwänzchen eigens ausgelöst und aufbewahrt. Dann werden die Krebse in einem Mörser fein zerstoßen. Nach diesem lässt man ein Stück Butter in einem Tiegel zerschleichen, und dünstet die gestoßenen Krebse darin, bis die Butter rot ist. Hernach werden sie mit siedendem Wasser aufgefüllt, eine halbe Stunde gekocht, dann abgegossen, die Butter heruntergenommen und aufbewahrt. Währenddessen lasse man Rahm kochend werden, gebe Zucker und Zimt daran, gebe die Krebsbutter oben darauf, und

44

gieße das Ganze über gebähtes Milchbrot. Zuletzt lege man die Krebs-schwänzchen in die Suppe.

82. Milchsuppe mit Reis

Zwei Loth Reis wird gebrüht, kalt gewaschen, dann in siedende Milch eingekocht, verdünnt und angerichtet.

83. Milchsuppe mit Griesmehl

Eine halbe Maß Rahm oder Milch mache man kochend, lasse eine obere Kaffeetasse Griesmehl in dieselbe laufen, koche sie eine halbe Stunde zu einer dünnen Suppe, und richte sie dann an. Man kann sie entweder salzen oder mit Zucker und Zimt bestreuen.

84. Milchsuppe

Man mache anderthalb Maß Rahm oder Milch kochend und kann, wenn man will, ein Zimt- oder Vanillestängelchen darin sieden, gieße dann die kochende Milch über im Ofen gebähtes Brot.

85. Andere Art Milchsuppe

Für zwei Kreuzer Milchbrot zerschneide man in feine Schnitten, zer-koche sie ganz fein mit Milch oder Rahm zu einem dünnen Brei, dann kann man sie beim Anrichten mit Zucker oder Salz würzen, und mit zwei Eiern frikassieren.

86. Schokoladensuppe

Man koche in anderthalb Maß Milch drei Täfelchen fein geriebene Schokolade und Zucker nach Belieben, nach mehrmaligem Aufsieden gieße man sie über gebähtes Brot. Wenn man will, kann man sie auch mit zwei Eidotter frikassieren.

87. Falsche Schokoladensuppe

Ein Stück Butter lässt man zerschleichen, röstet mit einem Stückchen Zucker Mehl darin braun, dann gießt man es unter beständigem Rühren mit kochender Milch auf und lässt sie auskochen. Man gibt gebähtes Brot hinein, Zucker nach Belieben.

88. Weinsuppe

Anderthalb Maß Wein mit Zucker und einer Zitronenschale wird kochend gemacht, dann an acht bis zehn Eidottern, die gut verrührt sind, gegossen, und über gebähtes Brot angerichtet.

89. Holdersuppe

Eine Maß abgestreifte, rein gewaschene Holderbeeren werden mit einer und einer halben Maß Wasser, einem Stück Zucker und einem Zimtrindchen ans Feuer gesetzt und eine Stunde während öfterem Umrühren ganz verkocht. Dann werden zwei Löffel Mehl mit etwas Wasser zu einem Teig angerührt, darangegeben, mit Milch verdünnt, durch ein Sieb passiert und über gebähtes Brot angerichtet.

90. Biersuppe

Anderthalb Maß braunes Bier nebst einem Stück Zucker mache man kochend und schäume es gut ab. Dann schlage man sechs bis acht Eidotter, Zucker nach Belieben, in einem Topfe gut ab und gieße das siedende Bier unter beständigem Rühren daran, zuletzt sechs Löffel Milch.
Über gebähtem Brot wird es angerichtet.

91. Biersuppe auf andere Art

Ein Stück Butter lässt man in einem Tiegel oder Kasserol zerschleichen, gibt Mehl hinein, röstet es gelb, gießt es mit siedendem Bier an und lässt es einmal aufkochen. Dann verrührt man Eidotter in einem

Topf mit etwas gestoßenem Zucker und gießt das kochende Bier darüber. Man gibt in Würfel geschnittenes Brot hinein.

92. Geröstete Griessuppe

Man röstet Gries in einem Stückchen Schmalz oder Butter gelb, füllt ihn mit kochendem Wasser unter beständigem Rühren auf und lässt ihn aufkochen. Vor dem Anrichten frikassiert man die Suppe mit Eidottern, dann gibt man gebähtes Brot hinein.

93. Froschsuppe

Die Froschschenkel werden gesalzen, in Ei und Brösel umgewendet, dann auf einer flachen Pfanne schön gelb gebacken, in einem Mörser gestoßen, mit einem Stückchen Butter in einem Tiegel ein wenig gedünstet, mit kochendem Wasser (besser Erbsenbrühe) aufgefüllt und gut ausgekocht. Dann durch ein Sieb gegossen, mit Eidottern frikassiert und mit gebähtem Brot zu Tisch gegeben.

94. Rogensuppe

Ein Stück Butter lässt man in einem Tiegel zerschleichen, rührt Mehl, soviel es annimmt, hinein, und lässt es gelb werden. Einen Rogen siedet man in Essig und Wasser mit Zwiebel, Lorbeerblatt, Pfefferkörnern, füllt das Einbrenn mit dem Essig durch ein Sieb auf, gießt noch etwas heißes Wasser oder Erbsenabsud daran, Salz nach Belieben, und lässt es auskochen. Dann legt man den Rogen, welcher in Stückchen geschnitten sein muss, hinein. Man kann auch den rohen Rogen im Einbrenn dünsten und dann mit Erbsenabsud auffüllen. Man gibt gebähtes Brot hinein. Wenn man will, kann man sie auch mit etwas Essig säuern.

95. Schneckensuppe an Fasttagen

Wird ebenso wie Nr. 72 bereitet, nur anstatt Fleischbrühe, Erbsenabsud oder Wasser genommen.

Verschiedene Gerichte nach der Suppe

96. Heringe

Dieselben werden eine halbe Stunde in einer Mischung von Milch und Wasser (zu gleichen Teilen) eingeweicht; hat man hierzu nicht Zeit, so wäscht man sie bloß in Milch und Wasser, klopft sie, zieht die Haut ab und spaltet sie in der Mitte, befreit sie von sämtlichen Gräten, schneidet sie in einige Stücke und richtet sie wieder wie den ganzen Hering auf ein Plättchen an, den Rogen oder Milchner in die Mitte, den Kopf oben darauf.

97. Marinierte Heringe

Die Heringe werden zwei Tage in frisches Wasser gelegt, am dritten Tag wird Essig, eine Zwiebel in Scheiben geschnitten, zwei Nelken, Pfefferkörner und eine Zitronenschale gesotten (ohne Zugabe von Salz). Nachdem der Essig kalt geworden, gießt man ihn über die Heringe. Nach zwei Tagen eignen sie sich zum Essen. Es wird ihnen dann die Haut abgezogen, der Grat ausgelöst, auf ein Plättchen der Länge nach gelegt und obenauf der Heringskopf. Mit Zwiebelscheiben aus dem Essig, worin sie gelegen und drei Zitronenscheiben wird das Ganze garniert.

98. Sardellen

Die Sardellen werden in kaltem Wasser rein gewaschen, in der Mitte auseinandergenommen, vom Grat und allem Unreinen befreit, der Länge nach auf ein Plättchen gelegt, mit hart gekochten gehackten Eiern garniert und sodann serviert.

99. Sardellen mit Glace

Nachdem die Sardellen rein gewaschen und ausgegrätet sind, werden sie auf ein Plättchen geschlichtet, fingerdick mit zerschlichenem Glace übergossen, dann an einen kühlen Ort gestellt, damit es sich sulzt.

100. Brötchen mit Sardellenbutter

Neugebackene Milchbrote werden in fingerdicke, runde Scheiben geschnitten, mit Sardellenbutter bestrichen und auf einem Plättchen serviert.

101. Sardellenbrot

Neugebackene Milchbrote werden in fingerdicke Scheiben geschnitten, mit frischer Butter bestrichen, gesalzen und mit länglich geschnittenen Sardellen gitterförmig geziert. Man kann auch einige Kapern zwischen die Gitter legen, oder gehackte Eier, sowie selbe mit Aspik (Nr. 455) zieren.

102. Sardinen

Dieselben werden samt dem Öl auf ein Plättchen gelegt und mit Petersiliengrün außen herum verziert auf den Tisch gebracht.

103. Lachs

Man schneidet vom Lachs, welcher im Juni am besten ist, ganz dünne Stückchen, legt sie auf ein Plättchen und garniert sie mit Petersiliengrün. Es wird frische Butter dazu gegeben.

104. Kaviar mit gebackenem Brot

Längliches neugebackenes Milchbrot wird in ganz dünne Scheiben geschnitten, auf der Pfanne in heißem Schmalz schön hellgelb gebacken und Kaviar hierzu serviert, und einige Zitronenschnitze beigelegt.

105. Austern

Man öffnet behutsam die Schalen, damit kein Saft herausläuft, schlichtet die Austern auf eine Platte und serviert sie so. Es werden hierzu Zitronen gegeben, welche in sechs Teile zerschnitten sind.

106. Salami

Es wird die feine Haut abgezogen, die Salami in dünne runde Scheiben geschnitten und auf einem Plättchen nacheinander gelegt. Man serviert hierzu frische Butter.

107. Westfälischer, roher Schinken

Der Schinken wird mittels eines scharfen Messers in ganz dünne Scheiben geschnitten, dieselben auf einer Platte nacheinander geschlichtet und so serviert.

108. Schinkenbrötchen

Runde Milchbrote werden in dünne Scheiben geschnitten, mit frischer Butter bestrichen, gekochter, fein gewiegter Schinken darauf gestreut, auf eine Platte gelegt und so serviert.

109. Rissolen

Ein halbes Pfund Mehl, ein viertel Pfund Butter, ein ganzes Ei, ein Löffel süßer Rahm und etwas Salz wird zu einem gelinden Nudelteig fein verarbeitet und dann lässt man ihn eine Stunde ruhen. Dann macht man folgende Fülle: Zwei Kalbsbrise oder Hirn werden in Salzwasser gesotten, fein zerschnitten und einige Hühnerlebern, ein wenig Gansleber oder etwas Fleisch von übrig gebliebenem Geflügel, ebenfalls fein geschnitten, in einem Tiegel mit einem Stückchen Butter, fein gewiegter Petersilie und Salz ein wenig gedünstet, dann mit einem kleinen Löffel Mehl angestaubt, ein wenig Fleischbrühe daran gerührt und zuletzt zwei rohe Eidotter darangegeben; das Ganze muss ziemlich dick sein. Nun gießt man es auf einen Teller und lässt es erkalten. Hierauf wird der oben beschriebene Teig messerrückendick ausgewalkt, handgroße Stücke herausgerädelt oder geschnitten und in die Mitte ein Löffel Fülle gegeben, der Rand mit Eiweiß bestrichen, an allen Seiten fest zusammengedrückt und die Rissole in heißem Schmalz schwimmend gebacken.

110. Monatrettich mit Butter

Die kleinen Rettiche werden gewaschen, das grüne Herzchen daran gelassen, oben zugeputzt, auf ein Plättchen gelegt und außen mit Butterzacken garniert.

111. Fleischpastetchen

Man nimmt ein Pries und Ochsengaumen oder einen halben Kalbskopf oder auch ein Stück Kalb- oder Hühnerfleisch schon gekocht, schneidet es in Würfel oder wiegt es. Hierauf lässt man ein Stückchen Butter mit fein gewiegtem Petersiliengrün flüchtig anlaufen und das Fleisch ein wenig darin dünsten, staubt es mit einem Löffelchen Mehl an, gießt einen Löffel Suppe daran, verrührt es gut, würzt es mit Zitronensaft, Muskatnuss und Salz, und lässt es bis zu einem dicken Brei kochen. Dann werden die schon beschriebenen Butterteig-Pastetchen (Nr. 549) bereitet und dieselben, bevor man sie zu Tische gibt, warm eingefüllt.

Rindfleisch

112. Gesottenes Rindfleisch

Man wählt hierzu ein schönes Schweif-, Kreuz- oder Rippenstück, klopft es, wäscht es in frischem Wasser, setzt es in einem mit frischem Wasser gefüllten Hafen zum Feuer; auf ein Pfund Fleisch rechnet man eine Maß Wasser.

Wenn es anfängt zu sieden, schäumt man es ab, salzt es und legt dann das gebräuchliche Wurzelwerk, mit einem Faden in ein Päckchen gebunden, hinein. Die Zuwage vom Fleisch lässt man mitsieden, damit die Suppe kräftiger wird. Ist das Fleisch weich gesotten (gewöhnlich rechnet man drei Stunden), wird es in dünne Schnitten tranchiert, auf eine Platte der Reihe nach gelegt und mit etwas Fleischbrühe übergossen, damit es saftig liegt. Für das Fleisch wäre es besser, wenn es mit siedendem Wasser zugesetzt würde, allein die Suppe verliert an Kraft.

113. Rindsfilet

Hierzu wählt man das Lendenstück, befreit es von den Beinen, zieht ihm die Haut ab, reibt es gut mit Salz, Pfeffer und Nelkengewürz ein und lässt es wenigstens eine Stunde ruhen; dann spickt man es wie einen Hasen. In eine Bratpfanne gibt man drei große Zwiebeln, eine gelbe Rübe in Scheiben geschnitten; dann legt man das Fleisch hinein, gießt zwei Löffel Wasser, besser Fleischbrühe daran, brät es, indem man es fleißig mit der eigenen Sauce übergießt und umwendet. Nach einer Stunde gießt man ein Glas roten oder weißen Wein daran und lässt es braten, bis es mürbe ist; dann legt man das Fleisch heraus, schöpft das Fett von der Sauce, verrührt die Zwiebeln und die Wurzeln gut, treibt sie durch ein Sieb, indem man noch einen Löffel Suppe nachgießt und von einer halben Zitrone den Saft nimmt, kocht sie noch ein wenig auf, indem man das Fleisch hineinlegt; schneidet dann das Fleisch in halbfingerdicke Scheiben, legt es auf einer Platte wieder der Länge nach zusammen, wie es war und gießt die Sauce darüber. – Dazu gibt man Makkaroni, geröstete Kartoffeln, auch in Salzwasser gekochten Blumenkohl.

114. Rindsbraten mit saurem Rahm

Das dazu bestimmte Lendenstück wird von den Beinen befreit, die Haut abgezogen, gut geklopft, mit Nelkengewürz und Salz eingerieben, drei bis vier Tage in Essig gelegt, täglich umgewendet, dann herausgenommen, mit länglich geschnittenem Speck gespickt. Dann legt man auf den Boden einer Bratpfanne ein wenig Butter oder Abschöpffett, drei Zwiebeln, eine gelbe Rübe, eine Selleriewurzel, alles in Scheiben geschnitten, gibt ein wenig von dem Mark einer Zitrone, ein schwarzes Brotrindchen und einen Löffel Beize dazu. Lässt es so zwei Stunden braten, übergießt es fleißig, bestreicht es hie und da mit einem Löffel sauren Rahms. Sollte es zu stark einbraten, gießt man etwas Fleischbrühe nach. Dann befreit man die Sauce vom Fett, lässt die Zwiebeln gelb werden, staubt ein wenig Mehl daran, gießt etwas Fleischbrühe zu und lässt es noch aufkochen, dann passiert man es durch ein Sieb. Das Fleisch wird in dünne Scheiben geschnitten, die Sauce darüber gegossen oder auch eigens dazu gegeben. – Dazu gibt man Kartoffelsalat, Kompott oder nur abgeschälte, in Salzwasser gekochte Kartoffeln.

115. Rindsbraten, gedünstet

Nachdem der Rindsbraten wie in der vorigen Nr. 114 hergerichtet ist, wird er drei bis vier Tage in Essig gelegt, dann mit Salz und Pfeffer eingerieben, in einem Tiegel oder Kasserol, dessen Deckel gut schließt, mit drei Zwiebeln, zwei Löffeln Fleischbrühe und zwei Löffeln Beize gedünstet, fleißig umgewendet und mit dem eigenen Safte übergossen. In zwei Stunden ist er gewöhnlich weich; alsdann gibt man ein Stück Glace in die Sauce, in Ermanglung dessen ein wenig Bratenbrühe, tranchiert das Fleisch in gleichmäßige dünne Stücke und gießt die Sauce durch ein Sieb darüber.

116. Englischer Braten

Dazu nimmt man (für zwölf Personen) ein Rippenstück von sechs Pfund, löst es von den Rippen rein ab, salzt es auf beiden Seiten, jedoch nicht zu scharf, rollt es zusammen, bindet einen Bindfaden herum und lässt es über Nacht stehen. Den andern Tag gibt man in einen Tiegel oder Kasserol zwei Zwiebeln, eine gelbe Rübe in Scheiben geschnitten, legt das Fleisch hinein, gießt Fleischbrühe oder Wasser daran, gleich so viel, dass man es öfter damit übergießen kann, wendet das Fleisch fleißig um; zuletzt lässt man es unzugedeckt braten, damit die Zwiebeln gelb und die Sauce braun wird. Ist das Fleisch weich, schöpft man das Fett von der Sauce ab; wenn man will, gießt man ein Gläschen Rotwein daran oder ein wenig Zitronensaft, passiert alles durch ein Sieb über das geschnittene Fleisch und garniert es mit Kartoffeln oder Makkaroni.

117. Gedämpftes Rindfleisch

Das mittlere Rippenstück wird, nachdem es rein gewaschen, gut gesalzen und mit Pfeffer gewürzt ist, nach zwei Stunden in einem Tiegel mit einem Löffel Wasser gedünstet, fleißig mit dem eigenen Safte übergossen, von Zeit zu Zeit umgewendet, damit es nicht anbrennt; nach zwei Stunden ist es fertig. – Dazu gibt man gewöhnlich Salat von Kartoffeln.

118. Boeuf à la mode

Das Schweifstück von sechs bis acht Pfund ist hierzu am besten. Man würze es mit Pfeffer, Nelken und Almodegewürz (Piment). Gebe es in einen Tiegel mit drei bis vier Zwiebeln, einer gelben Rübe, einer Selleriewurzel in Scheiben geschnitten, sechs Wachholderbeeren, etwas schwarzer Brotrinde; gieße eine halbe Maß Essig darüber, decke es gut zu, stelle es an einen kühlen Ort, wende es täglich um, und lasse es drei bis vier Tage liegen. Dann nehme man das Fleisch heraus, salze es leicht, gebe es in die Beize zurück, gieße so viel Wasser nach, bis es über das Fleisch geht. Dann lasse man es drei Stunden langsam dämpfen; sollte es nicht sauer genug sein, wird noch Essig zugegeben, auch muss es hie und da umgewendet werden. Schöpfe das Fett herunter, mache daran ein dunkelbraunes Einbrenn mit einem Stückchen Zucker, fülle es mit dem Fleischabsud auf, treibe die Zwiebeln gut durch. Sollte die Sauce zu dick sein, gießt man noch Fleischbrühe daran, wenn man will auch noch Essig oder nach Belieben ein Gläschen Rotwein, und lasse das Ganze noch einmal gut aufkochen. Dann schneide man das Fleisch in dünne Stücke, gebe die Sauce eigens oder begieße das Fleisch damit. – Dazu gibt man Kartoffel- oder Brotklößchen, Spatzen oder Kartoffeln.

119. Rostbraten

Vom Rippenstück nimmt man handgroße, halbpfündige Stücke, klopft sie mit einem schweren Messer ein wenig, würzt sie mit Salz und Pfeffer. Gibt in einen Tiegel oder Kasserol ein Stück Butter (besser Suppenfett), eine fein geschnittene große Zwiebel, legt das Fleisch darauf, lässt es ein wenig anlaufen, gießt dann etwas Suppe nach, damit die Zwiebel nicht anbrennt, deckt es zu und dämpft es drei Viertelstunden schön langsam. Dann legt man es auf eine flache Platte und übergießt es mit der Sauce. – Dazu gibt man Kartoffeln oder Kartoffelsalat.

120. Rostbraten auf andere Art

Man bereitet die Stücke wie oben, gibt ein Stück Butter oder Suppenfett auf eine Omelettepfanne, legt das Fleisch darauf, deckt es mit einem Deckel zu, wendet es einige Male um, brät es wie ein Beefsteak auf beiden Seiten braun.

Dann gibt man es auf eine flache Platte, gießt auf die Pfanne einen Löffel Fleischbrühe, lässt die Sauce, indem man sie mit dem Schäufelchen fleißig umrührt, einige Male aufkochen und gießt sie dann über das Fleisch. – Dazu gibt man Kartoffeln.

121. Geschmortes Rindfleisch auf Wiener Art

Man schneidet aus der Keule fingerdicke Scheiben, klopft sie auf beiden Seiten mürbe, würzt sie mit Pfeffer und Salz, durchzieht sie mit

Speck, wendet sie leicht in Mehl um. Alsdann lässt man ein Stückchen Butter in einem Tiegel zerschleichen, legt die Schnitten da hinein, gießt ein Glas Wein und so viel Wasser daran, bis das Fleisch gut angefeuchtet ist. Nun lässt man es drei Stunden langsam schmoren, indem man den Tiegel hie und da rüttelt, wendet das Fleisch auch einmal um. Ist es weich, wird es auf eine Platte angerichtet, die Sauce durch ein Sieb gegossen und etwas Zitronensaft daran gedrückt und über das Fleisch gegossen.

122. Boeuf à la Nesselrode

Man nimmt vier bis fünf Pfund vom Rindschweifstück, lässt es im Sommer drei bis vier Tage, im Winter sechs bis sieben Tage abliegen. Alsdann legt man es in ein Kasserol oder tiefen Tiegel, vorher salzt und pfeffert man es gut, gibt auch zwei Nelken, ein Lorbeerblatt, drei große Zwiebeln in Scheiben geschnitten, ebenso zwei gelbe Rüben, zwei Petersilienwurzeln dazu. Begießt es halb so hoch, als das Fleisch geht, mit Bockbier, deckt es mit einem gut passenden Deckel zu, lässt es vier Stunden dünsten, begießt es öfters mit der eigenen Sauce und lässt es nicht zu stark kochen, dann bleibt es sehr saftig.

123. Abgebräuntes Rindfleisch

Übriggebliebenes Rindfleisch wird in halbfingerdicke Scheiben geschnitten, mit Salz und Pfeffer gewürzt, während dem wird ein Stück Schmalz auf der Pfanne heiß gemacht, die Stücke darauf gelegt, auf beiden Seiten schön gelb abgebräunt. – Gewöhnlich gibt man Kartoffel- oder grünen Salat dazu.

124. Golaschfleisch

Drei Pfund Lendenbraten werden von Bein und Haut befreit, in nussgroße, würfelartige Stückchen geschnitten. Ebenso werden drei große Zwiebeln und ungefähr sechs Loth geräucherter Speck in ganz kleine Stückchen geschnitten. Alsdann wird in einem Tiegel oder Kasserol, dessen Deckel gut schließt, auf den Boden eine Lage Speck, dann

Fleisch, etwas Salz, viel Pfeffer, dann Zwiebel gelegt und so fortgefahren, bis alles zu Ende ist, gut zugedeckt, zum Feuer gesetzt, hie und da ein wenig geschüttelt, damit es nicht anbrennt, nicht aufgedeckt, zuletzt, nachdem es drei Viertelstunden gedünstet hat, mit einer Prise spanischen Pfeffer gewürzt und auf einer Platte schnell serviert. Man kann auch nur eine spanische Pfefferschale oben auf das Fleisch legen. – Dazu gibt man in Salzwasser gesottene Kartoffeln.

125. Golaschfleisch auf andere Art

Man nimmt das Fleisch vom Schlegel, am besten vom Lendenbraten, klopft es tüchtig, schneidet es kleinwürflig, mache in einem Tiegel Butter und Zwiebel heiß, gebe das Fleisch gut gesalzen hinein, gieße einen Löffel Suppe hinzu und dünste es gut zugedeckt. Hie und da gieße einen Löffel Suppe hinzu, auch etwas Essig. Nach drei Viertelstunden wird das Golaschfleisch auf die Schüssel gegeben, mit Paprika oder Pfeffer gewürzt, die Schüssel mit gerösteten Kartoffeln garniert und so aufgetragen.

126. Hasche von Rindfleisch oder Braten

Man wiegt übrig gebliebenes Rindfleisch oder Braten mit einer Zwiebel, etwas Zitronenschale und ein wenig Petersilienkraut recht fein, alsdann wird es in einem Tiegel mit einem Stück Butter eine halbe Stunde gedünstet, sollte es nötig sein, ein wenig gesalzen, mit drei Löffel Fleischbrühe und einem Löffel Essig verdünnt, und noch eine Viertelstunde gekocht.

127. Dasselbe auf andere Art

Das übrig gebliebene fein gewiegte Rindfleisch wird in eine hellgelbe Sauce eingekocht, etwas gesalzen und vor dem Anrichten mit etwas Essig oder Zitronensaft gesäuert.

128. Beefsteaks

Hierzu nimmt man das lange dünne Stück von der Lende, befreit es von den Beinen, zieht die Haut ab und schneidet es in zweifingerdicke Scheiben, alsdann werden sie mit einem Holzschlägel oder schweren Messer breit geschlagen, eine Stunde vor dem Braten mit Salz und Pfeffer eingerieben. Alsdann legt man auf eine flache Pfanne Butter, die Beefsteaks darauf und brät sie rasch acht bis zehn Minuten, indem man sie zweimal innwendet, legt sie auf eine Platte, gießt in die Butter, in welcher sie gebraten sind, zwei Esslöffel heiße Fleischbrühe, rührt mit dem Backschäufelchen beständig, bis die Sauce mehrmals aufkocht, woraus eine dicke Brühe entsteht, und gießt dann dieselbe über die Beefsteaks. – Hierzu gibt man geröstete oder auch nur in Salzwasser abgekochte Kartoffeln.

129. Beefsteaks mit Zwiebel

Ist dieselbe Behandlung wie Nr. 128, nur wird eine halbe Zwiebel fein geschnitten in das Fett gegeben, worin sie gebraten worden sind, dann mit zwei Esslöffeln Fleischbrühe die Sauce gut ausgekocht, darüber gegossen.

130. Dasselbe mit Sardellen

Vor dem Anrichten werden in die Sauce zwei bis drei Esslöffel Sardellenbutter gegeben und so über die Beefsteaks gegossen, oder während des Bratens auf jedes Beefsteak ein Stückchen Sardellenbutter gelegt und so gebraten. (Die Beefsteaks dürfen nur sehr wenig gesalzen werden.)

131. Dasselbe mit Ei

Sind die Beefsteaks der Reihe nach auf einer Platte geordnet, mit der Sauce übergossen, so wird für jedes ein Ei (sogenanntes Ochsenauge) gebacken, darauf gelegt und so serviert.

Gemüse

132. Gesottene Kartoffeln

Möglichst gleich große Kartoffeln werden rein gewaschen, in einem Topf oder Kasserol mit so viel kaltem oder heißem Wasser zum Feuer gesetzt, dass das Wasser zwei Finger hoch darüber reicht. Sind die Kartoffeln weich, so gießt man das Wasser ab und lässt sie noch ein wenig zugedeckt stehen.

133. Andere Art

Namentlich im Frühjahr, wo die Kartoffeln schon anfangen, auszuwachsen, ist es gut, wenn man sie, nachdem sie rein gewaschen sind, abschält und eine Nacht in frisches Brunnenwasser legt und dann erst in Wasser mit etwas Salz abkocht.

134. Kartoffeln in Einmachsauce

Hierzu eignen sich am besten längliche Kartoffeln. Dieselben werden, nachdem sie weich gekocht sind, abgeschält und in dünne runde Scheiben geschnitten. Dann röstet man in einem Tiegel einige Löffel Mehl in Butter oder Abschöpffett schön gelb, gießt es mit kochender Fleischbrühe auf, gibt einige Löffel Bratenbrühe und etwas fein gewiegtes Petersilienkraut daran und lässt alles zusammen gut aufkochen; wenn nötig, würzt man es noch mit Salz. Eine Viertelstunde vor dem Anrichten kocht man die geschnittenen Kartoffeln in der Sauce auf.

135. Kartoffeln in saurer Sauce

In sechs Loth Butter oder Abschöpffett wird Mehl gelb geröstet, mit Fleischbrühe verdünnt, wenn nötig noch etwas gesalzen, mit einer Prise Pfeffer gewürzt, mit einem Löffel guten Essig gesäuert und die Brühe gut ausgekocht. Die weich gesottenen und in feine Scheiben geschnittenen Kartoffeln werden eine Viertelstunde vor dem Anrichten hineingegeben und nochmals aufgekocht.

136. Geschwungene Kartoffeln mit Petersiliengrün

Rohe große Kartoffeln werden abgeschält, würfelartig geschnitten oder mit einem Ausstecher rund ausgestochen und eine Stunde in frisches Wasser gelegt. Alsdann werden dieselben in Wasser mit etwas Salz in einem Tiegel weich gekocht, abgegossen und ein Kaffeelöffel fein gewiegte Petersilie, ein Stück frische Butter und ein Löffel Fleischbrühe darangegeben. Hierauf schwingt man sie ein paarmal im Tiegel und lässt sie an einem warmen Ort stehen; nach einer Viertelstunde wiederholt man das Schwingen und gibt sie alsdann sogleich zu Tisch.

137. Andere Art

Die abgeschälten, in Salzwasser weichgekochten und abgegossenen Kartoffeln übergießt man mit folgender Sauce: Vier Loth Butter werden mit etwas fein gewiegtem Petersiliengrün und zwei Esslöffeln Fleischbrühe in einem Messingpfännchen auf offenem Feuer so lange geschwungen, bis es mehrmals aufgekocht hat und eine dicke Sauce ist.

138. Geröstete Kartoffeln

Gesottene Kartoffeln werden in dünne runde Scheiben geschnitten. In einer Pfanne lässt man Butter, noch besser aber Schweine- oder Gänsefett zerschleichen, gibt die Kartoffeln nebst einer in feine Stückchen zerschnittenen Zwiebel, Salz und bei Beliebe, etwas Kümmel hinein

und röstet sie unter öfterem Umwenden mit dem Schäufelchen schön
gelb.

139. Gebratene Kartoffeln

Kleine runde Kartoffeln werden, nachdem sie weich gesotten und
abgeschält sind, in einem Tiegel, worin Butter, Gänse- oder Schweinefett heiß gemacht worden ist, gleichmäßig nebeneinander gelegt,
gesalzen und so lange auf dem Feuer stehen gelassen, bis sie auf der
einen Seite eine gelbe Kruste bekommen haben, alsdann wendet man
sie um und brät sie auch auf der andern Seite schön gelb.

Gewöhnlich verwendet man sie zu gebratenem Rindfleisch oder
saurem Ragout.

140. Kartoffeln mit Specksauce

Ein Stück ungeräucherter Speck wird in kleine Würfel geschnitten und
mit einem Stück Butter heiß gemacht, alsdann Mehl darin gelb geröstet, mit kochender Fleischbrühe aufgefüllt, mit einem Löffel Essig
gesäuert, wenn nötig etwas gesalzen, in dünne Scheiben geschnittene
Kartoffeln in die Sauce eingekocht.

141. Kartoffelschnitz mit Zwiebel

Die Kartoffeln werden abgeschält, in vier Teile zerschnitten, in Salzwasser weich gesotten, das Wasser abgegossen und in einer Schüssel
oder Platte angerichtet, etwas Fleischbrühe darüber gegossen.

In einem Pfännchen wird inzwischen ein Stück Schmalz heiß
gemacht, eine fein geschnittene Zwiebel darin hellgelb geröstet,
zuletzt zwei Löffel Semmelbrösel hinzugemischt und das Ganze über
die Kartoffeln gegossen.

142. Kartoffel-Püree mit Milch

Die Kartoffeln werden roh geschält, geschnitten und gewaschen und
in einem Topf in Salzwasser ganz weich gekocht; alsdann das Salzwas-

ser abgegossen, die Kartoffeln ganz fein zerdrückt (sie dürfen gar keine Bätzchen haben) und kochende Milch nebst einem kleinen Stückchen Butter langsam daran gerührt.

Es ist gut, wenn das Püree ganz kurz vor dem Anrichten bereitet wird, um sein schönes Ansehen zu erhalten.

143. Kartoffelgemüse mit Heringen

Zwei Heringen wird, nachdem sie eine Stunde in Milchwasser gelegen sind, die Haut abgezogen, von den Gräten befreit und in kleine Würfel geschnitten; ebenso weich gekochte Kartoffeln in dünne runde Scheiben. Alsdann bestreicht man eine runde Form gut mit Butter, legt eine Lage Kartoffel, dann eine Lage Hering hinein und fährt damit fort, bis die Form beinahe voll ist; alsdann verrührt man vier Eidotter mit einem Schoppen saurem Rahm, salzt es ein wenig und gießt es über Kartoffel und Hering.

Das Ganze wird eine halbe Stunde bei mäßiger Hitze im Rohre gebacken und mit der Form zu Tisch gegeben.

144. Kartoffelgemüse mit Bratwürsten

Man lässt ein halbes Pfund Butter zerschleichen und legt ein halbes Pfund Bratwurstbrät hinein, brät es auf beiden Seiten schön gelb; dann nimmt man das Fleisch heraus, lässt es erkalten und schneidet es in kleine viereckige Stückchen. In den Tiegel, in welchem das Fett zurückgeblieben, kommt eine fein geschnittene Zwiebel, welche man ein wenig dünsten lässt, dann röstet man zwei Löffel Mehl schön gelb, füllt es mit guter Fleischbrühe unter beständigem Rühren auf und verrührt es zu einer dünnen Sauce und kocht sie gut aus. Schneidet gekochte Kartoffeln in dünne Scheiben und rührt sie in die Sauce. Dann streicht man eine runde Form oder Kasserol gut mit Butter aus, bestreut sie mit Bröseln und gibt eine Lage Kartoffelgemüse, dann eine Lage Bratwurstfleisch hinein und fährt damit fort, bis die Form voll ist. (Das Kartoffelgemüse muss den Schluss machen.) Dann brät man es drei Viertelstunden bei mäßiger Hitze im Rohr und stürzt es vor dem Anrichten auf eine runde Schüssel.

145. Kartoffel-Pudding als Gemüse

Sechs große Kartoffeln werden abgeschält, zerschnitten, in Salzwasser weich gekocht, abgeseiht und durch ein Sieb oder Seiher gedrückt. Dann wird ein viertel Pfund Butter zu Schaum gerührt, sechs Eidotter hineingetan und ein halbes Pfund durchgedrückte Kartoffeln daran gerührt, gesalzen, sechs Eiweiß zu festem Schnee geschlagen und leicht darunter gehoben. Eine Form mit Butter ausgestrichen, eingefüllt, eine Stunde im Dunst gesotten, alsdann auf eine runde Platte gestürzt. Dann gibt man in ein Pfännchen ein Stückchen Butter, ein wenig fein gewiegte Petersilie, einen Esslöffel Suppe, schwingt es beständig auf dem Feuer, bis es eine dicke Sauce wird und übergießt damit den Pudding. – Dazu gibt man gebratene Bratwürste.

146. Gedünstete weiße Rüben

Hierzu eignen sich am besten die mittelgroßen Rüben, welche, nachdem sie abgeschält sind, zuerst in dünne runde Scheiben und dann in feine längliche Stängelchen geschnitten werden. In einen Tiegel gibt man Butter oder noch besser Abschöpffett mit etwas fein gestoßenem Zucker, lässt letzteren im Fett gelb rösten, während man ihn öfter umrührt, gibt dann die geschnittenen Rüben hinein und dünstet sie mit einem Löffel Fleischbrühe ganz weich, indem man sie häufig mit dem Kochlöffelstiel umrührt. Sodann werden zwei Löffel Mehl in einem Stückchen guten Schmalz und einem kleinen Stückchen Zucker gelb geröstet, mit guter Fleischbrühe zu einer dünnen Sauce aufgefüllt, an die weich gekochten Rüben getan und mit Salz gewürzt. Sollte sich nach dem Kochen noch Fett oben gesammelt haben, wird dasselbe mit einem Löffel abgenommen. – In diesem Gemüse gibt man Hirnbavesen, gebratenes Schaffleisch, Hammels-Koteletts, auch Schinken oder Zunge.

147. Weiße Rüben auf andere Art

In einem Stück Butter oder Abschöpffett werden zwei Löffel fein gestoßener Zucker schön gelb geröstet und die wie oben beschriebenen, geschnittenen Rüben darin, jedoch nicht ganz weich, gedünstet, mit zwei Löffeln Mehl angestaubt, etwas Fleischbrühe daran gegossen, mit Salz gewürzt und so ganz weich gedünstet. Des guten Geschmackes wegen kann man auch einige Löffel Bratenbrühe darangeben.

148. Gelbe Rüben (Mohrrüben)

Dieselben werden geschabt, gewaschen und fein länglich geschnitten, in einem Stück Butter oder Suppenfett mit einem Löffel Fleischbrühe und etwas Salz gedünstet. Sind sie weich, staubt man sie mit zwei Löffeln Mehl an, gibt ein wenig fein gestoßenen Zucker und einen Kaffeelöffel fein gewiegte Petersilie daran, sowie etwas Fleischbrühe, lässt sie noch eine Viertelstunde dünsten und gibt sie so zu Tisch. – Dazu gibt man Kalbskoteletts, gebackene Semmelschnitten, gebackene Kälberfüße oder Hirnbavesen.

149. Bayerische- (oder Teltower-) Rüben

Dieselben werden gewaschen, geschabt, die größeren in zwei Teile zerschnitten, die kleineren ganz gelassen und in Wasser mit Salz und einem Stückchen Kochlebkuchen weich gesotten; bei allenfallsigem Einkochen des Wassers wird Fleischbrühe nachgegossen; gewöhnlich wird auch eine Schweinshaxe oder Stückchen Schweinefleisch mitgesotten. Von einem Stückchen Schmalz mit zwei Löffel Mehl und einem Stückchen fein gestoßenen Zucker wird ein dunkelbraunes Einbrenn gemacht, mit der Brühe von den Rüben aufgefüllt oder mangelnden Falles mit Fleischbrühe, gibt diese Sauce an die Rüben und lässt sie gut auskochen. – Dazu gibt man gebratenes Schweinefleisch oder Schweinskoteletts.

150. Dorschen

Dieselben werden geschält, kleinfingerdick länglich geschnitten, in einem Tiegel mit Butter oder Abschöpffett, etwas fein gestoßenem Zucker und einem Löffel Fleischbrühe weich gedünstet. Eine halbe Stunde vor dem Anrichten werden sie mit etwas Mehl angestaubt und

ein Suppenlöffel Fleischbrühe darangegeben, Salz nach Belieben. Hat
man ein Stückchen Schweinefleisch, kann man es mitdünsten.

151. Kohlrabi

Die Köpfe werden abgeschält, in dünne Scheibchen ausgeschnitten,
das schöne grüne Kraut von den Stielen abgestreift und wie dicke
Nudeln geschnitten. Dann werden die Köpfe und das Kraut in Salzwasser, jedoch jedes eigens, gesotten, dann in einen Durchschlag
gebracht, damit das Wasser abläuft. (Das Kraut kann nach Belieben auch fein gewiegt werden.) Dann wird ein hellgelbes Einbrenn
gemacht, dasselbe mit guter Fleischbrühe zu einer dünnen Sauce
gerührt, mit Salz und Pfeffer gewürzt. Auch kann man etwas Bratenbrühe darangeben. Die Sauce lässt man gut auskochen und rührt
zuerst das Grüne und dann die Kohlrabi hinein. Nach einer Viertelstunde ist es ausgekocht. – Dazu gibt man gebackene Leber, Bratwürste oder Kalbskoteletts.

152. Gefüllte Kohlrabi

Mittelgroße Kohlrabi werden abgeschält, in Salzwasser weich gekocht,
dann unten ein Plättchen abgeschnitten, damit sie stehen, oben wird
das Käppchen abgeschnitten und bei Seite gelegt, dann die Kohlrabi
behutsam, dass sie kein Loch bekommen, ausgehöhlt. Dann macht
man eine Farce von Kalbsbraten, Kalbskopf etc., indem man das
Fleisch fein wiegt; Butter, fein gewiegte Zwiebel und etwas Petersiliengrün lässt man ein wenig anlaufen, gibt das Fleisch hinein, weicht ein
kleines Milchbrot in heißer Fleischbrühe ein und rührt es nebst zwei
Eiern daran. Dann füllt man alle Kohlrabi damit voll und deckt jeden
mit dem früher abgeschnittenen Deckelchen zu. Hierauf bereitet man
gelbe, nicht zu dicke Buttersauce, lässt sie gut aufkochen und kocht die
Kohlrabi noch einmal darin auf, setzt sie auf eine runde Platte, gießt
die Sauce darüber und gibt sie so zu Tisch. Auf je eine Person rechnet
man ein Stück.

153. Schwarzwurzeln

Die Wurzeln werden rein geschabt, bis gar nichts Schwarzes mehr daran ist; die dicken werden gespalten, dann fingerlang zerschnitten, in Wasser mit zwei Löffeln Mehl gelegt, damit sie nicht braun werden, dann in kochendem Salzwasser weich gekocht. Hierauf lässt man ein Stückchen Butter zerschleichen, rührt so viel Mehl hinein, als das Fett annimmt, gießt kochende Fleischbrühe unter beständigem Rühren daran, bis es eine dicke Sauce ist, dann lässt man sie gut auskochen. Sind die Wurzeln weich, gießt man das Wasser ab, gibt sie in die Sauce und lässt sie noch eine Viertelstunde kochen.

154. Schwarzwurzeln auf andere Art

Sind die Wurzeln weich gekocht, so macht man ein hellgelbes Einbrenn, rührt dasselbe mit guter Fleischbrühe zu einer dicken Sauce, säuert sie mit etwas Zitronensaft und lässt sie gut auskochen, Salz nach Belieben. Die Wurzeln werden vor dem Anrichten noch eine Viertelstunde darin gekocht.

155. Wirsing

Die äußern Blätter des Wirsing werden weggeschnitten, die innern von den Stängeln befreit, rein gewaschen, in siedendem Salzwasser ganz weich gekocht; hierauf in einen Durchschlag gegossen, mit einem Löffel ausgedrückt und mehrmals durchschnitten. Dann wird hellgelbes Einbrenn gemacht, dasselbe mit kochender Fleischbrühe abgerührt, mit Salz, Pfeffer und etwas fein geriebener Muskatnuss gewürzt, gut ausgekocht und der Wirsing eine Viertelstunde vor dem Anrichten hinein gerührt und tüchtig ausgekocht. – Dazu gibt man Bratwürste, gebackene Kalbsleber oder Würste von altem gewiegtem Fleisch.

NB: Grüne Gemüse müssen immer mit siedendem Wasser zugesetzt werden, damit sie die frische, grüne Farbe behalten.

156. Wirsing auf andere Art

Nachdem die innern Blätter von den Stängeln befreit sind, werden sie in kochendem Salzwasser weich gesotten, in einen Durchschlag gebracht, gut ausgedrückt und fein zerschnitten oder mit dem Wiegemesser gewiegt. Nun lässt man ein Stück Butter oder Suppenfett zerschleichen, dünstet den Wirsing darin, staubt zwei Löffel Mehl daran und gibt einen Schöpflöffel Fleischbrühe dazu, würzt ihn mit Salz, Pfeffer und Muskatnuss. Dann darf er noch eine Viertelstunde kochen. Man kann auch ein paar Löffel Bratensauce daran geben, was ihn sehr schmackhaft macht.

157. Gefüllter Wirsing

Ein großer Wirsingkopf wird von den äußern Blättern befreit und ganz in Salzwasser fast weich gekocht; die Blätter dann von den Stängeln befreit, eine Auflaufform dick mit Butter bestrichen, mit den Wirsingblättern dicht ausgelegt und folgende Fülle hinein gegeben: Für achtzehn Kreuzer Bratwurstbrät oder ein Pfund fein gewiegtes Schweinefleisch und eine kleine fein gewiegte Gansleber werden in einer Schüssel mit vier ganzen Eiern glatt gerührt, eine Handvoll Semmelbrösel hinein gegeben, gut gesalzen, mit einer Prise Pfeffer gewürzt, in die Form gefüllt, mit Wirsingblättern gut zugedeckt und eine Stunde im Dunst gesotten oder im Rohr gebraten.

Ist er fertig, wird er auf eine runde Schüssel gestürzt und mit gelber Einmachsauce übergossen.

158. Rouletten von Wirsing

Von einem in Salzwasser weich gekochten Wirsingkopf werden die schönsten Blätter abgenommen, von den Stängeln befreit, auf ein Brett gelegt und in jedes zwei Löffel von vorstehender Farce (Nr. 157) der Länge nach hineingetan, dann zusammengerollt. Die Rouletten werden in eine dünne Einmachsauce gelegt und darin eine halbe Stunde gekocht, oder auf einer flachen Pfanne in Abschöpffett schön gelb gebraten, dann erst die Sauce durch ein Sieb darüber gegossen und auf eine runde Platte behutsam gelegt, damit sie nicht ausgehen.

159. Gefüllte Kraut-Rouletten

Werden ebenso zubereitet wie Nr. 158, anstatt der Wirsingblätter aber Blätter von weißem Kraut dazu verwendet.

160. Gedünstetes Weißkraut

Die Blätter desselben werden in der Mitte gespalten, der dicke Stängel herausgeschnitten und dann fein oder grob, je nach Belieben, gehobelt oder nudelartig geschnitten. Dann lässt man in einem Tiegel Butter oder Abschöpffett zerschleichen und dünstet das Kraut mit etwas Kümmel, Salz und Essig darin weich. Eine Viertelstunde vor dem Anrichten staubt man es mit zwei Kochlöffeln Mehl an, gibt noch etwas Fleischbrühe daran und kocht es kurz ein. – Man gibt Schinken, Würste oder geräucherte Zunge dazu.

161. Weißkraut in brauner, saurer Sauce

Das Kraut wird wie vorstehend (Nr. 160) gedünstet, dann ein dunkelbraunes Einbrenn mit etwas Zucker gemacht, mit guter Fleischbrühe zu einer dünnen Sauce angerührt, mit etwas Essig gesäuert an das Kraut getan und beides noch eine Viertelstunde ausgekocht. – Hierzu gibt man geräucherte Würstchen oder geräuchertes Rindfleisch.

162. Blaukraut

Die Blätter desselben werden ebenfalls von den Rippen befreit, grob oder fein nudelartig geschnitten; alsdann lässt man Suppenfett zerschleichen, gibt das Kraut nebst etwas Salz, etwas Pfeffer, drei Löffel Essig oder nach Belieben, ein Glas Wein hinein und dünstet es unter fleißigem Umrühren ganz weich. (Es darf nicht anbrennen, da es sonst seine schöne Farbe verliert.) Eine Viertelstunde vor dem Anrichten staubt man es mit ein paar Kochlöffeln Mehl an und gießt noch etwas Fleischbrühe daran. Man kann gekochte oder gebratene oder mit Zucker glasierte Kastanien dazu geben. – Als Zuspeise eignen sich am besten Eierkuchen, Kartoffelnudeln, Bratwürste oder warme, geräucherte Zunge.

163. Sauerkraut auf gewöhnliche Art

Dasselbe wird in einem Tiegel oder Kasserol mit Wasser und Suppe oder bloß Wasser und einem Strick Gänse- oder Schweinefett zum Feuer gesetzt. Sollte es einkochen, so füllt man es wieder auf und lässt es fortkochen, bis es weich ist; dies dauert gewöhnlich zwei Stunden. Dann nimmt man ein Stück, eigroß, Schmalz, gibt so viel Mehl daran als es annimmt, röstet es mit fein geschnittenen Zwiebeln schön gelb, gießt es mit kochender Fleischbrühe an und gibt es an das Kraut, welches dann noch eine Stunde kochen muss.

164. Gedünstetes Sauerkraut

Das Sauerkraut wird mit Fleischbrühe oder Wasser nebst einem viertel Pfund Schweine- oder Gänsefett so lange gedünstet, bis es ganz weich ist. Dann werden zwei Kochlöffel Mehl mit Wasser zu einem kleinen Teiglein angerührt, an das Kraut gegossen und so noch eine Viertelstunde weiter gedünstet.

165. Gedünstetes Sauerkraut auf andere Art

Man kocht das Sauerkraut in Wasser oder Fleischbrühe mit Fett, jedoch nicht ganz weich. Eine Stunde vor dem Anrichten gibt man es in einen Durchschlag und lässt die Brühe ablaufen. Indessen lässt man in einem Tiegel oder Kasserol ein großes Stück Fett zerschleichen, gibt das Kraut hinein und dünstet es darin.

Kurz vor dem Anrichten staubt man es mit ein paar Löffeln Mehl an und gießt etwas gute Fleischbrühe daran. Sollte es nicht genug sauer sein, kann man ihm durch Zitronensaft, Essig oder Wein eine angenehme Säure geben. Nach Belieben kann man auch einen Apfel mitdünsten.

166. Sauerkraut mit Rebhühnern

Sind die Rebhühner fertig gedünstet, so werden sie in vier gleiche Teile zerschnitten, das Kasserol mit Butter bestrichen, den Boden mit den

Rebhühnern belegt, dass die Brust auf dem Boden zu liegen kommt und das fertig gekochte Sauerkraut darauf gegeben. Die Sauce von den Rebhühnern wird an das Kraut geschüttet und so drei Viertelstunden langsam im Rohr gebraten. Das Kraut wird auf eine Platte gestürzt, die Rebhühner oben darauf gelegt und so serviert.

167. Sauerkraut mit Hasen, Fasanen oder Wacholderdrosseln

Dieselben werden schön saftig gebraten, in gleichmäßige Stücke zerschnitten und ebenso verfahren wie in Nr. 166. Zu bemerken ist, dass die Wacholderdrosseln ganz bleiben und, wenn sie gebraten sind, bevor man sie im Kraut brät, erst von dem Magen befreit werden.

168. Sauerkraut mit geräuchertem Fleisch

Das weich gekochte, geräucherte warme Fleisch wird in schöne gleichmäßige Stücke zerschnitten und ebenso verfahren wie bei Nr. 166. Ein Rippenstück eignet sich am besten dazu.

169. Gedünstetes Rübenkraut

Man gibt ein Stück Abschöpffett oder Schweineschmalz in einen Tiegel, das Rübenkraut dazu und dünstet es zwei Stunden lang, alsdann staubt man etwas Mehl daran und gießt ein wenig Fleischbrühe nach. Salz nach Belieben. Etwas Bratensauce vor dem Anrichten dazu gegeben, gibt einen pikanteren Geschmack.

170. Gehacktes Rübenkraut

Man setzt es mit Wasser und etwas Salz zum Feuer; nach halbstündigem Kochen gießt man das Wasser ab, gibt Fleischbrühe daran und lässt es fortkochen. Dann macht man von Butter, Abschöpffett oder Schmalz ein hellgelbes Einbrenn mit Zwiebel, füllt es mit guter Fleischbrühe auf und rührt es an das Kraut; wenn es zu dick sein sollte gießt man Fleischbrühe nach, und lässt es noch einige Zeit kochen.

171. Kohl

Wenn der Kohl von den Stängeln abgestreift ist, wird er rein gewaschen und in kochendem Salzwasser ganz weich gesotten, dann in einen Durchschlag gegossen, mit einem runden Löffel fest ausgedrückt, gewiegt oder fein geschnitten. Nun macht man ein hellgelbes Einbrenn von Butter, Abschöpf- oder Gänsefett, würzt es mit Pfeffer und Salz, kocht es eine Viertelstunde und gibt den fein gewiegten Kohl nebst einem großen Stück Gänse- oder Schweinefett hinein und lässt den Kohl noch eine Stunde lang kochen. Es muss hierzu sehr viel Fett verwendet werden, da der Kohl sonst rauh schmeckt.

172. Kohl mit Kastanien

Wird wie Nr. 171 bereitet; eine Viertelstunde vor dem Anrichten werden einige in Wasser weich gekochte, abgeschälte Kastanien hineingegeben und mitgekocht; oder, wenn der Kohl angerichtet ist, mit in Zucker gebratenen Kastanien (Nr. 205) garniert.

173. Rosenkohl

Die dicken Knospen werden von dem langen Stängel abgeschnitten, von den gelben oder faulen Blättchen befreit und in kochendem Salzwasser weich gesotten, damit sie schön grün bleiben, nachher in einen Durchschlag gegossen und mit kaltem Wasser abgeschwemmt oder eine halbe Stunde in kaltes Wasser gelegt. Der Rosenkohl darf nicht zu weich gesotten werden, da er sonst sein schönes Ansehen verlieren würde. Alsdann lässt man in einem Kasserol ein Stück Butter zerschleichen, gibt so viel Mehl als sie annimmt hinein, lässt es ein wenig anziehen und füllt es mit kochender Fleischbrühe unter beständigem Rühren auf, würzt es mit Muskatnuss, wenn nötig auch mit Salz, und lässt es gut auskochen. Eine Viertelstunde vor dem Anrichten gibt man den Rosenkohl in die Sauce, rührt ihn aber nicht zu oft um, damit die Knospen ganz bleiben.

174. Blumenkohl (Karfiol)

Der Blumenkohl muss so viel nur immer möglich ganz bleiben; ohne die Rose zu beschädigen, werden mit einem spitzigen Messer die kleinen grünen Blättchen herausgeputzt und am Stängel die äußere grüne Schale abgeschnitten. Der Blumenkohl wird in kochendem Salzwasser weich gesotten, doch nicht so weich, dass die Rose zerfällt, gießt dann einige Löffel kaltes Wasser darauf und lässt ihn bis vor dem Anrichten im Wasser und gibt ihn, nachdem man ihn auf eine Platte oder runde Schüssel gelegt hat, mit folgender Sauce zu Tische: Vier Loth Butter lässt man zerschleichen, rührt so viel Mehl als es annimmt hinein, und gießt so viel Fleischbrühe daran, dass es eine dicke Sauce wird, lässt dieselbe gut auskochen und frikassiert sie zuletzt mit zwei Eidotter.

175. Blumenkohl mit saurem Rahm

Ist der Blumenkohl in vorbeschriebener Weise weich gesotten, so wird er zum Ablaufen auf einen Durchschlag gelegt. Dann wird eine Platte mit Butter bestrichen, der Blumenkohl darauf gelegt, mit saurem Rahm übergossen und mit fein geriebenem Parmesankäse bestreut, sodann eine Viertelstunde im Rohr gebacken. – Man gibt ihn zu gebratenem Rindfleisch.

176. Blumenkohl gebacken

Ist der Blumenkohl in kleine Stücke zerteilt und in Salzwasser weich gekocht, so nimmt man ihn aus dem Wasser und lässt ihn in einem Durchschlag ablaufen. Sodann wird ein Brandteig (Nr. 486) bereitet, jede Blume darin eingetaucht und in schwimmendem Schmalz schön gelb gebacken.

177. Kopfsalat als Gemüse

Man blättert die Salatstauden ab, schneidet die groben Rippen heraus, putzt das Grüne weg und kocht ihn in siedendem Salzwasser weich, alsdann gießt man ihn in einen Durchschlag, drückt ihn mit einem Löffel aus und schneidet ihn mit einem Messer mehrmals durch oder wiegt ihn. Nun macht man in einem Tiegel oder Kasserol ein Stück Butter oder Abschöpffett heiß, gibt Mehl, soviel es annimmt, hinein und lässt es schön hellgelb rösten; alsdann gießt man es mit kochender Fleischbrühe auf, würzt es mit Salz, Pfeffer und ein wenig Muskatnuss, auch kann man ein paar Löffel Bratenbrühe daran geben, welche das Gemüse sehr schmackhaft macht. Ist die Sauce ausgekocht, so gibt man den Salat hinein und lässt ihn noch ein wenig kochen.

178. Endivien-Gemüse

Man bereitet das Gemüse wie das vorstehend beschriebene; lässt in einem Tiegel Butter zerschleichen, rührt Mehl, so viel es annimmt, hinein und gießt es unter beständigem Rühren mit Fleischbrühe sogleich auf, aber nicht zu dünn, und lässt es gut auskochen. Alsdann gibt man die gewiegte Endivie hinein, verrührt ihn gut und lässt ihn gut auskochen. – Dazu gibt man gebackene Hühner, Schafskoteletts, gebackene Kalbsbrise.

179. Spinat

Der Spinat wird rein ausgesucht, von den groben Stielen befreit, in kochendem Salzwasser ganz weich gekocht, hierauf in einen Durchschlag gebracht, kaltes Wasser darüber gegossen, fest ausgedrückt, mit einer ganzen Zwiebel sehr fein gewiegt. Dann wird Mehl in Butter gelb geröstet, der Spinat eine Viertelstunde darin gedünstet, mit kochender Fleischbrühe verdünnt, noch eine Viertelstunde gekocht, mit Pfeffer, Salz und ein wenig geriebener Muskatnuss gewürzt. Sehr gut ist es, wenn ein paar Löffel Bratenbrühe daran gekocht werden.

180. Spinat auf andere Art

Man macht ein hellgelbes Einbrenn, füllt es mit kochender Fleischbrühe auf, würzt es mit Salz, Pfeffer und Muskatnuss und lässt es gut auskochen. Alsdann gibt man den gewiegten Spinat hinein und kocht ihn noch eine Viertelstunde. – Zur Beilage gibt man sog. Ochsenaugen, Bratwürste oder Schinken.

181. Spinatpudding

Drei Handvoll junger Spinat wird in kochendem Salzwasser blanchiert, dann ausgedrückt und mit einer kleinen Zwiebel fein gewiegt, alsdann in einem Kasserol oder Tiegel in Butter oder Abschöpffett mit etwas Salz und einer Prise Pfeffer gedünstet. Um zwei Kreuzer Milchbrot wird abgeschält, in kalter Milch eingeweicht, nach einer Viertelstunde fest ausgedrückt, in zwei Loth Butter in einem Tiegel abgetrocknet, dann an den gedünsteten Spinat gerührt und in einer Schüssel erkalten gelassen.

Hierauf rührt man das Gelbe von sechs Eiern daran, das zu Schnee geschlagene Eiweiß von denselben wird leicht darunter gehoben; nach Belieben kann man auch eine Handvoll fein gewiegten Schinken, jedoch vorher, darunter mengen. Alsdann streicht man eine Dunstform mit Butter aus und siedet den Pudding eine Stunde, stürzt ihn auf eine flache Platte und gibt Buttersauce (Nr. 231) darüber.

182. Spargel in Einmachsauce

Vom Spargel werden die Blättchen ungefähr bis zur Mitte abgeschabt, rein gewaschen in einen Bündel zusammengebunden und in kochendem Salzwasser weich gesotten, dann ein wenig kaltes Wasser daran gegossen und zugedeckt stehen gelassen, damit er nicht kalt wird. Bei dem Anrichten wird der Spargel gleichmäßig auf eine Platte mit den Köpfchen einwärts gelegt und mit hellgelber Einmachsauce (Nr. 233) übergossen.

183. Spargel in Buttersauce

Nachdem der Spargel weich gekocht ist, wird er schön geordnet und mit folgender Sauce übergossen:

Vier Loth Butter lässt man zerschleichen, rührt zwei Löffel Mehl hinein, rührt sie sogleich mit guter Fleischbrühe und einem Löffel

Spargelwasser glatt, lässt sie gut auskochen und frikassiert sie mit einem Eidotter. Hierauf wird sie über den Spargel gegossen.

184. Spargel mit Rühreiern

Der in Salzwasser weichgekochte Spargel wird mit sehr weichen eingerührten Eiern (Nr. 448) übergossen und mit Salz und etwas Muskatnuss gewürzt.

185. Brechspargel in Buttersauce

Hierzu nimmt man dünne grüne Stämmchen, putzt die Blättchen bis zur Mitte ab, bricht sie, soweit sie sich brechen lassen, in halbfingerlange Stückchen ab und siedet sie in kochendem Salzwasser weich. Dann bringt man sie in einen Durchschlag oder Seiher, damit sie ablaufen. Lässt ein Stückchen Butter oder Suppenfett zerschleichen, rührt Mehl hinein, füllt es mit kochender Fleischbrühe und einem Löffel Spargelwasser langsam auf, damit es keine Bätzchen bekommt, lässt die Sauce auskochen, gibt etwas Salz daran und kocht eine Viertelstunde vor dem Anrichten den weich gekochten Spargel hinein.

186. Hopfengemüse

Die zarten kleinen Hopfensprossen werden unten am Stiel etwas abgeschnitten und dann rein gewaschen, in kochendem Salzwasser weich gesotten. Nachdem sie abgegossen sind, macht man ein hellgelbes Einbrenn, füllt es mit guter Fleischbrühe auf und lässt es gut auskochen, salzt es nach Belieben und gibt den Hopfen hinein, der noch einmal aufzukochen hat.

187. Sauerampfer

Die Blätter werden von den Stängeln abgezupft, rein gewaschen Und mit dem Wiegmesser nicht zu fein gewiegt. In einem Tiegel oder Kasserol lässt man dann ein Stückchen Butter zerschleichen, gibt den Sauerampfer nebst etwas Salz hinein und dünstet ihn weich. Hierauf werden zwei Löffel Mehl daran gestaubt, eine Obertasse saurer Rahm und ein Löffel Fleischbrühe dazu gegossen und das Ganze bis zu einer dicken Masse verkocht. – Dazu gibt man verlorene Eier (Nr. 447), jedoch eignet sich dieses Gemüse besser als Rindfleischbeilage.

188. Grüne Erbsen

Dieselben werden frisch gepflückt, von den Hülsen befreit und in einer messingenen Pfanne in kochendem Salzwasser gesotten. Sind sie noch nicht gänzlich weich, wird das Wasser abgegossen, in einen Tiegel ein Stückchen Butter getan, die Erbsen hineingegeben und mit einem Löffelchen gestoßenen Zucker und einem Löffel guter Fleischbrühe, sowie einem Löffel Mehl weich gedünstet. – Als Beilage zu diesem Gemüse sind am besten Kalbskoteletts, gebackene Hühner, gebackene Kalbsfüße etc.

189. Grüne Erbsen auf andere Art

Man gibt die grünen Erbsen, sogleich nachdem sie rein gewaschen sind, in einen Tiegel, worin ein Stückchen Butter zerlassen ist, und dünstet sie eine halbe Stunde weich; vor dem Anrichten staubt man ein wenig Mehl hinein, gießt Fleischbrühe zu, auch gibt man fein gewiegtes Petersilienkraut und etwas Zucker daran.

190. Gelbe Rüben mit grünen Erbsen

Beide Gemüse (nach Nr. 148 und Nr. 188) werden fertig gekocht und gut zusammen vermengt. – Als Beilage hierzu eignen sich am besten gebackene Semmelschnitten, warme Zunge, Hirnbavesen oder Kroketten.

191. Zuckererbsen in der Schale (Zuckerschefen)

Dieselben werden an beiden Enden abgeschnitten und die feinen Fäden an den Seiten abgezogen, dann in kochendem Salzwasser schnell abblanchiert. In einem Tiegel lässt man ein Stückchen Butter zerschleichen, gibt die Erbsen hinein, rührt sie um, staubt zwei Löffel Mehl daran und salzt sie nach Belieben oder man nimmt statt des Salzes Zucker, auch kommt eine Prise fein gewiegtes Petersiliengrün dazu. Zuletzt gießt man einen Löffel Fleischbrühe daran und kocht sie zu einem dicken Gemüse.

192. Bohnen

Von den Bohnen werden die beiden Enden abgeschnitten und die Fäden abgezogen, dann schneidet man sie der Länge nach in zwei bis drei Teile, kocht sie in siedendem Salzwasser nicht zu weich, seiht sie ab, gibt in einen Tiegel ein Stück Butter, lässt die Bohnen eine halbe Stunde, indem man sie hie und da umrührt, dünsten, staubt sie mit zwei Löffeln Mehl an und gießt zuletzt einen Löffel Fleischbrühe daran; auch salzt und pfeffert man sie etwas.

193. Bohnen auf andere Art

Die Bohnen werden abgezogen, der Länge nach fein geschnitten, in einem Tiegel mit zerlassener Butter, Salz und gewiegter Petersilie weich gedünstet, mit etwas Mehl angestaubt und dann etwas Fleischbrühe daran gegossen.

194. Bohnen in saurer Sauce

Nachdem man die Bohnen länglich oder in würfelartige Stücke geschnitten hat, werden sie in kochendem Salzwasser weich gesotten. Indessen macht man von Butter, Abschöpffett oder Schmalz ein braunes Einbrenn, füllt es mit guter Fleischbrühe auf, würzt es mit Pfeffer und Salz, gießt ein wenig Essig und einige Löffel Bratenbrühe daran und lässt die Sauce gut auskochen, alsdann gibt man die Bohnen hinein und lässt sie noch eine Viertelstunde kochen.

195. Saubohnen

Von diesen werden nur die Kerne von jungen, noch nicht ausgewachsenen Bohnen benützt, da die Hülsen dick und nicht zu gebrauchen sind. Die Bohnen werden eine Viertelstunde in kochendem Salzwasser gesotten und abgegossen. Hierauf wird von in kleine Würfel geschnittenem Speck und einem Stückchen Butter ein hellgelbes Einbrenn gemacht, dasselbe mit guter Fleischbrühe aufgefüllt, Salz und Pfeffer daran getan und mit einem Löffel Essig gesäuert. Ist die Sauce fertig, werden die Bohnen hineingegeben und noch eine halbe Stunde gekocht. – Als Beilage eignet sich roher oder gesottener Schinken, Schweinefleisch oder Wurst.

196. Dürre Bohnen

Hierzu wählt man kleine weiße Bohnen. Dieselben werden, nachdem sie ausgesucht sind, die Nacht vorher in frisches Wasser gelegt, dieses Wasser morgens abgegossen und mit anderem Wasser und etwas Salz weich gekocht. Sie dürfen sehr lange sieden. Indessen macht man von Butter oder Abschöpffett ein hellgelbes Einbrenn, füllt es mit guter Fleischbrühe auf, säuert es mit etwas Essig und gibt auch, wenn nötig, Salz daran. Die abgeseihten Bohnen werden dann in der Sauce noch eine Viertelstunde gekocht.

197. Püree von dürren Bohnen

Die Bohnen werden ganz weich gekocht, dann ein wenig hellgelbes Einbrenn daran gerührt, darauf durch ein Sieb oder Seiher getrieben, ein wenig mit Fleischbrühe verdünnt, Salz nach Belieben darangegeben. Dann lässt man sie noch ein wenig auskochen. Man kann auch ein wenig Bratensauce daran geben.

198. Eingemachte Bohnen

Dieselben werden die Nacht vorher in frisches Wasser gelegt, dieses Wasser morgens abgegossen, dann in Salzwasser weich gekocht; dann kann man sie dünsten, am besten sind sie in brauner, saurer Sauce.

Als Beilage eignen sich Knackwürste, geräuchertes Fleisch, Schinken.

199. Dürre Erbsen

Man setzt dieselben, nachdem sie sorgfältig ausgesucht sind, mit kaltem Wasser zum Feuer und lässt sie unter fleißigem Umrühren langsam weich kochen, bis die Hülsen sich ablösen, dann streicht man sie durch ein Sieb oder einen Seiher, macht von frischem Schmalz und Mehl ein hellgelbes Einbrenn, füllt dasselbe mit den Erbsen aus, verdünnt es mit guter Fleischbrühe und kocht die Erbsen noch eine Viertelstunde.

200. Linsen

Dieselben werden mit kaltem Wasser und etwas Salz zum Feuer gesetzt und weich gekocht, doch so, dass sie ganz bleiben. Alsdann röstet man einige Löffel Mehl in Schmalz oder Abschöpffett gelb, gießt das Einbrenn mit kochender Fleischbrühe auf, gibt etwas Essig und einige Löffel Bratenbrühe daran und lässt sie gut auskochen. Kurz vor dem Anrichten rühre man die Linsen in die Sauce. – Als Beilage gibt man warme, geräucherte Bratwürste, auch Heringe.

201. Schwämme (Pilslinge)

Der Stängel wird abgeschnitten und die Schwämme blätterweise ausgeschnitten, dann rein gewaschen, in einem Tiegel mit einem Stückchen Butter, etwas Salz und ein wenig fein gewiegte Petersilie eine halbe Stunde gedünstet, vor dem Anrichten mit einem Löffelchen Mehl angestaubt und noch einmal aufgekocht. Nach Belieben auch etwas Essig darangegeben.

202. Morcheln

Ein Stückchen Butter lässt man zerschleichen und darin eine gewiegte, kleine Zwiebel nebst Petersiliengrün flüchtig anlaufen, dann gibt man die öfter gewaschenen Morcheln hinein, dünstet sie eine halbe Viertelstunde, staubt etwas Mehl daran, würzt sie mit Salz und Muskatnuss, und füllt sie mit guter Fleischbrühe auf; sie dürfen jedoch nicht zu dünn werden. Nach Belieben kann man auch etwas Zitronensaft oder Essig daran geben.

203. Champignons

Die unterste Spitze des Stängels wird abgeschnitten, die Champignons sehr rein gewaschen, abgetrocknet, in Butter mit Salz und fein gewiegter Petersilie gedünstet, mit Mehl angestaubt und etwas Fleischbrühe daran gegossen.

Sollten die Champignons groß sein, so werden sie zerschnitten.

204. Trüffel

Ein Pfund Trüffel wird in warmem Wasser gut abgebürstet und dann in kaltem Wasser herausgewaschen, abgetrocknet, in einem Tiegel oder Kasserol mit einer Flasche Rotwein, vier Nelken und ein klein wenig Salz eine Viertelstunde gekocht; dann in einem ächten, gut verschließbaren Geschirr an einem kühlen Ort aufbewahrt.

Braucht man welche, werden sie mit einem silbernen Löffel herausgehoben, recht fein abgeschält und fein aufgeschnitten.

205. Gesottene und dann glasierte Kastanien

Nachdem dieselben in kochendem Wasser weich gesotten, werden sie abgeschält. Indessen lässt man ein ziemlich großes Stück weißen Kochzucker mit etwas Wasser dick spinnen, wirft die Kastanien hinein und rührt sie etwas um, damit jede sich mit Zucker überziehe. – Diese Kastanien werden zu Kohl oder Blaukraut gegeben.

Beilagen zum Gemüse

206. Kalbsschnitzel

Das Fleischige vom Kalbsschlegel (Nuss) wird vom Bein abgelöst, die Haut davon entfernt, in fingerdicke Schnitze geschnitten; je drei- bis viermal mit einem schweren Messer geschlagen, damit sie flach und weich werden; dann bestreut man sie mit Salz und Pfeffer, legt sie aufeinander und lässt sie eine Stunde ruhen.

Hierauf werden sie in Ei und Brösel umgewendet und auf einer flachen Pfanne in heißem Schmalz schön hellgelb gebacken. – Man isst sie zu Gemüse oder Salat.

207. Pökelzunge

Ist die Pökelzunge weich gesotten, so wird, so lang sie noch warm, die Haut davon abgezogen, die Zunge in kleinfingerdicke Scheiben geschnitten, der Reihe nach auf eine längliche Platte gelegt und warm zu einem Gemüse serviert.

208. Gebackene Rindszunge

Ist die Rindszunge in Salzwasser oder Fleischbrühe weich gesotten, so zieht man ihr, so lange sie noch warm, die Haut ab, schneidet sie in kleinfingerdicke Scheiben, und salzt und pfeffert sie ein wenig.

Nach gänzlichem Erkalten wird sie in verklopftem Ei und Brösel umgewendet und auf der Pfanne schön hellgelb gebacken.

209. Kalbskoteletts (Carbonaden)

Man nimmt hierzu das Rückenstück des Kalbes, zu je einem Kotelett eine Rippe, schabt die Haut vom Bein, schneidet sie ab. Gibt jedem der ersten drei größeren Koteletts einige Schläge mit einem schweren

Messer oder flachen Hackmesser (Braxe), damit sie flach und weich werden; bei den andern hackt man das Fleisch fein und formt schöne Koteletts daraus. Dann wird jedes gesalzen und gepfeffert, mit verklopftem Ei bestrichen, in Brotbröseln auf beiden Seiten umgekehrt und auf der Pfanne in Rindschmalz, besser aber in Butter, schön gelb gebacken. Man kann sie auch ohne Ei in Brösel umkehren und dann backen.

210. Kalbskoteletts auf andere Art

Die Koteletts werden wie vorstehend zubereitet; aber nicht in Ei und Bröseln umgewendet, sondern nur gesalzen und gepfeffert; dann gibt man auf die Pfanne ein Stückchen Butter, lässt diese zerschleichen, legt die Koteletts hinein und lässt sie bei mäßiger Hitze auf beiden Seiten durchbacken; sie müssen eine ganz weiße Farbe behalten, weshalb das Feuer nicht zu stark sein darf, da sonst die Butter sich zu schnell bräunt und die Koteletts einen unangenehmen Geschmack bekommen. Wenn sie fertig sind, richtet man sie auf einer länglichen Platte an und gibt Schüh oder ein wenig Bratensauce darüber.

211. Hammelskoteletts

Mit denselben wird ebenso verfahren wie bei Nr. 209, jedoch werden sie nicht im Ei umgewendet, sondern nach vorherigem Klopfen, Salzen und Pfeffern in Semmelbröseln allein.

Auch kann man sie statt auf der Pfanne mit Butter, ohne Bröseln auf dem Rost braten, dann muss, wenn sie fertig sind, etwas Glace-Sauce darüber gegeben werden.

212. Schweinskoteletts

Dieselben werden wie Nr. 211 bereitet. Sollten sie zu fett sein, so schneidet man rundherum das Fett etwas ab. Zu diesen Koteletts nimmt man den Rücken von einem jungen Schwein.

213. Gebackene Hühner

Nachdem die jungen Hühner rein geputzt und ausgenommen sind, werden sie in vier bis fünf Stücke zerschnitten, gesalzen und gepfeffert und eine Stunde stehen gelassen. Dann verrührt man zwei ganze Eier, taucht die Hühner darin ein, wendet sie in Bröseln um und backt sie in schwimmendem Schmalz langsam schön gelb.

214. Gebackenes Lammfleisch

Kleine Stücke in der Größe einer halben Hand werden rein gewaschen, in Salzwasser oder Fleischbrühe halb weich gekocht, dann mit etwas Salz und Pfeffer bestreut, eine halbe Stunde stehen gelassen, in Ei und Brösel umgewendet und in schwimmendem Schmalz gebacken.

215. Gebackenes Kitzfleisch

Wird ganz wie in Nr. 214 angegeben verfahren.

216. Gebackenes Gekröse

Das rein gewaschene Gekröse wird in Salzwasser weich gekocht, dann von den Drüsen befreit, in kleine Stücke zerschnitten, mit Salz und Pfeffer bestreut; wenn es erkaltet ist, in Ei und Brösel umgewendet und auf der Pfanne schön gelb gebacken. Man kann es auch in schwimmendem Schmalz backen.

217. Gebackenes Kuheuter

Ein Kuheuter wird in Fleischbrühe oder Salzwasser weich gesotten. Nach gänzlichem Erkalten schneidet man es in fingerdicke Stücke, salzt und pfeffert es, wendet es in Ei und Brösel um und backt es auf der Omelettepfanne in ziemlich viel Schmalz schön gelb.

218. Abgebräunter Kalbskopf

Der Kalbskopf wird gut ausgewässert, das Auge ausgestoßen, dann in Fleischbrühe oder Salzwasser weich gekocht, in kaltes Wasser gelegt, dann auf einem Teller abgetrocknet, von den Knochen befreit, mit Salz und Pfeffer bestreut, in verklopftem Ei und Semmelbrösel umgewendet und in Schmalz auf beiden Seiten hellgelb gebacken.

219. Gebackene Kalbsleber

Ein halbes Pfund Kalbsleber wird rein gewaschen, von der Haut befreit und in messerrückendicke, längliche Stücke geschnitten, dann abermals eine halbe Stunde in Mehl und Wasser gelegt (zwei Esslöffel Mehl in eine Maß Wasser gerührt), damit sie weiß wird.

Zwei ganze Eier werden sodann auf einem Teller verrührt, gut gesalzen und jedes Stückchen darin eingetaucht, in Mehl und Bröseln umgekehrt und auf einer flachen Pfanne in Rindschmalz auf beiden Seiten schön gelb gebacken. Man kann sie auch bloß in Bröseln umwenden.

220. Gebackenes Kalbsbries

Zwei bis drei ganze Kalbsbriese werden rein gewaschen und in Fleischbrühe oder Salzwasser weich gekocht. Alsdann werden sie von der Gurgel befreit, in fingerdicke Stückchen zerschnitten, in Ei mit Salz eingetaucht, dann in Bröseln umgewendet und in Schmalz gebacken. Will man statt der Brösel Brandteig verwenden, so wird ein halbes Quart Milch und zwei Loth Butter kochend gemacht, lässt dann zwei Löffel Mehl hineinlaufen, rührt es, bis sich's vom Kasserol oder Tiegel löst, gibt dann das nötige Salz hinein und rührt es mit drei bis vier Eiern zu einem nicht zu dicken Teig, taucht jedes Stückchen Bries hinein und backt es in heißem schwimmenden Schmalz schön gelb.

221. Gebackene Gansleber

Die Gansleber wird in messerrückendicke Schnitten geschnitten, gesalzen, dann ein ganzes Ei mit etwas Salz verklopft, die Gansleber darin umgewendet, mit fein geriebenen Bröseln bestreut und auf der Omelettepfanne in heißem Schmalz auf beiden Seiten schön gelb gebacken.

222. Gebackene Kälberfüße

Vom Bein ausgelöste Kälberfüße werden rein gewaschen, zur Hälfte zerschnitten, in Salzwasser weich gesotten, die Klauen dann abgeschnitten, in einer Schüssel oder auf einem Teller drei ganze Eier mit Salz und Pfeffer verrührt, ein Stück nach dem andern darin eingetaucht, dann in feinen Bröseln mit etwas Mehl umgewendet und in heißem, schwimmendem Schmalz gebacken.

223. Gebackenes Hirn

Man lege die Kalbshirne eine Stunde in lauwarmes Wasser, damit sie schön weiß werden, ziehe die Haut ab, schneide jedes in drei Teile, bestreue es mit Salz und Pfeffer, tauche sie in ein verklopftes Ei, wende sie in fein geriebenen Semmelbröseln um und backe sie auf einer flachen Pfanne, worauf Schmalz heiß gemacht ist, schön gelb.

224. Geräucherte Würste

Wasser wird kochend gemacht, die Würste hineingelegt und nur so lange gesotten, bis sie steif geworden sind, was in sechs bis acht Minuten geschehen ist.

225. Gebackener Hering

Der Hering wird in Milchwasser eine Stunde eingewässert, dann die Haut davon abgezogen, der Grat ausgelöst, in feinen Bröseln umgewendet und auf der Pfanne in heißem Schmalz schön gelb gebacken.

226. Hirnbavesen

Ein ganzes Kalbshirn wird ein wenig eingewässert, eine Viertelstunde gekocht, dann aus dem Wasser genommen, auf dem Wiegbrett mit ein wenig Petersiliengrün und etwas Salz ganz fein gewiegt. Nach diesem schneide man drei gestrige, runde Milchbrote in halbfingerdicke Scheiben, bestreiche eine Brotscheibe mit dem gewiegten Hirn, lege ein anderes eben so großes Brot darauf und fahre sofort bis Hirn und Brot zu Ende sind.

Jede Bavese wird sodann in kalte Milch getaucht, auf eine flache Platte gelegt und eine Viertelstunde ruhen gelassen. Vor dem Backen gibt man einen Kochlöffel Mehl in eine kleine Schüssel, klopft es mit einem ganzen Ei gut ab, schlägt noch drei ganze Eier daran (das Mehl verhindert beim Backen die Fäden), macht Schmalz in einer tiefen Pfanne heiß, kehrt jede Bavese im Ei um und legt sie ins Schmalz. Wenn sie auf einer Seite gelb sind, werden sie umgewendet und wenn sie fertig sind auf einen Durchschlag oder Sieb gelegt.

227. Nierenbrötchen

Hat man übrig gebliebenen Nierenbraten, so nimmt man Niere und Fleisch davon, wiegt es mit etwas Petersiliengrün und einer halben Zwiebel ganz fein, dünstet es in einem Stückchen Butter ein wenig, schlägt ein bis zwei Eier daran, verrührt es gut, streicht es auf die Brotschnitten und verfährt damit wie mit den Hirnbavesen Nr. 226.

228. Bratwürste

Dieselben werden in frischem Rindschmalz auf beiden Seiten schön braun gebraten, der Länge nach auf eine Platte gerichtet und so serviert.

229. Fleischkroketten in Oblaten

Übriggebliebener Braten wird mit einer kleinen Zwiebel, etwas Zitronenschale und Petersiliengrün fein gewiegt. In einem Tiegel lässt man indessen ein Stück Butter zerschleichen, gibt das fein gewiegte Fleisch hinein und ein halbes eingeweichtes Milchbrot, dünstet es eine Viertelstunde und schlägt dann zwei ganze Eier unter beständigem Rühren hinein.

Ein handgroßes viereckiges Stück Oblate wird schnell durch kaltes, auf einem flachen Teller befindliches Wasser gezogen, ein Löffel der gekochten Fülle hinein gegeben, zusammengerollt, in verrührtem Ei und Semmelbrösel umgewendet, auf der flachen Pfanne oder in schwimmendem heißen Schmalz auf beiden Seiten schön gelb gebacken.

Kalte und warme Saucen

230. Sauce zu Spargel oder Blumenkohl

Ein Stück Butter zerlässt man in einem Tiegel, rührt einige Kochlöffel Mehl hinein und gießt unter beständigem Rühren sogleich kochende Fleischbrühe daran, zuletzt einen Löffel Wasser, in welchem Spargel oder Blumenkohl gekocht wurde. Dieses lässt man eine Viertelstunde kochen, nimmt es vom Feuer weg und frikassiert diese Sauce mit zwei Eidottern. Sie wird dann heiß über den abgekochten Spargel oder Blumenkohl gegossen.

231. Buttersauce

Man lässt ein Stückchen Butter in einem Tiegel oder Kasserol zerschleichen, rührt Mehl, soviel sie annimmt, hinein, und gießt sie sogleich mit kochender Fleischbrühe an. Diese Sauce muss ziemlich dick und gut ausgekocht sein. Zuletzt wird sie mit einem Eigelb frikassiert.

232. Béchamel

Man lässt vier Loth Butter zergehen, rührt zwei Kochlöffel Mehl hinein und macht es mit kochender Milch zu einem dünnen Brei, in welchen man eine ganze Zwiebel hinein gibt, und kocht es gut aus.

233. Gelbe Einmachsauce

Hierzu nimmt man nur Butter oder Abschöpffett, lässt es zerschleichen, rührt Mehl, so viel das Fett annimmt, hinein, und lässt es, indem man es fleißig umrührt, hellgelb rösten, dann gießt man es unter beständigem Rühren langsam mit kochender Fleischbrühe auf, gibt eine Zitronenschale und etwas Saft hinein und kocht die Sauce gut aus. Wenn man will, kann man auch einen Löffel Weißwein zugeben.

234. Braune Einmachsauce

In einem Tiegel oder Kasserol lässt man vier Loth Schmalz zerschleichen, dann werden drei Löffel Mehl und ein Stückchen Zucker hinein gegeben und unter öfterem Umrühren braun geröstet, hierauf mit kochender Fleischbrühe aufgegossen.

235. Milchsauce mit Vanille

In einer halben Maß Milch wird für sechs Kreuzer Vanille eine Viertelstunde gekocht; neun Eigelb mit einem Stück fein gestoßenen Zucker verklopft, die siedende Milch daran gegossen und so lange auf der Hitze gerührt, bis es anfängt dick zu werden.

236. Milchsauce mit Zimt

Wird wie vorstehende Nr. 235 bereitet. Statt der Vanille nimmt man Zimt, jedoch ganz wenig.

237. Milchsauce mit Zitronen

Der Zucker, nachdem er an einer ganzen Zitrone abgerieben ist, wird fein gestoßen, mit vier Eidottern tüchtig in einem Hafen abgeklopft, dann eine halbe Maß siedende Milch unter beständigem Umrühren daran gegossen. Das Ganze wird dann so lange auf dem Feuer gerührt, bis es anfängt dick zu werden, kochen darf es aber nicht, da es sonst gerinnt.

238. Mandelsauce

Drei Loth süße und einige bittere abgezogene Mandeln werden mit etwas kalter Milch fein gestoßen, in einer halben Maß gutem Rahm gekocht, durch ein Sieb an sechs mit Zucker abgeklopfte Eier gegossen und im Übrigen ebenso verfahren wie Nr. 235.

239. Schokoladensauce

Man reibt zwei Täfelchen feine Schokolade und rührt denselben in eine halbe Maß gute kochende Milch und lässt denselben auskochen. Die kochende Schokolade gießt man dann an drei, mit einem Löffel kalter Milch abgerührte Eidotter und strudelt (quirlt) das Ganze tüchtig, bis es Schaum gibt.

240. Krebssauce

Ein Löffel feines Mehl wird mit etwas kalter Milch glatt gerührt, Milch nachgegossen, bis es eine halbe Maß ausmacht. Diese Flüssigkeit wird unter beständigem Rühren kochend gemacht und an sechs Eidotter, die mit Zucker gut verrührt sind, gegeben, lässt sie dann auf dem Feuer unter beständigem Rühren anziehen, bis sie anfängt dick zu werden; zuletzt mischt man drei Esslöffel Krebsbutter (siehe Nr. 858) darunter.

241. Weißweinsauce (Chaudeau)

Eine halbe Flasche Weißwein siedet man mit ziemlich viel Zucker und einem Stückchen Zimt, Zitronenschale oder Orangen. Hierauf schlägt man acht Eidotter gut ab, gießt den kochenden Wein unter beständigem Rühren daran und lässt das Ganze auf dem Feuer unter beständigem Rühren anziehen, bis es dick wird. Es darf jedoch nicht kochen, weil sich sonst Bätzchen bilden.

242. Aprikosensauce

Drei Löffel eingekochtes Aprikosenmark (Nr. 791) rührt man mit zwei Löffeln Mehl glatt, gießt ein Quart Weißwein nebst etwas Wasser daran, auch etwas Zucker, lässt es unter häufigem Umrühren gut aufkochen, passiert die Sauce durch ein Sieb.

243. Hagebuttensauce

An vier Löffel eingekochtes Hagebuttenmark (Nr. 788) gibt man zwei Löffel Mehl, eine halbe Flasche Wein nebst etwas Wasser, Zucker, eine Nelke und ein Stückchen Zimt, lässt es gut aufkochen und gießt es durch ein Sieb.

244. Kirschensauce

Man wäscht ein halbes Pfund schwarze, gedörrte Kirschen in heißem Wasser und kocht sie mit einem Stück Zucker, Zimt und Nelken in Wasser weich. Dann nimmt man die Kirschen aus der Sauce heraus, stößt sie in einem Mörser, nicht zu stark, gibt sie in die Sauce zurück, staubt sie mit zwei Löffeln Mehl an, gibt eine halbe Flasche Wein, sowie etwas Wasser dazu und kocht sie gut aus. Man gießt die Sauce durch ein Haarsieb und gibt sie zu Pudding. Ebenso verfährt man mit frischen Kirschen.

245. Weichselsauce

Wird ebenso bereitet wie Nr. 244. Auch kann man frische Weichseln dazu verwenden.

246. Johannisbeersauce

Eine halbe Maß abgezupfte, gut gereifte Johannisbeeren werden mit einem viertel Pfund gestoßenen Zucker zum Feuer gesetzt, nach einmaligem Aufkochen mit zwei Löffel Mehl angestaubt, mit einer halben Flasche Wein und etwas Wasser verdünnt und gut ausgekocht. Vor dem Anrichten passiert man die Sauce durch ein Sieb. Sollte sie zu dünn sein, so rührt man einen Löffel Mehl mit etwas Sauce glatt, gibt dieses daran und lässt sie noch einmal aufkochen.

247. Erdbeersauce

Eine halbe Maß gut gereifte Erdbeeren werden mit einem viertel Pfund Zucker zum Feuer gesetzt; haben sie ein wenig gekocht, staubt man sie mit zwei Löffel Mehl an, gibt eine halbe Flasche Wein und etwas Wasser dazu, kocht es gut aus und passiert die Sauce durch ein Sieb.

248. Meerrettich in Fleischbrühe

Ein Stück Meerrettich wird abgeschält, eine Stunde in frisches Wasser gelegt und gerieben. Hierauf dünstet man ihn eine Viertelstunde in hellgelbem Einbrenn, verdünnt ihn mit kochender Fleischbrühe, würzt ihn mit Salz und Pfeffer und serviert ihn zum Rindfleisch.

249. Meerrettich in Fleischbrühe auf andere Art

Nachdem der Meerrettich fein gerieben ist, wird er mit einem Stückchen Butter, zwei Löffeln Mehl, etwas Salz und guter Fleischbrühe in einem Tiegel zu gehöriger Dicke angerührt, aufgekocht und sodann serviert.

250. Meerrettich mit Milch

Eine Stange Meerrettich wird rein abgeschält, gerieben, eine halbe Stunde in frisches Wasser gelegt, ein hellgelbes Einbrenn gemacht, der Meerrettich ein wenig darin gedünstet, und mit kochender Milch zu einem Brei angerührt. Alsdann gibt man einige fein gewiegte Mandeln, etwas Zucker und Salz dazu und kocht es gut aus.

251. Weiße Zwiebelsauce

Man röstet in einem Stückchen Butter einige Löffel Mehl bis es schäumt, dann gibt man zwei fein geschnittene weiße Zwiebeln hinein, lässt sie ein wenig anziehen, verdünnt sie mit kochender Fleischbrühe, gibt Salz, Pfeffer und einen Löffel Essig daran und kocht sie noch eine

Viertelstunde. Liebt man die Zwiebeln, so gießt man vor dem Anrichten dieselben nicht durch ein Sieb, sondern lässt sie in der Sauce.

252. Braune Zwiebelsauce

Ein Stückchen Schmalz wird mit zwei Löffeln Mehl und einem Stückchen Zucker hellgelb geröstet, eine Zwiebel in ganz kleine Stückchen zerschnitten hinein gegeben und geröstet, doch so, dass die Zwiebel nicht braun wird. Dann gießt man kochende Fleischbrühe daran und würzt sie mit Salz, Pfeffer und einem Löffel Essig und gießt diese Sauce vor dem Anrichten durch ein Sieb.

253. Sardellensauce

Zehn Sardellen werden rein gewaschen, von den Gräten befreit, mit einer kleinen Zwiebel und Petersiliengrün fein gewiegt, in einem Tiegel oder Kasserol mit einem Stückchen Butter gedünstet, mit einem halben Löffel Mehl angestaubt, gute Fleischbrühe daran gegossen, mit etwas Essig gesäuert und gut ausgekocht.

254. Sardellensauce auf andere Art

Zehn Sardellen werden rein gewaschen, von den Gräten befreit, mit einer halben Zwiebel und Petersilienkraut fein gewiegt, dann in hellgelbem Einbrenn gedünstet, mit kochender Fleischbrühe verdünnt, eine Viertelstunde gekocht, mit etwas Essig gesäuert und vor dem Anrichten durch ein Sieb gegossen.

255. Heringsauce

Ein Hering wird eine halbe Stunde in frisches Wasser gelegt, abgetrocknet, geklopft, die Haut abgezogen, von den Gräten befreit und mit einer halben Zwiebel, etwas Petersilienkraut und einer kleinen Zitronenschale fein gewiegt. In einem Kasserol oder Tiegel zerlässt man ein Stückchen Butter, röstet einige Löffel Mehl schön gelb, rührt es mit siedender Fleischbrühe dünn, gibt einen Löffel Essig daran und lässt es eine Viertelstunde kochen, gibt dann den gewiegten Hering hinein, lässt alles zusammen noch ein wenig kochen und gießt es vor dem Anrichten durch ein Sieb.

256. Senfsauce

Ein Stückchen Butter wird mit einem Löffel Mehl hellgelb geröstet, mit guter Fleischbrühe aufgegossen, mit etwas Salz und Pfeffer gewürzt, mit einem Löffel Essig gesäuert und vor dem Anrichten zwei Löffel Senf darunter gemengt.

257. Senfsauce zu harten Eiern

In einem kleinen Kasserol lässt man ein Stückchen Butter zerschleichen, nimmt es vom Feuer weg und mengt ein paar Löffel französischen Senf darunter, zerschneidet vier wachsweich gekochte Eier der Länge nach in zwei Teile, legt sie auf ein Plättchen, gießt den Senf darüber und serviert sie.

258. Kalte Sardellensauce

Sechs bis acht Sardellen werden rein gewaschen, von den Gräten befreit, fein gewiegt und durch ein Sieb passiert. Dann zerdrückt man sechs gekochte Eidotter, gibt Öl, Essig, Salz, Pfeffer, einen Löffel Senf und die durchpassierten Sardellen darunter und verrührt das Ganze gut.

Nach Belieben kann auch ein wenig spanischer Pfeffer darangegeben werden.

259. Schalottensauce

Das Gelbe von sechs hartgekochten Eiern wird zerdrückt, mit Öl glatt angerührt, Essig, Salz, Pfeffer und ein Löffel Senf darangegeben, zuletzt sechs Wachholderbeeren mit zwei Schalotten fein gewiegt, sechs durchpassierte Sardellen und eine Messerspitze spanischer Pfeffer dazu getan.

260. Trüffelsauce

In einem Tiegel zerlässt man ein Stückchen Butter, röstet darin ein paar Kochlöffel Mehl gelb, rührt dieses mit kochender Fleischbrühe glatt und verdünnt es mit etwas Rotwein. Ein paar Trüffel werden mit einer kleinen Zwiebel fein gewiegt und an die Sauce gegeben, welche man mit etwas Pfeffer, Salz und Essig würzt, und eine halbe Stunde kochen lässt.

261. Champignonsauce

Zwölf Stück Champignons werden gewaschen, mit einer Zwiebel und etwas Petersiliengrün sehr fein gewiegt; dann zerlässt man in einem Tiegel ein Stück Butter, dünstet die gewiegten Champignons darin, staubt etwas Mehl daran und gießt dann das Ganze mit kochender Fleischbrühe auf, salzt es und lässt es eine Viertelstunde aufkochen.

262. Eiersauce mit Schnittlauch

Sechs hart gesottene Eier werden vom Weißen befreit, das Gelbe in einer Schüssel fein zerdrückt, mit Öl verrührt und zuletzt etwas Essig daran gegossen, Salz und ein Büschelchen geschnittener Schnittlauch darunter gemengt.

Nach Belieben kann man das Weiße fein wiegen und nebst einem Löffelchen Senf dazu geben.

Statt des Schnittlauches lässt sich auch fein gewiegtes Petersiliengrün verwenden.

Fricandeaus, Ragouts und Voressen

263. Hirschfricandeau

Von einem halben Schlegel macht man zwei Fricandeaus, zieht die Haut ab, reibt sie mit Salz, Pfeffer und Piment gut ein, legt sie in einen Tiegel. Schneidet drei große Zwiebeln in Scheiben, kocht einen Schoppen Essig, drei Nelken, einige Wachholderbeeren, und gießt es über das Fleisch, lässt dies zwei bis drei Tage liegen. Dann spickt man das Fleisch, gibt es nebst etwas Suppenfett in einen Tiegel, ebenso die Zwiebeln, welche aber auf dem Boden liegen müssen und dünstet das Fleisch in der Beize weich. Sollte es zu früh einbraten, so gießt man Fleischbrühe nach. Das Fleisch muss weich und die Zwiebeln gelb sein. Dann legt man das Fleisch heraus, staubt die Zwiebeln mit einem Löffel Mehl an, füllt es mit guter Fleischbrühe auf, gibt ein Glas Rotwein daran und lässt alles gut aufkochen; dann gießt man die Sauce durch ein Sieb, legt das Fleisch hinein und kocht es bis vor dem Anrichten.

Hierauf schneidet man es in dünne Stückchen, welche man auf einer Platte schön ordnet und gießt die Sauce darüber. – Man gibt aufgeschmalzene Wassernudeln oder Kartoffelnudeln dazu.

264. Rehfricandeau

Man löst den Rehschlegel vom Beine aus; nachdem die Haut abgezogen, wird der Schlegel mit Pfeffer, Nelken und Piment eingerieben und in drei Stücke ausgelöst, zwei bis drei Tage in Essig gelegt.

Oder man macht Essig mit demselben Gewürze kochend, übergießt damit das Fleisch, schneidet Zwiebeln daran und lässt das Fleisch zwei bis drei Tage darin liegen, wendet es aber täglich um.

Das Fleisch wird hierauf mit ungeräuchertem Speck gespickt und leicht mit Salz besprengt. In einen Tiegel oder Kasserol gibt man ein Stück Butter oder Abschöpffett nebst der ganzen Beize, von der man, wenn sie zu viel, etwas zurücklässt, und dünstet darin das Fleisch unter öfterem Umwenden.

Sollte die Brühe zu sehr einkochen, gießt man Fleischbrühe, noch besser aber Rotwein nach. Dann legt man das Fleisch heraus, lässt die Zwiebeln braun werden, staubt dieselben mit einigen Löffeln Mehl an, füllt sie mit guter Fleischbrühe oder Schüh auf, lässt diese Sauce auf-kochen, passiert sie durch ein Sieb und lässt sie gut auskochen. Sollte die Sauce zu hell sein, rührt man während des Kochens derselben etwas Tauben- oder Schweinsblut daran. Hierauf gibt man das Fleisch hinein, kocht es noch ein wenig, schneidet es in feine Stücke, legt die-selben auf eine flache Schüssel, gießt die Sauce darüber und gibt es zu Tische. – Hierzu gibt man Kartoffeln, Butterteig oder Wasserspazen.

265. Rebhühner in Salmi

Vier oder fünf Rebhühner werden rein geputzt, innen mit Gewürz und Salz ausgerieben, auch außen etwas gesalzen. In einem Tiegel oder Kasserol werden sie mit einem Stückchen Butter oder Suppenfett, einigen Zwiebeln, etwas Zitronenmark, einem halben Lorbeerblatt, einem Löffel Fleischbrühe, auch einem halben Glas Rotwein weich gedünstet. Sind sie weich, legt man sie heraus, lässt die Zwiebeln gelb werden, schneidet jedes der Rebhühner in sechs Stückchen. Das Übrige wird im Mörser nebst etwas Hühnerleber, Fleisch – wenn man welches hat, damit die Sauce recht gut wird – zusammengestoßen, in das Kasserol wieder zurückgegeben, mit zwei Löffeln Mehl ange-staubt, gut verrührt, mit guter Fleischbrühe oder Schüh aufgefüllt. Doch soll die Sauce nicht zu dünn sein, sie wird gut ausgekocht und durch ein Haarsieb passiert. In dieser Sauce werden die Rebhühner noch ein wenig gekocht und, nach Belieben, mit einem Esslöffel Essig gesäuert. Dann legt man sie auf eine flache Schüssel heraus, gießt die Sauce darüber und garniert sie mit Butterteig.

266. Schnepfen in Salmi

Dieselben werden wie die Rebhühner Nr. 265 zubereitet. Nur streicht man hierbei Schnepfenkoth auf gebackenes Brot und garniert damit die Platte.

267. Wildenten in Sauce

Nachdem man die Wildenten rein gerupft, gewaschen und gut gewürzt hat, beizt man sie drei bis vier Tage in Essig. Alsdann gibt man in einen Tiegel ein Stück Butter oder Suppenfett, Zwiebeln aus der Beize, etwas Essig, salzt die Enten noch etwas und dünstet sie darin weich, indem man sie öfter umwendet, dann nimmt man die Enten heraus, schneidet jede in sechs schöne gleiche Stückchen, stößt die Abfälle und Leber mit den Zwiebeln im Mörser fein. Gibt sie wieder in den Tiegel zurück, staubt sie mit zwei bis drei Löffel Mehl an, gießt gute Fleischbrühe und ein Gläschen Rotwein daran, und lässt es gut auskochen, passiert die Sauce durch ein Sieb, legt dann die zerschnittene Ente hinein und lässt sie noch ein wenig aufkochen. Sollte es nicht pikant genug sein, kann man noch etwas Essig nachgeben. Auf dieselbe Art kann man auch zahme Enten bereiten. Sollte die Sauce nicht braun genug sein, so kann man während dem Kochen Tauben- oder Schweinsblut daran geben.

268. Gedünsteter Hase

Der in Stücke geschnittene Hase wird zwei bis drei Tage in die Beize gelegt, dann gibt man in einen Tiegel oder Kasserol ein Stück Butter oder Abschöpffett, salzt den Hasen leicht und dünstet ihn mit der Beize bis er weich ist. Währenddessen gießt man etwas Hasen- oder Schweinsblut daran. Ist der Hase weich, legt man ihn heraus, staubt die Sauce mit zwei Löffeln Mehl an, füllt sie mit Fleischbrühe an und lässt sie gut auskochen, worauf man sie durch ein Sieb passiert und den Hasen darin auskocht.

269. Hase in der Sauce

Der Hase wird rein gewaschen, jeder Schlegel in zwei und der Ziemer in sechs Stücke gleichmäßig zerhauen, dann mit einer halben Maß Wasser, einem Schoppen Essig, drei in Scheiben zerschnittenen Zwiebeln, einer gelben Rübe, Petersilienwurzel, einer Zitronenschale, Salz und Pfeffer zum Feuer gesetzt und weich gekocht.

Dann wird ein dunkelbraunes Einbrenn von Schmalz, Mehl und einem Stückchen Zucker gemacht, dieses mit dem Hasenabsud abgerührt und der Hase darin aufgekocht.

Der Hase auf einer Platte angerichtet und die Sauce durch ein Sieb darüber gegossen.

270. Hasenpfeffer

Von einem jungen Hasen wird der Kopf, von welchem die Augen ausgestochen werden, die Läufe, der Hals, die Brust, Leber und das Herz genommen, einen oder mehrere Tage in die Beize gelegt, dann ebenso verfahren wie bei Nr. 269. Kurz vor dem Anrichten gießt man eine halbe Tasse Hasen-, Tauben- oder Schweinsblut daran, lässt es nicht mehr kochen, sondern richtet den Hasenpfeffer sogleich an. Herz und Leber müssen etwas früher herausgelegt werden, wie das Übrige, da sie sonst hart würden.

Dazu gibt man Knödel, geröstete oder gesottene Kartoffeln.

271. Schwarzwildbret in brauner Sauce

Hierzu nimmt man die Brust, Bug oder die Rippen von einem jungen Schwein; dieses wird rein gewaschen in beliebige Stücke gehauen, in einem Tiegel oder Kasserol mit in Scheiben geschnittener Zwiebel, gelben Rüben, Sellerie, einer Zitronenschale, Lorbeerblatt, Pfeffer, Salz, zwei Nelken, Wachholderbeeren, dann halb Essig und Wasser weich gekocht, nach Belieben auch etwas Wein darangegeben.

Indessen röstet man Mehl in Schmalz mit einem Teelöffel gestoßenen Zucker dunkelbraun, füllt dieses, durch ein Sieb, mit dem Absud des Fleisches auf, und kocht es unter beständigem Rühren zu einer

Sauce, legt das Schwarzwildbret hinein und kocht alles zusammen noch einmal auf.

272. Schwarzwildbret mit saurer und süßer Sauce

Das Schwarzwildbret wird ganz wie Nr. 271 bereitet. Dazu gibt man die braune Sauce. Rührt Hagebuttenmark mit Wein glatt, verdünnt es noch mit Wein, Zucker nach Belieben, und serviert diese Sauce eigens dazu.

273. Wildhaschee mit verlorenen Eiern

Hat man übrig gebliebenes Wildbret von Hasen oder Reh, so wiegt man es fein zusammen mit einem Zitronenschnitzchen, einem Stückchen Speck und einigen ausgegräteten Sardellen, dünstet dieses in einem Stückchen Butter, staubt etwas Mehl oder rührt ein wenig Béchamel (Nr. 232) daran, nebst einem Löffel Suppe oder etwas Rotwein und kocht es gut auf.

Darauf setzt man verlorene Eier (Nr. 447).

274. Tauben auf Wildart

Die Tauben werden, nachdem ihnen der Kopf abgeschnitten, das Blut in Essig aufgefangen ist, gerupft, rein ausgenommen und gewaschen, mit heißem Essig übergossen, worin man sie zwei Stunden liegen lässt. Hernach werden sie mit Salz und Pfeffer gut von innen und außen eingerieben und in einem Tiegel mit einem Stück Butter oder Suppenfett, Zwiebeln, Wurzeln, Zitronenschale, etwas Essig weich gedünstet, alsdann herausgenommen und jede in zwei Hälften zerschnitten. Dann staubt man die Zwiebeln mit Mehl an, gießt gute Fleischbrühe nach, lässt sie gut auskochen, passiert sie durch ein Sieb und gibt sie nochmals in den Tiegel zurück. Sobald die Sauce kocht, gießt man etwas Taubenblut daran, legt die tranchierten Tauben in die Sauce, lässt sie noch ein wenig kochen und übergießt sie mit Sauce.

275. Hammelfleisch in Sauce

Dazu nimmt man Brust oder Rückgrat, haut es in beliebige Stücke, setzt sie mit Wasser und etwas Salz zum Feuer, schäumt es gut ab. Nachdem es halbweich ist, macht man ein hellgelbes Einbrenn, füllt dies mit guter Fleischbrühe auf, wiegt eine kleine Zwiebel und etwas Petersilie fein, gibt es an die Sauce, säuert diese mit Zitronensaft oder Essig und kocht das Fleisch darin weich.

276. Gedünstetes Hammelfleisch

Ist der Rücken in beliebige Stücke zerhauen, so lässt man Butter in einem Tiegel zerschleichen, gibt drei bis vier große, in Scheiben geschnittene Zwiebeln hinein, und dünstet so das gut gesalzene Fleisch unter fleißigem Umwenden. Sollte es zu stark einbraten, gießt man etwas Fleischbrühe daran. Wenn das Fleisch weich ist, legt man es auf eine Platte. Indessen werden die Zwiebeln, welche schön gelb geröstet sein müssen, mit zwei Esslöffeln Mehl angestaubt, mit guter Fleischbrühe aufgefüllt, mit Zitronensaft oder Essig gesäuert, das Fleisch hinein gelegt und alles noch einmal gut aufgekocht. Vor dem Anrichten wird das Fleisch auf eine Platte gelegt und die Sauce durch ein Sieb darüber gegossen.

277. Hammelfleisch mit Gurkensauce

Der Hammelschlegel wird geklopft, die Haut abgezogen, mit Pfeffer und Piment gewürzt und einen bis zwei Tage in Essig gelegt. Dann wird derselbe mit Salz eingerieben (nach Belieben kann man ihn auch spicken), in einem tiefen Tiegel nebst einigen Zwiebeln, einer gelben Rübe, einem Stück Suppenfett, einem Löffel Fleischbrühe und etwas Essig von der Beize weich gedünstet. Hierauf nimmt man den Schlegel heraus, staubt zwei Löffel Mehl an die Sauce, gießt eine Obertasse sauren Rahm daran, schneidet eine frische, rohe Gurke in Scheiben hinein und lässt alles gut auskochen, sollte es zu dick sein, gibt man noch einen Löffel Fleischbrühe dazu, passiert es dann durch ein Sieb, legt den Schlegel hinein und lässt ihn noch bis zum Anrichten kochen. Der Schlegel wird hierauf

in dünne Scheiben geschnitten und die Sauce außen herum gegossen. –
Dazu gibt man ganze oder geröstete Kartoffeln.

278. Kalbsfricandeau

Einem Kalbsschlegel zieht man die Haut ab, löst ihn vom Beine aus
und macht daraus drei Stücke. Ein halber Schlegel gibt zwei Fricandeaus. Diese spickt man dick mit gesalzenem Speck. Nimmt sodann
ein Kasserol, legt Butter (ein viertel Pfund auf einen halben Schlegel),
eine gelbe Rübe, zwei große Zwiebeln in Scheiben geschnitten, die
Fricandeaus darauf, übersalzt sie, gibt etwas Zitronensaft dazu, deckt
sie zu und dünstet sie langsam. Sollten sie nicht genug Saft ziehen,
gießt man etwas Fleischbrühe nach. Wenn das Fleisch weich ist, legt
man es heraus, staubt die Sauce mit zwei Löffeln Mehl an, verrührt
diese gut, und füllt kochende Fleischbrühe nach, nebst einem Gläschen Weißwein, doch so, dass die Sauce nicht zu dünn wird, worauf
man sie auskochen lässt. Die Sauce wird durch ein Sieb passiert, das
Fleisch hinein gelegt und noch ein wenig ausgekocht. Ist dies geschehen, zerschneidet man das Fleisch in feine Stückchen, setzt es wieder
zusammen, legt es auf eine Platte und gießt die Sauce darüber.

279. Kalbsbrust in Sauce

Die Kalbsbrust wird rein gewaschen, in Salzwasser oder Fleischbrühe
blanchiert, herausgenomen und dick gespickt.

In ein Kasserol gibt man ein Stück Butter, eine gelbe Rübe, zwei
Zwiebeln in Scheiben geschnitten, besprengt das Fleisch leicht mit
Salz, legt sie hinein, gibt etwas Fleischbrühe dazu und dünstet sie
schön gelb und weich unter öfterem Umwenden. Dann legt man das
Fleisch heraus, staubt die Sauce mit zwei Löffeln Mehl an, füllt sie
mit guter Fleischbrühe auf, reibt etwas Muskatnuss daran, auch ein
wenig Zitronensaft und Wein, oder stattdessen nur etwas Essig. Will
man jedoch nur eine kurze Sauce, so knetet man ein Stückchen Butter,
nussgroß, mit Mehl fein ab, gibt es in den Tiegel, rührt es mit dem
Kochlöffel bis es zerschlichen ist und gießt ein wenig Fleischbrühe
daran, es ist dann eine gelbe, gute Sauce, dann drückt man etwas Zit-

ronensaft daran, tranchiert das Fleisch und gießt die Sauce darüber. –
Dazu gibt man Kartoffeln.

280. Eingemachtes Kalbfleisch

Man schneidet das Kalbfleisch in beliebige Stücke, wäscht es in lauwarmem Wasser, salzt es ein wenig ein und lässt es eine Stunde liegen. Dann gibt man in einen Tiegel ein Stück Abschöpffett oder Butter, einen Löffel zerschnittene Zwiebeln, legt das Fleisch hinein und
dünstet es weich, indem man es hie und da umwendet. Ist es fertig,
legt man es heraus, staubt einen bis zwei Löffel Mehl daran, gießt gute
Fleischbrühe nach und lässt die Sauce mit dem Fleisch noch aufkochen. Vor dem Anrichten legt man das Fleisch auf die dazu bestimmte
Platte und gießt die Sauce durch das Sieb darüber. Man kann an die
Sauce auch ein wenig Zitronensaft oder einen Löffel Wein geben, nach
Belieben auch Essig.

281. Eingemachtes Kalbfleisch auf andere Art

Hierzu eignet sich am besten das Rückenstück oder die Brust.

Man röstet Mehl mit einem Stück Butter hellgelb, gießt gute
Fleischbrühe darauf, wiegt eine halbe Zwiebel, eine Zitronenschale
und ein wenig Petersiliengrün fein, rührt es an die Sauce, lässt dann
das in Stücke zerhauene Fleisch darin weich kochen.

Zuletzt gibt man ein wenig Zitronensaft oder einen Löffel Wein
daran.

282. Kalbsvögel

Von einem Kalbsschlegel werden lange breite Schnitze geschnitten,
geklopft, mit etwas Salz bestreut, dann ein dünnes Stückchen Speck
hineingelegt oder Petersiliengrün, Schalotten und Speck fein gewiegt,
hinein gestrichen, zusammengerollt, mit einem Faden zusammengebunden und mit einem Stück Butter gedünstet, bis sie weich und
schön gelb sind. Dann ein wenig mit Mehl angestaubt, etwas Suppe
daran gegossen, auch mit etwas Zitronensaft gesäuert.

Hierauf wird der Faden abgelöst, die s.g. Kalbsvögel auf eine Platte gelegt und die Sauce darüber gegossen oder eigens dazu gegeben.

283. Gespicktes Kalbsherz

Drei Kalbsherze werden in Fleischbrühe blanchiert, halbiert, schön gespickt und leicht mit Salz besprengt. Dann in einem Tiegel mit ein wenig Butter, Zwiebeln, einer gelben Rübe, einem Löffel Fleischbrühe so lange gedünstet, bis sie weich sind und die Zwiebeln anfangen gelb zu werden, dann heraus gelegt, die Zwiebeln mit etwas Mehl angestaubt, mit Fleischbrühe oder Schüh aufgefüllt und gut ausgekocht. Dann die Sauce durch ein Sieb passiert und die Kalbsherze darin noch ein wenig aufgekocht. Man kann auch etwas Essig, Wein oder Zitronensaft darangeben. Legt die Herze auf eine Platte, schneidet sie einige Male durch, fügt sie wieder schön zusammen und gießt die Sauce darüber.

284. Gespickte Kalbsleber

Ein Pfund Kalbsleber wird rein gewaschen, die Haut davon abgezogen, gut gespickt und gerade so verfahren wie bei den Kalbsherzen.

285. Kalbsleber in brauner Sauce

Man macht von Schmalz, Mehl und etwas Zucker ein dunkles Einbrenn, rührt es mit guter Fleischbrühe an, gibt eine Nelke, Pfeffer, Salz, fein geschnittene Zwiebeln, etwas Essig daran und lässt es auskochen. Die Kalbsleber wird rein gewaschen, abgehäutet, fein geschnitten in der Sauce ausgekocht, bis sie weich und nicht mehr blutig ist. Lässt man sie zu lange kochen, so wird sie hart.

286. Gansleber in Sauce

Die Gansleber wird rein gewaschen, mit Salz bestreut, in einem Tiegel mit sehr viel in Scheiben geschnittenen Zwiebeln und einem Stück Butter halb gedünstet. (Sie darf noch blutig sein.) Dann wird sie heraus auf einen Teller gelegt.

Die Zwiebeln lässt man gelb werden, staubt sie mit zwei Löffeln Mehl an, füllt sie mit guter Fleischbrühe auf, gießt ein Gläschen Weißwein daran, auch etwas Zitronensaft, lässt sie kochen, und passiert sie durch ein Sieb. Dann schneidet man die Leber in lange, fingerdicke Schnitze und kocht sie in obiger Sauce fertig. In die Sauce kann man auch Trüffel oder Champignons geben. – In der Regel gibt man geröstete Kartoffeln dazu oder garniert sie mit Butterteig.

287. Gansleber in brauner Sauce

Von einem Stück Schmalz und ein paar Löffeln Mehl macht man ein braunes Einbrenn, gibt ein Kaffeelöffelchen gestoßenen Zucker daran, füllt es mit guter Fleischbrühe auf, gibt etwas Salz, Pfeffer, eine Zitronenschale, etwas Essig, auch etwas Zitronensaft daran, lässt die Sauce auskochen, schneidet die Leber in feine Schnitze, legt diese in die Sauce und kocht sie eine Viertelstunde darin.

288. Saure Leber

Die Leber wird eingewässert, die Haut abgezogen und in feine Schnitzchen geschnitten, ebenso eine große Zwiebel ganz fein ausgeschnitten, gut mit Salz und Pfeffer bestreut. Dann lässt man auf einer flachen Pfanne ein Stück Butter oder Schmalz zerschleichen, röstet die Leber darin, indem man sie mit einem Schäufelchen öfter umwendet, staubt sie mit zwei Löffeln Mehl an, gießt etwas Essig und Fleischbrühe daran, lässt dies unter beständigem Umwenden mehrmals aufkochen, richtet die Leber auf einer Schüssel oder Platte an und bestreut sie mit fein gewiegter Zitronenschale.

289. Saure Nieren

Werden wie die vorstehend beschriebene Leber behandelt.

290. Eingemachte Hühner

Ein Stück Butter gibt man in einen Tiegel nebst zwei geschnittenen Zwiebeln, die Hühner dressiert man, salzt sie leicht und dünstet sie ganz darin. Inzwischen lässt man ein Stückchen Butter in einem Tiegel zerschleichen, rührt zwei Löffel Mehl daran, füllt es mit kochender Fleischbrühe auf, gibt den Saft, worin die Hühner gedünstet sind, daran, nebst einem Gläschen Wein und etwas Zitronensaft. Sollte es nicht genug gesalzen sein, gibt man Salz nach. Dann tranchiert man die Hühner, jedes in vier Teile und kocht sie noch ein wenig auf.

291. Eingemachte Hühner auf andere Art

Die Hühner werden rein gewaschen, in vier Teile zerschnitten, dann ein Stück Butter oder Suppenfett mit Mehl hellgelb geröstet und mit kochender Fleischbrühe unter beständigem Rühren aufgefüllt, dann die Hühner darin weich gekocht, zuletzt eine Zitronenschale und etwas Saft darangegeben, auch eine kleine Zwiebel mit etwas Petersilie fein gewiegt, an die Sauce gerührt.

292. Eingemachte Hühner mit Champignons

Zehn bis zwölf frische Champignons, nachdem sie in Würfel geschnitten und mit etwas Essig aufgekocht sind, werden, wenn die Hühner wie in Nr. 290 bereitet sind, oben auf die Hühner gestreut.

293. Hühner mit Blumenkohl

Es wird ebenso verfahren, wie bei Nr. 290 oder 291. Ehe man aber die Hühner zu Tische gibt, wird die Platte mit schönem, in Salzwasser abgekochtem Blumenkohl garniert.

294. Hühnerragout mit Zunge

Nachdem die Hühner rein geputzt, dressiert und gesalzen sind, lässt man sie eine Stunde ruhen, alsdann dünstet man sie in Butter mit starker Schüh und Trüffeln (welche in Rotwein gekocht sein müssen) in Ermangelung derselben nimmt man Morcheln oder frische Champignons und zerschneidet jedes der Hühner in sechs Stücke. Eine geräucherte Rindszunge wird nachts vorher in Wasser gelegt, am andern Tage drei Stunden gesotten, warm die Haut abgezogen und in halbfingerdicke Scheiben geschnitten. Man richtet die Hühner mit der Zunge im Kranz auf einer runden Platte an, indem man abwechselnd ein Stück Zunge und ein Stück Huhn legt, in die Mitte legt man die Trüffel, Morcheln oder Champignons.

295. Tauben in weißer Sauce

Sind die Tauben rein geputzt, dressiert, etwas gesalzen, werden sie mit Butter und Zwiebeln nebst etwas Fleischbrühe weich gedünstet, dann legt man sie heraus, staubt die Sauce mit zwei Löffeln Mehl an, füllt sie mit guter Fleischbrühe auf, gibt etwas Zitronensaft hinzu und lässt sie gut auskochen. Passiert dann die Sauce durch ein Sieb, tranchiert die Tauben jede in vier Stücke, legt sie hinein und kocht sie noch ein wenig in der Sauce. Beim Anrichten frikassiert man die Sauce mit einem Ei.

296. Lamm- oder Kitzfleisch in Sauce

Hierzu nimmt man das Vorderviertel, zerteilt es in beliebige Stücke, wäscht diese rein, gibt sie in gesalzenes siedendes Wasser, kocht sie eine Viertelstunde und legt sie dann in frisches Wasser. Inzwischen lässt man ein Stück Butter oder Abschöpffett in einem Tiegel zerschleichen, gibt zwei in Scheiben geschnittene Zwiebeln hinein, legt das Fleisch hinzu, überstreut es ein wenig mit Salz und drückt etwas Zitronensaft darauf. Ist das Fleisch weich, legt man es heraus, staubt die Sauce mit zwei Löffeln Mehl an, füllt sie mit guter Fleischbrühe auf, gibt etwas Weißwein oder Zitronensaft daran, lässt es gut auskochen, legt das Fleisch hinein und kocht es noch ein wenig. Beim Anrichten wird die Sauce mit einem Eidotter frikassiert. – Dazu gibt man kleine Brotklößchen.

297. Lamm- oder Kitzfleisch auf andere Art

Das in Stücke zerschnittene Fleisch wird gesalzen, in einem Tiegel oder Kasserol mit einem Stück Butter, in Scheiben geschnittener Zwiebel, einer gelben Rübe und einer Petersilienwurzel, alles klein geschnitten, weich gedünstet.

Sollte die Sauce zu sehr einbraten, so gießt man etwas Fleischbrühe daran, sollte es zu viel Sauce ziehen, gießt man dieselbe ab, damit Zwiebel und Wurzeln sich gut einbraten, zuletzt, wenn das Fleisch weich ist, gießt man gute Fleischbrühe daran. Die Stücke werden auf eine Platte gelegt und die Sauce mit etwas Zitronensaft durch ein Sieb darüber gegossen.

298. Kalbsgekröse in Sauce

Das Gekröse wird rein gewaschen, von den Drüsen befreit, in Salzwasser weich gesotten, dann in frisches Wasser gelegt, nudelartig geschnitten, eine gelbe Einmachsauce (Nr. 233) gemacht, mit Essig gesäuert und das Gekröse darin aufgekocht.

299. Kalbsfüße in der Sauce

Nachdem man die Kalbsfüße rein gewaschen, werden sie in Salzwasser weich gesotten, vom Knochen befreit, in beliebige Stücke zerschnitten, eine gelbe Einmachsauce (Nr. 233) bereitet und dieselben darin aufgekocht.

300. Lunge in Sauce

Wenn die Lunge in Salzwasser weich gekocht und dann erkaltet ist, wird sie fein und nudelartig geschnitten, dann lässt man Butter oder Abschöpffett mit Mehl und einem Stückchen Zucker braun rösten, gießt es mit kochender Fleischbrühe unter beständigem Rühren an, gibt eine Zwiebel mit einer Nelke besteckt, ein wenig Essig, ein Stück Zitronenschale, etwas Muskatnuss daran und lässt die Sauce mit der Lunge auskochen.

111

301. Bries oder Hirn in Buttersauce

Bries oder Hirn wird in Fleischbrühe weich gekocht, dann in kaltes Wasser gelegt. Alsdann lässt man in einem Tiegel oder Kasserol ein Stück Butter zerschleichen, rührt zwei Löffel Mehl hinein, gießt kochende Fleischbrühe daran nebst etwas Weißwein oder Zitronensaft und gibt eine ganze Zwiebel dazu. Lässt es gut auskochen, schneidet Bries oder Hirn in beliebige Stückchen, legt sie hinein und kocht sie noch einmal auf. Beim Anrichten frikassiert man sie mit einem Ei.

302. Kalbshirn oder Bries in gelber Sauce

Von Butter und Mehl mache man ein hellgelbes Einbrenn, fülle es mit guter Fleischbrühe auf, gebe etwas Salz, ein Stückchen Zitronenschale und ein wenig Saft daran und lasse es gut aufkochen. Das Kalbshirn wässert man gut aus, lässt es in kochendem Wasser zwei bis dreimal aufsieden, nimmt es heraus, legt es wieder in frisches Wasser, schneidet es in zwei bis drei Stücke und kocht es in der Sauce nochmals auf.

303. Gansjung (Ganspfeffer) mit Blut

Dazu nimmt man den Kopf, Hals, Flügel, Füße, Magen, Herz und Leber. Dem Kopf sticht man die Augen aus, haut den Schnabel ab, teilt den Hals in zwei Teile, ebenso die Flügel und die Füße, von denen die Zehen entfernt werden müssen. Dieses alles wird mit einer halben Maß Wasser, einem Schoppen Essig, zwei in Scheiben geschnittenen Zwiebeln, sowie einer gelben Rübe, einer Petersilienwurzel, Salz und Pfeffer zum Feuer gesetzt und weich gekocht. Dann macht man ein dunkles Einbrenn mit einem Stückchen Zucker, füllt es mit dem Absud auf und kocht das Gansjung noch einmal darin auf; zuletzt rührt man das Blut daran. Die Leber wird in beliebige Stücke geschnitten und erst eine Viertelstunde vor dem Anrichten in der Sauce weich gekocht.

304. Gansjung (Ganspfeffer) in eingemachter Sauce

Man putzt und zerhaut das Gansjung wie in der vorhergehenden Nummer, lässt ein Stück Butter in einem Tiegel zerschleichen, rührt Mehl,
soviel es annimmt, daran und röstet es hellgelb. Dann gießt man es mit
guter Fleischbrühe auf, gibt eine Zitronenschale und etwas Saft daran,
legt das Gansjung hinein und kocht es in dieser Sauce gut weich. Zu
bemerken ist, dass die Leber, nachdem sie in vier Stücke zerschnitten
ist, erst eine Viertelstunde vor dem Anrichten in der Sauce gekocht
werden darf, da sie sonst hart wird.

305. Eingemachte Kalbszungen

Man bereitet eine gelbe Einmachsauce (Nr. 233), die Kalbszungen
werden in Wasser oder Fleischbrühe gesotten, ihnen die Haut abgezogen, der Länge nach halbiert und noch ein wenig in der Sauce aufgekocht.

306. Rindszunge mit Zwiebelsauce

Die Zunge wird rein gewaschen, in Salzwasser weich gesotten, abgehäutet, in fingerdicke Schnitten geschnitten, jedoch erst, wenn die
nachstehend beschriebene Sauce fertig ist.

In einem Tiegel oder Kasserol lässt man ein Stück frisches Rindschmalz zerschleichen, gibt Mehl, soviel es annimmt und ein Stückchen
fein gestoßenen Zucker hinein und röstet es schön braun; kurz, ehe das
Einbrenn braun ist, gibt man einen Löffel fein geschnittene Zwiebeln
hinein und lässt sie mitrösten, füllt dann unter beständigem Rühren das
Einbrenn mit guter Fleischbrühe auf, gießt etwas Essig, Salz und Pfeffer, einige Nelken, ein Lorbeerblatt, eine Zitronenschale, auch etwas
Bratenbrühe daran und lässt die Sauce noch eine Viertelstunde kochen,
legt die zerschnittene Zunge hinein, kocht sie noch einige Male auf,
legt sie dann heraus und gießt die Sauce durch ein Sieb darüber.

307. Rindszunge mit saurem Rahm

Wird wie Nr. 306 bereitet, zuletzt vor dem Anrichten rührt man zwei bis drei Löffel guten sauren Rahm unter die Sauce, lässt alles zusammen aufkochen und gibt einen Esslöffel Kapern hinein.

308. Rindszunge mit Sardellensauce

Wird wie Nr. 306 behandelt, nur nimmt man statt der Zwiebeln fein gewiegte, ausgegrätete Sardellen. Die Sauce darf gar nicht gesalzen werden, da sie sonst zu scharf würde.

309. Ochsenschweif

Ein Ochsenschweif wird rein gewaschen, in zweifingerdicke Stücke zerhauen, in einen Tiegel mit etwas Salz, Pfeffer, Nelken, Piment, einigen Wachholderbeeren, einer gelben Rübe und einer Zwiebel in Scheiben geschnitten und in einer halben Maß Essig zwei bis drei Tage gebeizt. Dann mit dem nötigen Wasser aufgefüllt und gekocht, bis er ganz weich ist. Von Schmalz, Mehl, und einem Stückchen Zucker wird, dann ein dunkles Einbrenn gemacht, der Schweif herausgelegt, die Beize, worin der Schweif gekocht ist, abgefettet, das Einbrenn unter beständigem Rühren damit aufgefüllt, die Sauce gut gekocht, dann durch ein Sieb gegossen, der Schweif wieder hineingelegt und alles zusammen noch ein wenig aufgekocht.

310. Ochsengaumen

Derselbe wird, nachdem er rein geputzt ist, in Salzwasser weich gekocht, dann in kaltes Wasser gelegt und nudelartig oder viereckig geschnitten.

Dann eine braune Sauce wie zur Zunge (Nr. 306) bereitet, der Ochsengaumen darin aufgekocht und so zu Tische gebracht.

311. Ochsenhirn

Das Hirn legt man einige Zeit in lauwarmes Wasser, dann wird es in kochendem Salzwasser mit Nelken und Pfefferkörner einige Male aufgekocht, darauf in kaltes Wasser gelegt. Indessen bereitet man eine braune Sauce nach Nr. 261. Schneidet das Hirn in zwei bis drei Stücke, kocht es einige Male in der Sauce auf und bringt es so zu Tische.

312. Kalbshirn in brauner Sauce

Man bereitet ein braunes Einbrenn, füllt es mit guter Fleischbrühe auf, gießt Essig daran, gibt Salz, etwas Pfeffer, eine ganze Zwiebel, worin man eine Nelke steckt, hinzu und kocht die Sauce gut aus. Mit dem Hirn verfährt man wie bei Nr. 310, kocht es in der Sauce nochmal auf und gibt es dann zu Tische.

313. Lungenknopf

Eine Kalbslunge wird rein gewaschen, in Salzwasser weich gesotten, von der Gurgel befreit, mit einer Zwiebel, Petersilienkraut und einer Zitronenschale ganz fein gewiegt. Dann werden fünf Loth Butter oder Abschöpffett schaumig abgetrieben, vier bis fünf ganze Eier daran gerührt, hierauf die gewiegte Lunge, sowie eine Handvoll Bröseln, Salz, Pfeffer, Muskatnuss hineingegeben, eine Serviette gut mit Butter ausgestrichen, die Masse hineingefüllt, leicht zugebunden, in einen tiefen Hafen in kochendem Salzwasser drei Viertelstunden gesotten, die Serviette dann aufgebunden, der Lungenknopf auf eine runde Platte gelegt und mit einer Einmachsauce übergossen.

314. Leberknopf

Ein Pfund Kalbsleber wird rein gewaschen, die Haut abgezogen, auf dem Wiegbrett rein aus den Sehnen geschabt, mit einer Zwiebel, etwas Zitronenschale und ein wenig Petersiliengrün fein gewiegt. Dann zehn Loth Abschöpffett schaumig gerührt, sechs bis acht Eidotter darangeschlagen, dieses mit der Leber, Salz, Pfeffer, etwas Muskatnuss, drei ganzen, in Milch eingeweichten und fest ausgedrückten Milchbroten gut durcheinandergemischt. Hieraufwird der Schnee von den verwendeten Eiern daruntergehoben, eine Form mit Butter gut ausgestrichen, mit Bröseln ausgestreut und im Rohre drei Viertelstunden gebacken, dann gestürzt und der Knopf mit einer Buttersauce übergossen.

Braten

315. Indian (Truthahn)

Nachdem man den Indian durch Abschneiden der Gurgel getötet hat, rupft und putzt man ihn rein, lässt die Flügel daran, schneidet die Füße ab und legt ihn eine halbe Stunde in lauwarmes Wasser. Dann reibt man ihn außen mit Salz und innen mit Salz und Pfeffer ein und lässt ihn zwei bis drei Stunden liegen. In eine Bratpfanne gibt man einen halben Schoppen Wasser, legt den Indian hinein, bestreicht ihn fleißig mit Butter und lässt ihn unter öfterem Umwenden zwei Stunden braten. Besser noch ist, wenn der Indian trocken gerupft und zwei Tage im Keller liegengelassen wird.

316. Gefüllter Indian

Nachdem der Indian abgestochen, rein geputzt und eingesalzen ist, untergreift man ihn beim Hals wie eine Taube und gibt folgende Fülle hinein: vier Loth Butter wird schaumig gerührt, drei ganze Eier eines nach dem andern hineingerührt, Leber, Herz und etwas Petersiliengrün, sowie eine kleine Zwiebel, recht fein gewiegt, so viel Bröseln, dass es wie ein lockerer Knödelteig wird, darangegeben, ebenso etwas Muskatnuss, eine Prise Pfeffer und Salz. Dann wird der Indian gut zugenäht und ebenso gebraten wie der vorstehende. Bei Belieben können auch einige gesottene Kastanien zur Fülle genommen werden.

317. Kapaun

Wird abgestochen wie der Indian, trocken gerupft, flammiert, damit die kleinen Federn weggehen, oder gebrüht und dann rein geputzt. Nach dem ersteren Verfahren muss er in lauwarmes Wasser gelegt, gut mit Seife eingerieben und mehrmals gewaschen werden, damit man nichts von den versengten Federn riecht. Dann wird er rein ausgenommen, von außen mit Salz, von innen mit Salz und Pfeffer gut eingerieben und zwei Stunden liegengelassen. Gebraten wird er wie ein Indian. Im Falle dass er sehr fett ist, wird er weniger mit Butter übergossen, sondern mit der eigenen Sauce.

318. Gebratene Gans

Am besten ist es, wenn die Gans am Abend vor der Benützung abgestochen und geputzt wird. Den andern Tag reibt man sie außen gut mit Salz, innen mit Salz und Pfeffer ein und lässt sie zwei bis drei Stunden ruhen. Alsdann gießt man in eine Bratpfanne etwas Wasser, legt die Gans hinein und lässt sie langsam braten, wendet sie dabei fleißig um und begießt sie mit der eigenen Sauce. (Sollte die Gans sehr fett sein, so sticht man sie nach einer Stunde mit einer Gabel namentlich unter die Flügel.)

Das Fett, welches sich sammelt, gießt man ab und gibt immer etwas heißes Wasser nach. In zwei bis drei Stunden ist die Gans fertig.

319. Gefüllte Gans

Wenn die Gans rein geputzt ist, so salze man sie ein und lasse sie zwei Stunden ruhen. Um 2 kr. Milchbrot wird in kalter Milch eingeweicht, ausgedrückt, die Leber mit Zitronenschale, Petersilienkraut, einer halben Zwiebel fein gewiegt, ein wenig Butter (3 Loth) abgetrieben, drei Eier daran geschlagen, dies alles mit sechs weich gekochten, abgeschälten und in kleine Stücke geschnittenen Kastanien verrührt, Salz und etwas geriebene Muskatnuss darangegeben, in die Gans eingefüllt und gut zugenäht. Man gibt etwas Wasser in die Bratpfanne, legt die Gans hinein und lässt sie langsam braten. Während dem gießt man fleißig das Fett ab und wendet die Gans öfter um. Ist sie halb fertig und sehr fett, so stupst man sie, namentlich unter den Flügeln mit einer Gabel, damit alles Fett sich ausbrate. In zwei bis drei Stunden ist sie fertig.

320. Gans mit Kartoffeln gefüllt

Schöne runde, gleiche Kartoffel werden abgeschält und nicht zu weich in Salzwasser gekocht, in die noch rohe Gans eingefüllt, gut zugenäht und ebenso verfahren wie unter Nr. 319 beschrieben.

321. Gebratene Ente

Wird ebenso verfahren, wie bei der Gans; wird die Ente gefüllt, so ist das Gleiche zu beobachten, jedoch im Verhältnis weniger Fülle zu bereiten.

322. Junge Hühner

Nachdem die Hühner abgestochen sind, werden sie gebrüht, doch nicht zu heiß, da sonst die Haut abgeht; sind sie von den Federn rein, werden sie ausgenommen und eine Viertelstunde in lauwarmes Wasser gelegt, da sonst das Fleisch gerne rau und trocken wird. Die Füße biegt man ein, steckt Magen und Leber unter die Flügel und brät sie am Spieß. Während des Umdrehens betropft man sie hie und da mit zerlassener Butter. Will man die Hühner im Rohr braten, legt man sie in eine flache Bratpfanne, gießt etwas Wasser daran, bestreicht sie fleißig mit Butter und wendet sie öfters um.

Man gibt Salat oder Kompott dazu.

323. Gefüllte junge Hühner

Sind die Hühner geputzt, gewaschen, ausgenommen und mit Salz eingerieben, wird die Haut vom Halse an mit dem Finger untergriffen, dann gibt man folgende Fülle hinein: Ein Stückchen Butter oder Suppenfett wird gut abgetrieben, einige Eier daran gerührt, Semmelbröseln mit etwas Milch angefeuchtet und daran gerührt, die Leber, eine halbe Zwiebel mit etwas Petersilienkraut fein gewiegt und darunter gerührt, ebenso etwas Salz und Muskatnuss. Nachdem sie, jedoch nicht zu voll, eingefüllt sind, da sie gerne aufspringen, werden sie zugebunden und im Rohr unter öfterem Umwenden und Bestreichen mit Butter gebraten.

324. Junge gefüllte Tauben

Den Tauben wird der Kopf und die Füße abgeschnitten, dann werden sie rein gerupft und ausgenommen, hierauf die Haut vom Hals an über der Brust untergriffen und vom Fleisch abgelöst; dies muss sehr sorgfältig geschehen, damit die Haut nicht zerreißt. Dann werden sie rein ausgewaschen, außen mit Salz, innen mit Salz und Pfeffer gut eingerieben und eine Stunde liegengelassen.

Dann wird folgende Fülle bereitet: Ein Stückchen Butter oder Abschöpffett wird schaumig gerührt, Eier daran geschlagen (auf vier Tauben zwei ganze Eier), von 2 Kreuzern Milchbrot die Bröseln, Herz und Leber von den Tauben, eine halbe kleine Zwiebel und Petersiliengrün fein gewiegt, sowie auch Salz und etwas Muskatnuss darangegeben. (Besser ist's, wenn man die Bröseln vorher mit kalter Milch ein wenig anfeuchtet.) Füllt dann die Brusthaut mit einem Teelöffel nicht zu voll ein, bindet sie oben am Halse zu, gibt die gefüllten Tauben in eine flache Bratenpfanne mit etwas Wasser, wendet sie während des Bratens öfter um und bestreicht sie mit Butter. Nach einer Stunde sind sie fertig.

Eine andere Fülle bereitet man, indem man um 2 kr. Milchbrot feinblätterig aufschneidet, mit etwas heißem Schmalz und dann mit kochender Milch übergießt und weichen lässt; dann Herz und Leber mit Zwiebeln und Petersilienkraut fein wiegt, zwei ganze Eier und Salz daruntermischt, alles gut vermengt und nach einer Stunde einfüllt.

325. Tauben als Rebhühner

Man schneidet den Tauben Köpfe und Füße ab, rupft sie, nimmt sie rein aus, wäscht und salzt sie. Dann macht man guten Weinessig mit Pfeffer, Nelken, einem Lorbeerblatt kochend und übergießt die Tauben drei bis viermal damit. In dieser Beize bleiben sie zwei Tage liegen, wonach man sie herausnimmt, jede mit Speck einbindet oder mit gesalzenem Speck fein spickt und in einem zugedeckten Tiegel mit Butter wie die Rebhühner Nr. 325 brät.

Dazu gibt man Salat.

326. Gebratenes Rebhuhn

Dasselbe wird gerupft, ausgenommen, ausgewaschen, mit Salz und Pfeffer eingerieben, dressiert, mit feinem Speck gespickt oder auch nur die Brust mit einem feinen Stück Speck eingebunden und mit einem Stück Butter oder Suppenfett in einem Tiegel oder Kasserol gebraten. Hie und da wird ein wenig Fleischbrühe oder Wasser nachgegossen. Zuletzt ebenso verfahren wie beim Fasan Nr. 329.

327. Gespickte wilde Tauben

Die wilden Tauben werden drei bis vier Tage in Essig gelegt und dann ebenso behandelt wie Wildenten Nr. 332.

328. Haselhühner

Werden gespickt und gebraten wie Rebhühner Nr. 326.

329. Gebratener Fasan

Ein gut abgelegener Fasan wird gerupft, sorgfältig ausgenommen, flammiert und ausgewaschen, mit ein wenig Salz eingerieben, dressiert, mit einem handgroßen Stück Speck eingebunden und in einem Tiegel oder Kasserol mit einem Stück Suppenfett gebraten. Damit er nicht anbrennt, wird später etwas Fleischbrühe oder heißes Wasser nachgegossen und fleißig umgewendet. In einer Stunde ist er gewöhnlich fertig, wonach er herausgelegt, das Fett abgegossen und etwas Fleischbrühe dafür hineingeschüttet wird. Die Sauce wird, wenn der Fasan tranchiert ist, daran gegossen. Gibt man ihn ganz zu Tisch, wird der Kopf, welchen man mit den Federn abhackt, mit einem Hölzchen an die Stelle gesteckt, wo er hingehört und die Sauce eigens serviert. – Dazu gibt man gekochtes Sauerkraut oder Kartoffeln.

330. Gebratene Schnepfen

Dieselben werden gerupft, die Kopfhaut bis zum langen Schnabel abgezogen, die Augen ausgestochen. Dann werden sie drei bis vier Tage in Rotwein gelegt, die Eingeweide herausgenommen, die Schnepfe mit Salz und Pfeffer eingerieben, die Brust mit dünnem Speck eingebunden, dann gibt man sie mit einem Stück Butter oder Suppenfett in einen Tiegel oder Kasserol und brät sie unter fleißigem Umwenden mit etwas Rotwein von der Beize eine Stunde, dann wird der Bindfaden abgelöst, die Schnepfe auf eine Platte gelegt, die Sauce durch ein Sieb darüber gegossen und rund herum mit Schnepfenbrot garniert.

Dieses Schnepfenbrot (Schnepfenkoth) wird auf folgende Weise bereitet:

Der Magen wird entfernt, das ganze übrige Eingeweide aber wird mit einer kleinen Zwiebel, etwas Zitronenschale, etwas Petersiliengrün und einem Stückchen Speck fein gewiegt. Darauf Salz, Pfeffer, etwas Muskatnuss und zwei Kaffeelöffel feine Brösel darangegeben, und das Ganze in ein wenig Butter gedünstet, Rotwein daran gegossen und kochen gelassen, bis es gleich einer dicken Farce ist. Dann wird rundes Milchbrot abgeschält, in dünne Scheiben geschnitten, in Schmalz gebacken, der sogenannte Koth darauf gestrichen und die Platte damit garniert.

331. Auerhahn, Birkhahn

Dieselben werden gerupft, flammiert, rein gewaschen, mit Gewürz eingerieben, fünf bis sechs Tage in einer Beize von einem halben Schoppen Essig, einem Glas Rotwein, Zwiebeln, einer gelben Rüben gelegt und täglich umgewendet. Dann werden sie herausgenommen, mit Salz eingerieben, dressiert und dick gespickt, die Beize in einen Tiegel oder Kasserol gegossen, auf den Auerhahn oder Birkhahn ein Stückchen Butter oder Abschöpffett gelegt, und dieselben gedünstet. Wenn sie fast weich sind, legt man noch ein Stückchen Fett darauf und stellt sie ins Rohr, damit sie Farbe bekommen. Sind sie fertig, gießt man das Fett ab, etwas Fleischbrühe oder Rotwein daran und passiert die Sauce durch ein Sieb. Man lässt dieselbe gut auskochen, tranchiert den Auerhahn oder Birkhahn, legt sie auf eine Platte und gießt die Sauce neben herum. Dazu gibt man Salat oder Kompott.

332. Wildgans

Wird ebenfalls gebraten wie er Auerhahn Nr. 330; nur wird sie nicht in Rotwein, sondern in einer Beize von Essig und einigen zerdrückten Wachholderbeeren gelegt und gut gespickt.

333. Wildenten

Werden gebeizt und gebraten wie die Wildgans. An die Sauce wird, nachdem sie passiert ist, etwas Rotwein gegossen und aufgekocht. Man gibt geröstete Kastanien dazu und garniert die Platte mit denselben.

334. Gebratene Wacholderdrossel

Nachdem die Krammetsvögel gerupft, flammiert und rein gewaschen sind, werden einige Wachholderbeeren mit Salz fein gestoßen, die Vögel damit eingerieben, mit Pfeffer gewürzt und in einem Tiegel oder Kasserol mit einem Stück Suppenfett oder Butter schön gelb gebraten, hie und da umgewendet und etwas Fleischbrühe nachgegossen. Sie müssen sehr stark gebraten werden, da man sonst die Knochen nicht zerbeißen kann.

Besser sind sie am Spieß gebraten; wenn sie fast fertig sind, werden sie mit Butter übergossen und mit feinen Bröseln bestreut.

335. Gebratene Wachteln

Dieselben werden ebenso wie die Wacholderdrossel Nr. 334 gebraten, nur nicht mit Wachholderbeeren eingerieben. Da die Wachteln meistens sehr fett sind, so brät man sie bei schneller Hitze und nimmt vor dem Anrichten das Fett von der Sauce. Gedünstetes Sauerkraut eignet sich am Besten als Beilage.

336. Rehziemer

Der Rehziemer wird mit einem Tuch abgerieben, drei bis vier Tage oder eine Woche in Essig gelegt, täglich umgewendet, dann abgehäutet, mit Salz, Pfeffer, Piment, drei Wachholderbeeren, Nelkengewürz eingerieben und gleichmäßig gespickt. Dann gibt man vier große in runde Scheiben geschnittene Zwiebeln, eine Scheibe Zitronenmark, eine schwarze Brotrinde in eine Bratpfanne, gießt ein wenig Beize daran, legt den Ziemer hinein, belegt ihn oben mit ein paar Stückchen Butter oder Suppenfett und brät ihn weich, indem man ihn fleißig mit der Brühe und hie und da mit einem Löffel saurem Rahm übergießt. Wenn er weich ist, wird er herausgelegt. Um dann die Sauce zu bereiten, lässt man die Zwiebeln gelb werden, staubt zwei Kochlöffel Mehl daran, füllt sie mit guter Fleischbrühe, besser Schüh, auf, gießt ein Gläschen Wein daran und lässt dieselbe gut auskochen, dann passiert man sie durch ein Haarsieb.

Der Ziemer wird in kleine dünne Stückchen tranchiert, auf eine gewärmte Platte gelegt und mit etwas Sauce übergossen. Die übrige Sauce wird in einer Sauciere eigens serviert. – Dazu gibt man Kartoffelsalat oder Kompott.

337. Gebratener Rehschlegel

Derselbe wird bereitet wie der Ziemer, Nr. 336, braucht aber etwas länger zum Braten. Das Wildbret kann nach Belieben auch nicht in die Beize gelegt werden; man nimmt dann beim Braten statt der Beize einige Esslöffel Essig oder Zitronensaft.

338. Gebratener Hase

Der Hase wird ausgezogen, der Kopf mit dem Hals, die Vorderläufe und die Brust abgeschnitten, so zwar, dass nur die Schlegel am Ziemer bleiben. Dann wird er drei bis vier Tage in Essig gelegt, der Ziemer abgehäutet, mit Salz, Pfeffer nebst etwas Nelkengewürz gut eingerieben und mit länglich fein geschnittenem Speck gespickt. Hierauf schneidet man drei Zwiebeln und Wurzeln in die Bratpfanne, legt den

Hasen hinein, gibt einige Stückchen Butter darauf, gießt etwas Beize daran und brät ihn weich. Während dem Braten wird er hie und da mit saurem Rahm begossen und wenn er fertig ist, herausgelegt.

Die Zwiebel lässt man gelb braten, staubt sie mit einem Löffel Mehl an, füllt Fleischbrühe darauf, und lässt dieselbe mit drei bis vier Löffeln saurem Rahm auskochen. Sollte die Sauce nicht sauer genug sein, gibt man etwas Essig daran, passiert sie durch ein Sieb und gießt sie über den Hasen.

339. Gebratener Hirschziemer oder Schlegel

Wird ebenso bereitet wie Rehfleisch Nr. 336; der Hirschziemer braucht übrigens eine Stunde länger zum Braten.

340. Gemsbraten

Wird bereitet wie der Rehziemer Nr. 336. Dazu gibt man Salat oder Kompott.

341. Gebratenes Schwarzwildbret

Das Schwarzwildbret muss zwei bis drei Tage, nachdem es gesalzen und gepfeffert ist, gebeizt werden; man nimmt den Schlegel dazu. Aus der Beize wird es herausgenommen, mit Salz, Pfeffer, gestoßenen Nelken, einigen zerdrückten Wachholderbeeren eingerieben und nun mit zerschnittenen Zwiebeln, etwas Beize, Fleischbrühe unter öfterem Begießen langsam gebraten und ein Glas Rotwein daran gegossen. Ist das Schwarzwildbret halb ausgebraten, zieht man ihm die schwarze Haut ab und lässt es dann schön gelb braten, wendet es aber nicht mehr um. Dann wird die Sauce durchpassiert und verfahren wie beim Wildbret. – Dazu gibt man Kartoffeln oder Salat.

342. Gebratenes Schweinefleisch

Jedes beliebige Stück vom Schwein kann hierzu verwendet werden. Man wasche das zu bratende Stück, reibe es gut mit Salz, Pfeffer und etwas Kümmel ein und lasse es zwei Stunden liegen. Dann wird es, indem man etwas Wasser zugibt, in der Röhre gebraten. Während des Bratens begießt man es öfter mit der eigenen Sauce. Wenn es fertig ist, richtet man es auf einer Platte an, nimmt das Fett von der Sauce ab, gießt diese durch ein Sieb und serviert sie eigens mit dem Braten. Wird das Schweinefleisch mit der Schwarte gebraten, so muss die Schwarte kreuzweis zwei Finger breit von einander durchschnitten werden, damit es leichter zu tranchieren ist. Die Haut muss rösch sein.

343. Gefüllte Schweinsbrust

Eine Schweinsbrust wird ausgebeint und untergriffen oder in diesem Zustand schon vom Metzger genommen, gewaschen und mit Salz und Pfeffer eingerieben. Drei Milchbrote schneidet man feinblätterig auf, brüht sie mit kochender Milch an, mengt sie gut durcheinander und lässt sie bis zum völligen Durchweichen stehen; dann rührt man vier ganze Eier, Salz, etwas fein gewiegte Zwiebel und Petersiliengrün nebst Muskatnuss hinein, füllt diese Masse in die Brust und näht sie mit einem starken Faden zu. Nun legt man sie in eine passende Bratpfanne, gießt einen Schöpflöffel Wasser oder Fleischbrühe dazu und brät sie unter fleißigem Begießen und Umwenden zwei Stunden. Dann nimmt man sie heraus, befreit sie vom Faden und schneidet sie in Stücke. Von der Sauce wird das Fett abgegossen und dieselbe in einer Sauciere serviert.

344. Gebratenes Spanferkel

Das Spanferkel wird gewöhnlich drei bis vier Wochen alt abgeschlachtet. Das Abstechen geschieht mittelst eines Stiches durch den Hals in die Brust ins Herz. So lange es noch warm ist, reibt man es mit fein gestoßenem Pech ein, überbrüht es sogleich mit kochendem Wasser und fährt mit der Hand gegen die Borsten, welche augenblicklich abgehen; nun wird das Spanferkel aufgemacht, ausgenommen und recht rein gewaschen. Ist es etwas abgetrocknet, so wird es gut mit Salz und von innen auch mit Pfeffer eingerieben, zierlich dressiert, in eine passende niedere eiserne Bratpfanne gelegt und zwei Stunden gebraten. Ist die Haut abgetrocknet, so überstreicht man sie mit Bier, worin ein Stückchen Schmalz zergangen. Zuletzt überstreicht man es öfter mit einer Speckschwarte. Die Haut muss gelbbraun und sehr rösch sein. Es muss sehr langsam gebraten werden.

345. Lamm- oder Kitzbraten

Man haut von dem Tiere Schulter und Brust ab, so dass es ganz die Gestalt eines zum Braten zugerichteten Hasen hat, wäscht es rein, reibt es außen mit Salz, innen mit Salz und Pfeffer ein und legt es, indem man einen Schöpflöffel Wasser hinzugibt, in eine Bratpfanne. Es wird unter öfterem Bestreichen mit Butter bei einem starken Feuer eine Stunde gebraten. Es wird einige Mal umgewendet, jedoch so, dass zuletzt der Rücken oben liegt. Der Braten wird in Stücke zerhauen und die Sauce eigens zu Tisch gegeben.

346. Gefülltes Lammsviertel

Das vordere Viertel eines Lammes wird rein gewaschen, gesalzen und behutsam untergriffen, damit es kein Loch bekommt. Dann treibt man in einer Schüssel zwei Loth Butter ab, bis sie schaumig ist, gibt zwei Eier und so viel Semmelbrösel daran, bis es so dick wie ein leichter Knödelteig ist, ferner Salz, eine halbe kleine Zwiebel und etwas fein gewiegtes Petersilienkraut. Diese Fülle wird eingefüllt, die Öffnung gut zugenäht, das Lammsviertel in eine Bratpfanne nebst einem Schöpflöffel Wasser gelegt, öfter mit Butter bestrichen und schön hellgelb gebraten. In einer Stunde ist es fertig.

347. Gebratener Hammelschlegel (Schafschlegel)

Der Schlegel soll nicht schwerer als sechs bis sieben Pfund, von einem jungen Tier, und drei bis vier Tage abgelegen sein. Er wird rein gewaschen, gesalzen, gepfeffert, mit Piment eingerieben und zwei Stunden liegengelassen, hierauf in eine Bratpfanne gelegt, ein Schöpflöffel Wasser dazu gegeben und im Rohr unter öfterem Begießen weich gebraten.

Ist er weich, tranchiert man ihn, fettet die Sauce etwas ab und gibt letztere mit dem Braten oder eigens zu Tische.

127

348. Gebratener Hammelschlegel auf andere Art

Wenn der Hammelschlegel gesalzen, gepfeffert und mit Piment eingerieben ist, werden an drei bis vier verschiedenen Stellen kleine Knoblauchzehen, indem man mit einem spitzigen Messer vorsticht, hineingesteckt. Dann wird der Schlegel zwei Stunden in einer Bratpfanne, mit zerschnittenen Zwiebeln und einer gelben Rübe, einer schwarzen Brotrinde weich gebraten, zuletzt ein wenig Zitronensaft und Wein daran getan. Die Sauce wird durch ein Sieb passiert, ein wenig übers Fleisch gegossen, die übrige eigens serviert.

349. Hammelschlegel auf Wildbretart

Nachdem der Schlegel rein gewaschen ist, wird er abgehäutet mit Salz und Gewürz eingerieben und mit kochendem Essig zwei bis dreimal übergossen; in dieser Beize vier Tage liegen gelassen und täglich umgewendet. Dann nimmt man den Schlegel heraus, reibt ihn nochmals mit Salz und Pfeffer ein und spickt ihn. In eine Bratpfanne werden drei große in Scheiben geschnittene Zwiebeln, eine Sellerie- und eine Petersilienwurzel, auch eine gelbe Rübe, eine runde Zitronenscheibe, ein kleines Schwarzbrotrindchen und zwei Löffel Beize getan. Darin wird der Schlegel unter öfterem Umwenden und Begießen mit saurem Rahm weich gebraten, alsdann auf eine Platte herausgelegt.

Die Sauce hierzu wird folgenderweise bereitet: Man lässt die Zwiebeln gelb werden, staubt etwas Mehl an, gießt Fleischbrühe nach, lässt es gut auskochen, passiert diese Sauce durch ein Sieb und serviert sie zum Fleisch.

350. Gebratener Hammelrücken

Der Hammelrücken wird wie der Schlegel (Nr. 347) zubereitet. Bevor er jedoch fertig gebraten, zieht man ihm das oberste Häutchen ab, beträufelt ihn mit Fett und saurem Rahm, bestreut ihn mit feinen Semmelbröseln und lässt ihn, ohne ihn umzuwenden, eine Kruste braten. Dann legt man das Fleisch heraus und verfährt mit der Sauce wie beim Hammelschlegel beschrieben.

351. Kalbsbraten (gebratener Kalbsschlegel)

Der Kalbsschlegel wird tüchtig geklopft, rein gewaschen und gut mit Salz eingerieben; dies hat jedoch drei Stunden vor dem Braten zu geschehen. Dann wird er in eine passende Bratpfanne gelegt, einige Stückchen Butter darauf und ein Suppenlöffel Wasser dazu gegeben. Während dem Braten wendet man ihn häufig um, bestreicht ihn öfter mit frischer Butter und übergießt ihn zuletzt mit dem eigenen Saft. Sollte die Brühe zu sehr einbraten, so gießt man hie und da schwach gesalzene Fleischbrühe dazu.

Ein Schlegel von sechs bis acht Pfund braucht zwei und eine halbe Stunde zum Braten.

352. Kalbsschlegel in der Rahmsauce

Man wasche den Kalbsschlegel rein, ziehe ihm das erste feine Häutchen ab, reibe ihn gut mit Salz ein und lasse ihn drei bis vier Tage in Essig liegen, wende ihn täglich um. Hat man nicht so lange Zeit, so übergießt man ihn zwei bis dreimal mit kochendem Weinessig, in welchem man ihn zwei Stunden liegen lässt. Dann nimmt man ihn heraus, salzt ihn noch ein wenig und spickt ihn.

In eine Bratpfanne schneidet man zwei ganze Zwiebeln in Scheiben, gibt eine Sellerie- und eine Petersilienwurzel und eine gelbe Rübe dazu, auch zwei Nelken und etwas Fleischbrühe, legt den Schlegel hinein und brät ihn weich, indem man ihn fleißig mit Butter bestreicht und umwendet. Ist das Fleisch weich und sind die Zwiebeln gelb, wird es mit Fleischbrühe aufgegossen. Von einem Stückchen Butter und Mehl wird ein hellgelbes Einbrenn gemacht, mit der Sauce vom Schlegel angegossen, mit Fleischbrühe oder Schüh verdünnt, wenn es ausgekocht mit Essig oder Zitronensaft gesäuert, vor dem Anrichten fünf Löffel saurer Rahm daran gerührt und ein Löffel Kapern dazu gegeben.

Der Schlegel wird in Scheiben geschnitten und die Sauce darüber gegossen.

353. Kalbsschlegel in Rahmsauce auf andere Art

Der Kalbsschlegel wird rein gewaschen, die Haut abgezogen, ein wenig eingesalzen, und mit heißem Essig übergossen.

Nach zwei Stunden wird er aus dem Essig genommen, gespickt, ein wenig von dem Beizessig, etwas Wasser, zwei Zwiebeln, eine gelbe Rübe in Scheiben geschnitten, zwei Nelken, ein Stückchen Butter daran getan und der Schlegel darin unter öfterem Umwenden gebraten. Nach einiger Zeit wird eine Obertasse saurer Rahm daran gegossen. Ist das Fleisch weich, legt man es heraus; die Zwiebeln sollen gelb sein. Dann staubt man die Sauce mit Mehl an, füllt sie mit Fleischbrühe auf, lässt sie gut auskochen und passiert sie durch ein Sieb. Das Fleisch schneidet man in dünne Scheiben und gießt ein wenig Sauce darüber, die übrige serviert man eigens.

Man gibt Kartoffelsalat oder geröstete Kartoffeln dazu.

354. Gedämpfter Kalbsschlegel

Hierzu eignet sich am besten ein halber Kalbsschlegel von vier bis fünf Pfund. Denselben klopft man, wäscht ihn rein, salzt ihn und lässt ihn zwei Stunden liegen. In einem runden Tiegel lässt man inzwischen ein Stück Butter heiß werden, schneidet zwei große Zwiebeln in Scheiben, ebenso eine Selleriewurzel und eine gelbe Rübe, legt den Schlegel darauf, gießt ein wenig Essig daran, deckt ihn mit einem gut schließenden Deckel zu und lässt ihn unter öfterem Umwenden dünsten. Fangen die Zwiebeln an gelb zu werden, so gießt man etwas Fleischbrühe nach. Wenn das Fleisch weich ist, hebt man es heraus, legt es auf eine Platte, staubt die Sauce mit einem Löffel Mehl an, gießt Fleischbrühe nach, lässt sie aufkochen und passiert die Sauce durch ein Sieb in eine Schüssel. Dann gibt man sie wieder in den Tiegel zurück, legt den Schlegel hinein und lässt beides noch einmal aufkochen.

Der Schlegel wird in schöne dünne Scheiben geschnitten, auf eine flache Platte gelegt und die Sauce darüber gegossen.

355. Gefüllte Kalbsbrust

Dieselbe wird ausgebeint, rein gewaschen und die ganze Brust mit einem scharfen Messer untergriffen. Es ist hierbei Acht zu geben, dass die Haut kein Loch bekommt. Dann salzt man die Brust und lässt sie zwei Stunden liegen.

Zu einer mittelgroßen Brust bereitet man folgende Fülle:

Vier Loth Butter (besser Abschöpffett) werden schaumig abgetrieben, alsdann fünf bis sechs Eier daran gerührt, Bröseln von altem Milchbrot (um 3 kr.) gerieben, diese mit kalter Milch angefeuchtet und so eine Viertelstunde stehen gelassen, die Bröseln hineingerührt und wenn sie noch zu dünn ist, trockene Bröseln nachgegeben; etwas Petersiliengrün und eine halbe kleine Zwiebel fein gewiegt, ebenfalls daran gerührt; Muskatnuss und Salz nach Belieben. Diese Masse wird in die untergriffene Brust eingefüllt, dieselbe zugenäht und in einer flachen Bratpfanne mit etwas Wasser gebraten. Hie und da wendet man die Brust um und bestreicht sie fleißig mit Butter. In ein und einer halben bis zwei Stunden ist sie fertig.

356. Gerollte Kalbsbrust

Eine Kalbsbrust wird rein gewaschen, die Rippen bis auf die Knorpeln ausgelöst und eingesalzen. Dann nimmt man in dünne Scheiben geschnittenen Speck, belegt die Brust innen damit, rollt sie fest zusammen, bindet sie und lässt sie zwei Stunden liegen, wonach sie mit etwas Fleischbrühe und unter öfterem Bestreichen mit Butter gebraten wird. Die Brust wird in dünne Scheiben geschnitten und die Sauce darüber gegossen.

Salat

357. Kopfsalat

Man nimmt nur die hellgrünen feinen Blätter und die Herzchen des Kopfsalates, wäscht diese rein und gibt sie in einen Durchschlag oder Seiher, damit das Wasser abläuft.

Währenddessen mischt man Essig, Salatöl, Salz und Pfeffer in einer tiefen Schüssel gut durcheinander, gibt den Salat hinein und vermengt alles gehörig. Der Salat darf aber nicht in der Schüssel zu Tisch gebracht werden, in welcher er angemacht wurde.

Sehr angenehm ist der Salat, wenn man Eier hart kocht, dieselben halbiert oder in vier Teile schneidet und den Salat damit ziert.

358. Kopfsalat auf andere Art

Nachdem der Salat rein geputzt und gewaschen ist, lässt man ihn gut ablaufen und gibt ihn in eine tiefe Schüssel. Dann zerdrückt man zwei hart gekochte Eier mit einer Gabel, schneidet einige frisch gekochte Kartoffeln feinblätterig und gibt sie zum Salat in die Schüssel, ebenso nach einander Senf, Essig, Öl, Salz und Pfeffer, und mengt dies mit dem Salat gut durcheinander.

359. Kopfsalat mit Eiersauce

Ist der Salat rein geputzt und gewaschen, lässt man ihn in einem Seiher gut ablaufen. Dann verrührt man vier hartgekochte Eidotter mit etwas Öl ganz fein, gibt einen Löffel Senf, Essig, Salz und Pfeffer daran und, will man ihn besonders scharf haben, eine Prise spanischen Pfeffer, verrührt alles gut, gibt den Salat hinein, mengt ihn gut durcheinander und serviert ihn.

360. Kopfsalat mit Speck

An den rein geputzten, und gewaschenen Salat gießt man ein wenig gelb gerösteten Speck, etwas Öl, Essig und Salz, mengt es gut durcheinander und bringt den Salat dann sogleich zu Tische.

361. Grüner Feldsalat

Wird rein ausgesucht und wenigstens zwei bis dreimal aus frischem Wasser gewaschen, dann mit Essig, Öl, Salz und Pfeffer angemacht und mit hart gekochten Eiern garniert zu Tische gegeben.

362. Endiviensalat

Man nimmt von demselben nur die gelben Blätter, schneidet sie nudelartig, wässert sie und gibt sie in einen Durchschlag zum Ablaufen. Dann macht man den Endiviensalat mit Essig, Öl und Salz an und gibt ihn schnell zu Tisch, damit er sein schönes Ansehen behält.

363. Kartoffelsalat

Man schneidet die weich gesottenen Kartoffeln (nicht zu heiß, weil sie sonst zerfallen) feinblätterig, gießt Essig, Öl oder noch besser warmes Gänsefett daran, gibt Pfeffer, Salz, feingeschnittene Zwiebeln dazu, mengt den Salat mit zwei Esslöffeln durcheinander und füllt ihn in die zum Auftragen bestimmte Schüssel. Es ist sehr gut, wenn man ihn eine Viertelstunde vor dem Anrichten warm stellt; in diesem Falle muss er aber vor dem Anrichten noch einmal durcheinander gemengt werden.

364. Kartoffelsalat mit Speck

Man schäle gesottene, noch warme Kartoffeln, schneide sie in Scheiben, gebe einen kleinen Löffel fein geschnittene Zwiebeln, Essig, Öl, Salz und Pfeffer und ein Stück in kleine Würfel geschnittenen Speck, welcher geröstet ist, daran, menge alles gut durcheinander, stelle ihn vor dem Auftragen noch ein wenig warm und gebe ihn dann zu Tische.

365. Kartoffelsalat mit Hering

Der Hering wird in Milch und Wasser eine Stunde eingeweicht, geklopft, die Haut abgezogen, zerteilt, von den Gräten befreit, in kleine Würfel geschnitten und unter den fertigen Kartoffelsalat gemischt.

Es darf nur sehr wenig Salz zum Salat genommen werden, da er sonst zu scharf würde.

366. Italienischer Salat

Weich gekochte Kartoffeln werden in Scheiben und zwei abgeschälte Äpfel in kleine Würfel geschnitten, ebenso ein Stück kalter Kalbsbraten, zwei hartgesottene Eier, drei bis vier Scheiben eingemachte rote Rüben (Rannen), vier bis sechs ausgegrätete Sardellen, ein dito Hering. Hierzu gibt man einen Kaffeelöffel Kapern, zwei Löffel feinen Senf, einen kleinen Löffel fein geschnittene Zwiebeln, Essig, Öl, Salz und Pfeffer, mengt alles gut durcheinander, füllt den Salat in die zum Auftragen bestimmte Schüssel, stellt oben den Heringskopf darauf und gibt ihn so zu Tische. Man kann auch drei bis vier eingemachte Essiggurken in Scheibchen geschnitten daruntermischen.

367. Italienischer Salat auf andere Art

Ein Stück Kalbsbraten, ein Stück Zunge, ein Stück Hammelbraten oder Rindfleisch, ein Hering, einige Sardellen, Bricken, drei bis vier Essiggurken, rote eingemachte Rüben, alles in Würfel geschnitten, ein Löffel Kapern, ein Löffel Senf, Öl, Essig, eine Zwiebel fein geschnitten, etwas spanischen Pfeffer, auch etwas Oliven, wird alles gut vermengt und so zu Tische gebracht.

368. Salat von grünen frischen Bohnen

Zarten kleinen Bohnen werden an beiden Seiten die Fäden abgezogen, die Bohnen fein länglich geschnitten. (Je frischer die Bohnen gepflückt sind, desto schöner grün bleiben sie.) Nun macht man Wasser mit etwas Salz kochend, gibt die Bohnen hinein und siedet sie so

135

lange bis sie weich sind, dann schüttet man sie in einen Durchschlag, lässt das Wasser davon ablaufen, gibt sie, wenn sie kalt sind, in eine Schüssel, worin man Essig, Öl, Pfeffer, Salz und einen Teelöffel fein geschnittene Zwiebel gut vermischt hat und mengt dann die Bohnen mit zwei Löffel gut durcheinander.

369. Salat von Wachsbohnen

Werden ebenfalls an beiden Seiten die Fäden abgezogen, gewaschen, in Würfel geschnitten und in kochendem Salzwasser gesotten; sind sie weich, in einen Durchschlag gebracht und nach eingetretenem Erkalten verfahren wie unter Nr. 368 angegeben ist.

370. Salat von dürren weißen Bohnen

Die Bohnen werden eine Nacht vor dem Gebrauch in frischem Wasser eingeweicht; des andern Tages setzt man sie mit Wasser und Salz zum Feuer und lässt sie weich kochen. Dann gießt man das Wasser ab, lässt sie erkalten und macht sie mit Salz, Pfeffer, Zwiebel, Essig und Öl zu einem Salat an.

371. Spargelsalat

Schöner, dicker, frisch gestochener Spargel wird von unten etwas abgeschabt und abgeschnitten, gewaschen, zusammengebunden und in siedendem Salzwasser weich gekocht, dann mit einem Fischlöffel sorgfältig herausgehoben, auf eine lange Platte gelegt, mehrmals mit frischem Wasser übergossen und dann zum gänzlichen Erkalten zurückgestellt. Ist der Spargel kalt, wird er mit einer Mischung von Essig, Pfeffer und Salz mehrmals sorgfältig übergossen, dass die Köpfe nicht abbrechen.

372. Spargelsalat auf andere Art

Frisch gestochener dünner Spargel wird in kleine Stückchen geschnitten, in Salzwasser weich gekocht und kalt abgeschwemmt, dann ebenfalls mit Essig, Öl, Pfeffer und Salz gut durcheinander gemacht.

373. Schwarzwurzeln als Salat

Sind dieselben rein geschabt, wirft man sie in Milchwasser, damit sie weiß bleiben, nimmt sie, nachdem die letzte Wurzel abgeschabt ist, heraus, und kocht sie in Wasser mit etwas Salz weich, schüttet sie auf einen Seiher zum Ablaufen und schwemmt sie mit kaltem Wasser ab. Sind sie kalt, gibt man sie in eine Schüssel und übergießt und vermengt sie mit Essig, Öl, Salz und Pfeffer.

374. Hopfensalat

Die kleinen Hopfensprossen werden im Frühjahr abgeschnitten, jedoch nur fingerlang, rein gewaschen und in kochendem Salzwasser weich gekocht (gerade so weich als Spargel), dann schüttet man den Hopfen auf einen Durchschlag und lässt ihn gänzlich erkalten. Salz, Pfeffer, Essig und Öl macht man in einer Schüssel gut durcheinander und gibt den Hopfen hinein. Man muss sich aber in Acht nehmen, dass die Köpfe nicht abbrechen.

375. Salat von Blumenkohl

Schöner weißer Blumenkohl wird von den grünen Blättchen sorgfältig befreit, so dass die Rosen ganz bleiben, die Stiele werden zur Hälfte abgeschnitten und abgeschält. Alsdann wird er in vorher siedend gemachtem Salzwasser weich gekocht, dann mit einem Löffel herausgehoben und in eine Salatschale zum Auskühlen gelegt. Indessen mischt man Salz, Pfeffer, Essig und Öl in einer Schüssel gut durcheinander und übergießt den Blumenkohl einige Mal damit, wobei sehr Acht gegeben werden muss, dass die Rosen nicht beschädiget werden.

376. Salat von roten Rüben

Die roten Rüben werden oben und unten zugeputzt, gewaschen, im Wasser weich gekocht, noch warm abgeschält, in einen Topf in feine Blätter geschnitten, gesalzen, eine Prise Kümmel darangegeben. Dann gießt man so viel Essig darauf bis sie damit bedeckt sind und bewahrt sie an einem kühlen Ort, gut zugedeckt, auf.

377. Salat von geriebenem Rettich

Der Rettich wird gewaschen, abgeschält und auf dem Reibeisen fein gerieben, dann ausgedrückt, mit Pfeffer, Salz, Essig und Öl angemacht und zu Tisch gegeben.

378. Rettichsalat auf andere Art

Nicht zu großer Rettich wird gewaschen, abgeschält, in feine Blätter aufgeschnitten, in einer Schüssel eingesalzen und eine halbe Stunde stehen gelassen. Dann gießt man das Salzwasser ab, gibt Pfeffer, Essig und Öl daran und mengt alles gut durcheinander.

379. Radieschensalat (Monatrettiche)

Hierzu sind die roten Monatrettiche am schönsten. Man schneidet dieselben in feine Blättchen, salzt sie eine halbe Stunde vor dem Anrichten gut ein, mischt sie durcheinander und lässt sie stehen, dann gießt man das Salzwasser davon ab, gibt Essig, Öl und Pfeffer daran und mengt alles gut durcheinander.

Man kann diesen Salat auch mit fein geschnittenem Schnittlauch bestreuen.

380. Krautsalat

Von einem Weißkrautkopf werden die äußeren grünen Blätter entfernt, die inneren gelben von den Rippen befreit, fein nudelartig geschnitten, mit kochendem Salzwasser einmal übergossen, dann Schwein- oder frisches Gänsefett warm gemacht, Salz, Essig und Pfeffer darangegeben, alles gut mitsammen vermengt und eine Viertelstunde an einen warmen Ort gestellt.

381. Krautsalat auf andere Art

Ist das Kraut fein geschnitten, macht man Essig mit in Würfel geschnittenem Speck heiß, gießt dies darüber, macht den Salat mit Salz und Pfeffer an und gibt ihn zu Tische.

382. Krautsalat auf dritte Art

Das Kraut wird nudelartig geschnitten, dann röstet man Speck gelb, gießt Essig daran, lässt das Kraut mit etwas Salz eine Viertelstunde darin dünsten und gibt den Salat zu Tische.

383. Selleriesalat

Die Sellerieköpfe werden rein geputzt, gewaschen und weich gesotten, in kaltes Wasser gelegt, die Haut abgeschält, dann in messerrückendicke Scheiben geschnitten, auf eine flache Salatplatte gelegt, mit einer Mischung von Essig, Öl, Salz und Pfeffer mehrmals übergossen.

384. Brunnenkressesalat

Die Brunnenkresse wird von den Stielen befreit, rein gewaschen und mit Essig, Öl, Salz und Pfeffer angemacht.

385. Gurkensalat

Man schält die Gurken sorgfältig (da sie sonst bitter schmecken), schneidet oder hobelt sie in feine Blättchen, salzt sie, lässt sie eine halbe Stunde stehen, nachdem man sie gut geschüttelt hat, drückt sie dann aus, damit das Salzwasser abläuft, gibt Pfeffer, Essig und Öl daran, und mengt alles gut durcheinander. Man kann sie auch mit geschnittenem Schnittlauch bestreuen und etwas spanischen Pfeffer dazu geben.

386. Kalter Meerrettich

Der Meerrettich wird eine Stunde in frisches Wasser gelegt, rein abgeschält, dann auf dem Reibeisen gerieben. Man kann auch zwei oder
drei Borsdorfer Äpfel darunter reiben. Dann macht man ihn mit Essig,
Öl und etwas Zucker an. Statt Zucker kann man auch Salz nehmen
und ein wenig Pfeffer.

387. Salat von Ochsenmaul

Das Ochsenmaul wird rein gewaschen, dann in Essig und Salzwasser
weich gesotten, nach gänzlichem Erkalten ausgebeint, halbfingerdick
nudelartig geschnitten, Salz, Pfeffer, Essig und Öl und eine abgeschälte,
fein geschnittene Zwiebel darangegeben und gut vermengt.

388. Orangensalat

Schöne große Orangen werden in feine Scheiben ausgeschnitten,
auf eine flache Salatschale gelegt, stark mit fein gestoßenem Zucker
bestreut und mit Rot- oder Weißwein übergossen.

Kompotte

389. Apfelkompott

Hierzu eignen sich große Borsdorfer oder Weinborsdorfer am besten. Dieselben werden fein geschält, das Kernhaus herausgestochen, so dass der Apfel ganz bleibt. In einem Tiegel oder Kasserol wird ein halbes Glas Wein, etwas Wasser, Zucker nach Belieben gegeben, die Äpfel nebeneinander hineingesetzt, zugedeckt und langsam weich gedünstet, jedoch nicht zu weich, damit sie nicht zerfallen.

Dann hebt man sie mit einem Löffel sorgfältig auf eine Kompottschale, gibt auf jeden Apfel etwas eingesottene Johannisbeeren oder eine Weichsel, gießt den Saft darüber und lässt sie kalt werden. Will man das Kompott besonders fein haben, lässt man den Saft noch eigens mit einem Stückchen Zucker und einem Löffel Wein dick einkochen und gibt ihn über die Äpfel, welche man an einen kühlen Ort stellt und sulzen lässt.

390. Apfelkompott auf andere Art

Große gute Äpfel werden geschält, in vier Teile zerschnitten, vom Kernhaus befreit, in Zucker, Wasser und etwas Wein nicht ganz weich gedünstet, damit die Schnitze ganz bleiben. Hierauf nimmt man sie mit einem Löffel heraus, richtet sie pyramidenförmig auf die Kompottschale, lässt den Saft gut einkochen, gießt ihn über die Äpfel und stellt diese an einen kühlen Ort. Man kann sie mit Weinbeeren oder eingesottenen Johannisbeeren garnieren.

391. Verrührtes Apfelkompott

Schöne große Rubinen, Breitlinge oder auch Borsdorfer werden fein geschält, zerschnitten, vom Kernhaus befreit, mit Wein, Wasser, Zucker und einer kleinen Zitronenschale weich gekocht, alsdann zwei Löffel rein gewaschene Weinbeeren darangegeben, gut verrührt und auf eine Kompottschale angerichtet. Man passiert die Äpfel, sobald sie weich sind, auch wohl durch ein Sieb, jedoch gewöhnlich nur dann, wenn eine weniger feine Sorte Äpfel verwendet wurde. Man kann das Kompott sowohl warm als kalt zu Geflügel oder Mehlspeisen geben.

392. Birnenkompott

Gute Kochbirnen schält man ab, lässt die Stiele daran, wirft die Birnen sogleich in frisches Wasser, damit sie weiß bleiben; dann gießt man roten Wein, Wasser und Zucker in einen Tiegel oder Kasserol, setzt die Birnen nebeneinander hinein und dünstet sie weich, hebt sie dann auf die bestimmte Schüssel, kocht den zurückgebliebenen Saft dick ein und gießt ihn über die Birnen. Es sieht schön aus, wenn man den Saft vor dem Übergießen mit etwas Himbeersaft untermischt oder einen Kaffeelöffel aufgelöste Cochenillen mitkochen lässt, welche den Birnen eine schöne rote Farbe geben. Der Himbeersaft darf aber nicht mitgekocht werden, weil er sonst die Farbe verliert.

393. Birnenkompott auf gewöhnliche Art

Zwanzig bis fünfundzwanzig Birnen werden fein geschält, in vier Teile zerschnitten, vom Kernhaus befreit, mit etwas Wein, Wasser, drei bis vier Stückchen Zucker, einer Zimtrinde und einer kleinen Zitronen-schale zum Feuer gesetzt und weich gekocht. Dann röstet man vier Löffel Mehl mit Butter und einem kleinen Stückchen Zucker hellgelb, gießt dieses Einbrenn mit dem Absud der Birnen auf, gibt es an die Birnen und kocht diese nochmals auf. Im Falle sie zu dick werden soll-ten, gibt man einen Löffel kochendes Wasser nach.

394. Prünellen

Alle gedörrten Früchte müssen mehrmals durch heißes Wasser gewaschen werden. Beim Kochen nimmt man auf ein Pfund Früchte zehn bis zwölf Loth Zucker, Wasser und Wein nach Belieben, ein Zimtrindchen und eine kleine Zitronenschale, lässt die Prünellen darin weich kochen und lässt sie im Safte kalt werden.

395. Getrocknete Kirschen

Werden ebenso wie die Prünellen Nr. 394 behandelt.

396. Kompott von getrockneten Zwetschgen

Die dürren Zwetschgen werden in heißem Wasser rein gewaschen, dann mit Wasser, Wein nach Belieben, einem Zimtrindchen und einer Zitronenschale zum Feuer gesetzt und weich gekocht. Man gießt sie auf eine Kompottschale oder runde Schüssel und gibt sie so zu Tische.

397. Frisches Zwetschgenkompott

Reife große Zwetschgen werden aufgeschnitten, von den Steinen befreit, dann mit Zucker zum Feuer gesetzt, weich gekocht, in die Kompottschale gegossen und nach Belieben kalt oder warm zu Tische gegeben.

398. Dasselbe auf andere Art

Schöne reife Zwetschgen legt man in siedendes Wasser, zieht ihnen die Haut ab und gibt sie in kaltes Wasser, befreit sie von den Steinen und kocht sie mit Wasser und Zucker weich.

399. Dasselbe auf dritte Art

Ein Stück Zucker und eine Obertasse Wasser lässt man kochend werden, gibt dann große reife Zwetschgen hinein und lässt sie bis zum

Aufspringen kochen. Dann legt man sie heraus, kocht die Sauce gut ein und gießt dieselbe über die Zwetschgen.

400. Reineclauden

Schöne, nicht zu reife Reineclauden werden in warmes Wasser gelegt, abgeschält, in Zucker und etwas Wasser zwei bis dreimal schnell aufgekocht, herausgelegt, der Saft dick eingekocht und über die Reineclauden gegossen.

401. Mirabellen

Werden nicht abgeschält; sonst ist dasselbe Verfahren wie bei den Reineclauden Nr. 400 zu beobachten.

402. Aprikosenkompott

Zehn bis zwölf nicht zu reife Aprikosen werden abgeschält, in der Mitte durchgeschnitten, vom Steine befreit, Zucker und etwas Wasser kochend gemacht und die Aprikosen darin gedünstet. Wenn sie weich sind, werden sie mit einem Löffel auf die Kompottschale gelegt, der Saft noch dick eingekocht und die Früchte damit übergossen.

403. Pfirsichkompott

Dasselbe wird ebenso bereitet wie das Aprikosenkompott Nr. 402, muss aber langsamer gedünstet werden, da die Pfirsiche, wie alle feinen Obstgattungen, sehr schnell verkochen.

404. Quittenkompott

Schöne, gelbe, mittelgroße Quitten werden fein geschält, in vier oder sechs Teile zerschnitten, sogleich in kaltes Wasser geworfen, Wasser und Zucker kochend gemacht, die Schnitze hineingetan und nicht zu weich gekocht. Dann stellt man sie mit dem Safte über Nacht an einen kühlen Ort. Am andern Tag gießt man den Saft ab, kocht ihn dick ein und gibt ihn über die Quitten, welche sich lange aufbewahren lassen.

405. Quittenkompott auf andere Art

Reife Quitten werden geschält, in schöne gleichmäßige Schnitze zerschnitten, in kochendem Wasser etwas abblanchiert. Dann lässt man viel Zucker und etwas Wasser kochend werden, kocht die Quitten ein wenig darin, legt sie auf eine Kompottschale, kocht den Saft dick ein und gibt ihn über die Schnitze.

406. Erdbeerkompott

Man läutert Zucker mit etwas Wasser, gibt die reifen Erdbeeren hinein, schwingt sie einige Mal und gibt sie nach dem Erkalten in einer Kompottschale zu Tisch.

407. Dasselbe auf andere Art

Frisch gepflückte reife Erdbeeren werden gut mit feingestoßenem Zucker und einem Glas Wein übergossen und zu Tische gegeben.

408. Kirschenkompott

Von einem Pfund frischen Kirschen werden die Stiele abgepflückt, die Kirschen mit Wasser, Wein, Zimt und einer Zitronenschale weich gekocht und warm zu einer Mehlspeise oder kalt zu Braten gegeben.

409. Weichselnkompott

Die Weichseln werden von den Stielen befreit, mit Zucker und etwas Wasser gedünstet und wie mit den Kirschen verfahren.

410. Stachelbeerkompott

Noch nicht ganz reife Stachelbeeren werden von den Stielen befreit und einzeln mit einem Tuche abgeputzt, einmal mit heißem Wasser übergossen, dann mit Zucker, Wein und Wasser ein wenig gekocht (nicht zu weich), mit einem Löffel herausgehoben, der Saft dick eingekocht und über die Beeren gegossen.

411. Orangenkompott

Schöne reife Orangen werden in zweimesserrückendicke Scheiben geschnitten, auf die Kompottschale gelegt, dick mit feinem Zucker bestreut, mit Wein übergossen und zu Tisch gegeben.

412. Orangenschnitze

Jede Orange wird samt der Schale in vier bis sechs Teile geschnitten, alsdann Zucker mit Wasser geläutert und die Schnitze ein wenig darin gekocht. Dann legt man sie in eine Schüssel heraus, gießt den Saft darüber und deckt sie gut zu. Man kann sie in diesem Zustande lange aufbewahren.

413. Holder- (Hollunder-) Mus

Eine Maß Holder wird von den Stielen befreit, rein gewaschen, in einem Tiegel mit einem Stück Zucker, sechs bis acht frischen Zwetschgen, einem Stück ganzen Zimt, zwei abgeschälten, in vier Teile geschnittenen Birnen und einem Schoppen Milch weich gekocht. Ist dies geschehen, wird von zwei Löffeln Mehl mit kaltem Wasser ein dünnes Teiglein angerührt und mit dem Mus verkocht.

Fische
(Krebse, Frösche, Schnecken)

414. Karpfen, blau abgesotten

Nachdem der Karpfen abgeschuppt und ausgenommen ist, wird er eingesalzen und mit kaltem Essig ein wenig überspritzt, damit er schön blau wird; dann lässt man ihn eine Stunde ruhen, spaltet ihn der Länge nach und macht von einem drei Pfund schweren Karpfen sechs bis acht Stücke. Hierauf gibt man in einen Tiegel guten, nicht zu scharfen Essig, eine große in Scheiben geschnittene Zwiebel, eine Zitronenscheibe und eine kleine Zitronenschale, ein Lorbeerblatt, zwei ganze Nelken und drei bis vier Pfefferkörner. Lässt alles siedend werden, gibt den Fisch hinein und lässt ihn weich kochen, nimmt ihn dann heraus, legt ihn in eine Schüssel, lässt den Essig noch eine halbe Stunde kochen, gießt die Sauce durch ein Sieb über den Fisch und garniert ihn mit Zitronenscheiben.

415. Karpfen in brauner Sauce

Man schuppe und wasche den Karpfen rein, fange das Blut in ein wenig Essig auf, salze ihn gut, spalte ihn in der Mitte der Länge nach, schneide ihn dann quer in beliebige Stücke. In Essig, mit etwas Wasser verdünnt, gebe man eine große Zwiebel in Scheiben geschnitten, eine Zitronenschale, Pfefferkörner, Nelken, ein Lorbeerblatt und lasse dies siedend werden, lege den Fisch hinein und koche ihn weich. Währenddessen lasse man ein Stück Butter, besser noch Schmalz, in einem Tiegel zerschleichen, rühre so viel Mehl hinein, als es annimmt, gebe ein Stückchen Zucker hinein und lasse es schön braun rösten, während man es fleißig umrührt. Dann gießt man den Essig, worin der

Fisch gesotten, durch einen Seiher an das Einbrenn, einen Löffel nach dem andern, unter beständigem Rühren und zwar so viel, bis es eine flüssige Sauce ist. Diese lässt man gut auskochen; kurze Zeit vor dem Anrichten gibt man das Blut an die kochende Sauce.

Den Fisch legt man warm auf die Schüssel und gießt die Sauce darüber.

416. Gebackener Karpfen

Nachdem der Karpfen geschuppt, ausgenommen, gewaschen, gut mit Salz und Pfeffer eingerieben ist, wird er in beliebige Stücke zerschnitten und eine Stunde ruhen gelassen.

Dann werden ein oder zwei Eier gut verklopft, etwas gesalzen, der Fisch darin umgewendet und mit einer Mischung von Semmelbröseln und Mehl bestreut. Man bäckt ihn aus heißem Schmalz schön gelb.

417. Gebratener Karpfen mit saurem Rahm

Der geschuppte, ausgenommene Karpfen wird rein gewaschen, gut gesalzen und gepfeffert und ein wenig Muskatnuss darauf gerieben. Dann macht man der Länge nach einige Einschnitte in den Fisch und spickt ihn mit dünngeschnittenen Sardellen und Speck. In eine flache Bratpfanne gebe man alsdann zwei große abgeschälte Zwiebeln, eine Scheibe Zitronenmark, eine Zitronenschale, eine Petersilienwurzel, alles fein geschnitten, ein schwarzes Brotrindchen, etwas Fleischbrühe und etwas Essig. Damit der Fisch nicht zu weich wird, wird er auf eine kleine hölzerne Leiter gelegt und mit dieser, mit kleinen Stückchen Butter belegt, in die Bratpfanne gegeben, und bei sehr rascher Hitze gebraten, während man ihn hie und da mit ein wenig saurem Rahm begießt. Er ist bald fertig; dann wird er sorgfältig auf eine gewärmte Platte gelegt, und zugedeckt, damit er warm bleibt.

Die Zwiebeln lässt man gelb werden, staubt einen Löffel Mehl daran, fügt zwei Sardellen bei, gießt an Fasttagen Erbsenabsud, sonst Fleischbrühe daran und lässt alles gut auskochen. Die Sauce säuert man noch mit etwas Zitronensaft oder Essig, passiert sie durch ein Sieb über den Fisch. Sollte derselbe kalt geworden sein, so darf man ihn kurz vor dem Anrichten nur noch einmal in die Bratpfanne legen und ein wenig wärmen.

418. Blau abgesottener Hecht

Der Hecht wird abgeschuppt, ausgenommen, rein gewaschen, mit Salz eingerieben, nicht gespalten, sondern nur quer in dreifingerbreite Stücke zerschnitten und dann ebenso verfahren wie bei dem Karpfen, Nr. 414.

419. Hecht in Buttersauce

Der Hecht wird abgeschuppt, ausgenommen, rein gewaschen, mit Salz eingerieben, in Stücke zerschnitten, doch so, dass Kopf und Schweif noch ganz sind, auch der Leib darf nicht gespalten werden. Dann wird Essig, Zwiebeln, Zitronenmark und etwas Zitronenschale, Nelken und Pfefferkörner kochend gemacht und der Hecht darin weich gekocht. Hierauf macht man weiße Buttersauce (Nr. 231), rührt sie mit dem Essig, worin der Fisch gesotten wurde, zu einer dünnen Brühe und lässt alles zusammen gut aufkochen. Endlich wird der Fisch auf eine Platte oder in eine Schüssel gelegt und die Sauce, mit drei Eidotter frikassiert, darüber gegeben.

420. Hecht, gebraten und gespickt

Der Hecht wird abgeschuppt, ausgenommen, rein gewaschen und gut mit Salz eingerieben. Nach Verlauf einer Stunde macht man der Länge nach zwei bis drei Einschnitte in denselben. Wiegt dann sechs bis acht Sardellen mit etwas Petersiliengrün und einer kleinen Zwiebel fein und füllt hiermit die gemachten Einschnitte aus. Alsdann schneidet man in eine lange flache Bratpfanne zwei große abgeschälte Zwiebeln, eine Zitronenscheibe und etwas Zitronenschale, sowie drei bis vier Sardellen, gießt ein wenig Essig und Fleischbrühe daran, gibt eine kleine Holzleiter oder Bratrost hinein und legt den Hecht darauf. Der Fisch wird mit drei bis vier kleinen Stückchen Butter belegt und langsam gebraten. Damit derselbe weich bleibt, wird er hie und da mit

einem Löffel saurem Rahm begossen, und wenn er fertig ist, herausgelegt. Alsdann staubt man die Zwiebeln mit Mehl an, gießt Fleischbrühe oder Erbsenabsud daran, kocht alles gut zusammen auf, lässt
den Fisch in der Bratpfanne gut warm werden, gibt ihn auf eine Platte
und richtet die Sauce durch ein Sieb darüber an.

421. Hecht, gebacken

Ist der Hecht abgeschuppt und ausgenommen, so wird er gut mit Salz
eingerieben, in Stücke geschnitten, in verklopftem Ei umgewendet.
Dann vermengt man Bröseln mit etwas Mehl, bestreut jedes Stück
damit und bäckt sie auf heißem schwimmenden Schmalz schön
gelb.

422. Hecht in Salzwasser abgesotten mit geschwungener Buttersauce

Der drei bis vier Pfund schwere, einen Tag abgelegene Hecht eignet
sich hierzu am besten. Nachdem derselbe abgeschuppt und ausgenommen, lässt man ihn, gut gesalzen, eine Stunde ruhen. Alsdann
wird er in einem Tiegel oder Kasserol rund zusammengebogen, so
viel kaltes Wasser darauf gegossen, dass es ihn bedeckt, dieses Wasser
gut gesalzen und so langsam kochen gelassen. Man zieht ihn hie und
da vom Feuer, da er leicht versiedet und das schöne Ansehen verliert.
Wenn er fertig ist, gießt man einen Schoppen kaltes Wasser darauf
und lässt ihn ein wenig stehen, damit er wieder erstarrt. Dann gibt
man ein viertel Pfund Butter mit zwei Löffeln Fischwasser und einem
halben Kaffeelöffel fein gewiegtem Petersilienkraut in ein Messingpfännchen, lässt es unter beständigem Schütteln auf offenem Feuer
zum Kochen kommen. Hat es einige Male gut aufgekocht, ist die
Sauce fertig. Der Fisch wird auf einer runden Platte angerichtet, das
Wasser davon abgegossen, kleine runde Kartoffeln hineingelegt, der
Fisch und die Kartoffeln mit der Buttersauce übergossen und so zu
Tische gegeben.

423. Schill, Scheid und Huch

Nachdem diese Sorten Fische abgeschuppt, ausgenommen und gut
eingesalzen sind, werden sie in kochendem Salzwasser langsam weich
gesotten, sind sie fertig, wird kaltes Wasser darauf gegossen, vom
Feuer gestellt und mit der vorbeschriebenen geschwungenen Buttersauce (Nr. 422) übergossen und zu Tisch gegeben.

424. Forellen, blau abgesotten

Es ist Haupterfordernis, dass die Forellen kurz vor der Zubereitung
noch gelebt haben, denn nur dann werden sie im Kochen schön blau.
Wenn sie geputzt und ausgenommen sind, salzt man sie gut ein, biegt
sie rund zusammen, gießt in einen runden Tiegel oder Kasserol so viel
Weinessig, dass sie bedeckt werden; sollte der Essig zu scharf sein, gießt
man etwas Wasser daran. Gebe abgeschälte in Scheiben zerschnittene
Zwiebeln, ein Lorbeerblatt, zwei Nelken, vier Pfefferkörner, eine Zitronenschale hinein, lasse alles kochend werden und lege die Forellen
hinein. Sind dieselben weich, legt man sie auf eine runde Platte, garniert sie mit etwas Petersiliengrün, gießt etwas Essig mit Zwiebeln darüber und gibt sie zu Tische. Man serviert dazu in Salzwasser gekochte,
abgeschälte, runde und nicht zu große Kartoffeln, sowie ein Stück frische Butter auf einem eigenen Teller oder Plättchen. Nach Belieben
gibt man auch Buttersauce dazu wie beim Hecht (Nr. 231).

425. Gebackene Forellen

Wenn sie rein geputzt und zusammengebogen sind, werden sie in verklopftem Ei und Bröseln umgewendet und in heißem schwimmenden
Schmalz schön gelb gebacken.

426. Aal, blau abgesotten

Der Aal wird, nachdem er getötet ist, beim Kopf an einem Nagel
aufgehängt, die Haut am Kopf ringsum abgeschnitten und über den
ganzen Fisch abgezogen, dann erst wird derselbe mit Salz und Pfef-

fer eingerieben. Nachdem er vorsichtig ausgenommen ist, damit die
Galle nicht zerdrückt wird, schneidet man den Aal in kleine Stücke
und verfährt damit wie mit den Forellen (Nr. 424).

427. Gebratener Aal

Ist dem Aal die Haut (wie unter Nr. 426 näher beschrieben) abgezogen, wird derselbe ausgenommen, mit Salz und Pfeffer eingerieben,
in Stücke zerschnitten, jedes mit einem Stückchen Salbeiblatt eingebunden. Alsdann gibt man dieselben in einen Tiegel und brät sie mit
etwas Butter und in Scheiben geschnittenen Zwiebeln, man wendet
den Aal hierbei einmal um. Ist er fertig, wird Salbei und Faden entfernt und der Aal auf eine Platte gelegt. An die Zwiebeln drückt man
etwas Zitronensaft, gießt ein wenig Fleischbrühe zu, kocht sie noch
ein wenig auf und gießt sie durch ein Sieb über den Fisch. Dazu gibt
man zerschnittene Zitronen oder man garniert den Fisch mit Zitronenscheiben.

428. Rutten in weißer Sauce

Nachdem die Rutten ausgenommen sind, werden sie mit etwas Essig,
Fleischbrühe oder Erbsenabsud, Zitronenschale, zwei Nelken, in
Scheiben geschnittenen Zwiebeln, einem Lorbeerblatt und einer gel-
ben Rübe gesotten. Dann wird von einem Stückchen Butter und einem
Löffel Mehl ein hellgelbes Einbrenn bereitet, mit der Brühe vom Fisch
aufgegossen, gut ausgekocht, durch ein Haarsieb geschüttet, mit zwei
Eidottern frikassiert und über den Fisch gegeben.

429. Schellfisch

Ist derselbe eine Stunde gewässert, so wird er mit frischem Wasser
und etwas Salz zum Feuer gesetzt und weich gekocht, dann mit Butter
und Kartoffeln zu Tisch gebracht.

430. Gekochte Krebse

Dieselben werden rein gewaschen, vom Darm befreit, indem man das Mittlere des Schweifes so schnell wie möglich herausdreht.

Man wählt hierzu die größten Krebse, macht Wasser mit Salz, drei bis vier Pfefferkörnern und Kümmel kochend, wirft die Krebse und einen Büschel Petersiliengrün hinein und lässt sie sieden, bis sie schön rot sind. Dann belegt man eine ovale Platte mit einer Serviette, legt die Krebse darauf, garniert sie mit Petersiliengrün und gibt sie warm zu Tische.

Man hat hierzu eigene Krebsservietten oder eine Krebsschüssel.

431. Frösche in Schmalz gebacken

Man schneide den Froschschenkeln die Krallen ab, stecke sie in einander, salze sie ein und bereite einen Brandteig wie folgt: Sechs Löffel Mehl werden mit kochendem Wasser aufgebrüht, zu einem feinen Teig verrührt, ein bis zwei Eier darangegeben, gesalzen, die Frösche darin umgewendet und aus heißem schwimmenden Schmalz gebacken.

Man kann sie auch bloß in Ei und Bröseln umwenden und in heißem Schmalz backen. – Dazu gibt man Kraut oder grünen Salat.

432. Frösche in Buttersauce

Nachdem den Froschschenkeln die Krallen abgeschnitten und dieselben rein gewaschen sind, röstet man Mehl in Butter hellgelb, füllt es mit Erbsenabsud oder guter Fleischbrühe unter beständigem Rühren auf, gibt eine kleine Zitronenschale nebst etwas Zitronensaft oder einen Löffel Weißwein dazu, legt die Frösche hinein und lässt sie kochen bis sie weich sind. Sie sind in einer Viertelstunde fertig.

433. Gedünstete Schnecken

Große Schnecken werden gewaschen, in kochendem Salzwasser gesotten, sodann lässt man sie, aus dem Wasser genommen, auskühlen. Jede Schnecke wird dann mit einem spitzen Messer aus ihrem Hause gehoben, in frisches Wasser gelegt, der kleine weiße Stein, sowie die schwarze Haut weggenommen. In einen Tiegel oder Kasserol gibt man ein Stück frische Butter, welche man zerschleichen lässt, und dünstet die Schnecken mit etwas Salz und Pfeffer darin, staubt sie mit einem Löffelchen Mehl an, gibt etwas fein gewiegtes Petersilienkraut und einen Löffel Fleischbrühe daran und lässt sie einige Male aufkochen.

434. Gebratene Schnecken

Man macht Salzwasser siedend, wirft die Schnecken hinein und lässt sie eine Viertelstunde kochen, hebt sie dann mit einer Gabel heraus, entfernt den weißen Stein und die schwarze Haut. Dann werden sie mit Salz abgerieben (abgeschleimt), mit kaltem Wasser einige Male abgewaschen, in einer Schüssel leicht gesalzen und eine Stunde ruhen gelassen.

Die Häuschen werden mit Salz abgerieben, gut ausgewaschen, auf ein Brett gestürzt, damit das Wasser herausläuft. Dann werden acht Sardellen, Petersiliengrün und eine kleine Zwiebel ganz fein gewiegt (zu dreißig Schnecken), vier Loth Butter schaumig abgetrieben, für 1 kr. Milchbrotbröseln und zwei Esslöffel fette Fleischbrühe dazugeben und alles gut durcheinander gerührt. Dann gibt man in jedes Schneckenhäuschen haselnussgroß Butter, legt eine Schnecke darauf und drückt sie mit der Fülle fest ein, so dass das Schneckenhaus ganz ausgefüllt ist.

Man stellt sie nun gleichmäßig, die Öffnung nach oben gekehrt, auf ein Blech und brät sie eine Viertelstunde. – Man gibt hierzu Sauerkraut oder Erbsen-Püree.

435. Gebackene Bücklinge

Die Bücklinge werden eine Stunde in Milchwasser gelegt, herausgenommen, abgetrocknet, die Haut abgezogen, gespalten, von den Gräten befreit, dann in verklopftem Ei und Semmelbröseln umgewendet und auf einer flachen Pfanne in heißem Schmalz auf beiden Seiten schön braun gebacken.

436. Bücklinge mit Eiern

Werden ebenso zubereitet, wie vorbeschrieben, nur mit dem Unterschiede, dass man ein Stück Schmalz auf einer flachen Pfanne heiß macht, die Bücklinge darauflegt und auf jedes Stück ein Ei (sogenanntes Ochsenauge) schlägt. Ist es fertig, legt man Bückling und Ei sorgfältig auf eine lange Platte.

437. Bücklinge mit Rühreiern

Dieselben werden ebenso wie Nr. 434 hergerichtet und in fingerlange Stückchen zerschnitten, auf der Pfanne in Butter flüchtig gebacken. Auf einer runden Platte werden dann Rühreier (Nr. 448), angerichtet und mit den gebratenen Bücklingen garniert.

438. Stockfisch mit Bröseln und Zwiebeln aufgeschmalzt

Der Stockfisch wird eine Stunde in Milchwasser gelegt, dann in kochendem Salzwasser nicht zu weich gesotten und ein wenig in diesem Wasser stehen gelassen. Dann seiht man ihn ab, richtet ihn auf eine Schüssel, entfernt so gut wie möglich die Gräte, macht in einem Pfännchen ein Stückchen Schmalz heiß, gibt einen Löffel fein geschnittene Zwiebeln hinein, sind die Zwiebeln gelb, gibt man eine Handvoll Semmelbröseln dazu und röstet dieselben ebenfalls schön gelb, worauf man sie über den Stockfisch gießt.

439. Laberdan

Derselbe muss wenigstens zwei Tage in frisches Wasser gelegt und das Wasser während dieser Zeit öfter gewechselt werden.

Der Laberdan wird sodann in frischem Wasser zum Feuer gesetzt und langsam gekocht, was meistens in dreiviertel bis einer Stunde geschehen ist. Dann legt man ihn auf eine Platte, und gießt das Wasser ab. Lässt frische Butter zerschleichen und gibt sie, sowie Senf und frisch gekochte Kartoffel dazu.

440. Heringe, auf dem Rost gebraten

Die Heringe legt man zwei Stunden in Milchwasser, trocknet sie dann mit einem Tuch gut ab, klopft sie mit einem Messer, zieht ihnen die Haut ab, spaltet sie, befreit sie von den Gräten, bestreicht einen Rost mit Butter oder wendet die Heringe in zerlassener Butter um und brät sie auf beiden Seiten schön gelb.

441. Heringe, in der Pfanne gebacken

Sind die Heringe eine Stunde in Milchwasser gelegen, befreit man sie von der Haut, spaltet sie, grätet sie aus, wendet sie in verklopftem Ei und Semmelbröseln um, macht auf einer flachen Pfanne Schmalz heiß und bäckt die Heringe darin auf beiden Seiten schön gelb. – Man serviert Sauerkraut hierzu.

Eierspeisen

442. Weichgesottene Eier

Die Eier werden rein gewaschen, Wasser kochend gemacht, die Eier sorgfältig hineingelegt, fünf Minuten darin gekocht, dann herausgenommen, in die Eierbecher gesetzt und zu Tisch gegeben oder auf einen mit einer Serviette belegten Teller gelegt.

443. Wachsweiche Eier

Man lässt die Eier zehn Minuten im kochenden Wasser sieden und verfährt damit wie mit den obigen.

444. Hartgesottene Eier

Dieselben lässt man eine gute Viertelstunde sieden, nimmt sie dann heraus, legt sie in frisches Wasser und verwendet sie nach Belieben.

445. Gebackene Eier (sogenannte Ochsenaugen)

Auf einer flachen Pfanne macht man ein Stück Schmalz heiß; währenddessen schlägt man die Eier auf einen flachen Teller, lässt sie langsam ins Schmalz rutschen, salzt sie ein wenig und lässt sie langsam bei sehr mäßiger Hitze backen, bis das Weiße sich zusammengezogen hat.

Schöner werden diese Eier, wenn man eine Pfanne mit mehreren Vertiefungen hat, in welche man je ein Stückchen Schmalz gibt, dies heiß werden lässt und die Eier darin langsam bäckt.

Man nimmt dann jedes behutsam heraus, legt es auf eine Platte oder garniert das Fleisch oder Gemüse damit.

446. Aufgesetzte Eier mit saurem Rahmguss

Die Eier werden hart gesotten, der Länge nach halbiert, die Dotter herausgenommen, ein kleines Stückchen Butter mit den Dottern fein abgetrieben, zwei Löffel saurer Rahm, Pfeffer und etwas Salz darangegeben. Die Eier werden damit eingefüllt, eine ächte weiße Platte mit Butter ausgestrichen, die Eier darauf gelegt, so zwar, dass die Füllung in die Höhe steht. Dann verrührt man einen halben Löffel Mehl mit vier Eidottern, einer Obertasse sauren Rahm, etwas Salz recht gut, gießt diese Masse über die Eier und brät sie im Rohr heraus. In zehn Minuten sind sie fertig.

447. Verlorene Eier

Man lasse in einem Pfännchen Salzwasser kochend werden, in welches man die Eier, eines nach dem andern, langsam hineinschlägt und so lange kochen lässt, bis das Weiße zusammengezogen ist; dann nimmt man sie behutsam mit einem Löffel heraus und verwendet sie nach Belieben.

448. Rühreier

Die Eier, Dotter und Eiweiß, werden in einem Topf mit einem Löffel süßen Rahm und Salz gut verklopft; dann lässt man in einem tiefen Pfännchen ein Stück Butter zerschleichen, gießt die Eier hinein und lässt sie unter beständigem Rühren mit einem Blechlöffel so lange auf dem Feuer, bis sich eine breiartige Masse gebildet hat, worauf sie auf einer gewärmten Platte angerichtet werden.

449. Rühreier mit Schnittlauch

Dieselben werden ebenso zubereitet wie die vorstehend beschriebenen. Nur wenn sie fertig sind, werden sie mit geschnittenem Schnittlauch bestreut.

450. Eierkäse

Vier Eier, eine Obertasse Rahm und etwas Salz werden in einem kleinen Hafen verklopft, derselbe in ein nicht zu heißes Rohr gestellt und so lange anziehen gelassen, bis es eine ganz feste Masse geworden, die sich zerschneiden lässt. Diesen Eierkäse gibt man, in kleine Stückchen zerschnitten, in die Suppe.

451. Eier mit Schinken

Hat man auf einer flachen Pfanne ein Stück Schmalz heiß gemacht, so legt man handgroße, dünn geschnittene Stückchen Schinken (drei bis vier) darauf, schlägt mehrere Eier (sogenannte Ochsenaugen) darauf und bäckt diese langsam, bis das Eiweiß hart geworden; dann gibt man beides auf eine gewärmte Platte und serviert es.

452. Rühreier mit Schinken auf andere Art

Unter die Eiermasse (Nr. 448) werden ein bis zwei Stück gekochter fein gewiegter Schinken gemischt und bereitet wie Nr. 448. Die Eier dürfen nur wenig gesalzen werden.

453. Eier auf Bücklingen

Die Bücklinge werden eine Stunde in einer Mischung von Wasser und Milch eingeweicht. Alsdann die Haut abgezogen, gespalten und von den Gräten befreit. Auf einer flachen Pfanne lässt man Rindschmalz heiß werden und legt die Bücklinge hinein, Eier (sogenannte Ochsenaugen) werden dann darauf geschlagen, sind dieselben gebraten, so legt man sie mit den Bücklingen auf ein Plättchen, und zwar so, dass die Bücklinge unten und die Eier oben zu liegen kommen.

454. Eier auf Fleisch

Übriggebliebenes, gebratenes Fleisch schneidet man in dünne Stücke, salzt es ein wenig, nach einer halben Stunde gibt man auf eine flache

Pfanne frisches Rindschmalz, ist es heiß, legt man das Fleisch darauf, brät es ein wenig, schlägt Eier (sogenannte Ochsenaugen) darauf und verfährt im Übrigen ebenso wie bei Nr. 453.

Saure Sulzen, farciertes Geflügel und Pasteten

455. Saure Sulze (Aspik)

Sechs zerhauene Kälberfüße werden mit Abfällen von rohem Fleisch, drei großen Zwiebeln, einer gelben in Scheiben geschnittenen Rübe, einem Lorbeerblatt, vier Nelken, sechs Pfefferkörnern, zwei Prisen Almodegewürz (Piment), einer Hand voll Salz, nach Belieben später mit einem Glas Weißwein, drei Maß Wasser, etwas Fleischbrühe oder noch besser Schüh, welch letztere eine schöne gelbe Farbe gibt, und mit so viel Essig, bis es hinreichend sauer ist, drei Stunden langsam gekocht.

Dann gibt man das Ganze durch ein Sieb in eine Schüssel und lässt es über Nacht an einem kühlen Orte stehen. Am andern Tage nimmt man das Fett mit einem Löffel ganz rein herunter, gibt die Sulze in einen Tiegel oder Kasserol (wobei man den Bodensatz zurücklässt), und lässt sie zerschleichen. Sollte sie nicht sauer oder gesalzen genug sein, gibt man noch etwas Essig oder Salz nach. Ist die Sulze zu hell, so macht man ein Stückchen Zucker mit Wasser in einem Pfännchen braun und gibt es daran. Wenn die Sulze noch nicht ganz heiß ist, wirft man ein ganzes Ei und zwei Eiklar hinein, gibt von einer Zitrone den Saft dazu, verrührt es gut und lässt es langsam kochen, bis die Eier geronnen sind. Dann setzt man sie vom Feuer weg, lässt sie eine Viertelstunde an einem warmen Orte zugedeckt stehen, breitet ein feuchtes Tuch über einen tiefen Hafen, gießt einen großen Löffel voll darauf und fährt damit fort bis die Sulze ganz durchgelaufen ist. Hierauf wird dieselbe in eine Schüssel gegossen und an einem kühlen Orte zur Verwendung aufbewahrt.

456. Gesulzte Schweineknochen und Ohren

Man nehme zwei Pfund Schweinefüße und drei Schweineohren und koche sie mit Essig, Wasser, Salz, Lorbeerblatt, Nelken, Pfefferkörnern, zwei in Scheiben geschnittenen Zwiebeln, einer Zitronenschale und einigen Wurzeln, gut zugedeckt, ganz weich.

Dann legt man dieselben auf eine ovale Platte heraus, lässt den Essig u.s.w. noch ein wenig kochen, gießt ihn dann durch ein Sieb in eine Schüssel, lässt ihn eine Viertelstunde stehen, nimmt das Fett herunter und gießt dann den Absud über das Fleisch mit Zurücklassung des Bodensatzes. Das Ganze wird zum Sulzen an einen kühlen Ort gestellt.

457. Gesulzter Hecht

Man verwendet hierzu Essig mit Wasser verdünnt, ein Glas Weißwein, zwei in Scheiben geschnittene Zwiebeln, ein Lorbeerblatt, etwas Zitronenmark, eine Zitronenschale, Salz, einige Pfefferkörner und Nelken. Den Fisch salzt man drei Stunden vorher ein, spaltet ihn der Länge nach und schneidet ihn in Stücke (etwa zwei Finger breit), worauf man ihn in der vorbeschriebenen Sauce (Nr. 455) weich kocht und dann in eine tiefe Schüssel gibt. In den Essig gibt man zwei zerhauene Kälberfüße und lässt dieselben darin weich kochen, gießt diese Masse durch ein Sieb, lässt sie eine halbe Stunde stehen, schöpft das Fett rein ab und säuert sie nach Bedarf noch mit Essig oder Salz. Hierauf lässt man diese Sulze in einem Tiegel zerschleichen, gibt zwei Eiklar hinein und rührt sie gut durcheinander; hat sich das Unreine zusammengezogen, so stellt man die Sulze vom Feuer, lässt sie eine Viertelstunde ruhig stehen und gießt sie, wie die vorbeschriebene Nr. 455 durch ein Tuch.

Dann gießt man sie über den Fisch, so dass derselbe vollständig bedeckt ist, und bringt das Ganze an einen kühlen Ort zum Bestehen. Vor dem Anrichten legt man drei bis vier Zitronenscheiben darauf.

Soll sich der gesulzte Hecht zum Stürzen eignen, so muss man so viel Sulze bereiten, dass die Form, die man benützen will, voll wird, und damit die Sulze fester wird, nimmt man mehr (etwa vier) Kälberfüße.

Man verfährt dabei wie folgt:

In eine tiefe Form gießt man zweifingerhoch Sulze und lässt sie fest werden, gibt weich gekochten, inzwischen kalt gewordenen Fisch in der Weise hinein, dass die Haut des Fisches den Boden berührt. Dann lässt man die übrige kalte, noch nicht bestandene Sulze von der Seite hineinlaufen, so dass sie das Ganze bedeckt, und stellt die Form mit der Sulze an einen kühlen Ort. Ist die Masse dann fest gesulzt, stößt man die Form schnell in heißes Wasser, trocknet sie gut ab und stürzt sie auf eine ovale Platte. Um der Sulze eine schöne gelbe Farbe zu geben, lässt man ein Stückchen Zucker mit etwas Wasser in einem Pfännchen braun werden, löst ihn mit einem Löffelvoll Sulze auf, und gibt das unter die übrige Sulze.

458. Gesulzter Karpfen

Hierbei wird ebenso verfahren wie mit dem gesülzten Hecht (Nr. 455). Nach Belieben kann man sowohl den Karpfen als auch den Hecht, ganz, ohne ihn zu zerschneiden, sulzen. Das übrige Verfahren bleibt dann ganz dasselbe. Ebenso ist es, wenn man den Fisch vorher zerschneidet und die einzelnen Stücke wieder aneinander fügt. Werden die Fische in einer Form gesülzt, so lässt man den Kopf weg. Beim Auftragen garniert man den Karpfen mit Aspik (Nr. 455), dreieckig geschnitten, oder mit Zitronenscheiben.

459. Gesulzter Aal

Der Aal wird, nachdem er getötet ist, beim Kopf an einen Nagel aufgehängt, die Haut am Kopf ringsherum abgeschnitten und über den ganzen Fisch gezogen, alsdann ausgenommen, rein gewaschen, mit Salz eingerieben und in zweifingerbreite Stücke geschnitten. Nach einer Stunde gibt man in einen Tiegel oder Kasseroll Essig mit etwas Wasser verdünnt, ein Glas Weißwein, zwei in Scheiben geschnittene Zwiebeln, ein Lorbeerblatt, etwas Zitronenmark und eine kleine Zitronenschale, sowie vier Pfefferkörner und Nelken. Kocht den Fisch darin weich, legt ihn dann auf eine Schüssel heraus. Gibt in den Absud drei zerhauene Kälberfüße, und lässt sie darin weich kochen. Dann gießt man ihn durch ein Sieb. Nach einer halben Stunde nimmt man das Fett rein herunter und gießt die Sulze über den Aal. Den Bodensatz lässt man zurück. Den Aal stellt man an einen kühlen Ort. Will man ihn in einer Form gesulzt haben, so verfährt man wie beim Hecht (Nr. 457) angegeben.

460. Gesulzte Forellen

Wenn die Forellen blau abgesotten sind, legt man sie in eine runde tiefe Schüssel, fügt dem Absud zwei rein geputzte Kälberfüße und ein Glas Weißwein bei und lässt ihn so lange kochen, bis die Kälberfüße ganz weich sind. Dann seiht man alles durch ein feines Sieb, lässt es ein wenig stehen, damit das Unreine sich zu Boden setze und das Fett, welches sich oben sammelt, gut abgehoben werden kann, gießt den Absud in einen Tiegel, wirft unter beständigem Rühren zwei bis drei Eiklar hinein. Fängt die Sulze an rein zu werden, so seiht man sie löffelweise durch ein Tuch. Essig und Salz gibt man nach Gutdünken dazu; auch kann man zur Verschönerung der Farbe ein Stückchen Zucker bräunen und daran geben.

Ist die Sulze ganz durchgegossen, so schüttet man sie über die Forellen und lässt sie an einem kühlen Ort über Nacht stehen. Man kann sie auch in einer Form sulzen und stürzen.

461. Gesulzte Hühner

Essig, etwas Wasser oder Fleischbrühe, Nelken, Pfefferkörner, ein Lorbeerblatt, etwas Zitronenmark, zwei große Zwiebeln lässt man tüchtig kochen.

Die Hühner salzt man eine Stunde vorher ein, dressiert sie und kocht sie darin weich; dann legt man sie heraus, tranchiert sie in gleichmäßige Stückchen (Kopf und Krallen lässt man weg) und gibt sie in eine flache Schüssel. An den Absud gießt man ein Gläschen Wein und lässt noch einen zerhauenen Kälberfuß darin weich kochen. Die Sulze wird dann geläutert (siehe Nr. 455) und bei Bedarf noch Essig oder Salz darangegeben und über die Hühner gegossen.

Man garniert sie mit ausgezackten Zitronenscheiben.

462. Hühner auf gewöhnliche Art gesulzt

Die Hühner werden mit einem zerhauenen Kälberfuß weich gekocht, dann herausgenommen, tranchiert und in eine tiefe Schüssel gelegt. Vom Absud nimmt man das Fett mit einem Löffel ab und gießt ihn durch ein Sieb darüber, so dass die Hühner bedeckt sind. Sie werden dann an einen kühlen Ort gestellt.

463. Gesulzter Kapaun

Nachdem der Kapaun rein gewaschen, ausgenommen, dressiert und gehörig gesalzen ist, lässt man ihn eine Stunde ruhig liegen. Dann dünstet man ihn mit vier Loth Butter, etwas Fleischbrühe, einem Glas Essig, etwas Weißwein, zwei Zwiebeln in Scheiben geschnitten, zwei Nelken, zwei Pfefferkörnern weich. Der Kapaun wird dann herausgelegt, mit einem Tuch rein abgewischt, zugedeckt und an einen kühlen Ort gestellt. Ist er erkaltet, tranchiert man ihn in kleine Stücke, gießt in eine Form zweifingerhoch Sulze (bereitet nach Nr. 455) und legt nach deren Erkalten den Kapaun, die Bruststücke nach unten, hinein, worauf man von der kalten, aber nicht bestandenen Sulze aufgießt bis die Form voll ist. Man bewahrt ihn an einem kühlen Orte auf, und stürzt ihn, nachdem er gesulzt ist, auf eine Platte.

464. Gesulzte Gans

Eine junge, nicht zu fette Gans wird rein gewaschen, gut gesalzen und zwei Stunden liegen gelassen.

Dann gibt man in einen Tiegel mit Wasser verdünnten Essig, Pfefferkörner, Nelken, ein Lorbeerblatt, eine kleine Zitronenschale, zwei große in Scheiben geschnittene Zwiebeln, Wurzeln, drei zerhauene Kälberfüße, nach Belieben auch ein Glas Weißwein, und kocht die Gans darin ganz weich (der Essig muss die Gans bedecken). Sollte es zu sehr einkochen, gibt man noch Essig und Wasser nach. Alsdann legt man die Gans heraus, tranchiert sie in beliebige Stücke und legt sie in einen steinernen Hafen oder in eine große tiefe Schüssel. Den Absud lässt man noch ein wenig kochen, gießt ihn dann durch ein Sieb, lässt ihn ruhig stehen, bis sich oben das Fett gesammelt hat, welches man dann rein mit einem Löffel herunternimmt. Die Sulze gießt man über die Gans (den Bodensatz lässt man zurück) und stellt sie an einen kühlen Ort. Vor dem Gebrauch hebt man die Stücke mit der Sulze heraus und legt sie auf eine Platte oder runde Schüssel. Man kann sie vier bis sechs Tage aufbewahren.

465. Hühner mit Mayonnaise

Zwei Hühner werden geputzt, ausgenommen, gewaschen, gesalzen und hergerichtet wie zum Braten.

In einem Tiegel oder Kasserol gibt man ein Stückchen Butter, zwei in Scheiben geschnittene Zwiebeln, einige Pfefferkörner und Nelken, legt die Hühner hinein, drückt etwas Zitronensaft darauf und dünstet sie, bis sie weich sind, dann nimmt man sie heraus und tranchiert sie in kleine Stücke.

Die Dotter von vier hartgekochten Eiern werden durch ein Sieb passiert, alsdann in einer Schüssel mit vier rohen Eidottern eine Viertelstunde gerührt. Dann lässt man in einem Tiegel drei Loth Butter zerschleichen, rührt einen Kochlöffel Mehl daran, lässt es ein wenig anlaufen, gießt so viel gute Fleischbrühe daran, bis es wie ein dickes Kindsmus ist, lässt es gut auskochen. Nachdem lässt man es kalt werden, da hinein rührt man die Eier, einen halben Schoppen Aspik (Nr. 455), ebenso viel Provenceröl und etwas Salz, nach Belieben auch noch ein wenig Essig, und rührt das Ganze eine halbe Stunde, bis es ein wenig zu sulzen anfängt. Die zerschnittenen Hühner werden auf eine Platte gelegt, mit der Mayonnaise übergossen und an einen kühlen Ort zum Sulzen gestellt, dann mit zerhacktem Aspik (Nr. 455) garniert. Oder man gießt Aspik in eine Kranzform, ist es gesulzt, stürzt man es auf eine ovale Platte, legt die zerschnittenen Hühner flach in die Mitte hinein, übergießt dieselben sorgfältig mit Mayonnaise und lässt es sulzen. In einer Stunde kann man sie zu Tische geben.

Gewöhnlich werden sie nach der Suppe oder zu einem kalten Souper serviert.

466. Mayonnaise zu Fisch

Ein halbes Glas Provencer- oder Olivenöl und ebenso viel zerlassenes Aspik, Salz und etwas Pfeffer mit Kräuter- oder Weinessig gesäuert, wird in einem kleinen Kessel oder Hafen, den man auf Eis stellt (in Ermangelung desselben in frisches Brunnenwasser), mit einem kleinen Drahtbesen so lange geschlagen, bis es zu sulzen anfängt. Vorher werden vier rohe Eidotter schaumig gerührt und unter die geschlagene Sulze schnell glatt eingerührt. Diese gibt man sogleich über die kalten blau gesottenen Fische, bis dieselben ganz damit überdeckt sind. Man kann hierzu Hecht, Schill, Forellen oder Rutten verwenden. Dann garniert man sie mit ausgestochenem Aspik (Nr. 455).

467. Muscheln mit Mayonnaise

Ein Stückchen geräucherte oder Pökelzunge, ein wenig gekochter Fisch oder Hühnerfleisch, eine Bricke, marinierter Aal, ein Viertel gedünstete Gansleber oder Abfälle von irgendeinem andern Fleisch, alles in kleine Stückchen geschnitten, gut vermengt, wird auf kleine Meermuscheln oder kleine Zuckerschälchen je ein Löffel voll gelegt, mit Fischmayonnaise (Nr. 466) übergossen, außen mit einem Kränzchen zerhackten Aspik (Nr. 455) garniert und eine Stunde sulzen gelassen.

Dies wird nach der Suppe serviert.

468. Schinken-Gateau

Zwei in Salzwasser weich gekochte Kalbsbrise und ein halbes Pfund gekochter Schinken, eine halbe Gansleber und drei Essig-Champignons werden fein würfelartig geschnitten.

Dies gibt man in eine Schüssel, schüttet eine Obertasse gute Sulze daran und rührt es durcheinander. In eine flache Form wird fingerhoch Sulze gegossen, die man fest bestehen lässt, gibt das Geschnittene hinein, drückt es mit einem Löffel fest und glatt hinein und gießt oben darauf zwei Löffel Sulze, worauf man es an einem kühlen Orte sulzen lässt. Im Winter ist dies in zwei Stunden geschehen. Sodann wird es auf eine flache Schüssel gestürzt, sternartig mit einem scharfen Messer zerschnitten und mit Aspik garniert.

469. Farcierte Hühner

Die Hühner werden trocken gerupft, flammiert, auf dem Rücken aufgeschnitten, das Gerippe ganz ausgelöst, nur die Flügel und die Füße bleiben daran, ebenso die Halshaut, der Kopf wird jedoch abgeschnitten. Man wäscht die Hühner nun rein, besprengt sie leicht mit Salz und lässt sie liegen, bis die Farce bereitet ist.

Zu derselben nimmt man (für drei Hühner) ein Pfund Kalbfleisch vom Rücken und ein Pfund Schweinefleisch, hackt dieses fein zusammen, stößt es alsdann mit einem viertel Pfund Butter und einem viertel Pfund Nierenfett recht fein, gibt ein in Fleischbrühe eingeweichtes Milchbrot, drei rohe Eidotter, Salz, Muskatnuss dazu, stößt dies gut mitsammen und passiert es dann durch ein Haarsieb. Hat man Trüffeln, so wiegt man dieselben fein und gibt sie darunter, vier davon schneidet man in kleine Stückchen. Dann schneidet man Speck, eine leicht abgedünstete Gansleber, ein Stück Pökelzunge oder Schinken in fingerlange Stückchen, breitet die Hühner aus, gibt in dieselben eine Lage Farce, ein Stückchen Schinken, ein Stückchen Gansleber, ein Stückchen Pökelzunge und Speck, eine Lage Trüffel, oben darauf wieder Farce. Die Farce muss den Schluss machen. Man drückt es nun fest zusammen, streicht es vorsichtig in den Kropf, zieht die Haut in die Höhe und näht sie sorgfältig mit doppeltem Faden zusammen; bindet jedes Huhn in ein weißes Tuch oder in ein Stück reines weißes Zeug und umwickelt es fest mehrmals mit Bindfaden.

Dann nimmt man einen Tiegel, gibt ein Quart Essig, drei große Löffel Fleischbrühe, etwas Weißwein, ein Lorbeerblatt, Zwiebeln in Scheiben geschnitten, eine Zitronenschale, etwas Zitronenmark, Salz, einige Nelken, Pfefferkörner, das Geripp von den Hühnern zusammengehackt dazu und dünstet das Ganze eine Stunde langsam. Während dem Sieden hebt man die Hühner zweimal vorsichtig um. Nach einer Stunde legt man die Hühner ganz gerade in eine Schüssel, gießt den Absud durch ein Sieb darüber, legt ein leichtes Brett darauf, welches man beschwert und lässt die Hühner über Nacht an einem kühlen Orte stehen.

Am andern Tage nimmt man sie heraus, entfernt von jedem Huhn das Tuch, und lässt sie zwei bis drei Tage ohne Absud stehen, damit sie recht fest werden; dann zieht man den Faden heraus, schneidet mit einem scharfen Messer schöne runde Stücke, legt sie zierlich auf eine Platte und garniert sie mit zerhacktem Aspik.

470. Farcierter Kapaun

Wird ebenso verfahren wie Nr. 469. Diese Farce reicht zu einem Kapaun, muss jedoch ein und eine halbe Stunde gekocht werden.

471. Farcierter Indian (genannt Galandin)

Es wird ganz so verfahren wie in der Nr. 469 beschrieben. Zur Farce gehört aber ein und ein halbes Pfund Kalbfleisch, ebenso viel Schweinefleisch; auch müssen nach Verhältnis mehr Trüffel, Speck, Schinken und Gansleber genommen werden. Zum Sieden braucht dieser Indian zwei Stunden. Zuletzt stellt man ihn eine halbe Stunde ins Rohr, wo man ihn gut kochen lässt.

Der Indian muss vier bis fünf Tage außer dem Absud stehen, damit man ihn leichter schneiden kann. Er muss ebenfalls mit einem Brett beschwert werden.

472. Gefüllter Wildschweinskopf

Zwei Handvoll Schalotten und halb so viel Petersiliengrün wird zusammen fein gewiegt und in einem viertel Pfund Butter ganz flüchtig gedünstet. Dahinein gibt man ein Pfund Schweinfleisch und ein halbes Pfund gesalzenen Speck, fein geschnitten und dünstet dieses halbweich. Dann nimmt man ein Pfund rohes Kalbfleisch und hackt es ganz fein. Das inzwischen halbgedünstete Schweinefleisch mit den Schalotten und Petersiliengrün nebst einem Stück Schwarzwild wird fein gewiegt und gesalzen, dann mit einem Kaffeelöffel, Nelkengewürz, Piment, Muskatnuss, Pfeffer, drei getrockneten fein gestoßenen Lorbeerblättern, pulverisiertem Majoran und einer fein gewiegten Zitronenschale sowie mit dem zerhackten Kalbfleisch zusammen in einem Mörser fein gestoßen.

Der Wildschweinskopf, wo möglich (der schöneren Form wegen) mit einem Stück vom Halse, wird rein gewaschen, sorgfältig ausgebeint, mit Salz und Pfeffer von innen eingerieben. Dann wird ein halbes Pfund frischer Speck, eine leicht gedünstete Gansleber und eine halbe gesottene Pökelzunge in fingerlange und halbfingerdicke Stücke zerschnitten. Ebenso wird ein viertel Pfund Trüffel fein geschnitten. Dann legt man den Schweinskopf flach auseinander, überstreicht ihn dreifingerdick mit Farce, taucht die Hand in frisches Wasser und drückt die Farce fest darauf. Dann folgt eine Lage, gemischt von Speck, Zunge, Gansleber mit Trüffeln bestreut, hierauf wieder eine Lage Farce und so wird abgewechselt, bis der Kopf voll ist.

Die Haut wird sodann mit einer großen Dressiernadel und feinem Bindfaden sorgfältig zusammengenäht und der Schweinskopf fest mit Bindfaden in eine Serviette eingebunden.

In einen Tiegel wird eine Bouteille Rotwein, zwei Maß Essig, vier Zwiebeln, eine gelbe Rübe, eine Selleriewurzel in Scheiben geschnitten, ein Teelöffel Pfefferkörner, zwei Handvoll Salz, Wachholderbeeren, drei Lorbeerblätter, sechs Nelken, das zerhauene Gebein vom Kopf, sechs zerhauene Kälberfüße gegeben und der Schweinskopf drei bis vier Stunden unter öfterem Umwenden darin gesotten.

Dann lässt man den Schweinskopf ein wenig erkalten, legt ihn in einen großen Tiegel, gießt den Absud darüber, beschwert ihn mit einem leichten Brett und lässt ihn acht Tage oder länger stehen.

Vor dem Gebrauch wird der Bindfaden abgelöst, das Tuch heruntergenommen und der Schweinskopf in schöne Scheiben geschnitten, mit Aspik garniert und mit Wachholderbeersauce (siehe Nr. 860) zu Tisch gegeben, Der übrige Schweinskopf kann in der Sulze ein Vierteljahr aufbewahrt werden.

473. Gänseleberpastete

Drei große schöne Gänselebern werden mit Butter und Zwiebeln halb gedünstet und nachdem dies geschehen, lässt man sie ein wenig erkalten. Dann werden zwei Pfund Schweinefleisch (vom Rücken) in kleine Würfel zerschnitten, zwölf Schalotten und Petersiliengrün fein gewiegt in einem viertel Pfund Butter ein wenig gedünstet, dann gibt man das zerschnittene Schweinefleisch hinein dünstet es ziemlich weich und wiegt es auf einem Brett recht fein.

Die Gänselebern werden in fingerdicke, längliche Scheiben zerschnitten. Die Abfälle mit dem fein gewiegten Fleisch im Mörser zerstoßen, die Farce in eine Schüssel gegeben, und die Sauce, worin die Lebern gedünstet sind, darunter gerührt, dann das Ganze durch ein Haarsieb passiert.

Hat man Trüffel, so werden dieselben abgeschält und fein gewiegt an die durchpassierte Farce gerührt.

Eine Prise Nelken, Almodegewürz (Piment), Muskatblüte, Majoran, Pfeffer und Salz wird fein gestoßen und ebenfalls an die Farce gegeben.

Die zerschnittenen Gänselebern werden leicht mit Salz besprengt und mit zerschnittenen Trüffeln belegt.

Dann bereitet man aus Wasser, Mehl, einem Ei und Salz einen Nudelteig, walkt denselben fingerdick aus, streicht eine runde Form oder Kasserol mit Schmalz aus, legt die Form mit dem Teig aus, so dass derselbe zwei Finger breit über den Rand geht, belegt den Boden mit Speckscheiben, gibt dann abwechselnd eine Lage Farce, eine Lage Leber mit Trüffel hinein, fährt damit fort, bis alles zu Ende ist. Die Farce muss den Schluß machen. Dann wird von Teig ein Deckel in der Größe der Form gemacht, der äußere Rand des Deckels mit Ei bestrichen und fest mit der Form zusammengeklebt. In der Mitte macht man eine talergroße Öffnung, setzt einen dreifingerhohen Kamin von Teig darauf, der mit dem Deckel gut verbunden sein muss und bäckt die Pastete eine Stunde im Rohr, worauf man sie an einem kühlen Ort über Nacht stehen lässt. Am andern Tage stürzt man sie auf eine Platte, lässt sie zwei bis drei Tage stehen, hebt dann den oberen Deckel herunter und übergießt die Pastete mit Aspik (Nr. 455); ist das Aspik bestanden, löst man den äußeren Teig, jedoch nur so weit, als man von der Pastete herunterschneiden will, ab, schneidet aus der Pastete schöne Stücke, legt dieselben auf eine Platte und garniert sie mit Aspik.

Es ist besser, wenn die Pastete erst nach acht Tagen verwendet wird, da sie bis dahin eine schönere weiße Farbe erhält.

Man kann sie auch ganz zu Tische geben, indem man von einem Bogen weißem Papier eine Krause schneidet, die Pastete damit umbindet und mit Aspik garniert.

474. Gänseleberpastete ohne Trüffel auf andere Art

Drei große Gänselebern werden in halbfingerdicke, längliche Scheiben zerschnitten, eine halbe Stunde in Wasser mit Milch gelegt, herausgenommen, eine Viertelstunde in einen Durchschlag zum Ablaufen gegeben, auf ein Brett gelegt und jedes Stückchen mit Salz bestreut. Inzwischen wiegt man ein und ein halbes Pfund Schweinefleisch (Rücken) oder um 24 kr. Bratwurstbret, sowie die Abfälle von den Lebern, außerdem zwei kleine Lebern und sechs Schalotten recht fein und passiert dies durch ein Sieb. Ein viertel Pfund Gänsefett lässt man lauwarm werden, rührt es unter die Farce und gibt eine Prise Nelken, Piment, Pfeffer, etwas Muskatnuss und Salz dazu.

Dann wird ein Teig in der vorbeschriebenen Weise bereitet und im Übrigen ebenso verfahren, wie unter Nr. 473 ausführlich beschrieben ist.

475. Gänseleberpastete auf dritte Art

Drei Gänselebern werden in längliche, halbfingerdicke Scheiben geschnitten, mit Salz besprengt, mit etwas Muskatnuss gewürzt, die Abfälle mit einer ganzen Leber und Schalotten recht fein gewiegt, dann durch ein Sieb passiert, mit Salz, Nelken und Almodegewürz (Piment) gewürzt und gut verrührt. Dann eine Form gut mit Butter ausgestrichen, eine Lage Farce, eine Lage Leber mit Trüffeln hineingegeben und so abgewechselt, bis alles zu Ende ist. Die Farce muss den Schluß machen. Oben wird die Farce mit Speckscheiben bedeckt und weißes Papier, welches man fest eindrückt, darauf gelegt. Die Pastete wird fünf Viertelstunden im Rohr gebacken. Das Papier wird hierauf weggenommen, alsdann sticht man mit einer Gabel einige Male in die Pastete oben hinein, damit das Fett eindringen kann, und stellt sie dann an einen kühlen Ort. Am andern Tage ist die Pastete vollständig erkaltet. Die herausgestochenen Schnitten garniert man mit Aspik. Die Pastete muss in der Form bleiben, da man sie nicht stürzen kann.

476. Hasenpastete

Zwei abgezogene, ungebeizte Hasen ohne Jung (Pfeffer) werden gesalzen, gewürzt und dick gespickt.

Hierauf gibt man sie in eine Bratpfanne und brät sie mit Zwiebeln, Zitrone, einem Lorbeerblatt, einem Glas Rotwein, einem Löffel Fleischbrühe und belegt sie oben mit Butter. Sind sie weich, wird von den Schlegeln das Fleisch abgelöst, und das Fleisch vom Ziemer über quer in kleine Stückchen, aus je einem acht, geschnitten.

Das Fleisch von den Schlegeln, ein viertel Pfund Speck, ebensoviel gekochter Schinken wird zusammen fein gewiegt und in einem viertel Pfund Butter, vier bis sechs Schalotten und etwas Petersiliengrün in einem Tiegel oder Kasserol schnell gedämpft. Dann kommt das gewiegte Fleisch und die Sauce vom Hasenbraten, sowie ein in Fleischbrühe eingeweichtes Milchbrot hinein und dieses lässt man zusammen ein wenig dünsten. Wenn man will, kann man auch fein gewiegte Trüffel unter diese Farce geben. Dann wird eine Gansleber gleichfalls leicht gedünstet, in dünne Scheiben geschnitten, etwas mit Salz besprengt. Die Abfälle der Leber gibt man zum gewiegten und gedünsteten Fleisch, welches mitsammen in einem Mörser recht fein gestoßen wird.

Ist dies geschehen, so gibt man die Farce in eine tiefe Schüssel, rührt drei rohe Eidotter daran, sowie Salz, Nelkengewürz, Pfeffer, Muskatnuss, Almodegewürz (Piment).

Hierauf wird von einer Maß Mehl, Wasser, Salz und einem Ei ein fester Teig gemacht und derselbe fingerdick ausgewalkt.

Ein Kasserol oder tiefe Form wird mit Schmalz ausgestrichen, der Teig hineingelegt, dass er zwei Finger breit über den Rand herübersteht. Auf den Boden des Teiges legt man einige Speckscheiben, dann eine dünne Lage Farce, hierauf ebenso Leber und Hasenstückchen, und wechselt so ab. Die Farce muss den Schluß machen. Obenauf legt man einige Speckscheiben, walkt aus Teig einen Deckel so groß, dass er die Form oben schließt, bestreicht den über den Rand vorstehenden Teig mit Ei und drückt diesen mit dem Deckel fest zusammen. In der Mitte wird eine runde talergroße Öffnung gemacht, auf welche man einen dreifingerbreiten, aus Teig geformten Kamin setzt, der mit dem die Pastete schließenden Deckel gut verbunden sein muss. Diese Pastete wird im Rohr drei Viertelstunden bei ziemlich starkem Feuer gebacken.

Sollte sie während dem Backen an der Seite aufspringen, so kann man den Riss mit etwas Mehlpapp verkleben.

Wenn die Pastete fertig ist, lässt man sie über Nacht in der Form stehen, stürzt sie am andern Tage auf eine Platte, hebt am dritten Tage den Deckel herunter und gießt zerlassenes Aspik darauf. Ist die Masse fest, kann man die Pastete auch ganz zu Tische geben.

In diesem Falle schneidet man einen Bogen weißes Papier wie eine Krause und umbindet damit die Pastete. Besser noch ist es, wenn man den äußeren Teig sorgfältig ablöst, die Pastete in dünne Stücke schneidet und diese auf eine Platte mit Aspik verziert legt.

477. Fasanenpastete mit Trüffel

Man bereite von drei Maß Mehl, einigen Eiern, Wasser, Salz und einem Stückchen Butter einen Nudelteig.

Zwei Fasanen werden gerupft, geputzt, flammiert, ausgenommen, gewaschen, gesalzen und dressiert. Drei viertel Pfund Nierenfett, ebensoviel Speck und ein Pfund roher Schinken werden würfelartig geschnitten. Ebenso werden zwei Zwiebeln, eine Petersilienwurzel, eine gelbe Rübe in Scheiben geschnitten, dieses zusammen nebst den Fasanen mit etwas Salz, zwölf Pfefferkörnern, Nelken, Schalotten und zwei Lorbeerblättern wird langsam gedünstet, bis Speck und Schinken anfangen gelb zu werden. Dann gießt man einen Schoppen Wein und ebensoviel gute Fleischbrühe daran und lässt die Fasane in diesem Safte weich werden. Alsdann werden sie herausgenommen, in eine Schüssel gelegt und der Saft durch ein Haarsieb getrieben.

Hierauf schält man zehn Trüffel rein, wäscht sie, legt sie in den Saft und lässt sie in demselben weich kochen. Die Fülle, macht man wie folgt:

Man schneidet drei Pfund mageres, sorgfältig abgehäutetes Kalbfleisch, ein Pfund frischen Speck in Würfel und gibt Salz, Muskatnuss nebst einer fein gewiegten Zitronenschale dazu, stößt dies alles in einem Mörser, gibt es in eine Schüssel und gießt den Saft, worin die Trüffel gekocht sind, nebst dem Saft von vier Zitronen daran und rührt alles gut durcheinander. Eine Form legt man mit dem Teig aus, gibt eine Lage Fülle, dann etwas zerschnittene Trüffel, dann eine Lage von dem in Stücken geschnittenen, abgelösten Fasanenfleisch hinein und fährt damit fort, bis alles zu Ende ist. Die Farce muss den Schluß bilden. Im Übrigen verfährt man wie mit den vorbeschriebenen Pasteten (Nr. 475 u. 476). Die Fasanenpastete muss eine Stunde gebacken werden.

Man lässt sie über Nacht in der Form stehen und stürzt sie am andern Tage auf eine Platte heraus.

Teige

478. Feiner Hefeteig

Eine Maß feines Mehl gibt man in eine Schüssel, macht in der Mitte desselben von drei Löffeln guter Hefe und lauwarmer Milch ein Dämpfel (Hesel) und lässt es gut gehen. Währenddessen rührt man zwölf Loth Butter schaumig, gibt zwei bis drei ganze Eier und zwei Loth Zucker daran, rührt es mit etwas Milch unter das Dämpfel, macht einen festen Teig davon, schlägt ihn ganz fein ab, lässt ihn abermals gehen und verwendet ihn nach Belieben zu Brezeln, Nudeln, Kuchen etc.

479. Ordinärer Hefeteig

In eine Maß Mehl macht man in der Mitte von Hefe und lauwarmer Milch ein Dämpfel, lässt es gut gehen, gießt ein viertel Pfund zerlassenes lauwarmes Schmalz nebst zwei Eiern, etwas Salz und Milch daran und macht davon einen festen Teig, welchen man gut abschlägt und abermals gehen lässt.

480. Bröselteig

Ein halbes Pfund Mehl, ein viertel Pfund Butter, ein viertel Pfund feilen Zucker, ein ganzes Ei, zwei Eidotter, etwas Nelken und Zimtgewürz verarbeitet man auf dem Nudelbrett zu einem festen Teig, lässt ihn eine Stunde ruhen und verwendet ihn nach Belieben.

481. Bröselteig zu Obstkuchen

Ein halbes Pfund Mehl, zwölf Loth Butter, zwölf Loth Zucker, zwei hartgesottene Eidotter, zwei rohe Dotter und ein ganzes Ei, etwas Zimt- und Nelkengewürz verarbeitet man zu einem festen Teig, knetet ihn gut ab und lässt ihn eine Stunde ruhen.

482. Priorteig

(Muss am Abend vor dem Gebrauch bereitet werden.)

Von einem viertel Pfund feinem Mehl, drei Löffel guter Hefe (6 kr. trockener Hefe) und einem halben Quart Milch wird ein ganz fester Teig gemacht, den man an einem warmen Orte gehen lässt. Dann gibt man auf ein Nudelbrett drei viertel Pfund feines Mehl, macht in die Mitte desselben eine Grube, gibt den gegangenen Teig (Dämpfel, Hebel) sowie neun ganze Eier, eine Handvoll Zucker und einen Löffel Salz hinein, verarbeitet denselben mit beiden Händen, gibt auch hie und da Mehl nach, da er sehr weich ist, dann staubt man Mehl in eine Schüssel, legt ihn hinein, deckt ihn mit einem Tuch zu und stellt ihn über Nacht an einen kühlen Ort. Am andern Tage bestaubt man ein Brett dünn mit Mehl, sticht mit einem Löffel so viel Teig heraus, als man auf einmal backen kann, walkt diesen dünn aus, zerschneidet ihn in lange dünne Streifen, die man leicht rollt, formt daraus Brezeln, Schnecken etc., bestreicht ein Blech leicht mit Schmalz, legt die geformten Brezeln etc. darauf, bestreicht sie mit Eidotter, streut groben Zucker darauf und bäckt sie sogleich bei guter Hitze. (Man darf sie nicht mehr gehen lassen.)

483. Butterteig

Ein Pfund Mehl, zwei ganze Eier, vier Loth Butter, etwas Salz und so viel kaltes Wasser, als das Mehl annimmt, wird auf dem Nudelbrett so lange verarbeitet, bis daraus ein sehr feiner Teig wird. Diesen Nudelteig lässt man eine halbe Stunde ruhen. Indessen knetet man ein Pfund Butter in frischem Wasser ganz fein ab, trocknet sie mit einem Tuche ab und wendet sie in Mehl um. Den Teig walkt man der Länge nach

aus, legt die Butter darauf, schlägt sie mit dem Teig gut ein und walkt sie wieder der Länge nach aus, schlägt den Teig in drei Teile zusammen, walkt ihn so zwei- bis dreimal durch, lässt ihn an einem kühlen Ort eine Stunde ruhen und verfährt dann damit wie das erste Mal.
Nach einer halben Stunde kann man ihn verwenden.

484. Butterteig auf andere Art

Ein halbes Pfund feines Mehl, zwei ganze Eier, etwas Salz, ein Teelöffel Arak, kalte abgekochte Milch soviel als das Mehl annimmt, wird alles zu einem feinen Nudelteig verarbeitet. Denselben walkt man der Länge nach aus, schneidet ein halbes Pfund Butter fein, belegt die eine Hälfte des Teiges damit, deckt die andere Hälfte darauf und walkt ihn der Länge nach aus, schlägt ihn wieder zusammen und wiederholt dieses Verfahren zwei bis dreimal; dann lässt man den Teig eine Stunde ruhen und verfährt damit wie das erste Mal. Diesen Teig kann man zu Kuchen, Pasteten etc. verwenden.

485. Butterteig auf dritte Art

Von einem halben Pfund feinem Mehl, vier Eidottern, Wasser, Salz und einem Teelöfel Arak wird ein Teig gemacht, den man fein abknetet und dann ruhen lässt. Währenddessen wird ein halbes Pfund Mehl mit drei viertel Pfund Butter mit dem Nudelwalker verarbeitet. Der zuerst beschriebene Teig wird der Länge nach ausgewalkt, die Butter darin eingeschlagen und dann abermals der Länge nach ausgewalkt. Alsdann schlägt man ihn von zwei Seiten so zusammen, dass die äußeren Spitzen in der Mitte zusammenkommen, bricht ihn in der Mitte ein und legt die zwei eingeschlagenen Seiten noch einmal zusammen. Dieses Verfahren wird zweimal wiederholt. Dann schlägt man den Teig in ein Tuch ein und lässt ihn an einem kühlen Orte ruhen. Hierauf walkt man ihn wieder aus und verfährt wieder wie vorher beschrieben. Nachdem er wieder eine halbe Stunde geruht hat, ist er fertig.
Man kann ihn auch den Abend vor dem Bedarf bereiten.

486. Brandteig mit Milch

Ein Quart Rahm oder Milch wird mit Butter (vier Loth) kochend gemacht, alsdann eine halbe Maß Mehl hineingerührt und gut auf dem Feuer abgetrocknet. Dann werden fünf bis sechs ganze Eier, welche man einige Minuten vorher in warmes Wasser legt, eines nach dem andern daran gerührt. Hierauf wird alles in eine Schüssel getan und Zucker und Salz nach Belieben darangegeben.

487. Brandteig mit Wasser

Hierbei verfährt man, wie bei Nr. 486 angegeben ist, nur wird statt Milch Wasser kochend gemacht.

Mehlspeisen

488. Mehlschmarn oder Eierhaber

Eine halbe Maß feines Mehl wird mit einer halben Maß kalter Milch, etwas Salz ganz glatt abgerührt, alsdann werden fünf ganze Eier, eines nach dem andern, darangerührt; der Teig muss viel dicker als ein Pfannkuchenteig sein. Sollte er, nachdem man die fünf Eier darangerührt hat, zu dick sein, so rührt man noch etwas kalte Milch nach. Dann macht man in einer Omelettepfanne ein Stück Rindschmalz (etwa vier Loth) heiß, gießt den Teig hinein, bäckt unter öfterem Umwenden mit dem Backschäufelchen schöne gelbe Stücke, sollte noch Schmalz nötig sein, gibt man es nach. Ist dies geschehen, so sticht man kleine Stückchen daraus und röstet sie gut. Damit der Schmarn warm bleibt, gibt man in einen Tiegel ein kleines Stückchen Schmalz, lässt es heiß werden, gibt den fertigen Schmarn hinein und stellt ihn warm. Man kann den Schmarn auch in einem Tiegel oder einer Bratpfanne im Rohre bereiten, wobei ebenso verfahren wird wie auf der Omelettepfanne. Frisch zubereitet ist der Schmarn am besten.

489. Griesschmarn

Eine halbe Maß feiner Gries wird mit einer halben Maß siedender Milch unter beständigem Rühren angebrüht, dann lässt man ihn stehen, bis er ganz kalt ist, schlägt hierauf fünf ganze Eier eines nach dem andern unter beständigem Rühren daran, gibt Salz nach Belieben daran und verfährt dann ebenso wie mit dem Mehlschmarn.

Der Griesschmarn darf nicht zu lange stehen bleiben, da er sonst fest wird.

490. Semmelschmarn

Vier alte Milchbrote oder Semmeln werden in dünne Scheiben ausgeschnitten, mit einem Schoppen kalter Milch, etwas Salz eingeweicht
und so eine Stunde stehen gelassen. Dann werden sechs Loth Rindschmalz auf der Omelettepfanne heiß gemacht, das eingeweichte Brot
darauf geschüttet und schön gelb geröstet. Zuletzt werden vier ganze
Eier in einem Hafen tüchtig verrührt, darüber gegossen und so lange
unter öfterem Umrühren geröstet, bis die Eier angezogen haben. Statt
die Eier zuletzt über den Schmarn zu geben, kann man mit denselben
auch sogleich nebst der Milch das Brot anfeuchten.

491. Schmarn von Brandteig

Man lässt eine halbe Maß Milch mit etwas Butter (vier Loth) kochend
werden, rührt eine halbe Maß Mehl hinein und rührt dies so lange, bis
es sich von der Pfanne oder Kasserol löst, dann lässt man es in einer
Schüssel erkalten, salzt es nach Belieben, rührt sechs oder acht ganze
Eier daran und verfährt wie in der vorhergehenden Nummer.

492. Reisschmarn

Man brüht acht Loth Reis, wäscht denselben in kaltem Wasser und
kocht ihn in einer halben Maß Rahm mit einem Stückchen Butter
weich. Er muss ganz dick eingekocht sein und häufig umgerührt werden, damit er sich nicht anlegt. Man würzt ihn mit Salz oder Zucker
und ein wenig Zimt. Ist er erkaltet, rührt man fünf oder sechs ganze
Eier daran. Im Übrigen verfährt man wie bei Nr. 488.

493. Kartoffelschmarn

Gekochte kalte (übriggebliebene) Kartoffeln werden geschält und
gerieben und in einer Schüssel mit drei bis vier ganzen Eiern, einem
Löffel Mehl und etwas Salz zu einem dicken Teig angerührt, dann in
Schmalz auf einer flachen Pfanne schön gelb gebacken.

494. Kartoffelnudeln

Fünfzehn ganz frisch gekochte abgeschälte Kartoffeln werden noch warm auf dem Nudelbrett zerdrückt und zwar ganz fein; hierauf mengt man ein ganzes Ei, Salz und Mehl darunter, knetet dies fein ab und formt fingerlange Nudeln daraus. Dann lässt man in einer flachen Bratpfanne sechs Loth Schmalz heiß werden, legt die Nudeln gleichmäßig nebeneinander hinein; sind sie auf einer Seite schön braun gebraten, wendet man sie mit einer Gabel auf die andere Seite um, damit sie auch hier braun werden.

Wenn sie fertig sind, verrührt man drei Eier mit etwas Milch, gießt dieses über die Nudeln und lässt dieselben noch eine Viertelstunde im Rohr anziehen.

495. Kartoffelnudeln auf andere Art

Zwölf Stück alte (übriggebliebene) Kartoffeln werden, nachdem sie abgeschält sind, auf dem Reibeisen fein gerieben, dann wird aus denselben auf dem Nudelbrett mit drei ganzen Eiern, Mehl und Salz ein Ballen geformt, derselbe fein abgeknetet und dann ebenso verfahren wie vorstehend beschrieben.

496. Kartoffelpfannkuchen

Sechs Stück alte (übriggebliebene) abgeschälte Kartoffeln werden auf dem Reibeisen fein gerieben, in eine Schüssel getan, vier ganze Eier eines nach dem andern daran gerührt, Salz nach Belieben dazu gegeben, so dass es ein ziemlich dicker Teig wird. Dann lasse man vier Loth Schmalz auf einer Omelettepfanne heiß werden, gieße die Hälfte des Teiges darauf, streiche die Masse mit einem Esslöffel dünn auf der Pfanne herum, und backe sie bei sehr mäßigem Feuer, da sie leicht anbrennt, auf der einen Seite braun; ist dies geschehen, so stürzt man einen Teller darauf, macht wieder vier Loth Schmalz heiß, stürzt den Pfannkuchen vom Teller auf die Pfanne und bäckt ihn auf der andern Seite ebenfalls schön braun. Bei dem Anrichten, kann man fein gestoßenen Zucker und Zimt darauf streuen.

497. Kartoffelpfannkuchen auf andere Art

Ganz weich gesottene warme Kartoffeln werden abgeschält, mit dem Nudelwalker ganz fein zerdrückt, gesalzen, ein Stückchen Butter, in der Größe einer Nuss, darunter gemengt, ein ganzes Ei, Salz nach Belieben, und eine Hand voll Mehl zu einem festen Teig verarbeitet, messerrückendick ausgewalkt, tellergroße Flecke herausgeschnitten, auf einer flachen Pfanne ein Stück Schmalz heiß gemacht, die Flecke darauf gegeben und bei sehr mäßiger Hitze auf beiden Seiten schön gelb gebacken.

498. Kartoffelauflauf

Etwa acht Stück mittelgroße Kartoffeln werden in einer halben Maß Milch weich gekocht, zerdrückt, und ein Stückchen Butter hineingerührt. Wenn es erkaltet ist, gibt man sechs Eidotter daran, Salz nach Belieben, und zuletzt wird der Schnee von sechs Eiern leicht darunter gehoben, eine Form mit Butter ausgestrichen und bei mäßiger Hitze gebacken. – Dazu gibt man saures Ragout.

499. Kartoffelpudding

Sechs Loth Butter werden schaumig gerührt, sechs Eidotter, eine nach der andern, darangegeben, gesalzen, drei viertel Pfund durchpassierte, in Salzwasser gekochte Kartoffeln und der Schnee von sechs Eiern leicht darunter gehoben, die Form mit Butter ausgestrichen, mit gebratenen, in feine Scheiben geschnittenen Bratwürsten ausgelegt, die Masse hineingefüllt und drei Viertelstunden im Dunst gesotten.

500. Topfennudeln

Ein Teller voll guter Tropfen wird mit einem Loth Butter, drei Eidottern, Salz, einem Löffel saurem Rahm und soviel Mehl, als er annimmt, um es gut abkneten zu können, auf dem Nudelbrett zu einem Teig verarbeitet. Alsdann werden fingerlange Nudeln daraus geformt, in einer flachen Bratpfanne sechs Loth Schmalz heiß gemacht, die Nudeln der

Reihe nach hineingelegt und auf beiden Seiten schön braun gebacken. Man kann sie auch in schwimmendem Schmalz backen.

501. Regenwürmer

Man gibt eine Maß feines Mehl auf das Nudelbrett, ferner zwei ganze Eier, ein Stückchen Butter, etwas Salz und lauwarmes Wasser, verarbeitet dies alles zu einem ganz feinen Teig und lässt denselben zugedeckt eine Stunde ruhen. Alsdann schneidet man kleine Stückchen daraus, dreht ganz dünne Würstchen (Würmer) davon und lässt sie eine halbe Stunde auf dem Nudelbrett trocknen; während dem macht man in einer flachen Bratpfanne oder Kasserol eine halbe Maß Milch oder Rahm mit etwas Butter kochend, gibt die sogenannten Würmer unter fortwährendem Rühren hinein und lässt sie auskochen, bis keine Milch mehr darin ist. Dann macht man Butter und Zucker in einem flachen Tiegel heiß, gibt die Würmer hinein, lässt sie darin, ohne sie umzuwenden, damit sie am Boden eine schöne gelbe Kruste bekommen. Dann scharrt man sie mit dem Backschäufelchen auf, legt sie auf eine flache Platte, bestreut sie mit Zucker und Zimt und gibt sie sogleich zu Tische.

502. Regenwürmer auf andere Art

Eine gute Obertasse Rahm mit einem kleinen Stückchen Butter lässt man kochend werden, stellt es vom Feuer weg, gießt eine Obertasse sauren Rahm und zwei ganze Eier hinein. Auf ein Nudelbrett gibt man eine halbe Maß Mehl, etwas Salz, macht mit der heißen Milch und dem Mehle einen ziemlich festen Teig, welchen man so lange abknetet, bis er Blasen wirft. Reicht die Milch nicht, gibt man etwas nach; den Teig lässt man ein wenig ruhen, dreht ganz dünne Würstchen daraus und lässt sie eine halbe Stunde auf dem Nudelbrett trocknen.

In einen Tiegel gibt man fingergliedhoch Rahm, ein Stückchen Butter und Zucker, lässt es kochend werden, gibt die Regenwürmer unter beständigem Rühren hinein und lässt sie darin auskochen; sollten sie nicht saftig genug sein, gibt man Rahm nach. Zuletzt lässt man sie ruhig im Tiegel liegen, damit sich eine Kruste bildet, richtet sie auf einer ovalen Platte an und bestreut sie mit Zucker und Zimt.

503. Spatzen

Eine halbe Maß Mehl, etwas kalte Milch und Salz werden in einer Schüssel zu einem dicken Teig abgerührt, dann fünf ganze Eier, eines nach dem andern, daran gerührt. Der Teig muss sehr zäh sein. Dann macht man Wasser kochend, salzt es und treibt diesen Teig durch einen großlöcherigen Spatzenseiher sehr schnell in das siedende Wasser, damit die Spatzen nicht ungleich werden. Ist eine Partie gut und oft übersotten, nimmt man sie mit einem Schaumlöffel heraus und lässt sie in einem Seiher ablaufen. Dann lässt man ein Stück Butter in einem Tiegel oder Kasserol heiß werden und röstet die Spatzen darin, bis sie eine schöne gelbe Kruste bekommen haben.

504. Spatzen auf andere Art

Man nehme halb Brand-, halb gewöhnlichen Spatzenteig, verfahre wie in der vorigen Nummer angegeben und röste die Spatzen in Butter, schlage zwei ganze Eier daran und rühre sie schnell durcheinander.

505. Kuchenmichel

Eine halbe Maß feines Mehl wird mit kalter, am besten ungekochter Milch zu einem Teig abgerührt, ein Kaffeelöffel Salz, fünf ganze Eier nacheinander ebenfalls daran gerührt, dann so viel Milch nachgegossen, bis es ein ganz dünnflüssiger Teig ist. Streiche eine flache, zwei Finger hohe Bratpfanne mit Butter aus, gieße den Teig fingergliedhoch hinein, lege oben darauf kleine Stückchen Butter und backe ihn eine halbe Stunde im Rohr. Im Anfang darf eine gute Hitze sein, damit er schön in die Höhe steigt.

506. Fuhrmannsküchlein

Für drei Kreuzer Weißbrot wird in Würfeln ausgeschnitten, gesalzen, mit drei ganzen Eiern und einem Schoppen kalter Milch eingeweicht. Nach drei Viertelstunden lässt man auf der Omelettpfanne zwei Loth Rindschmalz heiß werden, gibt die Hälfte des eingeweichten Brotes hinein, streicht es flach wie einen Pfannkuchen auseinander, lässt es schön gelb backen, stürzt einen flachen Teller darauf, wendet ihn um, macht wieder zwei Loth Schmalz heiß, rutscht ihn auf die Pfanne und bäckt ihn auf der andern Seite ebenfalls schön gelb. Nur ein sehr mäßiges Feuer ist bei dem Backen zu unterhalten.

507. Gewöhnlicher Pfannkuchen

Eine halbe Maß Mehl wird mit kalter Milch zu einem dicken Teig angerührt, Salz nach Belieben, vier ganze Eier, eines nach dem andern, daran gerührt und zuletzt zu einem flüssigen Teig mit Milch verdünnt. In einer flachen Pfanne wird ein Stückchen Schmalz heiß gemacht, ein großer Löffel Teig hineingegossen, lässt ihn, indem man die Pfanne dreht, überall herumlaufen, bäckt ihn auf der einen Seite schön gelb, gibt oben wieder ein Stückchen Schmalz darauf, wendet ihn mit einem Schäufelchen um und bäckt ihn auf der andern Seite schön gelb.

So fährt man fort bis der Teig zu Ende ist.

508. Pfannkuchen mit Schinken

Nachdem die Pfannkuchen in vorbeschriebener Weise bereitet sind, werden sie mit gewiegtem Schinken fein bestreut, einzeln zusammengerollt, jeder in vier runde Stücke zerschnitten. Alsdann setzt man sie in eine mit Butter ausgestrichene Porzellanschüssel, macht einen Guss von einem Stückchen zerlassener Butter, fünf Eiern, zwei Löffeln Mehl und etwas Salz, gießt diesen über die Pfannkuchen, bestreut sie oben mit gewiegtem Schinken und lässt sie gut backen. Die Pfannkuchen werden mit der Schüssel, worin sie gebacken wurden, zu Tische gebracht.

509. Eierkuchen

Man nimmt sechs Löffel feines Mehl, rührt es mit einem halben Schoppen kalter Milch und etwas Salz zu einem glatten Teig, schlägt sechs Eier unter beständigem Rühren daran. Alsdann macht man ein Stückchen Schmalz auf der Omelettepfanne heiß, gießt die Hälfte des

Teiges darauf und bäckt ihn auf beiden Seiten schön gelb. Ebenso verfährt man mit der andern Hälfte des Teiges.

510. Eierkuchen mit Zwiebeln

Sechs Löffel Mehl werden mit einem halben Schoppen Milch und etwas Salz zu einem dicken Teig angerührt, Zwiebeln ganz klein geschnitten, darunter gerührt, zuletzt sechs Eier, eines nach dem andern, daran geschlagen, dann ebenso verfahren, wie unter der vorigen Nummer angegeben ist.

511. Eierkuchen mit Schnittlauch

Wird ebenso zubereitet wie der vorige; anstatt der Zwiebeln nimmt man ein Büschelchen fein geschnittenen Schnittlauch.

512. Makkaroni mit Parmesankäse

Deutsche, besser italienische Makkaroni werden in siedendem Salzwasser weich gekocht, dann in einen Durchschlag zum Ablaufen gegeben und mit kaltem Wasser abgeschwemmt, in ein Kasserol oder einen Tiegel getan, ein Stück Butter und fein geriebener Parmesankäse darangegeben, zugedeckt und einige Male geschwungen. Man garniert meistens gebratenes Rindfleisch damit.

513. Makkaroni mit Schinken

Die Makaroni werden in Salzwasser weich gekocht, in einen Durchschlag zum Ablaufen geschüttet, mit kaltem Wasser abgegossen, dann mit einem Stück Butter und etwas fein gewiegtem Schinken in einem Kasserol geschwungen. Eine halbe Stunde vor dem Anrichten wird eine Schüssel mit Butter bestrichen, die Makkaroni hineingetan, ein Quart saurer Rahm darüber gegossen und im Rohr gebraten.

514. Nudelmehlsspeise mit Schinken

Man macht von drei ganzen Eiern, etwas Salz und einer halben Maß Mehl einen feinen Nudelteig, schneidet diesen in drei Teile, deckt ihn mit einer Schüssel zu, damit er keine Haut bekommt, walkt dünne Flecke daraus, lässt sie ein wenig trocknen, schneidet dann nicht zu feine Nudeln daraus, lässt in einem Kasserol Wasser mit etwas Salz siedend werden, kocht die Nudeln unter beständigem Rühren hinein. Nach acht Minuten schüttet man sie auf einen Seiher, übergießt sie mehrmals mit kaltem Wasser und lässt sie kalt werden. Währenddessen wiegt man vier Stücke gesottenen Schinken, streicht eine Auflaufform gut mit Butter aus, bestreut sie mit Bröseln, legt eine Lage Nudeln, dann eine Lage Schinken hinein und fahre so fort, bis die Form beinahe voll ist. Dann nimmt man einen Schoppen sauren Rahm, etwas Salz, quirlt sechs Eier gut darin ab, begießt die Nudeln damit und bäckt sie drei Viertelstunden im Rohr. Sie müssen eine schöne gelbe Farbe haben.

Dieselbe Speise lässt sich auch von Fleckchen anstatt Nudeln machen.

515. Brotknödel

Um sechs Kreuzer Weißbrot wird in ganz feine Scheiben aufgeschnitten, fünf Eier, ein Schoppen kalte Milch und etwas Salz gut verrührt und damit eingeweicht, eine Stunde stehen gelassen und währenddessen noch einmal durcheinander gemengt. Ist das Brot ziemlich weich geworden, staubt man vier Kochlöffel Mehl daran, vermengt es gut mit dem Brote und dreht eine Viertelstunde vor dem Kochen feste Knödel daraus, welche man eine halbe Stunde in siedendem Salzwasser kocht.

Es ist gut, zuerst einen Knödel zur Probe einzulegen; zerfällt er, so gibt man etwas Mehl nach, sollte er aber zu fest sein, schlägt man noch ein Ei daran.

516. Brotknödel auf andere Art

Das Brot wird dünnblätterig aufgeschnitten, mit etwas heißem Schmalz übergossen, zugedeckt, geschüttelt und so eine Viertelstunde stehen gelassen, dann mit kalter Milch angefeuchtet, doch nicht zu nass, nur mit soviel, als das Brot leicht annimmt, und so wieder eine Stunde stehen gelassen; dann werden Eier daran geschlagen (auf je ein Kreuzer Brot ein Ei), ebensoviel Löffel Mehl, alles gut vermengt und gesalzen, eine Viertelstunde vor dem Sieden Knödel geformt und eine halbe Stunde in Salzwasser gesotten.

Nachdem sie fertig sind, werden sie in der Mitte durchgeschnitten und mit in Schmalz gerösteten Bröseln übergossen.

517. Dieselben auf dritte Art

Für sechs Kreuzer Weißbrot wird feinblätterig aufgeschnitten, mit sechs Loth heißem Schmalz übergossen, mit einem Quart kochender Milch angebrüht, gut durcheinander gemacht, eine Stunde stehen gelassen, sechs ganze Eier daran geschlagen, alles gut durcheinander gemengt, nach Gutdünken gesalzen, Knödel geformt und dieselben in kochendem Salzwasser eine halbe Stunde gesotten und sogleich zu Tische gebracht. Sie dürfen nicht lange stehen, da sie sonst fest werden.

518. Gewöhnliche Kartoffelknödel

Man schneidet für zwei Kreuzer Milchbrot in Würfel, röstet dieselben in heißem Schmalze schön hellgelb, gibt sie in eine Schüssel und übergießt sie mit einer Obertasse siedender Milch, worauf man sie zum Erkalten stehen lässt. Dann reibt man einen Suppenteller voll kalte abgeschälte Kartoffeln, gibt sie an das geröstete Brot, schlägt zwei bis drei Eier daran, gibt Salz nach Belieben daran und mengt alles durcheinander, formt Knödel daraus, wobei man die Hand öfters in Mehl taucht, legt sie in kochendes Salzwasser und lässt sie eine halbe Stunde sieden. Sie müssen sogleich zu Tische gebracht werden, da sie sonst fest werden.

519. Große Leberknödel

Ein Pfund Kalbsleber wird rein gewaschen, abgehäutet, ausgeschabt und mit einem viertel Pfund Mark, einer Zwiebel und etwas Petersilienkraut fein gewiegt. Indessen wird für zwei Kreuzer Milchbrot in kalter Milch eingeweicht und für drei Kreuzer Brot zu Bröseln gerieben. Etwa vier Loth Butter, besser Abschöpffett, schaumig gerührt, fünf ganze Eier daran geschlagen, die Leber, ziemlich viel Salz, das Milchbrot und so viel Bröseln, als der Teig annimmt, dazu gegeben und Knödel daraus geformt. Halb Fleischbrühe, halb Wasser wird kochend gemacht und die Knödel eine halbe Stunde darin gesotten.

520. Leberpudding

Ein Pfund Kalbsleber wird abgehäutet, mit einem halben Pfund Mark, etwas Zitronenschale, einer Zwiebel, etwas Petersiliengrün fein gewiegt, dann in eine Schüssel gegeben, sechs ganze Eier, eines nach dem andern, daran geschlagen. Ferner nimmt man Bröseln (ungefähr für vier Kreuzer) von altem Milchbrot, eine Obertasse guten sauren Rahm, etwas Pfeffer, Muskatnuss und ziemlich viel Salz. Dann wird eine Form mit Schmalz oder Butter ausgestrichen, mit Bröseln ausgestreut, die Masse hineingefüllt und drei Viertelstunden im Rohr gebacken oder eine Stunde im Dunst gesotten. Man kann die Masse auch in ein Schweinsnetz füllen, einnähen und in einer flachen Reine braten.

521. Gebackener Fischpudding

Hierzu eignen sich die sogenannten Weißfische am besten. Man schuppt sechs Stücke hiervon ab, nimmt sie aus, häutet sie ab, löst das Fleisch von den Gräten, wiegt dasselbe mit einer ganzen Zwiebel und Petersiliengrün sehr fein, rührt dann ein viertel Pfund Butter zu Schaum, schlägt sechs ganze Eier, eines nach dem andern daran, verrührt sie gut und gibt die gewiegten Fische hinein. Dann gießt man einen Viertelschoppen Milch daran, rührt beständig fort und gießt nach und nach soviel kalte Milch hinzu, bis es ungefähr drei Quart sind. Sollte die Masse noch zu dick sein, so gibt man noch mehr Milch nach nebst einer Handvoll geriebener Bröseln, ziemlich viel Salz und etwas Muskatnuss.

Eine runde Form wird mit Butter gut ausgestrichen, die Masse hineingefüllt und eine Stunde im Rohr gebacken. – Grüner Salat ist hierzu als Beilage am besten.

522. Gesottener Fischspudding

Dieselbe Masse wie vorbeschrieben (Nr. 521) wird in eine mit Butter bestrichene Serviette leicht eingebunden und eine Stunde in einem Kessel oder großen Hafen in kochendem Salzwasser gesotten, einmal während dem Sieden die Serviette umgewendet und dann auf eine runde Platte gestürzt.

Von Butter und Mehl macht man ein hellgelbes Einbrenn, füllt es mit Fleischbrühe auf, säuert es mit etwas Zitronensaft, lässt es gut auskochen und gibt es über den Pudding. Man kann denselben auch eine Stunde im Dunste sieden.

NB: Aus demselben Teige kann man auch fingerlange Würste formen, welche man leicht in Mehl umwendet und in kochendem Salzwasser siedet. Nachdem lässt man Schmalz auf einer flachen Pfanne heiß werden, gibt die Würste darauf und brät sie auf beiden Seiten gelb.

523. Hefeknopf

Man gibt in eine Schüssel eine Maß feines Mehl, macht in der Mitte von zwei Löffeln guter Bierhefe und lauwarmer Milch ein Dämpfel, und lässt dies an einem warmen Ort oder in der Nähe des Ofens aufgehen. Dann schlägt man zwei ganze Eier, ein Stück Butter (fünf Loth), lauwarme Milch und etwas Salz daran und macht einen festen Teig daraus, den man mit dem Kochlöffel abschlagen kann; ist dieser Teig so fein, dass er Blasen wirft, setzt man ihn wieder an einen warmen Ort zum Aufgehen. Ungefähr nach einer Stunde macht man in einem Dampfnudeltiegel Milch (einen Zoll hoch) und ein Stück Schmalz kochend, streicht die Hälfte des Teiges hinein, gibt gekochte Zwetschgen oder Hutzeln (getrocknete Birnen) darauf, deckt es mit der andern Hälfte des Teiges zu, schließt ihn mit einem passenden Deckel und lässt es auf der Platte gut kochen, bis es zu prasseln anfängt. Dies dauert ungefähr eine gute halbe Stunde. Aufgedeckt darf es während dieser Zeit nicht werden. – Man gibt gekochte Zwetschgen oder Hutzeln als Kompott dazu.

524. Hefeknopf auf andere Art

Man bereitet denselben Teig, wie vorbeschrieben, streicht eine Serviette mit Butter aus, gibt den Teig hinein, bindet die Serviette leicht zu und kocht denselben eine Stunde lang in siedendem Salzwasser. Schüttet ihn alsdann auf eine flache Platte, zerreißt ihn mit einer großen Gabel und übergießt ihn mit heißem Schmalz. – Man kann ihn zu Kompott oder saurem Ragout geben.

525. Dampfnudeln

In eine Schüssel gibt man anderthalb Maß feines Mehl, nimmt einen Schoppen lauwarme Milch, zwei Löffel gute Hefe und macht daraus in der Mitte des Mehles ein Dämpfel, worauf man es eine Stunde an einem warmen Orte gehen lässt. Dann lässt man vier Loth Butter in einem Schoppen Milch zerschleichen. Ist es lauwarm, gießt man es ans Mehl, schlägt zwei ganze Eier nebst etwas Salz daran, schlägt den Teig mit dem Kochlöffel ganz fein ab und lässt ihn abermals eine Stunde gehen. Alsdann setzt man auf ein mit Mehl bestaubtes Brett mit dem Löffel gleichgroße Nudeln, welche man, mit einem Tuch zugedeckt, abermals eine halbe Stunde gehen lässt.

In einen flachen Tiegel gießt man ein Fingerglied hoch Rahm, gibt sechs Loth Butter oder Schmalz und ein kleines Stückchen Zucker hinein, lässt es kochend werden, setzt die Nudeln aneinander hinein und verschließt den Tiegel sehr gut. Zu besserem Verschluß kann man auch um den Rand des Deckels ein feuchtes Tuch legen, so dass kein Dampf heraus kann. Die Nudeln lässt man so lange kochen, bis sie anfangen zu prasseln (ungefähr 20 bis 30 Minuten). Es darf unter der Platte nur mäßiges Feuer sein, da die Nudeln leicht anbrennen. Während sie zugedeckt kochen, ist es gut, wenn man den Tiegel hie und da ein wenig dreht, damit er von allen Seiten gleichmäßig erhitzt wird. Sie dürfen erst abgedeckt werden, wenn sie fertig sind und, nachdem man sie mit dem Backschäufelchen herausgenommen hat, werden sie, mit der Kruste nach oben, auf eine Platte gelegt und müssen dann sogleich aufgetragen werden. – Man gibt Vanillesauce (Nr. 235) dazu.

526. Dampfnudeln auf andere Art

Der Teig wird ebenso bereitet, wie der vorige, nur wird keine Butter in denselben gegeben, im Übrigen verfahren wie vorstehend.

527. Dampfnudeln mit Kirschen oder Zwetschgen

Die Dampfnudeln werden ebenso bereitet, wie in Nr. 525 angegeben ist. Man kocht getrocknete Kirschen oder Zwetschgen in Wasser und Wein, nebst Zucker, gießt, wenn sie weich sind, von der Sauce statt der Milch ein Fingerglied hoch in einen Tiegel, gibt ein Stück Butter oder Schmalz dazu, lässt es kochend werden und setzt die Nudeln hinein, deckt sie fest zu und verfährt wie unter Nr. 525 angegeben. – Statt der Vanillesauce gibt man die gekochten Kirschen oder Zwetschgen als Kompott dazu.

528. Spinatkrapfen

Drei Handvoll junger Spinat wird rein gewaschen und fein gewiegt; dann lässt man ein wenig fein geschnittenen Speck etwas anlaufen und dünstet darin den Spinat mit etwas Salz. Inzwischen wird für einen Kreuzer Milchbrot in Würfeln geschnitten, in Schmalz gelb geröstet, mit einer Tasse kochender Milch übergossen und so eine Zeit lang stehen gelassen. Zwei Stück gesottener, nicht fetter Schinken wird fein gewiegt, Brot und Schinken unter den gedünsteten Spinat gemischt, dann drei ganze Eier daran geschlagen. Aus einem fein ausgewalkten Nudelteig werden viereckige Stücke geschnitten, am Rande mit Eiweiß bestrichen, ein Löffel Fülle hineingetan, zusammengeschlagen und fest am Rande zusammengedrückt, eine halbe Stunde auf dem

Nudelbrett trocknen gelassen, worauf diese Krapfen in siedendem Salzwasser gekocht werden. Vor dem Anrichten werden sie mit Semmelbröseln, welche in Schmalz geröstet sind, übergossen.

529. Abgetriebener Kugelhupf

Man gebe eine Maß feines Mehl in eine Schüssel, mache in der Mitte von zwei Löffeln guter Bierhefe (oder für sechs Kreuzer Presshefe, welche mit einer Tasse lauwarmer Milch aufgelöst ist) und einem halben Quart lauwarmer Milch ein Dämpfel und lasse es an einem wannen Orte gehen. Währenddessen rührt man ein viertel Pfund Butter und ebenso viel Schmalz in einer Schüssel schaumig, legt zehn Eier einige Minuten in warmes Wasser und rührt von diesen fünf ganze Eier und fünf Eidotter an das Fett, ebenso werden drei Loth Zucker an einer Zitrone abgerieben, dann fein gestoßen und einen Teelöffel Salz darangegeben. Ist das Dämpfel gegangen, so rührt man sogleich die Hälfte des Fettes daran, etwas später die übrige Hälfte. Der Teig darf nicht zu fest sein und muss sich rühren lassen; sollte es nötig sein, so kann man noch ein wenig lauwarme Milch nachgießen. Der Teig wird dann so lange nach einer Seite gerührt, bis er ganz fein geworden und sich vom Kochlöffel löst. Eine Kugelhupfform wird gut mit Schmalz ausgestrichen, der Teig bis zur Hälfte eingefüllt, dann an einen warmen Ort zum Aufgehen gestellt. Die angegebenen Quantitäten sind für zwei mittelgroße Kugelhupfe berechnet. Die Kugelhupfe werden drei Viertelstunden bei mäßiger Hitze gebacken.

530. Abgetriebener Kugelhupf auf andere Art

Sechs Loth Butter, ebenso viel Schmalz, drei Loth Zucker, etwas Salz, die Schale von einer halben Zitrone abgerieben, wird schaumig gerührt. Dann werden acht ganze Eier in warmes Wasser gelegt und eines nach dem andern daran gerührt, ebenso werden zwei Löffel Bierhefe und eine Obertasse lauwarmer Rahm, zuletzt eine Maß feines Mehl darunter gemengt und so lange gerührt, bis sich der Teig vom Kochlöffel löst und Blasen wirft. Wenn man will, kann auch eine Handvoll Weinbeeren und Rosinen dazu gegeben werden, dann werden zwei mittlere Kugelhupfformen gut mit Schmalz ausgestrichen, die Masse hineingefüllt, zugedeckt, an einen warmen Ort zum Aufgehen gestellt, alsdann eine Stunde im Rohr gebacken.

531. Pariser Kugelhupf

Drei viertel Pfund feines Mehl wird in eine Schüssel getan, in der Mitte von zwei Esslöffeln guter Hefe und lauwarmer Milch ein Dämpfel (Hebel) angemacht, worauf man es an einem warmen Orte gut aufgehen lässt. Dann fügt man zwölf Loth zerlassene Butter, drei Loth Zucker, die abgeriebene Schale einer halben Zitrone, Weinbeeren und Rosinen, drei ganze Eier, drei Eidotter, etwas Arak, ein wenig Salz dazu und schlägt die Masse so lange mit dem Kochlöffel ab, bis sie Blasen wirft, bestreicht eine Kugelhupfform mit Schmalz, füllt die Masse hinein, lässt sie noch einmal gut gehen und bäckt sie drei Viertelstunden im Rohre.

532. Puff mit Hefe

Ein viertel Pfund Butter, ebenso viel Schmalz wird sehr schaumig gerügt, dann werden vierzehn Loth feines Mehl, acht Eidotter und sechs ganze Eier hineingerührt, und zwar so, dass man immer ein Ei und einen Löffel Mehl abwechselnd hineinrührt, dann gibt man zwei Löffel gute Bierhefe daran und verrührt sie gut. Hierauf wird eine Kugelhupfform gut mit Schmalz ausgestrichen, mit Bröseln ausgestreut, die Masse hineingefüllt und an einen warmen Ort zum Aufgehen gestellt, was meistens in zwei Stunden geschehen ist; alsdann bäckt man sie bei sehr mäßiger Hitze drei Viertelstunden.

533. Gewöhnliche Rohrnudeln

In eine Maß Mehl wird mit zwei Löffeln guter Hefe und lauwarmer Milch in der Mitte ein Dämpfel gesetzt, welches man gut gehen lässt. Sechs Loth Schmalz lässt man zerschleichen, gießt etwas Milch daran, macht davon nebst zwei ganzen Eiern und etwas Salz einen ziemlich dicken Teig, schlägt ihn gut ab und lässt ihn abermals an einem war-

196

men Orte gehen. Dann gibt man den Teig auf ein Nudelbrett, formt
kleine Nudeln daraus, lässt in einer Bratpfanne ein Stück Schmalz zerschleichen, wendet jede Nudel darin um, legt sie gleichmäßig aneinander hinein und lässt sie wieder gehen, dann bäckt man sie drei Viertelstunden im Rohr schön gelb.

534. Wespennester

Eine Maß Mehl wird in eine Schüssel getan, ein Dämpfel, wie vorbeschrieben, gemacht und an einem lauwarmen Ort gut aufgehen gelassen. Dann lässt man zehn Loth Schmalz oder Butter zerschleichen,
gießt in dasselbe einen halben Schoppen Milch, gibt es an das Dämpfel, sowie ein Loth Salz und zwei ganze Eier, mengt alles gut mitsammen ab und schlägt diesen Teig so lange mit dem Kochlöffel ab, bis er
ganz fein ist. Es darf ein ganz fester Hefeteig sein. Hierauf lässt man ihn
in einer Schüssel gut zugedeckt wieder aufgehen.

Das Nudelbrett wird alsdann dünn mit Mehl bestreut, der Teig
darauf gegeben, dünn ausgewalkt, mit zerlassenem Schmalz oder Butter bestrichen, Zucker, Zimt und Weinbeeren darauf gestreut, in drei
Finger breite Streifen geschnitten, und diese leicht zusammengerollt.
Zwei Kugelhupfformen werden gut mit Schmalz ausgestrichen, die
Nudeln (Wespennester) nebeneinander hineingestellt, werden jede
an der Seite und oben ebenfalls mit zerschlichenem Schmalz bestrichen. Alsdann lässt man sie nochmals gut gehen und bäckt sie in guter
Hitze drei Viertelstunden.

535. Hefekranz

Ein Pfund feines Mehl wird in eine Schüssel getan, in der Mitte eine
Grube gebildet, worin man von einem halben Schoppen lauwarmer
Milch und zwei Esslöffeln guter Bierhefe ein Dämpfel anmacht. Dasselbe lässt man an einem warmen Orte gut aufgehen; rührt dann ein
viertel Pfund Butter schaumig, rührt ferner zwei ganze Eier und zwei
Eidotter, ein Loth Zucker und ebensoviel Sülz daran, gibt es, nebst
etwas lauwarmer Milch an das Dämpfel und schlägt den Teig so lange
ab, bis er sich vom Kochlöffel löst. Dann lässt man ihn abermals gehen,

gibt ihn auf ein mit Mehl bestaubtes Nudelbrett, teilt ihn in drei gleiche Teile, formt drei lange Stränge daraus und flechtet daraus einen dreifachen Zopf. Darauf bestreicht man ein Blech mit Schmalz, legt den Zopf kranzförmig oder der Länge nach darauf und lässt ihn wieder, jedoch nur wenig, gehen, bestreicht ihn oben mit Eigelb, bestreut ihn mit fein gewiegten abgezogenen Mandeln, sowie auch mit grob gestoßenem Zucker und bäckt ihn eine Stunde bei guter Hitze.

536. Hefezopf

Eine Maß Mehl wird in eine Schüssel getan. Alsdann wird ein viertel Pfund Butter in einem halben Quart lauwarmer Milch zerlassen, solches an zwei ganze, gut verrührte Eier gegossen, zwei Löffel dicke Hefe dazu getan, das Ganze in das Mehl geschüttet und ein Dämpfel gesetzt. Wenn dies gut gegangen ist, kommt ein viertel Pfund Zucker und etwas runder Anis dazu, dann schlägt man das Ganze gut ab, bis sich der Teig vom Kochlöffel löst, und lässt es in der Schüssel gut gehen.

Sodann wird ein Nudelbrett leicht mit Mehl bestaubt, der Teig in drei gleiche Teile geteilt, woraus drei lange Stränge geformt werden, der Zopf daraus geflochten und auf ein mit Schmalz bestrichenes Blech gelegt wird. Darauf lässt man ihn nochmals gehen, bestreicht ihn mit Eigelb, streut feingewiegte Mandeln und etwas groben Zucker darauf und bäckt ihn drei Viertelstunden im Rohre.

537. Kaffeekuchen

Eine Maß feines Mehl wird in eine Schüssel getan, von einem halben Schoppen lauwarmer Milch und zwei Löffeln guter Hefe ein Dämpfel angemacht, an einen warmen Ort gestellt und gut aufgehen gelassen. Alsdann wird ein viertel Pfund zerlassene Butter, zwei Loth Weinbeeren und ein Loth Salz, sowie ein halber Schoppen Milch darangegeben, so lange mit dem Kochlöffel abgeschlagen, bis der Teig fein ist. Dann wird ein längliches oder rundes Blech gut mit Schmalz ausgestrichen und der Teig mit einem Löffel hineingestrichen. Ist er noch einmal gut gegangen, wird er mit Eigelb bestrichen, sowie Zucker,

Zimt und abgezogene feingewiegte Mandeln darauf gestreut. Alsdann bäckt man ihn drei Viertelstunden langsam im Rohr.

538. Zwieback von Hefeteig

Ein und ein halbes Pfund feines Mehl wird in eine Schüssel gegeben, von einem Schoppen lauwarmer Milch und zwei Löffel guter Hefe ein Dämpfel angemacht, das man an einem warmen Ort gut aufgehen lässt. Dann wird ein halbes Pfund Butter schaumig gerührt, drei Eier und drei Eidotter daran geschlagen, ferner für 1 kr. runden Anis, zwei Loth fein geschnittenes Zitronat, drei Loth Zucker, zwei Loth Salz darangegeben und der Teig fein abgeschlagen. Hierauf wird ein Blech mit Schmalz bestrichen, zwei längliche Stollen aus dem Teig geformt, dieselben darauf gelegt, gut gehen gelassen, mit Eigelb bestrichen und drei Viertelstunden langsam gebacken.

Am andern Tage schneidet man über die Quere zweimesserrücken-dicke Schnitten daraus, macht ein sehr süßes Zuckerwasser, bestreicht damit jeden Schnitten oben und unten mit einer Feder oder einem feinen Pinsel, wendet ihn in ganz fein gestoßenem Zucker, mit Zimt vermischt, um, legt die Schnitten nebeneinander auf ein Blech und bäckt sie bei mäßiger Hitze im Rohr.

539. Kaffee- oder Teebrot

Ein Pfund feines Mehl wird in eine Schüssel getan, von zwei Löffeln guter Hefe und lauwarmer Milch wird ein Dämpfel darin angemacht, welches man an einem warmen Ort gut gehen lässt. Währenddessen rührt man ein halbes Pfund Butter schaumig, schlägt fünf bis sechs ganze Eier daran, sowie zwei Loth Zucker, ein Loth Salz, mischt alles gut untereinander, gießt, wenn es nötig ist, noch warme Milch nach (der Teig darf fester als Dampfnudelteig sein), schlägt ihn gut ab, lässt ihn zugedeckt gehen, bestreicht ein Blech mit Schmalz, setzt Häuflein so groß wie Dampfnudeln darauf, lässt sie abermals gehen, bestreicht sie oben mit Eigelb, streut ein wenig fein abgezogene, gewiegte Mandeln darauf und bäckt sie schön hellbraun.

540. Hefebretzeln

Ein halbes Pfund Mehl wird in eine Schüssel getan, in der Mitte ein Dämpfel angemacht, welches man an einem warmen Ort gut aufgehen lässt. Dann lässt man sechs Loth Butter zerschleichen, gibt diese an das Dämpfel, ebenso ein ganzes Ei, ein Dotter, etwas lauwarme Milch und etwas Salz und Zucker; verarbeitet dieses zu einem ganz feinen Teig, schlägt ihn so lange mit dem Kochlöffel ab, bis er sich von demselben löst. Lässt ihn abermals gehen, schneidet kleine Stückchen aus dem Teig, formt Bretzeln daraus, bestreicht ein Blech mit Schmalz, legt die Bretzeln darauf, deckt sie mit einem Tuch zu, lässt sie gut aufgehen, bestreicht sie mit Eigelb und grob gestoßenem Zucker und bäckt sie schön gelb.

541. Käsekuchen

Auf ein mit Schmalz bestrichenes Blech legt man einen ganz dünnen Boden von gutem Hefeteig und bereitet in einer Schüssel zu einem ziemlich großen Kuchen folgende Fülle:

Vier Loth Butter rührt man ganz fein, schlägt vier Eidotter daran, gibt sechs Loth Zucker, einen Teller gut gekochtes Kindsmus (Nr. 612) kalt daran. Dann nimmt man eine halbe Maß guten Topfen, rührt ihn in eine Maß kalte Milch, lässt dann die Milch durch ein Tuch ablaufen, presst das Tuch gut aus und gibt den im Tuch zurückgebliebenen Topfen ebenfalls in die Schüssel. Die Milch wird nicht verwendet. Dann gibt man noch Zimt und Weinbeeren daran, verrührt dieses gut und hebt den Schnee von den vier Eiweiß leicht darunter. Mit dieser Mischung wird der Kuchen fingerdick bestrichen und schön hellgelb gebacken.

542. Speckkuchen

Man nimmt eine Maß feines Mehl, einen halben Schoppen lauwarme Milch und zwei Löffel Hefe, macht ein Dämpfel und lässt dieses gut gehen. Dann lässt man sechs Loth Schmalz zerschleichen, gibt es an das Dämpfel, sowie einen halben Schoppen lauwarme Milch, zwei ganze Eier und etwas Salz, verarbeitet dieses alles zu einem Teig, schlägt denselben ganz fein ab und lässt ihn wieder gut aufgehen.

Ein Blech wird mit Schmalz bestrichen, der Teig dick ausgewalkt, auf das Blech gelegt, mit Eigelb bestrichen, ungeräucherter, gesalzener Speck in kleine Würfel geschnitten, auf den Kuchen gelegt, mit etwas Kümmel bestreut und schön gelb gebacken.

543. Reiskuchen

Ein rundes oder langes Kuchenblech wird mit Schmalz bestrichen, darin ein ganz dünner Boden von sehr gutem Hefeteig (Nr. 478) mit einem fingerbreiten Rand gelegt. Der Rand mit Eigelb bestrichen und folgende Fülle darauf gegeben: Vier Loth Reis wird gebrüht, kalt gewaschen, in Milch weich und zu einem Mus dick eingekocht, alsdann zum Erkalten zurückgestellt. Währenddessen rührt man drei Loth Butter schaumig, gibt drei Eidotter daran, drei Loth feinen Zucker, reibt von einer halben Zitrone die Schale daran und rührt den kalten Reis hinein. Zuletzt hebt man den festen Schnee von drei Eiklar leicht darunter. Diese Fülle wird glatt auf den Teig aufgestrichen, dieselbe mit einem Eigelb bestrichen, ein wenig Zucker darauf gestreut und der Kuchen drei Viertelstunden im Rohr gebacken.

544. Tyrolerbrot

Man nimmt ein halbes Pfund Mehl, sechs Loth Butter, ebenso viel Zucker, von einer halben Zitrone die abgeriebene Schale, etwas runden Anis, drei Eier und macht dies auf dem Nudelbrett an; dazu gibt man ein halbes Pfund Semmelteig und verarbeitet alles so lange, bis der Teig sehr fein ist und Blasen wirft. Von demselben formt man dann einen langen Wecken, legt ihn auf ein mit Butter bestrichenes Blech und lässt ihn vier Stunden gehen, bestreicht ihn dann mit Eigelb und bäckt ihn bei sehr mäßiger Hitze eine Stunde schön braun.

545. Dresdener Stollen

Man macht von einem Pfund Mehl in der Mitte desselben mit drei Löffeln guter Hefe und etwas lauwarmer Milch ein Dämpfel und lässt es gehen. Dann schlägt man zwei ganze Eier und drei Eidotter daran, gibt zwölf Loth zerlassene Butter, Salz, etwas Zucker, Weinbeeren, Rosinen, vier Loth abgeschälte feingewiegte Mandeln und zwei Loth feingeschnittenes Zitronat dazu. Dies alles wird gut verarbeitet, der Teig fein abgeschlagen, zu einer Stolle geformt, ein Blech mit Butter bestrichen, die Stolle darauf gelegt, nachdem sie etwas gegangen ist, mit Eigelb bestrichen, Zucker und abgeschälte gewiegte Mandeln darauf gestreut und langsam eine Stunde gebacken.

546. Leipziger Stollen

Zwei Pfund Mehl, ein und ein halbes Quart Milch, eine Tasse gute Bierhefe, acht ganze Eier, zehn Loth zerlassene Butter, ein Quint Zimt, die abgeriebene Schale einer Zitrone, etwas Salz, sechs Loth gestoßenen Zucker, zwölf Loth Rosinen, acht Loth Weinbeeren, vier Loth länglich geschnittene Mandeln, zwei Loth geschnittenes Zitronat wird zu einem feinen Teig verarbeitet, einer oder zwei Wecken daraus geformt und diese drei Stunden gehen gelassen.

Man bäckt sie alsdann eine Stunde schön hellbraun auf einem mit Butter bestrichenen Blech. Wenn sie fertig sind, bestreicht man sie sogleich mit zerlassener Butter und bestreut sie dick mit Zucker und Zimt, damit sie eine schöne Kruste bekommen.

547. Windküchlein

Man lässt ein viertel Pfund Schmalz und ebenso viel kaltes Wasser oder Milch in einer Pfanne oder Kasserol siedend werden, gibt ebenfalls ein viertel Pfund feines Mehl unter beständigem Rühren hinein und rührt so lange, bis es gut abgetrocknet ist. Dann legt man drei bis vier Eier in lauwarmes Wasser, schlägt eines nach dem andern daran, fügt Zucker und Salz nach Belieben bei. Der Teig muss so dick wie Spatzenteig sein.

Ein Blech wird ganz dünn mit Schmalz bestrichen, von dem Teig werden dann nussgroße Häuflein darauf gesetzt, diese mit feingewiegten Mandeln bestreut und bei mäßiger Hitze im Rohr gebacken.

Man wende das Blech nicht eher um, bis die oberen Küchlein fertig sind, sonst fallen sie zusammen.

548. Windbeutel, eine Art Kaffeeküchlein

In eine halbe Maß siedende Milch werden acht Loth Zucker, ebensoviel frische Butter und etwas Salz getan und danach ein halbes Pfund feines Mehl unter immerwährendem Rühren eingekocht, bis der Teig ganz glatt ist. Hierauf wird er zum Erkalten in eine Schüssel getan und mit vier Eigelb und vier ganzen Eiern verrührt.

Nun werden auf dem Backbrett fingerlange und fingerdicke Würstchen gemacht, auf einem mit Butter bestrichenen Bleche acht daraus geformt, mit geschlagenem Eiweiß überstrichen, mit Zucker bestreut oder mit einem Ei bezogen und im Backofen gebacken.

549. Butterteigpastetchen

Butterteig (Nr. 485) wird messerrückendick ausgewalkt mit einem Pastetenausstecher (in Ermanglung desselben mit einem Schoppenglas) ausgestochen, der Rand mit verrührtem Ei bestrichen, ein fingerbreiter Streifen am Rande herum daraufgelegt und so fortgefahren, bis alle rund ausgestochene Scheiben belegt sind. Sie werden dann mit Eigelb bestrichen und bei guter Hitze gebacken. Sind sie fertig, so kann man sie mit Farce füllen oder wenn man sie als Dessert gibt mit eingesottenen Früchten.

Puddings, Aufläufe und andere süße Mehlspeisen

550. Süße Omelettes

Bedarf: 2 Tassen Milch, 1 ½ Kochlöffel Mehl, 3 Eier, 4 Loth Butter, Mehl.

Zwei Tassen Milch werden mit anderthalb Kochlöffeln Mehl abgerührt, nach Gutdünken gezuckert, dann drei Eidotter nach einander daran gerührt, zuletzt der festgeschlagene Schnee von drei Eiweiß leicht daruntergehoben. Dann macht man ein ziemlich großes Stück Butter auf der Pfanne heiß, lässt es wieder etwas abkühlen, gießt dann die Masse darauf und bäckt sie bei sehr mäßiger Hitze. Ist eine Seite schön gelb, rutscht man die Omelettes auf einen Teller heraus, lässt wieder ein Stück Butter zerschleichen und verfährt wie vorstehend beschrieben ist, indem man die Omelettes auf der anderen Seite bäckt.

551. Omelette mit Konfitüren

Bedarf: 2 Löffel Mehl, eine Obertasse Milch, 2 Eier, Zucker und eingesottene Früchte.

Man rührt zwei Löffel Mehl mit ein wenig Milch gut ab, schlägt zwei ganze Eier daran, zuckert es nach Belieben, bäckt auf der Pfanne ein Omelette, das man mit eingesottenen Himbeeren, Erdbeeren, Johannisbeeren, Hagebutten oder dgl. füllt, rollt es leicht zusammen, streut oben feinen Zucker darauf und gibt es warm zu Tisch. – Man kann auch gleich unter den Teig zwei bis drei Borsdorfer Äpfel, abgeschält und in Würfel geschnitten, rühren, mit denselben die Omelettes backen, leicht zusammenrollen, mit Zucker bestreuen und sie warm zu Tische geben.

552. Aufgezogenes Omelette

Bedarf: 3 Eier, 2 Loth Zucker, Schmalz oder Butter, eingesottene Früchte.

Drei Eidotter werden mit zwei Loth fein gestoßenem Zucker gut verrührt, das Eiweiß zu einem festen Schnee geschlagen und leicht unter
Eier und Zucker gehoben. Eine Omelettepfanne wird mit Schmalz
oder Butter bestrichen und ein Omelette bei sehr mäßigem Feuer
gebacken, mit Eingesottenem bestrichen, zusammengerollt und mit
feinem Zucker bestreut.

553. Omelette soufflée

Bedarf: 3 Loth Zucker, 6 Eier, Butter, eingesottene Früchte.

Drei Loth feingestoßener Zucker und sechs Eigelb werden eine Viertelstunde gerührt, das Klare zu steifem Schnee geschlagen und leicht
darunter gehoben. Auf der Pfanne macht man ein Stück Butter heiß,
gießt die Masse darauf und bäckt sie auf der Platte (nicht auf offenem
Feuer) schön hellgelb, rutscht sie auf eine flache Porzellanplatte heraus, bestreut sie mit feinem Zucker, brennt sie mit einem glühenden
Schäufelchen auf, füllt sie mit Eingesottenem und schlägt sie einmal
zusammen.

554. Strudel von Omelettes

Bedarf: ½ Pfd. Mehl, 3 Quart Milch, 7 Eier, 4 Löffel Rahm, Zucker, Zimt, Weinbeeren, Bröseln, Butter.

Man bäckt ganz gewöhnliche dünne Pfannkuchen, verklopft drei bis
vier ganze Eier mit vier Löffeln gutem süßem Rahm, gibt auf jedes
Flädlein drei Löffel Ei, Zucker, Zimt und ein wenig Weinbeeren (rein
gewaschen), etwas Bröseln, rollt sie leicht zusammen, bestreicht eine
lange Reine mit Butter, legt die Strudel der Reihe nach hinein, übergießt sie mit einem Schoppen kalter Milch und brät sie eine halbe
Stunde im Rohr.

555. Flädelmehlspeise

Bedarf: ½ Pfd. Mehl, 3 Quart Rahm, 9 Eier, Zucker, Weinbeeren, Rosinen und Butter.

Man backe ganz dünne Flädlein (Omelettes), lasse sie ein wenig erkalten, überstreue sie mit ganz feinem Zucker, Weinbeeren und Rosinen, rolle sie leicht zusammen, schneide aus jedem Flädlein drei Teile, bestreiche eine hohe Form gut mit Butter, setze die Stücke ganz locker aufeinander hinein, bis die Form beinahe voll ist. Dann gebe man in eine halbe Maß Rahm zwei ganze Eier, drei Dotter, Zucker nach Belieben, quirle dies gut ab und gieße es über die Flädeln, lasse es noch eine Viertelstunde stehen, gebe oben einige ganz kleine Stückchen Butter darauf und backe sie langsam eine halbe Stunde im Rohre.

556. Ausgezogene Strudel (Wienerstrudel)

Bedarf: ½ Maß Mehl, 12 Loth Butter, 5 Eier, Salz, Zucker, Weinbeeren, Bröseln, ½ Maß Rahm.

Man gebe eine halbe Maß feines Mehl auf das Nudelbrett, ferner ein ganzes Ei, nussgroß Butter, etwas Salz und etwas lauwarmes Wasser, verarbeite dies alles ganz fein zu einem leichten Nudelteig, decke eine Schüssel darauf, und lasse ihn eine Stunde ruhen. Dann breitet man ein reines Tuch auf einen großen Tisch, bestäubt es fein mit Mehl, gibt den Teig auf das Tuch, greift mit den Händen unter den Teig und zieht denselben vorsichtig ganz fein aus, damit er keine Löcher bekommt. Außen schneidet man den dicken Rand weg und lässt den ausgezogenen Teig eine Viertelstunde trocknen.

Fülle hierzu:

Drei bis vier Loth Butter rührt man schaumig ab, schlägt vier bis fünf Eidotter daran, gibt einen Schoppen guten sauren Rahm dazu, Zucker nach Belieben und etwas Zimt, zuletzt den Schnee von den Eiern.

Hierauf lasse man ein viertel Pfund Butter in einer Bratpfanne oder Kasserol zerschleichen, überstreiche den Strudel ein wenig mit der Butter, bestreiche ihn gleichmäßig mit der Fülle, streue ein wenig

Weinbeeren darauf, sowie eine Handvoll feine Bröseln, rolle ihn ganz leicht zusammen, indem man das Tuch mit beiden Händen in die Höhe hebt, und gebe ihn in den Tiegel mit der zerlassenen Butter, lasse ihn im Rohre eine Viertelstunde anziehen, mache alsdann eine halbe Maß süßen Rahm oder Milch mit etwas Zucker kochend, gieße sie an den Strudel und backe ihn drei Viertelstunden im Rohr. Sollte sich die Milch zu sehr einbraten, so gießt man von der Seite etwas nach. Er muss eine schöne gelbe Farbe bekommen.

557. Ausgewalkte Strudel mit saurem Rahm

Bedarf: ½ Maß Mehl, 3 Eier, Butter, 4 Loth Schmalz, 1 Quart saurer Rahm, Zucker, Zimt, Weinbeeren, ½ Maß Rahm.

Auf das Nudelbrett gibt man eine halbe Maß feines Mehl, zwei ganze Eier, etwas kaltes Wasser, nussgroß Butter und etwas Salz, verarbeitet dieses zu einem feinen, nicht zu festen Teig und lässt denselben eine Stunde zugedeckt ruhen. Aus dem Teig schneidet man sechs Teile, formt kleine Laibchen daraus und walkt eines nach dem andern ganz fein aus. Dieser Teig lässt sich oft, wenn er ein wenig rund gewalkt ist, über die Haut ausziehen, so dass er nicht mehr ausgewalkt zu werden braucht. Wenn nun ein Flädel fein gewalkt und gezogen ist, deckt man's mit einem Tuche zu, damit es nicht trocken wird, und fährt damit fort, bis man die sechs Fladen fertig hat. In einer tiefen Bratpfanne lässt man ungefähr vier Loth Schmalz zerschleichen, bestreicht jeden Fladen mit Schmalz, dann mit drei bis vier Löffel gutem saurem Rahm, streut Zucker, Zimt, und etwas Weinbeeren nach Belieben darauf, rollt sie leicht zusammen, legt die Strudel in die Bratpfanne, übergießt sie mit einer halben Maß kochendem Rahm, worin auch Zucker ist, und bäckt sie eine Stunde langsam im Rohr. Sollte die Milch zu schnell einkochen, so kann man noch ein wenig nachgießen.

558. Abgetrockneter Brotpudding

Bedarf: Milchbrot um 4 kr., ½ Maß Milch, 8 Loth Butter, 8 Eier, Zucker, Weinbeeren, Rosinen und ½ Zitrone.

Um vier Kreuzer Milchbrot wird abgeschält und in kalte Milch eingeweicht, ist es weich, wird es fest ausgedrückt, in einem Tiegel das Brot mit vier Loth Butter auf dem Feuer gut abgetrocknet, indem man so lange rührt, bis die Masse dick ist und sich vom Tiegel ablöst. Dann gibt man das Brot in eine Schüssel und lässt es erkalten, schneidet als-dann noch einmal vier Loth Butter daran, rührt es schaumig, schlägt acht bis neun ganze Eier langsam eines nach dem andern daran, wel-che man ebenfalls gut verrührt, fügt Zucker, Weinbeeren und Rosi-nen nach Gutdünken, nebst etwas geriebene Zitronenschale hinzu. Bestreicht eine Dunstform mit Butter, gibt den Teig hinein und siedet ihn eine Stunde im Dunst.

559. Abgetrockneter Brotpudding mit Schokolade

Bedarf: Milchbrot um 4 kr., ½ Maß Milch, 8 Loth Butter, 2 Täfelchen Schoko-lade, 8 Eier und Zucker.

Man schäle um vier Kreuzer Milchbrot ab, weiche es eine halbe Stunde in kalter Milch ein, drücke es alsdann fest aus, trockne es in vier Loth Butter ab, gebe es in eine Schüssel und lasse es erkalten. Dann rühre man nochmals vier Loth Butter daran. Zwei Täfelchen Schokolade lässt man an einem warmen Ort mit ein wenig Wasser warm werden, rührt es zu einem dicken Brei und dann unter das Brot. Hierauf schlägt man acht bis neun ganze Eier daran, welche man gut verrührt, fügt Zucker nach Belieben hinzu, bestreicht eine Dunstform mit Butter, füllt die Masse hinein und siedet den Pudding eine Stunde im Dunst. Dazu gibt man Schokoladensauce (Nr. 239).

560. Schokoladenpudding

Bedarf: ¼ Pfd. Vanille-Schokolade, 2 Tassen Milch, ½ Pfd. Butter, ½ Pfd. Zucker, 10 Eier.

Ein viertel Pfund feine Vanille-Schokolade wird mit zwei Tassen Milch zu einem dicken Brei gekocht, dann zum Erkalten gestellt. Alsdann wird ein Viertel Pfund Butter mit ebenso viel feinem Zucker schaumig gerührt, hierauf zehn Eidotter, eines nach dem andern daran geschlagen und dann nebst der Schokolade gut verrührt, zuletzt der festgeschla-gene Schnee von den zehn Eiern leicht darunter gehoben. Eine Dunstform bestreicht man indessen mit Butter und siedet den Pudding eine Stunde im Dunst. Dazu gibt man eine Schokoladensauce (Nr. 239).

561. Abgetrockneter Brotpudding mit Äpfeln

Bedarf: Altes Milchbrot für 6 kr., ½ Maß Milch, 12 Loth Butter, 6 Äpfel, 10 Eier, Weinbeeren und Zucker.

Für sechs Kreuzer altgebackenes Milchbrot wird abgeschält, in zwei Teile zerschnitten, in kalte Milch eine Stunde eingeweicht, sobald es weich ist, fest ausgedrückt. Dann gibt man in einen Tiegel sechs Loth Butter, trocknet das Brot darin auf dem Feuer ganz fein, gibt es dann in eine Schüssel und lässt es auskühlen. Währenddessen brät man sechs ganz süße gute Äpfel im Rohr, nimmt das Mark hiervon und treibt es durch ein Haarsieb. Wenn das Brot erkaltet ist, schneidet man sechs Loth Butter daran und rührt es gut ab. Das feine Mark der Äpfel gibt man unter beständigem Rühren ebenfalls daran, nebst zehn ganzen Eiern, einer Handvoll kleinen Weinbeeren und Zucker, bis es süß genug ist. Eine Form wird mit Butter ausgestrichen, die Masse hineingefüllt und im Rohr drei Viertelstunden bei mäßiger Hitze gebacken.

562. Krebspudding

Bedarf: 18 kleine Krebse, ½ Pfd. Butter, für 4 kr. Milchbrot, ½ Maß Milch, 7 Eier und Zucker. – Zur Sauce: 1 Löffel Mehl, ½ Maß Rahm, 6 Eier, Zucker.

Achtzehn Stück Suppenkrebse werden in Salzwasser gekocht, ausgenommen, gereinigt und die Krebsschweife bei Seite gelegt. Die Krebse mit Schalen und Scheren werden alsdann mit einem viertel Pfund Butter im Mörser gestoßen, dann in einem Tiegel wenig abgedünstet, mit Wasser aufgefüllt und gut gekocht. Die Butter fasst man mit einem Löffel herunter und lässt sie durch ein Sieb in kaltes Wasser laufen, damit sie sogleich fest besteht. Um vier Kreuzer Milchbrot wird abgeschält, in kalte Milch eingeweicht, nach einer halben Stunde fest ausgedrückt, mit einem Stückchen Krebsbutter abgetrocknet und in einer Schüssel erkalten gelassen. Dann gibt man die übrige Krebsbutter dazu (lässt aber etwas zur Sauce zurück), rührt die Butter und das Brot recht schaumig, schlägt sieben bis acht Eier daran, welche man ebenfalls gut verrührt und gibt Zucker nach Belieben hinzu. Eine Dunstform wird sodann gut mit Butter ausgestrichen, die Masse eingefüllt und eine Stunde im Dunste gesotten. Folgende Sauce wird dazu gegeben:

Ein Löffel Mehl wird in einem Pfännchen oder Kasserol mit kalter Milch glatt gerührt, eine halbe Maß Rahm darangegeben, und die noch übrige Krebsbutter damit kochen gelassen; in einem Topfe werden sechs Eidotter mit feinem Zucker gut abgerührt und die kochende Milch unter beständigem Rühren daran gegossen; dann lässt man es noch auf dem Feuer unter beständigem Rühren anziehen, bis es anfängt dick zu werden; es darf aber nicht kochen, da es sonst Bätzchen gibt.

Den Pudding stürzt man auf eine Platte, gießt die Sauce daran und garniert ihn mit den Krebsschweifchen.

563. Krebspudding auf andere Art

Bedarf: Milchbrot für 4 kr., ½ Maß Milch, 3 Loth Butter, ½ Pfd. Krebsbutter, 12 Eier, 4 Loth süße Mandeln, 12 Loth Zucker, ½ Zitrone.

Man weiche um vier Kreuzer abgeschältes Milchbrot eine halbe Stunde in kalte Milch ein, trockne es mit drei Loth Butter in einem Tiegel oder Kasserol gut ab und lasse es erkalten. Ein viertel Pfund Krebsbutter (siehe Nr. 858) wird schaumig gerührt, zwölf Eigelb darangegeben, ebenfalls das erkaltete Brot, vier Loth feingewiegte, abgeschälte, süße Mandeln, zwölf Loth feinen Zucker und etwas fein gewiegte Zitronenschale. Dies alles wird gut mitsammen verrührt, der Schnee von den zwölf Eiern zuletzt leicht darunter gehoben. Diese Masse in eine mit Butter ausgestrichene Dunstform gefüllt und eine Stunde im Dunst gesotten. Dazu gibt man Sauce von Vanille (Nr. 235) oder von Zitronen (Nr. 237).

564. Englischer Pudding

Bedarf: ½ Pfd. Butter, 8 Eier, Milchbrot für 4 kr., 10 Mandeln, 2 Loth Zitronat, Weinbeeren, Rosinen und Zucker.

Ein viertel Pfund Butter wird schaumig gerührt, acht Eier eines nach dem andern darangegeben, dann für drei Kreuzer Milchbrot abgeschält, dasselbe in kalte Milch eine Viertelstunde eingeweicht, fest ausgedrückt, an die Butter gerührt, sowie die geriebenen Bröseln von einem Kreuzer Milchbrot, zehn Stück fein gewiegte Mandeln, zwei Loth fein geschnittenes Zitronat, ein wenig abgeriebene Zitronenschale, Weinbeeren und Rosinen nach Gutdünken, Zucker bis es süß genug ist. Eine Dunstform wird sodann mit Butter ausgestrichen, die Masse eingefüllt und drei Viertelstunden im Dunst gesotten.

Man gibt Weinsauce (Chaudeau, Nr. 241) dazu.

565. Semmelpudding

Bedarf: Milchbrot für 3 kr., 1 Quart Milch, ¼ Pfd. Butter, 7 Eier, 6 Loth Zucker, ½ Zitrone, 4 Loth Weinbeeren, 4 Loth Mandeln, 2 Löffel Rum.

Drei gestrige Milchbrote werden abgeschält oder abgerieben, in kalte Milch eingeweicht, bis sie ganz weich sind, dann fest ausdrückt. Nun rührt man ein viertel Pfund Butter schaumig, rührt sieben Eidotter daran, sowie das ausgedrückte Brot, sechs Loth feinen Zucker, von einer halben Zitrone die Schale, vier Loth kleine Weinbeeren, vier Loth abgeschälte fein gestoßene Mandeln; alles eine Viertelstunde gerührt, bis die Masse leicht und schaumig ist, zuletzt zwei Esslöffel Rum und der fest geschlagene Schnee von sieben Eiern leicht darunter gehoben. Diese Masse wird in eine gut mit Butter bestrichene Dunstform gefüllt und eine Stunde gesotten.

Dazu gibt man Hagebutten- (Nr. 243) oder Weinsauce (Nr. 241).

566. Mandelpudding

Bedarf: 10 Loth Mandeln, 8 Loth Zucker, 9 Eier, ½ Zitrone, eine Handvoll Bröseln und gestoßener Zimt.

Zehn Loth abgezogene süße (worunter einzelne bittere sein dürfen) Mandeln werden mit einem ganzen Ei im Mörser fein gestoßen, alsdann mit acht Loth fein gestoßenem Zucker, acht Eidottern und mit der abgeriebenen Schale einer halben Zitrone eine halbe Stunde gerührt; dann eine Handvoll fein geriebene Bröseln darangegeben, sowie ein wenig Zimt. Zuletzt wird der festgeschlagene Schnee von den acht Eiern leicht darunter gehoben. Man bestreiche eine Form gut

mit Butter, brösle sie aus, fülle die Masse hinein und backe sie drei
Viertelstunden im Rohr bei mäßiger Hitze.

Hierzu eignet sich am besten Kirschensauce (Nr. 244).

567. Schwarzbrotpudding

Bedarf: ½ Pfd. Zucker, 10 Eier, ½ Zitrone, 1 Loth Zitronat, 1 Loth Pomeranzenschale, Zimt, Nelkengewürz, 8 Loth Mandeln, 10 Loth Schwarzbrotbröseln, 1 Löffel Arak.

Man rühre ein halbes Pfund fein gestoßenen Zucker und zehn Eidotter drei Viertelstunden, gebe die abgeriebene Schale einer Zitrone, ein
Loth feingeschnittenes Zitronat, ein Loth feine geschnittene Pomeranzenschale, etwas Zimt und Nelkengewürz, acht Loth ungeschälte,
fein gestoßene oder gewiegte Mandeln, zehn Loth gedörrte und fein
gestoßene Schwarzbrotbröseln, welche mit einem Löffel guten Arak
angefeuchtet werden müssen, daran und verrühre alles gut. Backe
diese Masse langsam in einer mit Butter ausgestrichenen und ausge-
bröselten Tortenform eine Stunde.

Bevor der Pudding zu Tisch gegeben wird, befeuchtet man ihn mit
warmem Weiß- oder Rotwein. Als Sauce dazu lässt man Wein mit viel
Zucker, einer kleinen Zimtrinde und etwas Zitronenschale kochen.

568. Schwarzbrotpudding auf andere Art

Bedarf: 4 Loth Mandeln, 4 Loth Schwarzbrotbröseln, 2 Löffel Arak, ¼ Pfd.
Zucker, 9 Eier, gestoßener Zimt, Nelkengewürz, ½ Zitrone, 1 ½ Loth
Zitronat, 1 ½ Loth Pomeranzenschale.

Vier Loth Mandeln mit der Schale werden zuerst ein wenig gewiegt,
dann ganz fein im Mörser gestoßen, vier Loth Schwarzbrotbröseln
mit zwei Löffel Arak angefeuchtet, dies alles mit einem viertel Pfund
Zucker, sieben Eidottern und zwei ganzen Eiern eine halbe Stunde
gerührt, zuletzt kommt ein wenig Zimt, Nelkengewürz, eine halbe
Zitronenschale, je anderthalb Loth fein geschnittenes Zitronat und
Pomeranzenschale darunter. Eine mit Butter ausgestrichene Form
wird ausgebröselt, die Masse hineingefüllt und drei Viertelstunden im
Rohr gebacken.

Dazu gibt man eine Sauce von Rotwein, welche man mit einigen Nelken und einem Zimtrindchen kocht. Ist der Pudding fertig, stürzt man ihn auf eine runde Platte, gießt etwas von dem heißen Wein oben darauf, damit er gut feucht wird, lässt ihn an einem warmen Ort stehen und gibt ihn mit der übrigen Sauce zu Tische.

569. Schwarzbrotpudding auf dritte Art

Bedarf: 10 Loth Schwarzbrotbröseln, ½ Glas Wein, 10 Eier, 12 Loth Zucker, 1 Loth Zitronat, 1 Loth Pomeranzenschale, ½ Zitrone, Zimt, Nelkengewürz, ½ Tafel Schokolade.

Zehn Esslöffel gedörrtes fein gestoßenes Schwarzbrot wird mit einem halben Glas Wein angefeuchtet. Dann mit fünf ganzen Eiern und fünf Eidottern, zwölf Loth fein gestoßenem Zucker eine halbe Stunde gerührt und das angefeuchtete Brot, je ein Loth fein geschnittenes Zitronat und Pomeranzenschale, die Schale einer halben Zitrone, etwas gestoßener Zimt, Nelkengewürz, ein wenig fein geriebene Schokolade noch eine Viertelstunde mitgerührt. Zuletzt der feste Schnee von fünf Eiweiß leicht darunter gehoben. Eine Dunstform wird gut mit Butter ausgestrichen, mit Schwarzbrotbröseln ausgestreut, die Masse hineingefüllt, mit einem passenden Deckel gut verschlossen und in ein tiefes Kasserol gestellt, welches ein Fingerglied hoch mit kochendem Wasser angefüllt sein muss und auch mit einem Deckel zugedeckt wird, eine Stunde sieden gelassen. Sollte das Wasser einkochen, gießt man etwas (siedendes) nach.

Der Pudding wird dann behutsam auf eine runde Platte gestürzt, mit abgezogenen länglich geschnittenen Mandeln besteckt, Weißwein mit Zucker heiß gemacht und damit übergossen, der übrige Wein in einer Sauciere extra dazugegeben.

570. Mehlpudding

Bedarf: ¼ Pfd. Mehl, ¼ Pfd. Butter, ½ Maß Rahm, 8 Eier, Zucker, ½ Zitrone.

Ein viertel Pfund Mehl und ein viertel Pfund Butter werden auf dem Nudelbrett zu einem Ballen gemacht. Dann lässt man eine halbe Maß

Rahm sieden, legt den Teig hinein und lässt ihn, während man fleißig rührt, kochen, bis die Masse fein wie ein Mus ist.

Dann gibt mans zum Erkalten in eine Schüssel, rührt alsdann acht Eidotter, eine nach der andern daran, gibt Zucker nach Belieben daran und die abgeriebene Schale von einer halben Zitrone, hebt zuletzt den Schnee von acht Eiweiß leicht darunter. Eine Dunstform streicht man mit Butter aus, füllt die Masse hinein und siedet sie eine Stunde im Dunst. Man kann verschiedene Saucen dazu geben als: Aprikosen-, Hagebutten-, Weinsauce.

571. Makkaronipudding

Bedarf: ¼ Pfd. Butter, 6 Eier, 6 große Makkaroniplätzchen, Milch, Zucker, 2 Handvoll Bröseln, Weinbeeren, Rosinen.

Man rührt ein viertel Pfund Butter schaumig und schlägt sechs Eidotter daran. Weicht dann sechs große Makkaroniplätzchen in kalte Milch ein, drückt dieselben nach einer Viertelstunde fest aus und rührt sie an die Butter, gibt ein wenig Zucker, sowie zwei Handvoll Bröseln, Weinbeeren und Rosinen dazu und hebt zuletzt den Schnee von sechs Eiweiß leicht darunter. Eine Dunstform wird alsdann mit Butter ausgestrichen und die Masse eine Stunde im Dunst gesotten. Dazu gibt man Weinsauce (Nr. 241).

572. Schweizer Pudding im Dunst gesotten

Bedarf: 1 Maß Rahm, 1 Zitrone, 2 Löffel Essig, ¼ Pfd. Butter, 8 Eier, 4 Loth Mandeln.

Eine Maß Rahm lässt man kochend werden, drückt den Saft einer Zitrone hinein und gibt zwei Löffel Essig daran, lässt ihn so lange kochen, bis er ganz geronnen ist, gießt ihn dann auf ein Tuch und presst ihn gut ans. Indessen rührt man ein viertel Pfund Butter schaumig, schlägt acht Eidotter daran, gibt Zucker nach Belieben dazu, reibt die Schale einer halben Zitrone hinein und mischt vier Loth abgezogene feingewiegte Mandeln darunter, sowie den fest ausgedrückten geronnenen Rahm. Zuletzt hebt man den steifgeschlagenen Schnee von acht Eiweiß leicht darunter. Eine Puddingform wird mit Butter ausgestrichen, der Pudding eine Stunde im Dunst gesotten, alsdann auf eine Platte gestürzt. – Dazu gibt man Chaudeausauce (Nr. 241).

573. Bisquitspudding

Bedarf: ¼ Pfd. Zucker, Vanille für 12 kr., 8 Eier, 4 Loth Mandeln, 4 Loth altes Bisquit, 6 Loth Butter.

Es wird ein viertel Pfund feiner Zucker mit zwölf Kreuzer Vanille gestoßen, gesiebt, mit acht Eidottern eine halbe Stunde gerührt. Dann kommen vier Loth abgezogene, fein gestoßene Mandeln, vier Loth altes gestoßenes Bisquit, sechs Loth zerlassene Butter darunter, dies alles wird gut verrührt und zuletzt der steife Schnee von den sechs Eiweiß leicht darunter gehoben. Eine Dunstform wird mit Butter bestrichen, und der Pudding eine Stunde im Dunst gesotten. Diesen, sowie alle in Dunst gesottene Puddinge, kann man stürzen. – Dazu gibt man Weinsauce (Nr. 241).

574. Götterspeise

Bedarf: 5 Loth Mehl, 5 Loth Zucker, 8 Eier, 1 Schoppen Milch, ¼ Pfd. Butter.

Man nimmt fünf Loth feines Mehl, fünf Loth gestoßenen Zucker, verrührt dieses gut in einer Schüssel mit zwei Eidottern und einem Schoppen Milch, kocht diese Masse in einem Pfännchen oder Kasserol unter beständigem Rühren zu Mus. Alsdann wird sie zum Erkalten in eine Schüssel gegeben, hierauf wird ein viertel Pfund Butter schaumig gerührt, sechs Eidotter dazu gegeben, jedoch so, dass mit jedem Eidotter ein Esslöffel voll von dem erkalteten Mus verrührt wird. Zuletzt wird von sechs Eiweiß ein fester Schnee geschlagen und leicht darunter gehoben. Eine Dunstform wird mit Butter bestrichen und die Masse eine Stunde im Dunst gesotten. – Dazu gibt man Chaudeau (Nr. 241).

575. Ungarischer Pudding

Bedarf: 4 Loth Butter, 4 Loth Zucker, 4 Loth Mehl, 1 Quart Milch, 6 Eier, ½ Zitrone.

Vier Loth Butter, vier Loth fein gestoßener Zucker, vier Loth Mehl werden auf dem Nudelbrett zu einem Ballen geformt. Dann lässt man ein Quart Milch siedend werden, gibt den Ballen hinein und kocht ihn unter beständigem Rühren zu einem dicken Mus; dieses gibt man in eine Schüssel und lässt es erkalten. Hierauf rührt man sechs Eidotter, eines nach dem andern daran, gibt die abgeriebene Schale einer halben Zitrone dazu, und hebt zuletzt den Schnee von sechs Eiweiß darunter.

Eine Dunstform wird mit Butter bestrichen, ausgebröselt, die Masse hineingefüllt, gut geschlossen und eine Stunde gesotten. – Dazu gibt man Hagebuttensauce (Nr. 243).

576. Vanillepudding

Bedarf: ¼ Pfd. Zucker, ein Stück Vanille, ¼ Pfd. Mandeln, 9 Eier, 2 Handvoll Bisquit, 2 Loth Butter.

Ein viertel Pfund Zucker wird mit einem Stück Vanille fein gestoßen, dann gesiebt, mit einem viertel Pfund abgezogenen, fein gestoßenen Mandeln und neun Eigelb eine halbe Stunde gerührt, zwei Handvoll fein geriebenes Bisquit und zwei Loth zerlassene Butter daran gerührt, der Schnee von sechs Eiweiß leicht darunter gehoben. Eine Dunstform wird gut mit Butter ausgestrichen, die Masse hineingefüllt, gut geschlossen und drei Viertelstunden gesotten.

Dazu gibt man Vanille- (Nr. 235) oder Weinsauce (Nr. 241).

577. Reismus

Bedarf: 1 Maß Rahm, ¼ Pfd. Reis, 2 Loth Butter, Zucker, Zimt.

In eine Maß kochenden Rahm wird ein viertel Pfund Reis, welcher vorher ausgesucht, gebrüht und gewaschen ist, unter beständigem Rühren eingekocht. Sollte der Reis nach längerem Kochen zu dick und die Körner noch nicht weich sein, so gießt man heiße Milch nach, bis sie ganz weich sind, gibt alsdann ein Stückchen Butter (zwei Loth) daran. Will man, dass sich am Boden eine Kruste bildet, welche man beim Anrichten mit einem Schäufelchen aus dem Tiegel nehmen und oben auf das Mus legen kann, so rührt man den Reis zuletzt nicht mehr um. Vor dem Anrichten wird das Mus mit Zucker und Zimt bestreut.

578. Reispudding

Bedarf: 1 Maß Milch, ¼ Pfd. Reis, 12 Loth Butter, 8 Eier, Zucker, ½ Zitrone.

In eine Maß kochende Milch wird ein viertel Pfund gebrühter und rein gewaschener Reis mit vier Loth Butter weich gekocht. Den Reis lässt man erkalten, gibt ihn in eine Schüssel, schneidet acht Loth Butter hinein und rührt dies, bis es leicht und schaumig ist, dann schlägt man sieben bis acht Eidotter, eines nach dem andern daran, gibt Zucker nach Belieben daran, reibt etwas Zitronenschale hinein und hebt zuletzt den Schnee von den Eiern leicht darunter.

Eine Form bestreicht man mit Butter, füllt die Masse hinein und bäckt sie eine Stunde im Rohr, oder siedet sie eine Stunde im Dunst. – Man gibt Vanille-, Himbeer-, oder Hagebuttensauce dazu.

579. Reispudding auf andere Art

Bedarf: 1 Maß Milch, ¼ Pfd. Reis, 4 Loth Butter, ¼ Pfd. Zucker, ½ Zitrone, 7 Eier.

Es wird ebenfalls in einer Maß Milch ein viertel Pfund Reis weich gekocht und zwar auch mit vier Loth Butter. In eine Schüssel gibt man ein viertel Pfund fein gestoßenen Zucker, etwas abgeriebene Zitronenschale, sieben Eidotter, rührt dies bis es dick und schaumig ist, gibt den erkalteten Reis hinein und verrührt alles recht gut. Zuletzt schlägt man Schnee von den sieben Eiweiß und hebt ihn leicht darunter. Eine Form streicht man mit Butter aus und bäckt den Pudding eine Stunde bei mäßiger Hitze, oder siedet ihn eine Stunde im Dunst. In letzterem Falle kann man, wenn die Form mit Butter gut ausgestrichen ist, dieselbe mit kleinen Weinbeeren und Rosinen auslegen, wodurch er, wenn er gestürzt ist, ein schönes Ansehen bekommt.

580. Reisauflauf mit Äpfeln

Bedarf: 1 Maß Milch, ¼ Pfd. Reis, 4 Loth Butter, ¼ Pfd. Zucker, ½ Zitrone, 7 Eier, 4 – 6 Äpfel, eingesottene Himbeeren.

Man bereitet dieselbe Masse wie bei Nr. 578, bestreicht eine Form mit Butter, schält mittelgroße gute Äpfel, schneidet dieselben in der Mitte auseinander, belegt den Boden der Form damit, füllt die Äpfel an der Stelle des vorher herausgeschnittenen Kernhauses mit eingesottenen Himbeeren, gibt den zubereiteten Reis darauf und bäckt ihn eine Stunde bei mäßiger Hitze in einer Porzellauform, die man mit zu Tische gibt, da man diesen Auflauf nicht stürzen kann.

581. Reispudding mit Äpfeln auf andere Art

Bedarf: 6 – 8 Äpfel, 1 Maß Milch, ¼ Pfd. Reis, 4 Loth Butter, ½ Zitrone, 7 Eier.

Die Äpfel werden abgeschält, halbiert, mit etwas Wasser und Zucker weich gedünstet, worauf man sie erkalten lässt. Die Masse wird ebenso bereitet wie in Nr. 578 beschrieben, dann wird eine Form mit Butter ausgestrichen, dann eine Lage Reis, hierauf die Äpfel, dann wieder Reis hineingegeben, so dass die Äpfel in der Mitte sind. Er wird drei Viertelstunden langsam gebacken.

582. Reisauflauf mit Aprikosen

Bedarf: ¼ Pfd. Reis, 1 Maß Rahm, ¼ Pfd. Butter, ½ Zitrone, 8 Eier, eingesottene oder frische Aprikosen.

Ein viertel Pfund Reis wird in einer Maß Rahm und vier Loth Butter weich und dick gekocht. Dann stellt man ihn zum Erkalten, hierauf gibt man noch vier Loth Butter nach, so dass es ein viertel Pfund ausmacht, rührt ihn recht schaumig, reibt die Hälfte einer Zitrone hinein, gibt Zucker nach Belieben daran, rührt acht Eidotter daran. Zuletzt hebt man den steifen Schnee von acht Eiweiß leicht darunter. Eine

Porzellan- oder Auflaufform wird gut mit Butter ausgestrichen, auf den Boden derselben eine Lage Reis gegeben, dann eine Lage eingesottenes Aprikosenmark und so fortgefahren, bis die Form fast ganz voll ist; der Reis muss den Schluß bilden. Dieser Auflauf wird drei Viertelstunden bei mäßiger Hitze im Rohr gebacken. Oben bestreut man ihn mit Zucker und gibt ihn in der Form zu Tische.

Im Sommer kann man hierzu reife Aprikosen verwenden, welche man vom Stein befreit, halbiert mit Zucker ein wenig dünstet und ebenso damit verfährt, als ob es eingesottene Aprikosen wären.

583. Äpfelcharlott

Bedarf: 10 – 12 Äpfel, ungefähr ¼ Pfd. Zucker, beiläufig ½ Pfd. Butter, 4 kr. Milchbrot.

Man schäle saftige Äpfel, schneide sie in dünne Scheiben, gebe sie in einen Tiegel, bestreue sie dick mit feinem Zucker und lasse sie langsam dünsten. Sind sie fast weich gekocht, so lässt man sie erkalten. Ein Kasserol oder runde Form streicht man sodann dick mit Butter aus, schält für vier Kreuzer altes rundes Milchbrot ab, schneidet dasselbe in ganz dünne Schnitten, lässt auf einem Suppenteller ein großes Stück Butter zerschleichen, kehre jede der Schnitten darin um und lege damit das ganze Kasserol aus. Dann füllt man die Äpfel hinein, deckt sie mit in Butter umgekehrtem Brote gut zu und bäckt es in guter Hitze ganz braun. Wenn es fertig ist, stürzt man es auf eine flache Platte und bestreut es dick mit Zucker. Man kann auch Himbeer- oder Johannis-beer-Gelee darauf geben.

584. Auflauf von geriebener Gerste

Bedarf: 1 Maß Rahm, 6 Loth Butter, geriebener Teig von einem Ei, 5 Eier.

In einen Tiegel gebe man eine halbe Maß Rahm nebst drei Loth Butter, lasse es kochend werden, rühre den geriebenen Teig von einem Ei hinein und lasse es gut auskochen, wonach es in eine Schüssel zum Erkalten gegeben wird. Hierauf schneidet man abermals vier Loth Butter daran, gibt ein wenig geriebene Zitronenschale dazu und verrührt es recht gut miteinander. Fünf Eidotter werden ebenfalls, eines nach dem andern daran gerührt, nach Belieben gezuckert und zuletzt der fest geschlagene Schnee von fünf Eiweiß darunter gehoben. – Man füllt die Masse in eine mit Butter ausgestrichene und ausgebröselte Form und bäckt sie bei mässiger Hitze drei Viertelstunden. Diesen Auflauf kann man stürzen.

585. Griesmehlauflauf

Bedarf: 1 ½ Maß Milch, ¼ Pfd. feiner Gries, 12 Loth Zucker, 6 Eier, ½ Zitrone.

In eine halbe Maß kochende Milch lässt man ein viertel Pfund ganz feinen Gries laufen, kocht ihn mit vier Loth Butter eine halbe Stunde, gibt ihn dann auf eine Platte zum Erkalten. Ein viertel Pfund Zucker wird fein gestoßen, mit sechs Eidottern, etwas geriebener Zitronenschale schaumig gerührt, der gekochte Gries dazu gegeben, ebenfalls gut damit verrührt, zuletzt der festgeschlagene Schnee von sechs Eiweiß leicht darunter gehoben. Eine Form wird mit Butter ausgestrichen, die Masse hineingefüllt und drei Viertelstunden bei mäßiger Hitze gebacken.

586. Sagoauflauf

Bedarf: 1 ½ Maß Milch, ¼ Pfd. weißer Sago, ¼ Pfd. Butter, 6 Eier, Zucker und gestoßener Zimt.

Man koche in anderthalb Maß Milch ein viertel Pfund weißen Sago (rein gewaschen) und rühre ihn hierbei öfter um, damit er nicht anbrennt. Nachdem er weich gekocht ist, gibt man ihn in eine Schüssel und lässt ihn erkalten. Hierauf schneidet man ein viertel Pfund Butter hinein, rührt ihn schaumig, schlägt sechs bis sieben Eidotter, eines nach dem andern hinein, gibt Zucker nach Belieben dazu, sowie etwas Zimt, schlägt von sechs Eiweiß einen festen Schnee, welchen man leicht darunter hebt. Die Masse wird in eine mit Butter gut ausgestrichene Form gefüllt und bei mäßiger Hitze drei Viertelstunden gebacken oder nach Belieben in Dunst gesotten. – Dazu gibt man Himbeer- (Nr. 799) oder Hagebuttensauce (Nr. 243).

587. Gebrühter Pudding

Bedarf: 6 Loth Butter, 4 Loth Mehl, 1 Schoppen Milch, 6 Eier, 6 Loth Zucker, etwas gestoßener Zimt.

Sechs Loth Butter lässt man in einem Tiegel oder Kasserol zerschleichen, gibt vier Loth Mehl hinein, und rührt es mit einem Schoppen kochender Milch glatt. Rührt dies auf dem Feuer so lange, bis der Teig dick ist und sich vom Kochlöffel löst; dann gibt man ihn in eine Schüssel, schlägt sechs ganze Eier daran, und gibt sechs Loth Zucker und etwas Zimt dazu. Ist die Masse kalt, wird der festgeschlagene Schnee von sechs Eiweiß leicht darunter gehoben, in eine gut mit Butter bestrichene Form gefüllt, gut verschlossen und eine Stunde gesotten.

Man kann die Form vor dem Einfüllen mit großen und kleinen Rosinen sorgfältig belegen.

Dazu gibt man Aprikosen- (Nr. 242), Hagebutten- (Nr. 243) oder auch Weinsauce (Chaudeau) (Nr. 241).

588. Mehlmus- oder Béchamelauflauf

Bedarf: 1 Quart Rahm, 1 Stückchen Vanille, ¼ Pfd. Butter, 4 Loth Mehl, 8 Eier, Zucker.

Man lässt ein Quart Rahm mit einem Stückchen Vanille kochend werden, gibt in einen Tiegel oder Kasserol ein viertel Pfund Butter, ist sie zerschlichen, rührt man vier Loth Mehl hinein, gießt den kochenden Rahm daran und lässt dies unter beständigem Rühren gut auskochen. Es muss ein sehr dickes Mus sein. – Dann rührt man nacheinander acht Eidotter daran, Zucker nach Belieben. Ist es in einer Schüssel erkaltet, schlägt man von den acht Eiweiß festen Schnee und hebt ihn leicht darunter. Eine mit Butter bestrichene und ausgebröselte Form wird mit der Masse gefüllt (jedoch nicht ganz voll) und bei mäßiger Hitze drei Viertelstunden gebacken.

Man gibt Prünellen- (Nr. 394) oder Zwetschgen-Kompott (Nr. 395) dazu.

589. Mehlmus- oder Béchamelauflauf auf andere Art

Bedarf: 1 Quart Rahm, ¼ Pfd. Butter, 3 Kochlöffel Mehl, 7 Eier, Bisquit, Eingesottenes.

Man lässt ein Quart Rahm mit einem Stückchen Vanille kochend werden; in einen Tiegel oder Kasserol gibt man ein viertel Pfund Butter, ist sie zerschlichen, gibt man drei kleine Kochlöffel Mehl hinein und den kochenden Rahm unter beständigem Rühren daran und lässt es gut auskochen. Dann schlägt man sogleich sieben Eidotter eines nach dem andern daran, gibt Zucker nach Belieben hinein und verrührt es gut. Dieses lässt man in einer Schüssel erkalten, worauf man den festgeschlagenen Schnee von sieben Eiweiß leicht darunter hebt.

Eine runde Porzellanform bestreicht man gut mit Butter, belegt den Boden mit dünn geschnittenem Bisquit, streicht eingesottene Johannisbeeren, Himbeeren oder dergleichen darauf, schüttet das Mus oben auf und lässt es eine halbe Stunde im Rohr backen.

590. Kindsmusauflauf

Bedarf: 3 Kochlöffel Mehl, ½ Maß Rahm, ¼ Pfd. Zucker, 6 Eier, ½ Zitrone.

Man rühre drei Kochlöffel feines Mehl mit zwei Löffeln kalten Rahm in einem Kasserol oder Pfännchen zu einem feinen Teig, verdünne ihn mit einer halben Maß Rahm und koche es unter beständigem Rühren zu einem dicken Kindsmus. Dann gibt man es in eine Schüssel und lässt es erkalten. Ein viertel Pfund fein gestoßener Zucker, die abgeriebene Schale einer halben Zitrone, wird mit sechs Eidottern schaumig gerührt, alsdann das erkaltete Kindsmus darunter gegeben, zuletzt hebt man den festgeschlagenen Schnee von sechs Eiweiß leicht darunter.

Dies wird in eine mit Butter ausgestrichene Form bei mäßiger Hitze drei Viertelstunden gebacken. Dazu gibt man Prünellen- (Nr. 394) oder Zwetschgenkompott (Nr. 395).

591. Karamellauflauf

Bedarf: 2 Loth Zucker, 1 Quart Rahm, ¼ Pfd. Butter, 4 Löffel Mehl, 7 Eier.

Zwei Loth Zucker lässt man in einem Pfännchen schön gelb werden, füllt ihn mit einem Quart Rahm auf und lässt ihn kochen. Dann lässt man ein viertel Pfund Butter zerschleichen, rührt vier Löffel Mehl hinein, gießt unter beständigem Rühren den Rahm daran, lässt es gut auskochen, schlägt sieben bis acht Eidotter unter beständigem Rühren daran, gibt Zucker nach Belieben dazu und lässt es dann erkalten. Hierauf hebt man den festgeschlagenen Schnee von den sieben Eiweiß leicht darunter, bestreicht eine Form gut mit Butter und bäckt ihn drei Viertelstunden im Rohr bei mäßiger Hitze.

592. Schokoladenauflauf

Bedarf: 1 Quart Rahm, 2 Täfelchen Schokolade, ¼ Pfd. Butter, 4 Kochlöffel Mehl, 8 Eier, Zucker.

Man lässt ein Quart Rahm kochend werden und rührt zwei Täfelchen fein geriebene Schokolade hinein. Dann lässt man in einem Tiegel ein viertel Pfund Butter zerschleichen, rührt vier Kochlöffel Mehl hinein, schüttet die kochende Schokolade langsam daran, lässt es unter beständigem Rühren ein wenig kochen und schlägt acht bis neun Eidotter hinein, gibt Zucker nach Belieben daran und lässt es in einer Schüssel erkalten. Den Schnee von den acht Eiweiß hebt man leicht darunter, bestreicht eine Form mit Butter und bäckt den Auflauf drei Viertelstunden bei mäßiger Hitze im Rohr.

593. Gerührter Schokoladenkoch

Bedarf: 6 Loth unabgezogene süße Mandeln, 9 Loth Zucker, 10 Eier, 2 Loth geriebene Schokolade.

Man nehme sechs Loth unabgezogene, fein gestoßene Mandeln, neun Loth fein gestoßenen Zucker, vermische beides indem man es in eine Schüssel gibt und mit dem Kochlöffel gut unter einander rührt. Dann schlägt man zehn Eidotter, eines nach dem andern, daran, gibt zwei

Loth fein geriebene Schokolade hinzu und rührt es eine halbe Stunde. Zuletzt hebt man den von zehn Eiweiß geschlagenen Schnee leicht darunter. Eine Form wird mit Butter ausgestrichen, der Teig hineingegossen und langsam bei sehr mäßiger Hitze gebacken. Dann stürzt man es auf eine Platte und gibt Schokoladensauce (Nr. 239) dazu.

594. Neuner Auflauf

Bedarf: ¼ Pfd. Butter, 9 Loth Mehl, ½ Quart Rahm, 9 Eier, Zucker, ½ Zitrone.

Man lässt in einem Tiegel oder Kasserol neun Loth Butter zerschleichen, rührt alsdann neun Loth Mehl hinein, sowie ein halbes Quart kochenden Rahm und trocknet das Ganze unter beständigem Rühren auf dem Feuer gut ab. Dann gibt man es in eine Schüssel zum Erkalten, rührt es gut, schlägt neun Eigelb, eines nach dem andern, daran, gibt Zucker hinein, bis es süß genug ist, die Schale einer Zitrone wird hineingerieben. Zuletzt hebt man den festgeschlagenen Schnee von neun Eiweiß leicht darunter. Bestreicht eine Auflaufform von Porzellan gut mit Butter, füllt die Masse ein und bäckt sie eine halbe Stunde bei mäßiger Hitze. – Dazu gibt man Kompott.

595. Apfelspeise

Bedarf: 6 Loth Butter, 8 Eier, 1 Maß saurer Rahm, ½ Maß Bröseln, 10 große Äpfel, Zucker.

Man rührt sechs Loth Butter schaumig, rührt sechs Eidotter, eines nach dem andern, daran, sowie eine Maß guten sauren Rahm, eine halbe Maß feine Bröseln, und Zucker bis es süß genug ist. Zuletzt hebt man den festgeschlagenen Schnee von acht Eiern leicht darunter.

Zehn große Äpfel werden abgeschält, in dünne Scheibchen zerschnitten, mit Zucker, nicht zu weich, gedünstet und auskühlen gelassen; dann bestreicht man eine Form mit Butter, füllt die Hälfte der Masse hinein und bäckt sie eine Viertelstunde leicht, gibt dann die Äpfel darauf und die andere Hälfte des Teiges darüber. Dieses alles wird noch drei Viertelstunden im Rohr gebacken. Man kann vor dem Backen auch fein gewiegte Mandeln oben darauf streuen.

596. Äpfelspeise auf andere Art

Bedarf: Mehl, Milch, 1 Ei, Zucker, Salz, Butter, eingesottene Früchte, 6 – 8 Borsdorfer Äpfel, 3 Eiweiß.

Man macht einen Nudelteig von einem Ei nach Nr. 6, zerschneidet die Nudeln nicht zu fein, und kocht sie in Milch mit etwas Zucker dick ein, schält sechs bis acht Borsdorfer Äpfel, sticht das Kernhaus mittelst eines runden Ausstechers heraus, so zwar, dass die Äpfel ganz bleiben, füllt sie mit etwas Eingesottenem, z. B. Johannisbeeren oder Himbeeren, bestreicht eine Porzellanform mit Butter, setzt die Äpfel nebeneinander hinein, dass sie den Boden bedecken, gibt die erkalteten Nudeln darauf, schlägt von drei Eiweiß einen festen Schnee, rührt vier Loth feinen Zucker darunter, gibt den Guss darauf und lässt es bei sehr mäßiger Hitze im Rohr schön gelb backen.

597. Schneeberg mit Aprikosen

Bedarf: 8 Eiweis, 3 Löffel Aprikosen oder Quittenmarmelade, 6 Loth Zucker.

Von sechs bis acht Eiweiß schlägt man einen sehr steifen Schnee, verrührt drei Löffel Aprikosen- oder Quittenmarmelade mit ganz fein gestoßenem Zucker (6 Loth) sehr gut und hebt den Schnee leicht darunter. Dann bestreicht man eine große, flache, ächte Schüssel mit Butter, stellt die Masse bergartig darauf und bäckt sie bei sehr mäßiger Hitze im Ofen schön gelb.

Statt des Eingesottenen kann man auch fein geriebene Schokolade nehmen.

598. Kastanienberg

Bedarf: 1 Pfd. Kastanien, Milch, 9 Loth Zucker, 5 Eiweiß.

Ein Pfund Kastanien wird gesotten, abgeschält, im Mörser ganz fein mit ein wenig Milch gestoßen, durch ein Sieb passiert. Alsdann lässt man neun Loth Zucker mit etwas Wasser dick kochen und rührt die Kastanien darunter. Wenn es nötig ist, gibt man etwas Rahm nach. Die

Masse muss so dick sein, dass man auf einer flachen Schüssel einen Berg formen kann. Von fünf Eiweiß schlägt man einen ganz steifen Schnee, mengt fünf Loth Zucker, welcher mit etwas Vanille gestoßen, dann durchgesiebt ist, darunter, bestreicht den Berg damit, gibt ihn eine halbe Stunde vor Tisch ins Rohr und lässt ihn bei schwacher Hitze backen.

599. Weinauflauf

Bedarf: 6 Eier, 6 Löffel Zucker, 6 Loth Mandeln, 1 Loth Zitronat, ½ Kaffeelöffel Zimt, 2 Löffel Marasquinoliqueur, 6 Esslöffel Bröseln, ½ Maß guten Wein, ein Stückchen Zimt.

Sechs Eigelb werden mit sechs Löffeln Zucker schaumig gerührt, alsdann sechs Loth feingestoßene Mandeln, ein Loth feingeschnittenes Zitronat, ein halbes Kaffeelöffelchen Zimt, zwei Esslöffel Marasquinoliqueur, sechs Esslöffel feine Semmelbröseln daran gerührt, zuletzt der festgeschlagene Schnee von sechs Eiweiß leicht darunter gehoben.

Dann bestreicht man eine Form gut mit Butter, füllt die Masse hinein, bäckt sie drei Viertelstunden und stürzt sie auf eine Platte. Dann wird eine halbe Maß guter Wein mit einem Stückchen Zimt und Zucker kochend gemacht, über den Auflauf geschüttet, wieder abgegossen und damit so lange fortgefahren, bis der Auflauf den Wein gänzlich eingesogen hat.

600. Aufgezogenes Kartoffelmus

Bedarf: 10 große Kartoffeln, ¼ Pfd. Butter, 10 Eier, ¼ Pfd. Zucker, ½ Quart Rahm.

Zehn große Kartoffeln werden gebraten oder gesotten, abgeschält, mit einem viertel Pfund Butter im Mörser ganz fein gestoßen, in eine Schüssel getan, zehn Eidotter, eines nach dem andern, daran gerührt, sowie ein halber Schoppen saurer Rahm und ein viertel Pfund fein gestoßener Zucker. Zuletzt wird der festgeschlagene Schnee von zehn Eiweiß leicht darunter gehoben. Eine Form wird mit Butter ausgestrichen, mit Semmelbröseln bestreut, die Masse hineingefüllt und im Rohr drei Viertelstunden gebacken.

601. Makronenmus

Bedarf: ½ Maß Rahm, ¼ Pfd. Butter, ¼ Pfd. Zucker, ¼ Pfd. Makronenplätzchen, 5 Eier, Zucker und kleine Makronenplätzchen zum Garnieren.

Eine halbe Maß Rahm lässt man mit einem viertel Pfund Butter und einem viertel Pfund Zucker gut kochen, stößt ein viertel Pfund bittere Makronenplätzchen ganz fein, gibt sie an das Mus, ebenso fünf Eigelb, stellt dann das Ganze auf Kohlenfeuer und rührt es so lange, bis es sich von der Pfanne löst. Dann gießt man es in eine runde Schüssel, lässt es erkalten, garniert es mit kleinen Makronenplätzchen und gibt es so zu Tisch. Man kann es auch mit Zucker bestreuen.

602. Milchnockerl mit Vanille

Bedarf: 11 Loth Butter, 6 Eier, 6 Esslöffel Mehl, ½ Maß Rahm, Vanille und Zucker.

Man rührt ein viertel Pfund Butter schaumig, schlägt sechs Eier daran und verrührt sie gut; dann rührt man sechs Esslöffel Mehl nebst etwas Salz darunter. In einem Tiegel lässt man eine halbe Maß Rahm mit einem Stück Vanille kochend werden, schlägt mit dem Löffel Nockerln in die Milch, sind dieselben auf einer Seite fertig, wendet man sie mit dem Löffel um. Sind sie in der Milch fertig gekocht, lässt man in einem Tiegel Butter (3 Loth) und Zucker heiß werden, gibt die Nockerln hinein und lässt sie ruhig liegen, damit sie eine schöne gelbe Kruste bekommen. Es ist gut, wenn man erst ein Nockerl zur Probe in die Milch legt. Sind dieselben zu locker, rührt man noch Mehl daran, sind sie zu fest, noch ein Ei. Doch dürfen sie, in der Milch gekocht, ziemlich fest sein, da sie sonst nicht so gut sind und kein schönes Ansehen haben. Alsdann legt man sie mit einem Backschäufelchen auf eine flache Platte und bestreut sie mit Zucker und Zimt.

602a. Brandnockerln

Bedarf: 3 Quart Rahm, 5 Loth Butter, Vanille, Zucker und Zimt, 4 Löffel Mehl, 4 Eier.

Man mache ein Quart Milch mit drei Loth Butter kochend, rühre vier

Löffel Mehl hinein, trockne diesen Teig auf dem Feuer gut ab, schlage vier bis fünf Eier daran, welche man einige Minuten vorher in warmes Wasser legt, und gibt etwas Salz und Zucker dazu. Dann mache man eine halbe Maß Rahm mit einem Stückchen Butter und Vanille kochend, schlage mit einem Löffel Nocken ein und lasse diese gut auskochen. Ist die Milch verkocht, lasse man sie ruhig liegen, damit sie eine gelbe Kruste bekommen, lege sie auf eine Platte und bestreue sie mit Zucker und Zimt.

602b. Griesnockerln

Bedarf: 10 Loth Butter, 6 Eier, 10 Loth Gries, ½ Maß Rahm, Zucker und Zimt.

Ein viertel Pfund Butter wird schaumig gerührt, sechs ganze Eier daran geschlagen, zehn Loth Gries nebst etwas Salz hineingerührt.

In einer flachen Bratpfanne macht man eine halbe Maß Rahm mit einem Stückchen Butter kochend, legt Nockerln ein, kocht dieselben darin, wendet sie mit einem Löffel einmal um. Sollte die Milch zu schnell einkochen, gießt man noch etwas nach, lässt die Milch ganz einkochen, zuletzt lässt man sie ruhig liegen, damit sie eine gelbe Kruste bekommen.

Man legt sie auf eine flache Platte und bestreut sie mit Zucker und Zimt.

603. Milchnudeln

Bedarf: 1 Ei, Mehl, Milch, Butter, Zucker und Zimt.

Man bereitet einen Nudelteig, wie unter Nr. 6 beschrieben, schneidet die ausgewalkten Flecke, welche man ein wenig trocknen lässt, in halbfingerbreite Nudeln. Sind dieselben ebenfalls ein wenig getrocknet, lässt man Milch mit einem kleinen Stückchen Butter und etwas Zucker kochend werden, gibt die Nudeln hinein und rührt sie so lange, bis die Milch wieder zu sieden anfängt. Zuletzt lässt man sie ruhig liegen, damit sie eine schöne gelbe Kruste bekommen. Legt sie dann auf eine flache Platte und bestreut sie gut mit Zucker und Zimt.

604. Nudeln mit Guss

Bedarf: 1 Ei, Mehl, 1 Maß Rahm, Salz, 3 Loth Butter, 2 Löffel Hagebuttenmark,
4 Eiweiß, Zucker.

Man bereitet einen Nudelteig von einem Ei nach Nr. 6, gibt dann in
eine Maß Rahm ein Stück Butter (3 Loth), lässt es kochen, rührt die
Nudeln hinein und kocht sie eine halbe Stunde. Dieselben müssen
sehr dick eingekocht sein. Dann bestreicht man eine runde Schüssel mit Butter und sticht die Nudeln stückweise aus und legt sie darauf. Zwei Löffel Hagebuttenmark wird mit ein wenig feinem Zucker
glatt gerührt, der Schnee von vier Eiweiß steif geschlagen, darunter
gemischt und die Schüssel zwei Finger breit damit überstrichen, gut
mit Zucker überstreut, eine Viertelstunde bei mäßiger Hitze gebacken
und sogleich zu Tische gegeben.

605. Gebackene Milch

Bedarf: 8 Löffel Mehl, 8 Eier, 1 Maß Rahm, ½ Zitrone (oder Vanille), Zucker.

Acht Löffel feines Mehl wird mit acht ganzen Eiern fein und glatt
abgerührt, eine Maß Rahm hinzugefügt, Zucker darangegeben, etwas
Zitronenschale darangerieben oder Vanille mit dem Zucker gestoßen.
Man bestreicht eine Form mit Butter und bäckt die Masse eine Viertelstunde bei sehr mäßiger Hitze im Rohr.

606. Süßer Rahmauflauf

Bedarf: 2 Esslöffel Mehl, 6 Eier, 4 Loth Zucker, ½ Zitrone, 1 Quart süßer
Rahm.

Zwei Esslöffel feines Mehl wird mit sechs Eidottern ganz glatt gerührt,
sowie vier Loth fein gestoßener Zucker auf einer halben Zitrone abgerieben, dann ein Schoppen sehr guter süßer Rahm darangegeben und
alles sehr gut verrührt. Zuletzt der festgeschlagene Schnee von sechs
Eiweiß leicht darunter gehoben.

Eine Auflaufform wird mit Butter bestrichen, die Masse hineingefüllt und bei sehr mäßiger Hitze eine halbe Stunde gebacken. Alsdann

bestreut man ihn mit Zucker und Zimt und gibt ihn mit der Form zu Tische.

607. Auflauf von saurem Rahm

Bedarf: 3 Löffel Mehl, 5 Eier, 1 Quart sauerer Rahm, ½ Zitrone, Zucker.

Drei Löffel feines Mehl rührt man mit fünf Eidottern ganz glatt, gießt einen Schoppen sauren Rahm daran, reibt die Schale einer halben Zitrone dazu, gibt Zucker, bis es süß genug ist, daran. Zuletzt hebt man den festgeschlagenen Schnee von fünf Eiweiß leicht darunter.

Dann füllt man die Masse in eine mit Butter bestrichene Form und bäckt sie bei mäßiger Hitze eine halbe Stunde. Bestreut den Auflauf mit Zucker und Zimt und gibt ihn in der Form zu Tische.

608. Zitronenauflauf

Bedarf: 5 Loth Zucker, 5 Eier, 1 Zitrone, 1 Löffel Mehl.

Fünf Loth Zucker wird mit fünf Eidottern sowie mit der abgeriebenen Schale einer halben Zitrone ganz schaumig gerührt; alsdann gibt man einen Löffel Mehl und den Saft einer ganzen Zitrone daran und verrührt es gut. Zuletzt hebt man den festgeschlagenen Schnee von fünf Eiweiß leicht darunter.

Eine Porzellanform wird mit Butter ausgestrichen, die Masse hineingefüllt und bei mäßiger Hitze gebacken. Der Auflauf muss in der Form zu Tische gegeben werden, da er sich nicht stürzen lässt.

609. Mehlspeise von altem Bisquit

Bedarf: Altes Bisquit, 3 Loth Butter, ½ Maß Rahm, 6 Eier, 6 Loth Zucker, Weinbeeren.

Man nehme altes Bisquit, schneide es in dünne Schnitten, bestreiche eine Form mit Butter, gebe eine Lage der Bisquitschnitten hinein, dann etwas Weinbeeren und fahre damit fort, bis die Form fast voll ist. Man macht hierauf einen Guss von einer halben Maß Rahm, sechs Eiern und sechs Loth Zucker, verrührt alles gut und gießt denselben darüber, lässt es eine Viertelstunde stehen und bäckt es bei mäßiger Hitze.

610. Schweizerauflauf

Bedarf: 10 Eier, ½ Quart saurer Rahm, 4 Loth Mehl, 5 Loth Zucker.

Zehn Eidottern werden mit einer halben Quart saurem Rahm gut verrührt. Vier Loth Mehl gibt man in eine Schüssel, rührt es mit dem Rahm glatt, gibt fünf Loth fein gestoßenen Zucker dazu und verrührt noch alles recht gut mitsammen. Zuletzt hebt man den Schnee von zehn Eiweiß leicht darunter.

Man backt diesen Auflauf in einer mit Butter ausgestrichenen Form drei Viertelstunden bei mäßiger Hitze.

611. Mehlspeise von Milchbrot

Bedarf: Milchbrot für 6 kr., 3 Loth Butter, ½ Maß Rahm, 6 Eier, Zucker und Zimt.

Man schneide für sechs Kreuzer altes rundes Milchbrot in ganz dünne Scheiben, bestreiche eine längliche zwei Finger hohe Bratpfanne mit Butter, belege sie ganz bis oben mit den Brotschnitten, bereite einen Guss von einer halben Maß Rahm, sechs ganzen Eiern, Zucker und etwas Zimt, gieße ihn über das Brot, dann schüttet man ihn wieder herunter und dann wieder darüber und so verfährt man zwei bis dreimal; lässt das Ganze dann eine Viertelstunde stehen, gibt dann kleine Stückchen Butter darauf und bäckt es eine halbe Stunde im Rohr.

612. Kindsmus

Bedarf: 3 Löffel Mehl, ½ Maß Milch, Zucker und Zimt.

Drei Löffel feines Mehl wird mit ebensoviel kalter Milch im Muspfännchen zu einem glatten Teig angerührt, dann mit einer halben Maß Milch verdünnt und unter beständigem Rühren zu einem dicken Brei ausgekocht.

Wenn sich der Boden des Kochpfännchens rau anfühlt und anfängt gelb zu werden, ist das Mus fertig. Beim Anrichten bestreut man es mit Zucker und Zimt oder man bestreut es dick mit Zucker und brennt es mit einem glühenden Schäufelchen.

Torten, Obstkuchen und verschiedene kleine Bäckereien

613. Brottorte

Bedarf: 3 Loth Schwarzbrotbröseln, 2 Löffel Arak, 6 Loth Mandeln, ½ Loth gestoßenes Zimtgewürz, ½ Loth gestoßenes Nelkengewürz, ½ Zitrone, 12 Loth Zucker, 1 Loth Pomeranzenschale und Zitronat, 8 Eier.

Drei Loth schwarzes Brot wird im Ofen gedörrt, ganz fein gestoßen, hierauf mit etwas Arak angefeuchtet. Dann werden sechs Loth unabgezogene, ganz fein im Mörser gestoßene Mandeln, ein halbes Loth Zimt, ein halbes Loth gestoßene Nelken, die abgeriebene Schale einer halben Zitrone, ein Loth fein geschnittenes Zitronat und Pomeranzenschale dazu gegeben, alles mit zwölf Loth gestoßenem Zucker und acht ganzen Eiern ungefähr drei Viertelstunden nach einer Seite[1] gerührt. Als dann bestreicht man eine Tortenform mit Butter, bröselt sie gut aus und lässt die Torte drei Viertelstunden bei mäßiger Hitze langsam backen. Das Gewürz, Zitronat und Pomeranzenschale wird zuletzt hineingerührt.

614. Brottorte auf andere Art

Bedarf: 3 Loth Schwarzbrotbröseln, 2 Löffel Arak, 6 Loth Mandeln, 2 Loth Zucker, 8 Eier, 2 Loth Pomeranzenschale, 2 Loth Zitronat, ½ Kaffeelöffel gestoßener Zimt, ½ Löffel Nelkengewürz.

Drei Loth schwarzes Brot dörrt man im Ofen, stößt es fein und feuchtet es mit ein wenig Arak an. Dann werden sechs Loth unabgezogene Mandeln im Mörser fein gestoßen, zu dem Brot nebst zwölf Loth

---

1   Der Teig zu Torten und Backwerk darf immer nur nach einer Seite gerührt werden.

feinem Zucker und acht ganzen Eiern in eine Schüssel gegeben und gerührt (beiläufig drei Viertelstunden), bis es dick und schaumig ist. Dann rührt man je zwei Loth fein gewiegte Zitronen- und Pomeranzenschalen, je einen halben Kaffeelöffel Zimt und Nelkengewürz dazu. Bestreicht eine Tortenform mit Butter und bäckt die Torte drei Viertelstunden bei mäßiger Hitze. Ist sie fertig, bestreut man sie dick mit gestoßenem Zucker oder überzieht sie mit einem Punsch- (Nr. 700) oder Schokoladeguss. (Nr. 702).

615. Schwarze Brottorte mit Schokolade

Bedarf: ¾ Pfd. Zucker, 18 Eier, 8 Loth Schwarzbrotbröseln, 4 Löffel Wein oder Himbeersaft, 6 Loth braune Lebkuchen, 1 Tafel Vanilleschokolade, 1 Löffel gestoßener Zimt, 1 Löffel Nelkengewürz, 8 Loth Mandeln, 3 Loth Zitronat, 1 Zitrone.

Drei viertel Pfund feiner Zucker wird mit achtzehn Eidottern drei Viertelstunden gerührt. Dann wird acht Loth schwarzes, getrocknetes, fein gestoßenes Brot mit Wein oder Himbeersaft angefeuchtet, sechs Loth geriebene braune Lebkuchen, eine Tafel geriebene Vanille-Schokolade, je ein Kaffeelöffel Zimt und Nelkengewürz, acht Loth unabgezogene geriebene Mandeln, drei Loth feingeschnittenes Zitronat, die abgeriebene Schale von einer Zitrone dazu gegeben und alles gut mit einander verrührt. Zuletzt wird der festgeschlagene Schnee von zwölf Eiweiß leicht darunter gehoben. Alsdann wird die Masse in eine mit Butter gut ausgestrichene Form gegeben und eine Stunde bei mäßiger Hitze gebacken.

616. Zimttorte

Bedarf: ¼ Pfd. Mandeln, 8 Loth Zucker, 7 Eier, 1 Kaffeelöffel gestoßener Zimt, ½ Kaffeelöffel Nelkengewürz, 3 Loth Zitronat.

Ein viertel Pfund abgezogene süße Mandeln werden mit einem Ei im Mörser fein gestoßen, dann mit acht Loth feinem Zucker und sechs Eidottern in einer Schüssel ganz dick und schaumig gerührt. Hierauf wird ein Kaffeelöffel Zimt und halb so viel Nelkengewürz, drei Loth fein geschnittene Pomeranzenschale darunter gerührt, sowie der festgeschlagene Schnee von sechs Eiweiß leicht darunter gehoben. Alsdann wird eine runde Form mit Butter ausgestrichen, die Masse hineingefüllt und drei Viertelstunden bei mäßiger Hitze im Rohre gebacken und noch warm dick mit Zucker bestreut.

617. Linzertorte

Bedarf: ¼ Pfd. Schmalz, ¼ Pfd. Zucker, 5 Eier, ½ Zitrone, 4 Loth Mandeln, 12 Loth Mehl, eingesottene Himbeeren.

Man rührt ein viertel Pfund Schmalz mit ebensoviel fein gestoßenem Zucker schaumig; alsdann rührt man fünf Eidottern, eine nach der andern darunter, reibt die Schale einer halben Zitrone daran, gibt vier Loth abgezogene, fein gewiegte, süße Mandeln, sowie zwölf Loth Mehl dazu und verrührt alles recht gut mitsammen. Dann wird ein Nudelbrett dünn mit Mehl bestaubt, der Teig darauf gegeben und ganz leicht ausgewalkt. Eine Tortenform (Reif) wird mit Butter ausgestrichen, von dem Teig, welcher sehr mürbe ist, vorsichtig ein halbfingerdicker Boden hineingelegt, eingesottene Himbeeren darauf gestrichen. Aus dem übrigen Teig rollt man, indem man ein wenig Mehl hinstreut, lange dünne Streifen aus, legt ein Gitter darüber und rund herum einen Rand, bestreicht Gitter und Rand mit Eigelb und bäckt die Torte drei Viertelstunden bei guter Hitze im Rohr.

618. Bröseltorte

Bedarf: 12 Loth Butter, 12 Loth Mehl, 12 Loth Zucker, 3 Eier, ½ Zitrone, gestoßener Zimt und Nelkengewürz, eingesottene Früchte oder gekochte Äpfel.

Zwölf Loth Butter, ebensoviel Mehl und ebensoviel Zucker, zwei Eidottern, ein ganzes Ei, die abgeriebene Schale von einer halben Zitrone, ein wenig Zimt und Nelkengewürz verarbeitet man auf einem Nudelbrett zu einem feinen Teig. Lässt denselben eine halbe Stunde ruhen, bestreicht dann ein Blech mit Butter, walkt den Teig dünn aus, belegt das Blech damit, bestreicht ihn mit Eingesottenem oder mit gekochten Äpfeln (Nr. 391), macht ein Gitter und einen Rand von dem übrigen Teig darüber, bestreicht Gitter und Rand mit Eigelb und bäckt die Torte bei guter Hitze schön gelb.

619. Blitztorte

Bedarf: 6 Eischwer Zucker, 4 Eischwer Mehl, 2 Eischwer Butter, ½ Zitrone, 6 Eier.

Man nehme soviel fein gestoßenen Zucker, als sechs Eier schwer sind, vier Eischwer Mehl, zwei Eischwer Butter, die Hälfte einer abgeriebenen Zitrone. Zucker und Butter wird schaumig gerührt, dann sechs Eier, eines nach dem andern, daran gerührt, zuletzt das Mehl gut darunter gemengt. Eine Form wird mit Butter bestrichen, ausgebröselt, die Masse hineingefüllt und drei Viertelstunden langsam im Rohr gebacken.

620. Sandtorte

Bedarf: ¼ Pfd. Butter, ¼ Pfd. Zucker, ¼ Pfd. Mehl, 4 Eier, ½ Zitrone.

Ein viertel Pfund Butter wird mit der abgeriebenen Schale einer halben Zitrone gerührt, dann ein viertel Pfund Zucker hinzugefügt und dies eine halbe Stunde gerührt, alsdann zwei Eidottern und zwei ganze Eier, zuletzt ein viertel Pfund feines Mehl gut darunter gerührt. Eine flache Form oder Reif wird gut mit Butter ausgestrichen, ausgebröselt, die Masse gleichmäßig hineingestrichen, oben mit länglich geschnittenen Mandeln bestreut und langsam gebacken, so lange bis die Torte oben ganz hart geworden ist, was nach einer Stunde gewöhnlich der Fall ist.

621. Schmalztorte

Bedarf: ¼ Pfd. Butter, ¼ Pfd. Schmalz, 10 Eier, ½ Pfd. Zucker, ¼ Pfd. Mandeln, Zimt, ½ Pfd. Mehl.

Ein viertel Pfund Butter und ein viertel Pfund Schmalz werden eine halbe Stunde gerührt, dann zehn Eidottern, eine nach der andern, daran gerührt, ein halbes Pfund feiner Zucker noch eine Viertelstunde mit verrührt, zuletzt ein viertel Pfund fein geriebene Mandeln, etwas gestoßener Zimt und ein halbes Pfund feines Mehl unter beständigem Rühren darunter gemengt. Zuletzt wird der Schnee von zehn Eiweiß leicht darunter gehoben, eine Tortenform mit Butter ausgestrichen,

ausgebröselt, der Teig gleichmäßig hineingestrichen und drei Viertelstunden bei mäßiger Hitze gebacken. Wenn die Torte fertig ist, wird
sie gut mit Zucker bestreut.

622. Kartoffeltorte

Bedarf: 12 Eier, 14 Loth Zucker, ¼ Pfd. Mandeln, ½ Zitrone, ¾ Pfd. kalte geriebene Kartoffel.

Zwölf Eidottern und vierzehn Loth Zucker werden schaumig gerührt,
dann ein viertel Pfund abgezogene fein gewiegte Mandeln, der Saft
und die Schale einer halben Zitrone, sowie drei viertel Pfund fein
geriebene kalte Kartoffeln darunter gerührt. Zuletzt wird der feste
Schnee von zwölf Eiweiß leicht darunter gehoben. Dann wird eine
Tortenform mit Butter ausgestrichen, ausgebröselt, die Masse hineingefüllt und drei Viertelstunden im Rohr bei mäßiger Hitze gebacken.

NB: Zu Kartoffeltorten verwendet man am besten mehlige, schon
einen Tag vorher gekochte Kartoffeln.

623. Kartoffeltorte auf andere Art

Bedarf: 7 Loth Zucker, 6 Eier, 1 Zitrone, 4 Loth Mandeln, 12 Loth geriebene
Kartoffeln.

Sieben Loth Zucker wird mit sechs Eidottern und der abgeriebenen
Schale einer Zitrone schaumig gerührt. Dann werden vier Loth abgezogene, fein gewiegte Mandeln, zwölf Loth alte geriebene Kartoffeln,
etwas Zitronensaft darangegeben. Zuletzt wird der Schnee von sechs
Eiweiß leicht darunter gehoben. Eine Form wird mit Butter ausgestrichen, ausgebröselt, die Masse eingefüllt und die Torte drei Viertelstunden bei mäßiger Hitze gebacken.

624. Kartoffelkugelhupf

Bedarf: ¾ Pfd. geriebene Kartoffeln, ½ Pfd. Zucker, 10 Eier, ½ Zitrone.

Drei viertel Pfund alte fein geriebene Kartoffeln, ein halbes Pfund fein
gestoßener Zucker, zehn ganze Eier, sowie die abgeriebene Schale von

einer halben Zitrone werden eine Stunde lang mitsammen gerührt. Eine Kugelhupfform wird gut mit Schmalz ausgestrichen, ausgebröselt, die Masse eingefüllt und der Kugelhupf bei guter Hitze drei Viertelstunden gebacken. Alsdann gestürzt und sogleich mit feinem Zucker bestreut.

625. Gefüllte Schokoladetorte

Bedarf: ½ Pfd. Zucker, 24 kr. Vanille, 8 Loth Mandeln, 8 Loth Mehl, ½ Pfd. Schokolade, ½ Pfd. Butter, 6 Eier, eingesottene Früchte. – Guss: 4 Loth Schokolade, 6 Loth Zucker.

Ein halbes Pfund Schokolade wird in einem Tiegel oder Kasserol mit zwölf Löffel Wasser aufgelöst und unter beständigem Rühren zu einem dicken Brei gekocht, dann zum Erkalten gestellt. Ein halbes Pfund Zucker wird mit zwei Stangen Vanille fein gestoßen, dann durchgesiebt. Acht Loth unabgezogene, sehr fein gewiegte Mandeln werden mit acht Loth Mehl untermischt. Ein halbes Pfund Butter wird schaumig gerührt, alsdann nach und nach sechs Eidottern, sowie der Zucker, die Mandeln mit dem Mehl untermischt, und die Schokolade, alles zusammen noch recht gut eine Viertelstunde gerührt. Zuletzt wird der steif geschlagene Schnee von sechs Eiweiß leicht darunter gehoben. Zwei gleich große Tortenformen (Reife) werden mit Butter bestrichen, in jede die Hälfte der Masse gefüllt und dann bei einer mäßigen, aber anhaltenden Hitze drei Viertelstunden gebacken. Sind sie gut ausgekühlt, so wird die eine mit eingesottenen Früchten (Himbeeren, Erdbeeren) gefüllt, die andere darauf gelegt und mit folgendem Schokoladeguss überzogen: Vier Loth Schokolade werden mit vier Löffel Wasser und sechs Loth feinem Zucker in einem Kasserol unter beständigem Rühren zu einem dicken Brei gekocht. (Die Masse muss so zäh sein, dass, wenn man einen Tropfen davon auf einen Teller fallen lässt, derselbe sogleich besteht.) Nachdem die Torte damit überzogen ist, wird der Guss einige Minuten bei schwacher Hitze im Rohr getrocknet.

626. Schokoladetorte auf andere Art

Bedarf: 6 Loth Butter, 6 Loth Zucker, 7 Eier, 4 Loth Mandeln, 4 Loth Schokolade, 3 Loth Mehl.

Sechs Loth Butter, ebensoviel Zucker, sechs Eidottern, vier Loth fein geriebene Schokolade, vier Loth abgezogene, mit einem Ei feingestoßene Mandeln werden schaumig gerührt. Dann werden drei Loth feines Mehl darunter gerührt und von vier Eiweiß der feste Schnee darunter gehoben. Eine Form wird mit Butter ausgestrichen, die Masse hineingegeben und bei mäßiger Hitze drei Viertelstunden gebacken, dann mit weißer Glace (Nr. 701) oder Punschguss (Nr. 700) überzogen.

627. Schokoladetorte auf dritte Art

Bedarf: 5 Loth Mandeln, 12 Eier, 5 Loth Zucker, ¼ Pfd. Schokolade.

Fünf Loth abgezogene Mandeln werden mit vier Eidottern gestoßen, dann fünf Loth feiner Zucker mit acht Eidottern zusammen schaumig gerührt, darauf ein viertel Pfund fein geriebene Schokolade darunter gerührt, der Schnee von vier Eiweiß leicht darunter gehoben. Dann wird eine Tortenform gut mit Butter ausgestrichen, die Masse eingefüllt und drei Viertelstunden bei mäßiger Hitze gebacken. Ist die Torte kalt, wird sie mit weißer Glace (Nr. 701) überzogen.

628. Karmelitentorte

Bedarf: 8 Eier, ½ Zitrone, ¼ Pfd. Zucker, 4 Loth Mandeln, 3 Loth Mehl.

Vier Eidottern und vier ganze Eier werden mit der abgeriebenen Schale von einer halben Zitrone in einem Hafen ein wenig abgeschlagen, alsdann fügt man ein viertel Pfund fein gestoßenen Zucker bei und schlägt es, bis es dick geworden ist. Dann rührt man vier Loth abgezogene, ganz fein gewiegte Mandeln und drei Loth Mehl daran, bestreicht eine runde Form (Reif) mit Butter, füllt die Masse hinein und bäckt sie drei Viertelstunden bei mäßiger Hitze.

629. Mandelgusstorte

Bedarf: ¼ Pfd. Mandeln, 6 Eier, ¼ Pfd. Zucker, ½ Zitrone, Butterteig, eingesottene Früchte.

Ein viertel Pfund abgezogene Mandeln werden mit einem ganzen
Ei fein gestoßen, dann mit fünf Eidottern und einem viertel Pfund
Zucker und der abgeriebenen Schale von einer halben Zitrone schaumig gerührt. Zuletzt wird das Weiße von den fünf Eiern zu einem
steifen Schnee geschlagen und leicht darunter gehoben. Der Boden
einer runden Tortenform wird mit einem messerrückendicken Butterteig belegt, halb ausgebacken, mit Eingesottenem (Johannis- oder
Himbeeren) überstrichen, die Masse daraufgeschüttet und drei Viertelstunden gebacken. Am besten nimmt man einen Reif, da sich die
Torte nicht stürzen lässt.

630. Orangentorte

Bedarf: 2 Orangen, ½ Pfd. Zucker, ½ Pfd. Mandeln, 10 Eier.

Ein halbes Pfund Zucker wird an der Schale von einer Orange abgerieben und fein gestoßen. Dann wird ein halbes Pfund süße abgezogene
Mandeln mit dem Saft von zwei Orangen ebenfalls fein gestoßen, und
mit dem Zucker und zehn Eidottern schaumig gerührt, zuletzt wird
der Schnee von zehn Eiweiß leicht darunter gehoben. Eine Tortenform wird mit Butter ausgestrichen, die Masse eingefüllt und drei
Viertelstunden bei mäßiger Hitze gebacken und noch warm mit
Zucker bestreut.

631. Blitzkuchen

Bedarf: ¼ Pfd. Butter, ¼ Pfd. Zucker, 4 Eier, 3 Loth Mandeln, ¼ Pfd. Mehl,
etwas Kandiszucker.

Ein viertel Pfund Butter rührt man mit einem viertel Pfund Zucker
schaumig. Rührt dann vier Eidottern, eine nach der andern, ferner drei
Loth abgezogene, fein gewiegte Mandeln, dann ein viertel Pfund ganz
feines Mehl daran und, nachdem alles noch einmal gut verrührt ist,

hebt man zuletzt den festgeschlagenen Schnee von vier Eiweiß leicht darunter. Eine Tortenform wird mit Butter ausgestrichen, ausgebröselt, die Masse hineingefüllt, mit Wasser bestrichen, dick mit feinem Kandiszucker und abgezogenen fein gewiegten Mandeln besät und drei Viertelstunden langsam im Rohr gebacken.

632. Krachkuchen

Bedarf: 5 Loth Mehl, 4 Loth Butter, 3 Loth Zucker, ½ Zitrone, 1 Ei, etwas Kandiszucker.

Auf ein Nudelbrett gibt man fünf Loth Mehl, vier Loth Butter, drei Loth Zucker, die fein gewiegte Schale von einer halben Zitrone und eine Eidotter, verarbeitet dies zu einem Teige, staubt ein wenig Mehl auf das Brett und walkt ihn kleinfingerdick aus. Will man den Teig dünner haben, so drückt man ihn erst auf dem mit Butter bestrichenen Blech mit der Hand noch dünn, bestreicht ihn mit Wasser, besät ihn dick mit fein gestoßenem Kandiszucker und fein gewiegten Mandeln und bäckt ihn, bis er schön gelb ist.

633. Krachkuchen auf andere Art

Bedarf: ¼ Pfd. Mehl, ¼ Pfd. Butter, ¼ Pfd. Zucker, 1 Zitrone, 1 Ei, einige Mandeln.

Von einem viertel Pfund Mehl, einem viertel Pfund Butter, einem viertel Pfund Zucker auf einer Zitrone abgerieben und einem Eigelb wird auf dem Nudelbrett ein Teig bereitet, welchen man messerrückendick auswalkt, auf ein mit Butter bestrichenes Blech legt, mit Eigelb bestreicht, feine Mandeln und Zucker darauf streut und ihn schön gelb bäckt. Dann wird er noch warm in Stückchen geschnitten zu Tische gegeben.

634a. Bisquitkugelhupf

Bedarf: 12 Loth Zucker, 9 Eier, ½ Zitrone, 8 Loth feines Mehl.

Zwölf Loth Zucker, fünf ganze Eier und vier Eidottern werden mit der abgeriebenen Schale einer halben Zitrone und ein wenig Saft davon

in einem Hafen so lange geschlagen oder in einer Schüssel drei Viertelstunden gerührt, bis es ganz dick geworden ist, dann werden acht
Loth Stärkemehl oder anderes feines trockenes Mehl schnell darunter
gerührt.

Eine Kugelhupfform wird gut mit Butter ausgestrichen, ausgebröselt, die Masse hineingefüllt und drei Viertelstunden bei mäßiger
Hitze gebacken.

634b. Bisquitkugelhupf auf andere Art

Bedarf: 20 Loth Zucker, 12 Eier, 14 Loth Stärkemehl, ½ Zitrone.

Es werden zwanzig Loth feiner Zucker mit sechs ganzen Eiern und
sechs Eidottern nebst der abgeriebenen Schale einer halben Zitrone
eine halbe Stunde gerührt oder in einen tiefen Hafen auf der Wärme
so lange mit einen Schneeschläger geschlagen, bis es ganz dick und
schaumig ist. Dann vierzehn Loth Stärkemehl schnell darunter
gerührt. Damit der Teig sogleich eingefüllt werden kann, muss die mit
Butter ausgestrichene und ausgebröselte Kugelhupfform schon bereit
gehalten werden. Der Kugelhupf muss drei Viertelstunden bei mäßiger Hitze im Rohre gebacken werden.

635. Englischer Kuchen

Bedarf: ¾ Pfd. Butter, ¾ Pfd. Zucker, 12 Eier, 1 Glas Arak, Pomeranzenschale,
Zitronat, Rosinen, ¾ Pfd. Mehl.

Drei viertel Pfund Butter werden mit drei viertel Pfund feinem Zucker
schaumig gerührt, dann zwölf ganze Eier, eines nach dem andern,
daran geschlagen, ein Glas Arak, etwas fein gewiegte Pomeranzenschale und Zitronat, ein wenig Rosinen, zuletzt drei viertel Pfund
Mehl darangegeben und gut mit verrührt. Eine Kugelhupfform wird
gut mit Butter ausgestrichen und eine gute Stunde sehr langsam gebacken.

636. Puff

Bedarf: 12 Loth Zucker, 8 Eier, 12 Loth Mehl, 2 Loth Zitronat, 2 Loth Weinbeeren, 2 Loth Rosinen.

Zwölf Loth Zucker wird mit acht Eidottern schaumig gerührt, zwölf Loth feines Mehl, zwei Loth feingeschnittenes Zitronat, je ebensoviel Weinbeeren und Rosinen dazu gegeben. Hierauf wird das Weiße von den acht Eiern zu Schnee geschlagen und leicht darunter gehoben. Alsdann streicht man eine längliche Form mit Butter aus, streut sie mit Bröseln aus, füllt die Masse ein und bäckt sie bei mäßiger Hitze drei Viertelstunden.

637. Punschblätter

Bedarf: ¼ Pfd. Butter, ¼ Pfd. Zucker, ½ Zitrone, 4 Eier, ¼ Pfd. Mehl, 2 Löffel Arak, eingesottene Früchte.

Ein viertel Pfund Butter wird mit einem viertel Pfund fein gestoßenem Zucker recht schaumig gerührt, die abgeriebene Schale von einer halben Zitrone, vier ganze Eier, eines nach dem andern, daran gerührt. Zuletzt wird ein viertel Pfund Mehl beigefügt. Alles gut verrührt, die Masse in zwei mit Butter ausgestrichene Tortenformen (Reife) eine halbe Stunde gebacken. Dann lässt man sie auskühlen, nimmt sie vom Blech herunter, legt sie auf eine Tortenplatte, bespritzt sie mit einem Löffel guten Arak, füllt das eine Blatt mit eingesottenen Früchten (am besten Himbeeren), legt das zweite Blatt darauf, bespritzt es auch mit einem Löffel Arak und bestreut es oben dick mit Zucker.

638. Mandelblätter

Bedarf: ¼ Pfd. Butter, ¼ Pfd. Zucker, ½ Pfd. Mandeln, 9 Eier. – Fülle: 3 Loth Zucker, 3 Eier, 1 Löffel Arak.

Ein viertel Pfund Butter, ebensoviel feiner Zucker, ein halbes Pfund süße, abgezogene, mit einem Ei fein gestoßene Mandeln werden mit acht Eidottern schaumig gerührt. Dann schlägt man das Weiße von acht Eiern zu festem Schnee und hebt es leicht darunter. Von dieser Masse bäckt man in Tortenformen drei Blätter schön hellgelb. Sind sie kalt, gibt man folgende Fülle darauf: Drei Loth Zucker werden mit drei Eidottern schaumig gerührt, dann ein Löffel Arak darangegeben. Das erste Blatt wird alsdann mit der Hälfte der Fülle bestrichen, mit dem zweiten Blatt bedeckt, dann wieder gefüllt und mit dem dritten Blatt bedeckt. Hierauf setzt man sie auf ein Blech und lässt sie acht Minuten anziehen. Dann kann man sie mit Glace (Nr. 700) überziehen oder nur mit Zucker bestreuen.

639. Erdbeerkuchen

Bedarf: 20 Loth Mehl, 12 Loth Butter, 1 ½ Loth Zucker, 1 ½ Loth Mandeln, 5 Eier, ½ Zitrone. – Guss: 6 Eiweiß, 6 Loth Zucker, ½ Maß Erdbeeren.

Auf ein Nudelbrett gibt man zwanzig Loth feines Mehl, zwölf Loth Butter, anderthalb Loth Zucker, anderthalb Loth mit einem Ei gestoßene abgezogene Mandeln, von einer halben Zitrone die abgeriebene Schale, vier hartgekochte Eidottern. Verarbeitet dieses zu einem feinen Teig, walkt ihn messerrückendick aus, bestreicht ein längliches Kuchenblech leicht mit Butter, legt den Teig darauf und bäckt ihn schön gelb. Ist er kalt, schlägt man von sechs Eiweiß einen ganz steifen Schnee, mengt sechs Loth gestoßenen Zucker, sowie eine halbe Maß gute, reife Erdbeeren darunter, überstreicht den Kuchen damit, übersät ihn oben mit Zucker, bäckt ihn langsam bei mäßiger Hitze, bis der Schnee ganz durchgezogen und schön gelb geworden ist.

640. Gusskuchen mit Äpfeln

Bedarf: Butterteig, Äpfel, 6 Eier, 3 Löffel Rahm, Zucker, Zimt.

Man belegt den Boden einer runden Form mit messerrückendickem Butterteig, doch so, dass ein fingerbreiter Rand außen bleibt, bestreicht ihn mit Eigelb, schneidet gute abgeschälte Äpfel in lange, halbfingerdicke Schnitten und legt sie gleichmäßig nacheinander darauf. Schlägt sechs Eier mit drei Esslöffel gutem Rahm, Zucker, bis es sehr süß ist, mit etwas Zimt, tüchtig ab und gießt es über die Äpfel. Letztere müssen zur Hälfte sichtbar sein; dann bäckt man den Kuchen bei guter Hitze drei Viertelstunden. Sollte der Guss während des Backen Blasen werfen, so darf man nur mit einer Gabel hineinstechen, so fallen sie zusammen.

641. Brotkuchen mit Kirschen

Bedarf: 12 Loth Zucker, 10 Eier, ½ Pfd. Bröseln, 4 Loth Mandeln, Zimt, Nelkengewürz, ¾ Pfd. Kirschen und etwas Schmalz.

Zwölf Loth Zucker wird mit zehn Eidottern eine halbe Stunde in einem hohen Hafen mit einem Schneeschläger geschlagen, dann ein halbes Pfund fein geriebene weiße Bröseln, sowie vier Loth fein gewiegte Mandeln nebst einem Kaffeelöffel gestoßenem Zimt und Nelkengewürz darunter gerührt, zehn Eiweiß zu einem steifen Schnee geschlagen und leicht darunter gehoben. Zuletzt werden drei viertel Pfund Kirschen, von denen die Stiele entfernt sind, darunter gerührt. Eine runde Form streicht man mit Schmalz aus, brösel sie aus, füllt die Masse hinein und bäckt sie drei Viertelstunden bei mäßiger Hitze.

642. Kirschenkuchen mit Bisquitguss

Bedarf: Butterteig, Kirschen. – Zur Bisquitmasse: ¼ Pfd. Zucker, 5 Eier, 6 Loth Mehl, ½ Zitrone.

Eine Tortenform wird mit Butter ausgestrichen, der Boden mit messerrückendickem Butterteig belegt, vorher ein wenig gebacken, große schwarze Kirschen, die man von den Stielen befreit hat, darauf gegeben, von einer gewöhnlichen Bisquitmasse einen zwei Finger hohen Guss darauf gegeben und eine halbe Stunde langsam gebacken. Die Bisquitmasse bereitet man, indem man ein viertel Pfund Zucker und fünf ganze Eier schaumig rührt, dann die abgeriebene Schale von einer halben Zitrone und sechs Loth feines Mehl darunter rührt.

643. Kirschenkuchen mit Vanilleschnee

Bedarf: ¾ Pfd. Mehl, ½ Pfd. Butter, 11 Loth Zucker, ½ Zitrone, 3 Eidottern, 5 Eiweiß, Kirschen, Vanille.

Man nimmt drei viertel Pfund feines Mehl, ein halbes Pfund Butter, sechs Loth feinen Zucker, die abgeriebene Schale von einer halben Zitrone sowie drei Eidottern und macht auf dem Nudelbrett einen Teig. Alsdann bestreicht man eine runde Form mit Butter, walkt den Teig gut aus und legt von demselben einen fast halbfingerdicken Boden mit einem fingerhohen Rand in die Form. Bestreicht den Rand mit Eigelb und bäckt den Teig bei guter Hitze schön gelb. Nun entfernt man die Steine aus den Kirschen oder Weichseln, gibt sie in einen Tiegel mit etwas Zucker und lässt sie aufkochen, dann gießt man sie auf ein Sieb, lässt den Saft ablaufen und legt die Früchte recht dicht auf den gebackenen Teig. Hierauf schlägt man von fünf Eiweiß einen recht steifen Schnee, hebt fünf Loth fein gesiebten Zucker, welcher vorher mit Vanille gestoßen ist, leicht darunter, gibt diesen Guss oben auf die Kirschen, bestreut den Kuchen mit Zucker und bäckt ihn schön gelb bei mäßiger Hitze.

644. Sandkuchen mit Kirschen

Bedarf: ¼ Pfd. Zucker, ¼ Pfd. Butter, 2 Eier u. 2 Eidottern, ¼ Pfd. Mehl, Kirschen.

Ein viertel Pfund feingestoßener Zucker und ein viertel Pfund Butter wird schaumig gerührt, dann zwei ganze Eier und zwei Eidottern darangegeben, zuletzt wird ein viertel Pfund feines Mehl recht gut daruntergerührt. Eine flache runde Form wird mit Butter ausgestrichen, ausgebröselt, die Masse mit einem Löffel gleichmäßig hineingestrichen, Kirschen darauf gelegt (nicht hineingedrückt, da sie beim Backen schon hinuntersinken) bei mäßiger Hitze schön gelb (drei Viertelstunden) gebacken.

645. Kirschenkuchen mit Guss

Bedarf: ¾ Pfd. Mehl. ½ Pfd. Butter, ¼ Pfd. Zucker, 7 Eidottern, Kirschen, ½ Quart Rahm.

Man nimmt drei viertel Pfund Mehl, ein halbes Pfund Butter, ein viertel Pfund fein gestoßenen Zucker und zwei Eidottern und macht davon auf dem Nudelbrett einen Teig. Walkt ihn dünn aus, legt ihn auf ein mit Butter bestrichenes Blech, biegt außen herum einen fingerhohen Rand auf, damit der Saft nicht herunterläuft, bestreicht ihn mit Eigelb, belegt den Teig dann mit Kirschen. Hierauf verrührt man fünf Eidottern mit einem Löffel Mehl recht gut, gießt ein halbes Quart kalten Rahm dazu, sowie Zucker, bis es süß genug ist; ist es abermals recht gut verrührt, so gießt man es an die Kirschen; der Kuchen wird sogleich bei mäßiger Hitze drei Viertelstunden gebacken.

646a. Zwetschgenkuchen von Eischwer

Bedarf: 4 Eischwer Butter, 4 Eischwer Zucker, 4 Eier, 4 Eischwer Mehl, reife Zwetschgen.

Butter, soviel als vier Eier wiegen, und Zucker in demselben Gewicht, wird eine halbe Stunde zusammen gerührt, dann vier ganze Eier, eines nach dem andern daran gerührt, zuletzt vier Eischwer Mehl gut darunter gemischt. Eine runde Tortenform wird alsdann mit Butter bestrichen, die Masse gleichmäßig hineingestrichen. Dann werden reife Zwetschgen halbiert, von den Steinen befreit, der Kuchen oben ganz damit belegt und drei Viertelstunden bei mäßiger Hitze gebacken.

646b. Zwetschgenkuchen von mürbem Teige

Bedarf: ½ Maß Mehl, ¼ Pfd. Butter, 1 Ei, 4 Loth Zucker, gestoßenen Zimt, etwas Salz, 1 Löffel sauern Rahm, reife Zwetschgen.

Auf ein Nudelbrett gibt man eine halbe Maß feines Mehl, verarbeitet dies mit einem viertel Pfund Butter recht gut. Alsdann gibt man ein ganzes Ei, einen Löffel sauren Rahm, ein wenig gestoßenen Zimt, etwas Salz und vier Loth gestoßenen Zucker daran und verarbeitet dies alles zu einem feinen Teig. Nun staubt man etwas Mehl auf das Brett, walkt den Teig halbfingerdick aus, streicht ein rundes Kuchenblech mit Schmalz aus, legt den Teig hinein, biegt einen fingerhohen Rand außen auf, bestreicht denselben mit Eigelb. Reife Zwetschgen werden halbiert, von den Steinen befreit, der Kuchen dicht damit belegt und etwas feiner Zucker, mit gestoßenem Zimt vermischt, darauf gestreut. Drei Viertelstunden wird der Kuchen bei mäßiger Hitze gebacken.

647. Baisers- (spr. Bäseh-) Kuchen

Bedarf: Mürber Teig, 8 Eiweiß, 8 Loth Zucker, eingesottene Johannisbeeren.

Ein rundes Tortenblech wird mit einem dünnen Boden von mürbem Teig (Nr. 481) belegt und hellgelb gebacken, dann lässt man ihn kalt werden; während dem schlägt man von acht Eiweiß einen ganz steifen Schnee, hebt acht Loth ganz feinen Zucker darunter, streicht auf den Boden des Kuchens eingesottene Johannisbeeren, gibt den Schnee darauf, zuckert ihn noch gut und bäckt ihn eine Viertelstunde im Rohr, so lange, bis der Schnee angezogen hat.

648. Mandelbögen

Bedarf: 6 Loth Zucker, 6 Loth Mandeln, ½ Zitrone, 3 Eiweiß, 1 Löffel Stärkemehl, Oblaten.

Sechs Loth feiner Zucker wird mit vier Loth abgezogenen, fein gewiegten Mandeln, etwas abgeriebener Zitronenschale und drei zu Schnee geschlagenen Eiweiß eine Viertelstunde gerührt. Dann werden noch zwei Loth abgezogene, der Länge nach geschnittene Mandeln und ein Kochlöffel voll Stärkemehl daran gerührt. Hierauf belegt man ein Blech mit Oblaten, streicht den Teig gut messerrückendick auf, bäckt ihn halb, schneidet dann zwei fingerbreite und handlange Streifen und bäckt diese ganz fertig. Hierauf biegt man sie noch warm über ein Bogenblech oder über ein rundes, dickes Holz. Sollten sich die Streifen nicht mehr gut biegen lasten, so stellt man sie ein wenig in das Rohr zurück, damit sie wieder warm werden.

649. Mandelbögen auf andere Art

Bedarf: ½ Pfd. Mandeln, 4 Eier, ½ Pfd. Zucker, ½ Zitrone.

Ein halbes Pfund abgezogene Mandeln werden mit einem ganzen Ei fein gestoßen; dann mit einem halben Pfund feinem Zucker und drei ganzen Eiern und der abgeriebenen Schale von einer halben Zitrone schaumig gerührt. Ein heiß gemachtes Blech wird dünn mit weißem

Wachs bestrichen, ist es kalt, werden handbreite, messerrückendicke Streifen aufgestrichen, so zwar, dass auf dem Bleche in der Mitte ein drei fingerbreiter leerer Raum bleibt, und dann die Streifen hellgelb gebacken, handbreite viereckige Schnitte daraus geschnitten und sogleich warm schnell über ein rundes Holz gebogen.

650. Zitronenbögen

Bedarf: 4 Eischwer Zucker, 2 Eier, 2 Eiweiß, ½ Zitrone, 2 Eischwer Mehl.

Vier Eischwer feiner Zucker wird mit zwei ganzen Eiern, zwei Eiweiß und der fein gewiegten Schale einer halben Zitrone eine halbe Stunde fein gerührt, alsdann gibt man den Saft einer halben Zitrone und zwei Eischwer Mehl daran. Ein heiß gemachtes Blech bestreicht man mit Wachs, ist es erkaltet, streicht man die Masse gut messerrückendick darauf, gibt Streuzucker vom Konditor darauf, ist es gebacken, so schneidet man's auf dem Blech in Streifen und biegt sie warm über ein Bogenblech oder über ein rundes dickes Holz.

651. Bisquitbögen

Bedarf: 3 Eischwer Zucker, 3 Eischwer Mehl, 3 Eier.

Man nimmt drei Eischwer Zucker, schlägt ein ganzes Ei und zwei Eidottern daran, rührt es eine halbe Stunde, rührt dann drei Eischwer Mehl hinein und hebt den festen Schnee von zwei Eiweiß leicht darunter. Ein Blech lässt man heiß werden, bestreicht es mit Wachs, ist es kalt, streicht man den Teig handbreit messerrückendick auf, bestreut ihn oben mit fein gewiegten Mandeln und bäckt ihn bei mäßiger Hitze halb, schneidet ihn dann in zweifingerbreite Streifen auf dem Blech, bäckt sie noch ganz aus, hebt sie mit dem Messer vom Blech und biegt sie warm über ein dickes rundes Holz.

Sollten sie zu schnell kalt werden, stellt man sie wieder ins Rohr, denn nur im warmen Zustand lassen sie sich biegen.

652. Hohlhippen (Rollkuchen) mit dem Eisen

Bedarf: 6 Loth Mehl, 3 Esslöffel Zucker, Zimt, nussgroß Butter, Rahm, Wein, 1 Ei. – Vanilleschnee: Schlagrahm, Zucker, Vanille.

Sechs Loth Mehl, drei Esslöffel feinen Zucker, nussgroß zerlassene Butter gibt man in eine Schüssel, rührt ein Ei, etwas kalten Rahm und so viel Weißwein daran, bis es dick wie ein Omeletteig ist. Dann macht man das Eisen heiß, bestreicht es mit einer Speckschwarte, gibt zwei kleine Esslöffel Teig hinein, drückt das Eisen, jedoch nicht gleich fest, zusammen, da sonst der Teig herauslaufen würde, erst wenn er ein wenig angezogen hat, schließt man das Eisen ganz fest und bäckt die Hohlhippen auf beiden Seiten hellgelb; nimmt sie alsdann heraus und biegt sie noch warm über ein dünnes rundes Holz. Man kann sie auch mit Vanilleschnee füllen.

Vanilleschnee bereitet man, indem man guten Schlagrahm in einer Schüssel oder Kessel so lange schlägt, bis daraus ein fester, steifer Schnee entsteht, den man dann mit Zucker, mit etwas Vanille zusammen fein gestoßen und durchgesiebt hat, vermischt.

653. Hohlhippen ohne Eisen

Bedarf: 2 Eischwer Zucker, 2 Eier, Zimt, ½ Zitrone, 2 Eischwer Mehl.

Zwei Eischwer Zucker wird mit zwei ganzen Eiern recht schaumig gerührt, etwas Zimt, die abgeriebene Schale von einer halben Zitrone und zwei Eischwer Mehl gut darunter gerührt: Ein Blech ohne Rand lässt man heiß werden, bestreicht es dünn mit Wachs, ist es kalt, streicht man den Teig handbreit und messerrückendick darauf und bäckt ihn bei mittlerer Hitze, dann schneidet man handgroße, viereckige Stücke daraus und biegt sie warm über ein rundes Holz.

654. Mehlhippen

Bedarf: 3 Eischwer Zucker, ½ Stange Vanille, 3 Eier, 3 Eischwer Mehl.

Drei Eischwer Zucker mit ein wenig Vanille gestoßen, wird mit drei

Eiern schaumig gerührt, dann drei Eischwer Mehl gut damit vermengt. Hierauf wird ein Blech heiß gemacht, mit Wachs bestrichen, ist es kalt, handbreit mit Teig ganz dünn bestrichen. Ist der Teig hellgelb gebacken, werden viereckige Stücke daraus geschnitten, mit einem Messer vom Blech abgelöst und sogleich über ein rundes Holz gebogen. Wenn alle gebacken sind, werden sie mit Rahmschnee (s. Nr. 652) gefüllt.

655. Hobelspäne

Bedarf: 2 Eischwer Zucker, 2 Eier, ½ Zitrone, 2 Eischwer Mehl.

Zwei Eischwer Zucker wird mit zwei ganzen Eiern eine Viertelstunde gerührt, etwas abgeriebene Zitronenschale dazu gegeben, dann zwei Eischwer Mehl hineingerührt. Ein Blech wird heiß gemacht, dann mit Wachs bestrichen, ist es kalt, der Teig messerrückendick aufgestrichen, schön gelb gebacken, sogleich in fingerbreite Streifen geschnitten und schnell über ein dünnes rundes Holz oder einen Kochlöffelstiel gewickelt.

656. Schokoladebisquit

Bedarf: 12 Eier, ½ Pfd. Zucker, 6 Loth Vanilleschokolade, 12 Loth feines Mehl.

Zwölf Eidottern, ein halbes Pfund feinen Zucker, sechs Loth fein geriebene Vanilleschokolade wird eine halbe Stunde gerührt, sodann zwölf Loth feines Mehl nach und nach darunter getan und zuletzt das Weiße von den zwölf Eiern zu festem Schnee geschlagen und leicht darunter gehoben. Dies füllt man in eine mit Butter bestrichene, längliche Blechform und bäckt es bei mäßiger Hitze.

657. Wiener Bisquit

Bedarf: 1 Pfd. Zucker, 16 Eier, 1 Zitrone, 20 Loth feines Mehl.

Man rührt in einer Schüssel ein Pfund feinen Zucker mit sechzehn Eidottern und der abgeriebenen Schale einer Zitrone drei Viertelstunden lang, gibt den Saft einer Zitrone dazu und rührt es noch eine Viertelstunde. Hierauf rührt man zwanzig Loth feines Mehl dazu und hebt den Schnee von vierzehn Eiweiß leicht darunter. Eine Tortenform wird sodann mit Butter bestrichen, ausgebröselt, die Masse hineingefüllt, doch darf die Form nur halbvoll sein und muss sehr langsam gebacken werden. Wenn die Torte zweifingerhoch über die Form steigt und oben etwas aufspringt, ist sie nach Wunsch.

658. Eischwerschnitten

Bedarf: 4 Eischwer Zucker, 2 Eischwer Mehl, 1 Eischwer Butter, ½ Zitrone, 4 Eier, Weinbeeren, Zitronat.

Man nimmt vier Eischwer fein gestoßenen Zucker, zwei Eischwer Mehl, ein Eischwer Butter. Die Butter lässt man in einer Schüssel zerschleichen, reibt die Schale einer halben Zitrone hinein, schlägt ein Ei dazu und rührt es gut ab. Dann gibt man den Zucker hinzu und rührt es, bis es dick und schaumig ist, schlägt die andern drei Eier, eines nach dem andern, daran, rührt es gut ab, zuletzt verrührt man auch das Mehl gut mit dem Übrigen, und gibt Weinbeeren und ein wenig fein geschnittenes Zitronat dazu.

Den Teig gibt man in eine lange mit Butter ausgestrichene und ausgebröselte Form und bäckt ihn bei mäßiger Hitze. Nachdem er ausgekühlt, kann man ihn mit Punsch- (Nr. 700) oder Schokoladeguss (Nr. 702) überziehen; kalt geworden wird er dann in dünne Schnitten ausgeschnitten.

659. Spieß- oder Baumkuchen

Bedarf: 2 Pfund Butter, 30 Eier, 1½ Pfd. Zucker, 2 Pfd. Mehl, 3 Zitronen, 1 Loth gestoßener Zimt, ½ Loth Nelkengewürz, 4 Loth Zitronat, 1 Quart saurer Rahm.

Zwei Pfund sehr frische Butter wird zu Schaum gerührt, nach und nach dreißig Eidottern und anderthalb Pfund feiner Zucker, sowie zwei Pfund feines Mehl darunter gemischt und beinahe eine Stunde gerührt. Dann wird die abgeriebene Schale von drei Zitronen, ein Loth Zimt, ein halbes Loth Nelken, vier Loth ganz fein geschnittenes

Zitronat, zuletzt das zu steifem Schnee geschlagene Eiweiß von den dreißig Eiern darunter gehoben.

Der Kuchen wird auf folgende Art gebacken:

Man nimmt dazu ein drei Viertel Ellen langes, in Form eines Zuckerhutes oder zugespitzten Kegels gedrehtes buchenes Stück Holz, welches unten fünfeinhalb Zoll breit und oben dreieinviertel Zoll im Durchmesser hat, so dass sich der Kegel zweieinviertel Zoll verjüngt oder von unten bis oben abnimmt. Durch die Mitte geht der Länge nach ein Loch, durch welches man einen gewöhnlichen Bratspieß steckt, den man unten und oben mit hölzernen Kettchen fest verkeilt, doch muss dieses mit großer Genauigkeit geschehen, damit der Kegel nicht schwanken kann, weil sonst der Kuchen nicht egal backen würde. Um diesen Baum oder Kegel schlägt man zwei Bogen weißes Papier, so glatt wie möglich und wickelt Bindfaden ganz fest und dicht herum, einen Faden an den andern. An beiden Enden des Kegels müssen Stifte eingeschlagen werden, um die Enden des Fadens fest einzuschleifen; dann legt man den Spieß auf die Böcke zum Feuer, welches von hartem, dürren, klein gemachten Holz sein muss, damit man es nach Belieben stark und schwach machen kann. Das Papier lässt man heiß werden und begießt es zuerst mit zerlassener Butter; dann nimmt man etwas von der Masse und trägt den ersten Guss so egal wie möglich ungefähr einen kleinen Finger dick auf. Hierbei muss etwas geschwind gedreht werden, welches man auch bei den übrigen Aufgüssen zu beobachten hat. Unter den Kegel wird eine Bratpfanne gesetzt, damit die ablaufende Masse hineinlaufen kann, welche man dann wieder unter die übrige rührt. Wenn der erste Guss gerät, so bildet er von selbst kleine Zacken, welche immer größer werden und dem Kuchen ein schönes Aussehen geben. Wenn der erste Guss gut egal goldgelb gebacken ist, so wird der zweite ebenso aufgetragen. Alsdann wird unter die Masse ein Quart saurer Rahm gerührt und mit dem Aufgießen fortgefahren, bis die Masse gar ist, welche man, im Falle solche zu steif würde, nur an die Wärme setzen darf, wo sie gleich wieder flüssig wird.

Zuletzt bäckt man den Kuchen nur bei Kohlen und lässt ihn recht austrocknen, begießt ihn zuletzt einmal mit Butter und bestreut ihn mit Zucker und Zimt. Um den Kuchen von dem Kegel zu nehmen, muss derselbe noch so lange am Spieße, doch nicht über dem Feuer bleiben, bis man beim oben befestigten Ende des Bindfadens angefangen, denselben unter Herumdrehen nach und nach von innen herausgewickelt hat. Es lockert sich dadurch der Kuchen und man kann, nachdem man den Spieß herausgezogen hat, denselben sehr leicht abheben.

Die Person, welche den Kuchen dreht, darf solchen durchaus nicht schleudern, sondern muss immer egal dem Feuer zu drehen, sonst bekommt er keine gleiche Stärke und bäckt sich auch nicht gleichmäßig.

Man überzieht den Baumkuchen auch wohl mit einer Glasur (bereitet nach Nr. 700), allein es ist dies nicht zu empfehlen, da der Kuchen dadurch sein eigentümliches Ansehen verliert.

660. Kaiserbrot

Bedarf: ½ Pfd. Zucker, ½ Zitrone, 4 Eier, 2 Loth Mandeln, 8 Loth feines Mehl.

Man rühre ein halbes Pfund fein gestoßenen (oder geriebenen) Zucker und die abgeriebene Schale von einer halben Zitrone, vier ganze Eier, zwei Loth abgezogene, fein gewiegte Mandeln eine halbe Stunde. Alsdann wird acht Loth feines Mehl darunter gemengt und gut damit verrührt, eine längliche Form mit Butter ausgestrichen und ausgebröselt, die Masse eingefüllt und bei mäßiger Hitze drei Viertelstunden schön gelb gebacken.

661. Bischofsbrot

Bedarf: 5 Eischwer Zucker, 5 Eier, 4 Loth Weinbeeren, 4 Loth Rosinen, 2 Loth Mandeln, 2 Loth Zitronat, 5 Eischwer Mehl.

Fünf Eischwer Zucker wird mit fünf Eiern drei Viertelstunden gerührt. Alsdann vier Loth Weinbeeren, vier Loth Rosinen, zwei Loth abgezogene, länglich geschnittene Mandeln und zwei Loth Zitronat, fein geschnitten, dazu gegeben, zuletzt fünf Eischwer Mehl darunter gerührt. Eine Form wird mit Butter ausgestrichen, die Masse eingefüllt und bei mäßiger Hitze drei Viertelstunden gebacken.

662. Fürstenbrot

Bedarf: 5 Eischwer Zucker, 5 Eischwer Mehl, 5 Eier, Zitrone, ¼ Pfd. Mandeln.

Fünf Eischwer Zucker wird mit fünf Eiern und der abgeriebenen Schale einer halben Zitrone schaumig gerührt. Alsdann fünf Eischwer Mehl und ein viertel Pfund abgezogene, länglich fein geschnittene Mandeln gut mit verrührt. Eine lange Form wird mit Butter ansgestrichen, die Masse eingefüllt und drei Viertelstunden bei mäßiger Hitze gebacken. Ist das Brot ausgekühlt, wird es in dünne Scheiben geschnitten. Nach Belieben können dieselben auch auf ein Blech gelegt und im warmen Ofen gebäht werden.

663. Vanillebrot

Bedarf: 4 Eier, ½ Pfd. Zucker, 1 Stange Vanille, ¾ Pfd. Mehl.

Vier ganze Eier werden mit einem halben Pfund feinem Zucker, welcher mit einer Stange Vanille gestoßen, dann durchgesiebt ist, eine halbe Stunde gerührt. Hierauf werden drei viertel Pfund feines Mehl darunter gemengt, ein Nudelbrett gut mit Mehl bestaubt, schnell ein Wecken daraus geformt und drei Viertelstunden bei mäßiger Hitze hellgelb gebacken. Dann noch heiß in Scheiben geschnitten; wenn die Masse erkaltet ist, wird sie fest und lässt sich nicht mehr schneiden. Die Scheiben werden leicht gebäht, d.h. auf ein Blech gelegt, in den Ofen geschoben und darin gelassen, bis sie gelb sind.

664. Zimtsterne

Bedarf: ½ Pfd. Mandeln, ½ Pfd. Zucker, 3 Eiweiß, 1 kr. gestoßenen Zimt.

Ein halbes Pfund unabgezogene Mandeln werden fein gewiegt, mit einem halben Pfund gestoßenem Zucker, drei Eiweiß, für einen Kreuzer gestoßenen Zimt auf dem Nudelbrett zu einem Teig angemacht. Dann wird derselbe messerrückendick ausgewalkt und Sterne daraus gestochen. Ein Blech wird heiß gemacht, fein mit Wachs bestrichen und nachdem es erkaltet ist, die Sterne darauf gesetzt. Nachdem dieselben eine Stunde abgetrocknet sind, werden sie im Rohr bei sehr mäßiger Hitze langsam gebacken.

665. Zimtsterne auf andere Art

Bedarf: ½ Pfd. Zucker, ½ Pfd. Mandeln, 3 Eiweiß, ½ Löffel gestoßener Zimt.

Ein halbes Pfund fein gestoßener Zucker wird mit drei Eiweiß schaumig gerührt, dann ein halbes Pfund unabgezogene, fein gewiegte Mandeln, ein halber Esslöffel gestoßener Zimt gut darunter gerührt. Ein Nudelbrett wird mit feinem Zucker bestreut, die Masse darauf gegeben, halb fingerdick ausgewalkt, dann Sterne daraus gestochen. Ein Blech lässt man heiß werden, bestreicht es dünn mit Wachs, ist es kalt, legt man die Sterne darauf und bäckt sie bei sehr mäßiger Hitze. Alsdann bereitet man ein sehr dickes Zuckerwasser, bestreicht oben alle Sterne mittelst eines Pinsels und lässt sie im Rohr ein wenig trocknen, damit die Glasur sich bilde.

666. Mandellaibchen

Bedarf: 9 Loth Mandeln, 8 Loth Zucker, 3 Eiweiß, Backoblaten.

Diese Mandellaibchen gehörten zu den beliebtesten Dessertbäckereien, die sich stets besonderer Anerkennung von Seite der Gäste des goldenen Kreuzes zu erfreuen hatten. Es wird daher den Abnehmerinnen des Buches nur erwünscht sein, wenn die Zubereitung dieser Bäckerei ganz besonders genau und ausführlich beschrieben wird.

Neun Loth abgezogene, süße Mandeln, unter welchen auch einige bittere sein dürfen, werden im Mörser ganz fein gestoßen. (Da in den meisten Küchen ein so großer Mörser nicht vorhanden ist, um die neun Loth auf einmal fein zu stoßen, kann man dieselben in zwei oder drei Partien stoßen.) Einen eisernen Tiegel oder Kessel füllt man zur Hälfte mit Wasser an, stellt denselben aufs Feuer; wenn das Wasser darin kocht, so setzt man die Schüssel, in welcher man die Masse bereiten will, darauf; denn es ist notwendig, dass dieselbe während des Rührens erwärmt wird. Alsdann gibt man in die Schüssel acht Loth fein gestoßenen Zucker und drei Eiweiß, rührt dies so lange, bis die Masse ganz dick und zäh geworden ist, rührt dann die neun Loth fein gestoßene Mandeln hinein. Sollte der Teig zu dick sein, so darf man nur ein wenig Eiweiß daranrühren. Der Teig muss gerade so fest wie ein Knödelteig sein.

Hierauf belegt man ein Blech mit Backoblaten, nimmt alsdann ein wenig Teig, dreht kleine Knödel daraus, und legt sie darauf. (Um die Knödel leichter formen zu können, stellt man einen Teller mit frischem Wasser zur Seite, in welches man von Zeit zu Zeit die Hand eintaucht.) Dann macht man zwei Finger naß, drückt jeden Knödel ein wenig platt und bestreut ihn sogleich mittelst einer Streubüchse gut mit feingestoßenem Zucker. Alsdann gibt man sie ins Rohr; im Anfange darf eine mäßige Hitze sein, die man allmählig verstärkt, damit die Laibchen eine schöne gelbe Farbe bekommen. In einer guten halben Stunde sind sie fertig. Alsdann hebt man sie mit dem Backschäufelchen samt den Oblaten vom Blech und bricht oder schneidet am Rand die Oblaten ab.

667. Mandelstriezeln

Bedarf: ¼ Pfd. Zucker, 4 Eier, ¼ Pfd. Mehl, 4 Loth Mandeln, 1 Loth Zitronat, 1 Loth Pomeranzenschale, gestoßener Zimt, Nelkengewürz, Backoblaten.

Ein viertel Pfund fein gestoßener Zucker wird mit drei Eidottern und einem ganzen Ei schaumig gerührt, dann ein viertel Pfund Mehl, vier Loth abgezogene, fein geschnittene, im Rohr abgetrocknete Mandeln, je ein Loth fein gewiegtes Zitronat und Pomeranzenschale, ein wenig gestoßener Zimt und Nelkengewürz darunter gerührt. Hierauf belegt man ein Blech gleichmäßig mit Oblaten, streicht die Masse messerrückendick auf und bäckt sie bei mäßiger Hitze halb fertig, schneidet alsdann fingerbreite und fingerlange Stückchen auf dem Blech durch, überstreicht dieselben mit einem Pinsel mit sehr süßem Zuckerwasser und lässt sie noch ganz ausbacken.

668. Mandelkränzchen

Bedarf: 8 Loth Mandeln, 6 Loth Zucker, 2 Eiweiß, Backoblaten.

Acht Loth abgezogene Mandeln werden fein gestoßen, dann kommt dazu in den Mörser sechs Loth fein gestoßener Zucker und von zwei Eiweiß der feste Schnee, welches alles gut zusammengestoßen wird, bis es ein feiner dicker Teig ist. Hierauf wird ein Nudelbrett gut mit feinem Zucker bestreut, der Teig darauf gegeben, kleine Stückchen daraus geschnitten, zweifingerlange Stränge daraus gemacht und davon kleine Kränzchen gebildet. Alsdann belegt man ein Blech mit Oblaten, legt die Kränzchen darauf und bäckt sie bei sehr mäßiger Hitze. Sind sie fertig, dann bestreicht man sie mit Zuckerwasser und lässt sie im Rohr noch ein wenig trocknen.

669. Bauernkrapfen

Bedarf: ¼ Pfd. Zucker, 2 Eier, ½ Zitrone, 2 Loth Zitronat, 5 Loth Mandeln, ¼ Pfd. Mehl, Backoblaten.

Ein viertel Pfund Zucker wird mit zwei ganzen Eiern und der abgeriebenen Schale einer halben Zitrone eine Viertelstunde gerührt, dann zwei Loth fein geschnittenes Zitronat und fünf Loth abgezogene, länglich geschnittene Mandeln, welche man im Rohr ein wenig trocknen lässt, etwas Zimt und Nelkengewürz darunter gegeben, zuletzt ein viertel Pfund feines Mehl gut mit verrührt. Ein Blech wird mit Oblaten belegt, mit dem Löffel kleine Häuflein darauf gesetzt und bei mäßiger Hitze gebacken. Sie müßen beim Backen weiß bleiben.

670. Anisbrot

Bedarf: ¼ Pfd. Zucker, 6 Eier, ½ Zitrone, 1 Teelöffel runder Anis, ¼ Pfd. Stärkemehl.

Ein viertel Pfund Zucker, sechs ganze Eier, die abgeriebene Schale einer halben Zitrone nebst ein wenig Zitronensaft wird so lange in einem Hafen geschlagen, bis es ganz dick und schaumig ist, was ungefähr eine halbe Stunde dauert, dann wird ein Teelöffel runder Anis darunter gemischt und ein viertel Pfund Stärkemehl schnell darunter gerührt. In einer länglichen, gut mit Butter bestrichenen Form drei Viertelstunden bei mäßiger Hitze gebacken.

671. Anisbrot auf andere Art

Bedarf: 12 Loth Zucker, 8 Eier, 1 Loth runder Anis, 8 Loth Stärke- oder anderes feines Mehl.

Zwölf Loth fein gestoßener Zucker wird mit vier ganzen Eiern und vier Eidottern in einem Hafen ganz dick und schaumig geschlagen, dann ein Loth runder Anis darangegeben und acht Loth Stärkemehl oder anderes feines Mehl schnell darunter gerührt. Eine längliche Form wird mit Butter ansgestrichen, ausgebröselt, die Masse eingefüllt und drei Viertelstunden bei mäßiger Hitze gebacken.

672. Anislaibchen

Bedarf: ¼ Pfd. Zucker, 2 Eier, ¼ Pfd. feines Mehl, 1 Teelöffel runder Anis.

Ein viertel Pfund fein gestoßener Zucker wird mit zwei ganzen Eiern eine Viertelstunde gerührt, dann ein viertel Pfund feines Mehl und ein Teelöffel kleiner runder Anis darunter gemengt. Ein Blech lässt man heiß werden, bestreicht es mit Wachs, ist es kalt, setzt man mit einem Löffel kleine Häuflein darauf, lässt sie eine oder mehrere Stunden auf dem Blech trocknen und bäckt sie dann bei mäßiger Hitze.

673. Anisschnitten

Bedarf: ½ Pfd. Zucker, 10 Eier, ½ Zitrone, 1 kr. runder Anis, 12 Loth Stärke-mehl oder anderes feines Mehl.

Ein halbes Pfund fein gestoßener Zucker wird mit zehn ganzen Eiern und der Hälfte einer halben abgeriebenen Zitronenschale in einem Hafen so lange geschlagen, bis es ganz dick geworden, dann wird für einen Kreuzer runder Anis darangegeben, sowie zwölf Loth Stärke-mehl schnell darunter gerührt, eine längliche Form mit Butter ausge-strichen, ausgebröselt, die Masse hineingefüllt und drei Viertelstunden bei mäßiger Hitze gebacken. Wenn das Brot kalt ist, wird es in kleinfingerdicke Schnitte zerschnitten, auf ein Backblech gelegt und im Ofen gebäht.

674. Anisstriezeln

Bedarf: ½ Pfd. Zucker, 5 Eier, ½ Zitrone, 3 Loth Zitronat, 3 Loth Pomeranzenschale, 1 Kaffeelöffel runden Anis, 18 Loth feines Mehl.

Ein halbes Pfund Zucker wird mit zwei ganzen Eiern, drei Eidottern und der abgeriebenen Schale einer halben Zitrone schaumig gerührt, alsdann achtzehn Loth feines Mehl hinzugefügt, sowie je drei Loth fein gewiegtes Zitronat und Pomeranzenschale und drei Kaffeelöffel runder Anis, dann wird alles gut mitsammen verrührt.

Das Nudelbrett wird mit Mehl bestaubt, fingerlange Striezeln aus dem Teig geformt, welche man mit dem Messer der Quere nach drei- bis viermal eindrückt. Ein Blech wird heiß gemacht, mit Wachs bestrichen, und, sobald es erkaltet ist, werden die Striezeln daraufgelegt und eine halbe Stunde bei mäßiger Hitze gebacken. Sie müßen oben weiß bleiben.

675. Mehlstriezeln

Bedarf: 5 Eier, ¼ Pfd. Zucker, ½ Zitrone, ¼ Pfd. Mehl.

Vier Eidottern und ein ganzes Ei werden ein wenig gerührt, dann ein viertel Pfund feiner Zucker damit eine halbe Stunde ebenfalls gerührt, die Hälfte von der Schale einer Zitrone abgerieben, zuletzt ein viertel Pfund feines Mehl ebenfalls gut darunter gerührt. Ein Blech wird heiß gemacht, mit weißem Wachs bestrichen, wenn es erkaltet ist, längliche Striezeln darauf gestrichen, dieselben mit grobem Zucker bestreut und bei mäßiger Hitze gebacken. Alsdann noch warm mit einem Mes-
ser vom Blech abgelöst.

676. Englische Schnitten

Bedarf: ½ Pfd. Zucker, 4 Eier, 1 Zitrone, ½ Pfd. Mandeln, 1 Handvoll Weinbeeren, ½ Pfd. feines Mehl.

Ein halbes Pfund Zucker wird mit vier ganzen Eiern und der abgeriebenen Schale von einer ganzen Zitrone schaumig gerührt, hierauf ein halbes Pfund abgezogene, grob gewiegte, im Rohr getrocknete Mandeln, sowie eine Handvoll Weinbeeren darunter gerührt. Zuletzt ein halbes Pfund Mehl gut darunter gemischt. Ein Nudelbrett wird mit feinem Zucker bestreut, der Teig darauf gegeben, mit dem Nudelwalker halbfingerdick ausgewalkt, viereckige Stückchen daraus geschnitten, ein Blech heiß gemacht und mit Wachs bestrichen. Ist es kalt, werden die Stückchen darauf gelegt und bei sehr mäßiger Hitze gebacken. Alsdann noch heiß sogleich jedes Stückchen von oben mit dickem Zuckerwasser überstrichen und noch ein wenig ins Rohr gegeben, bis der Zucker trocken geworden ist.

677. Bretzeln

Bedarf: ½ Pfd. Butter, 5 Eier, 6 Loth Zucker, ½ Pfd. feines Mehl, Zimt.

Ein halbes Pfund Butter, fünf Eidottern, sechs Loth feingestoßener Zucker, ein halbes Pfund feines Mehl und etwas Zimt wird auf einem Nudelbrett zu einem Teig verarbeitet, kleine Stückchen davon genommen, viertelellenlange Stränge daraus gerollt, dann Bretzeln daraus geformt. Alsdann legt man sie auf ein mit Butter bestrichenes Blech, bestreicht sie mit Eigelb und bäckt sie bei mäßiger Hitze.

678. Bretzeln von mürbem Teig

Bedarf: ¼ Pfd. Zucker, ¼ Pfd. Mehl, 6 Loth Butter, 2 Eier, 2 Esslöffel sauerer Rahm, ½ Zitrone, Mandeln, Zucker.

Ein viertel Pfund fein gestoßener Zucker, ein viertel Pfund Mehl, sechs Loth Butter, zwei Eidottern, zwei Esslöffel sauerer Rahm, etwas abgeriebene Zitronenschale wird zusammen auf dem Nudelbrett zu einem Teig verarbeitet. Alsdann lässt man denselben zugedeckt eine

Stunde ruhen, formt sodann, wie unter Nr. 677 beschrieben, Bretzeln daraus, bestreicht ein Blech leicht mit Schmalz, legt dieselben darauf, bestreicht jedes mit Eigelb, streut abgezogene, fein gewiegte Mandeln und groben Zucker darauf und bäckt sie bei guter Hitze ungefähr eine halbe Stunde.

679. Weihnachtsbretzeln

Bedarf: 1 Pfd. feines Mehl, ½ Pfd. Butter, ½ Pfd. Zucker, 5 Eier, 2 Löffel sauern Rahm, etwas gestoßenen Zimt. – Glasur: Zucker, Eiweiß, färbigen Streuzucker.

Auf ein Nudelbrett gibt man ein Pfund Mehl, ein halbes Pfund Butter klein geschnitten, ein halbes Pfund fein gestoßenen Zucker, zwei ganze Eier, drei Dottern, etwas gestoßenen Zimt, zwei bis drei Löffel sauren Rahm und etwas Zimt, verarbeitet dieses alles schnell zu einem Teig und lässt ihn zugedeckt eine Stunde ruhen. Formt sodann kleine Bretzeln (wie Nr. 677 beschrieben) daraus, bestreicht ein Blech ganz dünn mit Butter, legt die Bretzeln darauf und bäckt sie bei mäßiger Hitze.

Sind sie kalt, so rührt man ganz fein gestoßenen Zucker mit festgeschlagenem Schnee von Eiweiß. Man nimmt so viel Schnee, als der Zucker annimmt, damit man ihn gut rühren kann, und fügt auch etwas Zitronensaft bei. Der Zucker muss so lange gerührt werden, bis er ganz dick und schaumig ist, dann taucht man jeden Bretzel von oben hinein, legt ihn wieder auf das Blech, streut färbigen Streuzucker darauf und lässt die Glasur im Ofen trocknen, bis der Zucker fest geworden ist, jedoch bei sehr mäßiger Hitze, damit der Zucker weiß bleibt.

680. Buttermasse mit Gewürz

Bedarf: ½ Pfd. Butter, 2 Eier, ½ Pfd. Zucker, 4 Loth Mandeln, etwas gestoßenen Zimt, gestoßenes Nelkengewürz, gestoßene Muskatblüte, 1 Zitrone, 24 Loth Mehl, 2 Löffel Arak.

Ein halbes Pfund Butter wird gut abgerührt, alsdann zwei Eidottern, der fest geschlagene Schnee von zwei Eiweiß darangegeben, ein halbes Pfund gestoßener Zucker, sowie vier Loth unabgezogene, fein gewiegte Mandeln, ein halbes Loth gestoßener Zimt, etwas gestoßenes

Nelkengewürz und Muskatblüte, von einer Zitrone die fein gewiegte Schale und zuletzt vierundzwanzig Loth Mehl und ein Paar Esslöffel Arak darunter gerührt. Wenn alles gut verrührt ist, kommt es auf das Nudelbrett und wird halbfingerdick ausgewalkt, dann werden Blumen, Sterne etc. ausgestochen. Ein Blech wird leicht mit Butter bestrichen, die Blumen, Sterne etc. darauf gelegt und bei mäßiger Hitze ein wenig gebacken. Wenn sie aus dem Ofen kommen, werden sie mit feingestoßenem Zucker, welcher mit Zimt untermischt ist, bestreut.

681. Butterblumen

Bedarf: ¼ Pfd. Butter, ¼ Pfd. Schmalz, 12 Loth Zucker, 1 Ei, 1 Gläschen Liqueur, ½ Zitrone, etwas gestoßenen Zimt und Nelkengewürz, 1 Maß feines Mehl.

Ein viertel Pfund Schmalz und ein viertel Pfund Butter wird mit zwölf Loth fein gestoßenem Zucker eine halbe Stunde gerührt; dann schlägt man ein Ei daran, gibt ein Gläschen guten Liqueur, die abgeriebene Schale einer halben Zitrone, etwas gestoßenen Zimt und zuletzt eine Maß feines Mehl daran. Verarbeitet das Ganze auf dem Nudelbrett zu einem Teig, lässt diesen zugedeckt eine halbe Stunde ruhen. Bestaubt dann das Brett mit Mehl, walkt die Masse messerrückendick aus und sticht mit Blechformen Blumen daraus. Sodann bestreicht man ein Blech dünn mit Schmalz, legt die Blumen darauf, bestreicht sie von oben mit Eigelb und streut groben Zucker darauf, und bäckt sie bei sehr mäßiger Hitze. Sie werden übrigens mehr getrocknet als gebacken, so dass sie weiß bleiben. Durch zu große Hitze bekommen sie gelbe Farbe und verlieren dann den Wohlgeschmack.

682. Prophetchen

Bedarf: ¼ Pfd. feines Mehl, 4 Loth Zucker, 4 Loth Butter, 1 Ei, 2 Esslöffel saurer Rahm, ½ Zitrone, Butter, Zucker, Zimt.

Ein viertel Pfund feines Mehl, vier Loth Zucker, vier Loth Butter, ein Ei, zwei Esslöffel guter saurer Rahm und etwas abgeriebene Zitronenschale wird auf dem Nudelbrett zu einem feinen Teig verarbeitet. Alsdann bestaubt man das Nudelbrett leicht mit Mehl, walkt den

Teig messerrückendick aus, bestreicht ihn mit zerlassener Butter und bestreut ihn gut mit fein gestoßenem Zucker, welcher mit gestoßenem Zimt vermischt ist. Rädelt dann viereckige Stückchen daraus. Ein Blech wird hierauf mit Butter bestrichen, die Stückchen darauf gelegt und bei mäßiger Hitze schön gelb gebacken.

683. Striezel zum Tee

Bedarf: ½ Pfd. Zucker, 3 Eier, ½ Loth gestoßener Zimt, ½ Pfd. Mehl.

Man rührt ein halbes Pfund fein gestoßenen Zucker mit drei Eigelb eine halbe Stunde, gibt dann ein halbes Loth gestoßenen Zimt und ein halbes Pfund Mehl darunter, bestaubt ein Nudelbrett dünn mit Mehl, gibt den Teig darauf, formt lange Strängchen daraus und drückt sie in der Mitte der Länge nach mit dem Messer etwas ein. Ein Blech wird heiß gemacht, mit Wachs bestrichen, die Stängelchen darauf gelegt, mit Eigelb bestrichen und bei mäßiger Hitze gebacken.

684. Teeringeln

Bedarf: 8 Loth Butter, 4 Eier, 4 Loth Zucker, 10 Loth Mehl.

Man rührt acht Loth Butter recht schaumig, rührt vier Eidottern, hart gesotten und fein zerdrückt, ferner vier Loth feinen Zucker und zehn Loth Mehl darunter. Dies wird auf dem Nudelbrett gut abgearbeitet, messerrückendick ausgewalkt, kleine Ringe mit einem Ausstecher daraus gestochen, dieselben auf ein leicht mit Butter bestrichenes Blech gelegt, die Ringelchen werden mit Eigelb bestrichen, mit grobem Zucker besät und ganz hell, bei mäßiger Hitze, gebacken.

685. Marzipan

Bedarf: 5 Eier, 1 Pfd. Zucker, 1 Pfd. Mehl, 1 Löffel Arak, 1 Messerspitze pulverisierte Pottasche.

Fünf ganze Eier werden mit einem Pfund Zucker eine Stunde gerührt, dann ein Pfund fein gesiebtes getrocknetes Mehl nebst einem Löffel

Arak darunter gemengt, auf dem Nudelbrett zu einem festen Teig verarbeitet, bis derselbe ganz fein ist. Alsdann staubt man etwas Mehl auf das Nudelbrett, legt den Teig darauf, lässt ihn zwei Stunden mit einem gewärmten Tuche zugedeckt ruhen, staubt dann abermals etwas Mehl auf das Brett, walkt ihn messerrückendick aus, schneidet Stückchen daraus, drückt sie mit Marzipanformen aus, welche man mit Mehl, welches mit feinem Zucker vermischt ist, ausstaubt, stellt sie über Nacht an einen kühlen Ort.

Den andern Morgen macht man ein Blech heiß, bestreicht es dünn mit Wachs, ist es kalt, legt man die Stückchen darauf und bäckt sie bei sehr mäßiger Hitze. Der Marzipan muss weiß bleiben, er darf deshalb nur so lange im Ofen bleiben, bis er aufgestiegen und hart geworden ist.

Man kann unter die Masse während dem Rühren auch eine Messerspitze Pottasche mengen, dann steigt sie besser.

686. Pfeffernüsse

Bedarf: 1 Pfd. Zucker, 5 Eier, ½ Zitrone, 1 Pfd. Mehl, 1 Loth gestoßenes Kardamom, gestoßener Zimt, Nelkengewürz, 1 Messerspitze pulverisierte Pottasche, 2 Loth Zitronat.

Ein Pfund fein gestoßener Zucker wird mit fünf Eiern eine Stunde gerührt. Alsdann wird die abgeriebene Schale einer Zitrone, ein Loth gestoßenes Kardamom, eine Messerspitze Pottasche, ein wenig gestoßener Zimt und Nelkengewürz, zwei Loth fein geschnittenes Zitronat darunter gerührt, ein Pfund Mehl auf dem Nudelbrett darunter geknetet. Diesen Teig walkt man messerrückendick aus, sticht mit einem Ausstecher Pfeffernüsse in der Größe eines Sechsers daraus, legt sie auf ein mit Wachs bestrichenes, wieder erkaltetes Blech, lässt sie über Nacht an einem kühlen Orte stehen und bäckt sie am andern Morgen bei mäßiger Hitze. Sie müssen weiß bleiben und werden noch warm mit einem Messer vom Blech abgelöst.

687. Busserln

Bedarf: 4 Eier, 1 Pfd. Zucker, 1 kr. runden kleinen Anis, 1 Pfd. Mehl.

Vier ganze Eier werden mit einem Pfund fein gestoßenem Zucker eine Stunde gerührt, dann für einen Kreuzer runder kleiner Anis, sowie ein Pfund feines trockenes Mehl darunter gemischt, auf dem Nudelbrett mit noch etwas Mehl zu einem feinen Teig verarbeitet, welchen man zugedeckt eine halbe Stunde ruhen lässt. Alsdann wird derselbe gut messerrückendick ausgewalkt, mit einem Ausstecher kleine runde Busserln ausgestochen und über Nacht an einen kühlen Ort gestellt. Den andern Tag macht man ein Blech heiß, bestreicht es dünn mit Wachs, ist es kalt, legt man die Busserln darauf und bäckt sie bei sehr mäßiger Hitze. Dieselben müssen weiß bleiben und sogleich, noch warm, mit dem Messer vom Bleche abgelöst werden.

688. Lebkuchen

Bedarf: 2 Pfd. Honig, 2 Pfd. Mehl, ¾ Pfd. Zucker, 1 Loth gestoßenen Zimt, 1 Loth gestoßenes Nelkengewürz, ½ Loth gestoßene Muskatblüte, 4 Loth Zitronat, 2 kr. Kardamom, 2 Zitronen, ½ Pfd. Mandeln, Backoblaten.

Man lässt zwei Pfund Honig in einer messingenen Pfanne heiß werden, rührt zwei Pfund Mehl, drei viertel Pfund Zucker, ein Loth gestoßenen Zimt, ein Loth gestoßenes Nelkengewürz, ein halbes Loth gestoßene Muskatblüte, vier Loth fein gewiegtes Zitronat, von zwei Zitronen die abgeriebene Schale, ein halbes Pfund süße unabgezogene Mandeln fein gewiegt, für zwei Kreuzer Kardamom darunter, rührt diesen Teig recht gut durcheinander, belegt ein Blech mit Backoblaten, streicht den Teig fingerdick in der Größe, wie man die Lebkuchen haben will, darauf, legt dünn geschnittene Zitronenstreifen darauf, lässt sie eine Stunde an einem kühlen Orte trocknen und bäckt sie dann bei sehr mäßiger Hitze.

689. Weiße Lebkuchen

Bedarf: 10 Eier, 1 Pfd. Zucker, 1 Pfd. Mehl, ¾ Pfd. Mandeln, 4 Loth Zitronat, 3 Loth Pomeranzenschale, 1 kr. Kardamom, 1 kr. gestoßenen Zimt, 1 kr. Nelkengewürz.

Zehn ganze Eier werden mit einem Pfund fein gestoßenem Zucker auf dem Feuer geschlagen, bis es ganz dick und zäh ist, dann wird ein Pfund Mehl, drei viertel Pfund fein gewiegte unabgezogene Mandeln, je drei Loth Zitronat und Orangenschalen, für einen Kreuzer gestoßenes Kardamom, für einen Kreuzer Nelkengewürz und ebensoviel Zimt darunter gerührt. Ein Blech wird mit Oblaten belegt, die Masse fingerdick darauf gestrichen, mit Zitronatstreifen belegt und eine halbe Stunde ruhen gelassen, dann bei sehr mäßiger Hitze gebacken. Sie müssen mehr trocknen als backen, damit sie weiß bleiben.

690. Teehörnchen

Bedarf: 8 Loth Zucker, 3 Eier, 3 Loth Butter, ½ Loth gestoßenes Hirschhornsalz, 20 Loth Mehl.

Acht Loth feiner Zucker wird mit drei ganzen Eiern schaumig gerührt, dann drei Loth zerlassene Butter darangegeben sowie eine Messerspitze gestoßenes Hirschhornsalz und zwanzig Loth feines Mehl auf dem Nudelbrett darunter gewirkt, noch so viel Mehl darangegeben, bis sich der Teig gut kneten lässt.

Ist er fein, walkt man ihn zweimesserrückendick aus, sticht mit einem Ausstecher Hörnchen oder Halbmonde aus oder formt Bretzeln daraus, legt dieselben auf ein mit Butter bestrichenes Blech, bestreicht sie mit Eigelb und bäckt sie bei rascher Hitze.

691. Magdalenenstriezeln

Bedarf: ¼ Pfd. Butter, ¼ Pfd. Zucker, 3 Eier, 2 Löffel sauerer Rahm, ¼ Pfd. Mehl.

Ein viertel Pfund Butter wird mit einem viertel Pfund feinem Zucker schaumig gerührt, drei ganze Eier, eines nach dem andern, darangegeben, zwei Löffel sauerer Rahm, zuletzt ein viertel Pfund Mehl darunter gerührt. Fingerdick auf ein mit Wachs bestrichenes Blech gestrichen, mit länglich geschnittenen Mandeln und grobem Zucker bestreut, und schön hellgelb (eine halbe Stunde) gebacken. Alsdann noch warm in fingerlange und fingerbreite Stückchen geschnitten.

692. Schokoladeplätzchen

Bedarf: ½ Pfd. Zucker, 2 Täfelchen Schokolade, 4 Eiweiß.

Zu einem halben Pfund fein gestoßenem Zucker reibt man zwei Täfelchen gute sehr trockene Schokolade, schlägt von vier Eiweiß einen ganz festen Schnee, hebt ihn darunter und rührt dies zusammen eine halbe Stunde. Ein heißes Blech wird mit Wachs bestrichen, ist es kalt, werden mit einem Löffel kleine Häuflein darauf gesetzt und langsam gebacken.

Gleich wenn sie aus dem Rohre kommen, müssen sie vom Blech gelöst werden, da sie sonst zerbrechen.

693. Schokoladekonfekt

Bedarf: ¼ Pfd. Zucker, 1 Täfelchen Schokolade, 1 Eiweiß.

Ein viertel Pfund fein gestoßener Zucker und ein Täfelchen feingeriebene Schokolade, sowie der festgeschlagene Schnee von einem Eiweiß wird im Mörser fein gestoßen, dann ein Nudelbrett mit gestoßenem Zucker bestreut, die Masse darauf zu einem Teig verarbeitet, messerrückendick ausgewalkt, Herz, Sterne etc. ausgestochen. Hierauf wird ein heißes Blech mit Wachs bestrichen, ist es kalt, werden die Sterne, Herze etc. darauf gelegt und bei mäßiger Hitze gebacken.

694. Schokoladebackwerk

Bedarf: 22 Loth Mehl, 12 Loth Butter, 6 Loth Zucker, 2 Täfelchen Schokolade, 1 Ei.

Zweiundzwanzig Loth Mehl, zwölf Loth Butter, sechs Loth Zucker, zwei Täfelchen fein geriebene Schokolade und ein ganzes Ei werden auf dem Nudelbrett zu einem Teig verarbeitet, dann dünn ausgewalkt, in beliebiger Form ausgestochen, auf ein mit Wachs bestrichenes Blech gelegt und bei mäßiger Hitze gebacken.

695. Schaumkonfekt

Bedarf: ¼ Pfd. Zucker, ½ Zitrone, Eiweiß, (½ Esslöffel Karmin).

Man nimmt ein viertel Pfund fein gestoßenen Zucker, reibt von einer halben Zitrone die Schale hinein und gibt soviel Eiweiß daran, bis es sich zu einem Teig kneten lässt. Diesen walkt man auf dem Nudelbrett messerrückendick aus, sticht Blumen oder Kränzchen davon aus, bestreicht ein heißes Blech mit Wachs, ist es kalt, legt man sie darauf und bäckt sie bei sehr mäßiger Hitze. Will man das Konfekt rosenfarbig haben, gibt man einen halben Löffel aufgelöstes Karmin darunter.

696. Vanillebusserln

Bedarf: ½ Pfd. Zucker, ½ Stange Vanille, 4 Eiweiß, ½ Zitrone.

Ein halbes Pfund Zucker wird mit einer halben Stange Vanille gestoßen, dann durchgesiebt. Der steif geschlagene Schnee von vier Eiweiß wird eine halbe Stunde damit gerührt, sowie auch etwas Zitronensaft daran gedrückt. Ein heißes Blech wird mit Wachs bestrichen, ist es kalt, werden kleine Häuflein mit einem Löffel darauf gesetzt und bei sehr mäßiger Hitze gebacken, eigentlich mehr getrocknet, da sie ganz weiß sein müssen.

697. Spanische Krapfen

Bedarf: 3 Loth Butter, 4 Loth Zucker, 3 Eier, 4 Loth Mehl, ½ Zitrone.

Drei Loth Butter wird mit vier Loth gestoßenem Zucker schaumig gerührt, dann eine rohe und zwei hartgesottene durchpassierte Eidottern, vier Loth Mehl und die abgeriebene Schale einer halben Zitrone gut mit verrührt. Zuletzt wird der festgeschlagene Schnee von einem

Eiweiß leicht darunter gehoben. Ein heißes Blech wird dünn mit Wachs bestrichen, kleine Häufchen darauf gesetzt, mit Eigelb bestrichen und mit Zucker bestreut und bei guter Hitze gebacken. Wenn man will, kann man zur Zierde ein wenig eingesottene Früchte oben darauf geben (eine Kirsche oder Weichsel).

698. Spanischer Wind

Bedarf: 6 Eiweiß, ¼ Pfd. Zucker, ½ Stange Vanille.

Sechs Eiweiß werden zu einem sehr steifen Schnee geschlagen, dann ein viertel Pfund fein gesiebter, sehr trockener Zucker, welcher mit einer halben Stange Vanille gestoßen wurde, damit sehr schaumig gerührt. Ein heißes Blech wird mit Wachs bestrichen, nach dem Erkalten desselben von der Masse längliche Häufchen darauf gesetzt, diese mit Zucker bestreut und bei sehr gelinder Hitze gebacken. (Diese Masse ist sehr ausgiebig.)

699. Hutzelbrot

Bedarf: 10 Pfd. Schwarzbrotteig, 9 Pfd. getrocknete Birnen, 1½ Pfd. Mandeln, 3 Pfd. gedörrte Zwetschgen, 2 Pfd. Rosinen, 2 Pfd. Weinbeeren, 1 Pfd. Kranzfeigen, 100 Stück Nüsse, 1 Quart Brantwein, für 1 kr. runden Anis, ½ kr. Koriander, ½ kr. gestoßenen Pfeffer, ½ kr. gestoßenes Nelkengewürz, 3 Loth Zitronat, 3 Loth überzuckerte Pomeranzenschale, 1 Maß Brotmehl.

Auf sechs mittelgroße Hutzelwecken nimmt man Teig von einem gewöhnlichen sechsstündigen Laib Schwarzbrot. Am Tage vorher, an welchem man das Brot bereiten will, müssen folgende Zutaten hergerichtet und vorbereitet werden:

Neun Pfund ganz gut getrocknete Birnen (Hutzeln, Glötzen) wäscht man in warmem und dann in kaltem Wasser und siedet sie in Wasser weich. (Da man die neun Pfund nicht auf einmal sieden kann, so wird immer die Hutzelbrühe, worin die Hutzeln gesotten wurden, wieder zu den andern verwendet und dann jedesmal nur noch wenig Wasser dazu gegossen.) Alsdann schneidet man Butzen und Stiele ab und zerschneidet die Hutzeln in zwei bis drei Teile. Die Brühe davon lässt man, wenn die Hutzeln alle darin gekocht sind, noch ein wenig einkochen und bewahrt sie in einem Topfe auf. Anderthalb Pfund süße Mandeln werden mit kochendem Wasser angebrüht und nach einiger Zeit wird denselben die Haut abgezogen. Drei Pfund gedörrte Zwetschgen wäscht man warm, dann kalt und kocht sie in Wasser weich, entfernt dann die Steine davon und gibt sie in dieselbe Schüssel zu den gekochten und zerschnittenen Hutzeln. Zwei Pfund große Rosinen werden rein gewaschen, sowie zwei Pfund Weinbeeren, welche man ebenfalls zu den Zwetschgen in die Schüssel gibt und dann zudeckt. Alsdann wird ein Pfund Kranzfeigen in längliche Stückchen geschnitten in eine eigene Schüssel getan und über Nacht mit kalter Hutzelbrühe angefeuchtet, damit sie aufquellen. Von hundert schönen Nüssen werden die Kerne eine Nacht in eine Schüssel gelegt und mit einem Schoppen guten Brantwein angefeuchtet.

Ferner hat man an Gewürz nötig: Für einen Kreuzer runden kleinen Anis, für einen halben Kreuzer gestoßenen Koriander, ebensoviel gestoßenen Pfeffer und gestoßenes Nelkengewürz, drei Loth feingeschnittenes Zitronat und ebensoviel fein geschnittene, überzuckerte Pomeranzenschale.

Es ist zweckmäßig, mit der Bereitung des Hutzelbrotes schon am Morgen zu beginnen. Zuerst gibt man den Teig in ein reines erwärmtes, mit Mehl bestaubtes hölzernes Gefäß (Zuber, Backtrog), fügt dann das Gewürz und darauf alle zubereiteten Sachen bis auf die Mandeln und Nusskerne hinzu und verarbeitet alles gut. Die Sachen müssen mit beiden Händen mehr in den Teig hineingestrichen als wie geknetet werden, da sie sonst ihr schönes Ansehen verlieren würden. Der Teig wird mit beiden Händen immer vom Boden auf in die Höhe gehoben, da die Früchte immer zu Boden fallen. Wer noch nie ein Hutzelbrot gebacken hat, dem wird es unglaublich scheinen, wie in so wenig Teig so viele Früchte sich einkneten lassen, und doch muss es geschehen, denn sonst würde das Hutzelbrot leer und saftlos werden. In den Teig nimmt man keine Hutzel- oder Zwetschgenbrühe, da dadurch das Brot zu feucht würde.

Ist alles gut mit dem Teig verarbeitet, gibt man auch die Nuss- und Mandelkerne hinein und mischt sie gut unter die Masse. Außer dem Teig, in welchen man die einzelnen Sachen einknetet, braucht man noch ungefähr vier Pfund Teig (also zwei Drittteile eines Regensburger Strichwecken) zum Einschlagen der Masse.

Ein Nudelbrett wird mit Mehl bestaubt, der sechste Teil vom Brotteig zu einem runden Fleck fein ausgewalkt, mit Hutzelbrühe bestrichen, der sechste Teil der Masse hineingegeben, dieselbe fest zusammengedrückt, gut mit dem Teig umhüllt und oben mit Hutzelbrühe überstrichen. Alsdann legt man den Wecken auf ein anderes gut mit Mehl bestaubtes Brett und fährt so fort, bis alle sechs Wecken vollendet sind. Der Einschlagteig darf keine Riffe haben, sonst zerspringt das Brot und verliert dadurch an Güte. Alsdann stupst man jeden Wecken mehrmals mit einer großen Gabel, gibt sie dann zum Bäcker, welcher sie noch einmal gehen lassen und langsam im Ofen backen muss. Es ist gut, wenn man das Brot erst am zweiten Tage anschneidet.

Glasuren

700. Glasur von Zucker mit Arak oder Liqueur

Zu einer Torte rechnet man ein viertel Pfund Zucker; denselben lässt man mit einer Obertasse kaltem Wasser so lange kochen, bis er spinnt oder Perlen macht, was man daran erkennt, wenn man einen Tropfen auf einen Teller fallen lässt und derselbe sogleich besteht. Alsdann gießt man einen Löffel Arak oder einen beliebigen Liqueur daran, stellt es vom Feuer weg und rührt es so lange, bis es anfängt, weiß zu werden, worauf man sogleich die Torte damit übergießt. Sollte es zu schnell kalt werden, darf man es nur ein wenig auf dem Feuer rühren, worauf es dann gleich wieder flüßig wird.

701. Gerührte Zuckerglasur

Von einem Eiweiß wird der festgeschlagene Schnee mit einem viertel Pfund gestoßenem Zucker so lange gerührt, bis es ganz dick und schaumig ist. Dann rührt man nach Belieben entweder etwas Arak, einen Liqueur oder etwas Zitronensaft darunter und überzieht sogleich damit die Torte oder das dazu bestimmte Gebäck, lässt die Glasur nur kurze Zeit bei sehr mäßiger Hitze im Rohr anziehen. Dieselbe darf nur trocknen und muss ganz weiß bleiben. Will man der Glasur eine rote Färbung geben, so gibt man nur einige Tropfen aufgelöstes Karmin dazu.

702. Glasur von Schokolade

Zwei Täfelchen fein geriebene gute Schokolade und ein viertel Pfund gestoßener Zucker wird mit drei Esslöffel Wasser zu einem dicken zähen Brei gekocht, dann vom Feuer gestellt und so lange gerührt, bis es anfängt, kalt zu werden. Hierauf kann man sogleich die Torte oder das dazu bestimmte Gebäck damit überziehen. Sollte die Glasur zu schnell bestehen, so darf man sie nur auf dem Feuer so lange rühren, bis sie wieder flüßig geworden ist.

Schmalzbäckereien

703a. Regensburger Striezeln

In einem hohen Hafen verrührt man sechs ganze Eier, etwas Salz und zwölf Esslöffel kalte Milch recht gut. Gibt dann auf ein Nudelbrett eine Maß feines Mehl, macht in der Mitte desselben eine Grube, gießt Eier und Milch hinein und bereitet daraus mit einem Messer einen ganz dünnen, fast flüßigen Teig. Lässt alsdann in einer tiefen Pfanne, ungefähr bis zur halben Höhe derselben, Schmalz zerschleichen, legt der Breite nach mittelst eines Messers vom Nudelbrett fingerlange Striezeln und zwar behutsam, da der Teig sehr weich ist, jeden Striezel einzeln, nachdem man ihn vorher ein wenig in Mehl umgewendet hat, hinein. Man legt sie der Reihe nach, ungefähr sechs nebeneinander, in die Pfanne, taucht sie ganz in das Schmalz ein, legt eine zweite Reihe darüber, begießt diese mit Schmalz und fährt so fort, bis der Teig zu Ende ist. Dann setzt man die Pfanne aufs Feuer und begießt die Striezeln beständig mit einem durchlöcherten Löffel mit Schmalz. Fangen die zu unterst liegenden Striezeln an, braun zu werden, legt man sie mit einer Gabel oben auf und bäckt sie noch ganz fertig, indem man sie immer mit Schmalz begießt. Es ist darauf zu achten, dass das Feuer immer gleichmäßig bleibt. Sind die Striezeln ganz braun, werden sie in einen Durchschlag gelegt. Den richtigen Striezelgeschmack bekommen sie nur, wenn man, ehe man die Striezeln in das Schmalz einlegt, aus demselben vorher einige Küchel, Schnitten oder dergl. bäckt, überhaupt sie in ein schon gebrauchtes, nie aber in ganz frisches Schmalz legt.

703b. Regensburger Kirchweihkücheln

Man gebe zwei Maß feines Mehl in eine Schüssel, mache in der Mitte desselben von drei Löffel guter Bierhefe (oder für sechs Kreuzer trockene Hefe) und lauwarmer Milch ein Dämpfel (Hebel), welches man an einem warmen Orte gut gehen lässt. Alsdann lässt man ein viertel Pfund Butter (oder Schmalz) zergehen, rührt sie nebst lauwarmer Milch, etwas Salz und ein wenig Zucker an das Mehl, schlägt den Teig, welcher gerade so fest wie ein Dampfnudelteig sein muss, sehr fein ab, bis er Blasen macht. Dann lässt man ihn wieder gehen. Nachher sticht man mit einem Löffel kleine Laibchen (Nudeln) heraus, dreht sie auf einem mit Mehl bestaubten Brett mit der flachen Hand recht fein, so dass sie schön rund werden. Dann legt man sie auf ein ebenfalls mit Mehl bestaubtes Brett, deckt sie mit einem erwärmten Tuche zu und lässt sie noch eine Viertelstunde gehen. Hierauf taucht man die Finger in Schmalz oder Mehl, zieht sie in der Mitte fast handgroß so fein, dass man dadurch lesen könnte. Es ist sehr darauf zu achten, dass es kein Loch gibt; außen muss ein dicker, ungefähr daumenbreiter Rand sein. Sodann macht man Schmalz in einer liefen Pfanne heiß, legt die Kücheln hinein, übergießt sie fleißig mit Schmalz und bäckt sie schön gelb, sind sie einmal umgewendet, ist das Übergießen nicht mehr nötig.

703c. Kirchweihkücheln auf andere Art

Der Teig wird ganz so wie vorbeschriebener bereitet, jedoch nur sechs Loth Schmalz oder Butter und zwei Löffel sauerer Rahm dazu genommen.

704. Kartoffelküchlein

Man rührt vier Loth Butter schaumig, schlägt vier ganze Eier daran, sowie einen Teller voll alte, fein geriebene Kartoffel, salzt dieses gut, gibt einen Löffel sauren Rahm daran, bestaubt das Nudelbrett gut mit Mehl, gibt den Teig darauf und knetet alles zu einem festen Teig, walkt denselben messerrückendick aus. Sticht mit einem Glas runde Küchlein daraus, welche in schwimmendem heißem Schmalz schön gelb gebacken werden. Am besten eignen sich diese Küchlein als Beilage zu sauerem Ragout oder blauem Kraut.

705. Käse- oder Topfennudeln in Schmalz

Es wird ein halbes Pfund Butter zu Schaum gerührt, vier ganze Eier, eines nach dem andern, daran geschlagen. Dann nimmt man ein Pfund süßen Topfen, ein halbes Pfund feines Mehl, etwas Salz, einen Löffel sauren Rahm. Dies alles wird auf dem Nudelbrett gut untereinander gemengt und mit der Hand kleine Würstchen daraus geformt und in heißem schwimmendem Schmalz herausgebacken.

706. Karthäuserklöße

Kleine altgebackene Milchweckchen werden abgeschält, oben und unten ein Deckelchen abgeschnitten (welche nicht mehr benützt werden), ausgehöhlt, jedes einzeln in kalte Milch getaucht, dann auf eine Platte gelegt, bis sie weich sind. Hierauf verrührt man Eier mit etwas Zucker recht gut, wendet jedes Brot darin um und bäckt es in schwimmendem heißem Schmalz braun.

Jedes wird hierauf mit eingemachten Früchten gefüllt und in siedenden Rotwein mit Zucker und einer kleinen Zimtrinde einmal aufgekocht.

Man kann sie auch nur mit Zucker und Zimt bestreuen, wenn sie aus dem Schmalz kommen und den Wein ganz weglassen. Hierzu gibt man dann Kirschensauce (Nr. 244).

707. Weinstriezeln

Längliche Milchbrote werden abgeschält, fingerdicke Striezeln daraus geschnitten, in kaltem Rahm umgewendet und auf eine Platte gelegt. Sind sie weich, werden Eier mit Zucker recht gut verrührt, jedes darin umgewendet, in schwimmendem heißem Schmalz gebacken, dann Rotwein mit Zucker, zwei Nelken und einer kleinen Zimtrinde kochend gemacht, die Striezeln darin einmal aufgekocht, dieselben bergartig auf eine ovale Schüssel gerichtet und der Wein darüber gegossen.

708. Weinschnitten

Es wird altgebackenes Milchbrot abgeschält oder abgerieben, in halbfingerdicke Scheiben geschnitten, in kalter Milch eingetaucht und auf
eine Platte gelegt, dann in Eier, welche mit etwas Zucker gut verrührt
sind, umgekehrt und in heißem schwimmendem Schmalz gebacken.
Rotwein wird mit einem Stückchen Zimtrinde, einer Nelke, einer
Zitronenschale, einem Stück Zucker kochend gemacht, die Schnitten darin aufgekocht, auf eine flache Platte gelegt, der Wein darüber
gegossen und so serviert.

709. Äpfelküchlein

Mehl, Zucker bis es süß ist, etwas gestoßener Zimt und Weißwein wird
zu einem flüßigen Teig angerührt, dann zwei Löffel heißes Schmalz
darunter gerührt. Der Teig muss dicker wie Pfannkuchenteig sein;
dann kehrt man die geschälten, in flache Scheiben geschnittenen Äpfel
darin um und bäckt sie in heißem schwimmendem Schmalze.

710. Äpfelküchlein auf andere Art

Hierzu nimmt man anstatt Weißwein braunes Bier und verfährt ebenso
wie in der vorigen Nummer beschrieben.

711. Äpfelküchlein auf dritte Art

Eine halbe Maß Mehl wird mit sehr gutem Rahm zu einem dicken
Teig angerührt, etwas Salz und Zucker, dann fünf Eier darangegeben.
Er muss wie ein dicker Pfannkuchenteig sein; zuletzt wird ein Löffel
heißes Schmalz darunter gerührt. Große Äpfel (am besten Rubinen
oder Borsdorfer) werden abgeschält, das Kernhaus herausgestochen,
doch sehr vorsichtig, damit der Apfel ganz bleibt. Am zweckmäßigs-
ten bedient man sich dazu eines Apfelausstechers. Darauf werden sie
in halbfingerdicke Scheiben geschnitten, in dem Teig umgewendet, in
heißem schwimmendem Schmalz schön braun gebacken, noch heiß
mit Zucker bestreut und sogleich zu Tische gegeben.

712. Schneeballen

Auf ein Nudelbrett gibt man eine halbe Maß feines Mehl, Zucker, etwas gestoßenen Zimt, zwei Löffel sauern Rahm, vier Eidottern, fünf Loth Butter und verarbeitet es zu einem ganz feinen Teig, bis derselbe Blasen wirft. Hierauf lässt man ihn eine Stunde zugedeckt ruhen. Alsdann staubt man ein wenig Mehl auf das Brett, walkt den Teig stark messerrückendick aus und schneidet runde Flecke daraus, rädelt mit einem Backrädchen fingerbreite Streifen durch, doch so, dass am Ende ein fingerbreiter Streifen bleibt, der das Ganze zusammenhält. Alsdann hebt man den ersten Streifen ein wenig in die Höhe, und steckt einen Kochlöffelstiel darunter, den zweiten Streifen lässt man liegen, den dritten hebt man wieder auf den Kochlöffel und fährt so fort, bis man die Streifen alle aufgefaßt hat, so dass der Teig dann am Kochlöffelstiel hängt. Hierauf werden sie mit dem Kochlöffel in das heiße Schmalz gehängt und einige Minuten gebacken, sodann abgestreift, umgewendet und auch von der andern Seite gebacken. Nachdem sie schön gelb sind, werden sie behutsam herausgehoben und noch warm mit Zucker, unter welchen gestoßener Zimt gemischt ist, dick überstreut.

713a. Strauben mit Milch

In einem messingenen Pfännchen oder Kasserol lässt man eine halbe Maß Milch mit zwei Loth Butter kochend werden, rührt alsdann soviel Mehl hinein, bis es ein dicker Teig wird, welchen man auf dem Feuer so lange rührt, bis er ganz fein geworden ist. Währenddem legt man fünf Eier einige Minuten in warmes Wasser, schlägt eines nach dem andern unter beständigem Rühren daran, bis er so dick wie ein Spatzenteig ist. Salz und Zucker gibt man nach Belieben daran. Hieraus macht man Schmalz in einer tiefen Pfanne heiß, füllt die Straubenform mit dem Teige, drückt denselben heraus und lässt ihn in die Runde in das Schmalz laufen. In Ermanglung einer Straubenform kann man den Teig auch durch einen Trichter in das Schmalz laufen lassen. Indem man sie fleißig mit Schmalz übergießt, bäckt man sie schön braun. Beim Umwenden muss behutsam verfahren werden, damit dieselben nicht abreißen. Das Umwenden geschieht am besten mit einem Fischlöffel. Nachdem sie fertig sind, werden sie heraus gehoben und noch warm mit gestoßenem Zucker bestreut.

713b. Strauben mit Wasser

Man macht eine Maß Wasser mit zwei Loth Butter in einer messingenen Pfanne kochend, rührt eine Maß Mehl langsam hinein, legt zehn bis zwölf Eier einige Minuten in warmes Wasser, rührt eines nach dem andern langsam daran, gibt Salz und Zucker nach Belieben dazu. Macht dann in einer tiefen Pfanne Schmalz heiß, füllt die Straubenform voll, drückt den Teig in die Runde hinein und bäckt sie schön braun auf beiden Seiten, indem man sie beständig mit Schmalz übergießt. Noch warm werden sie mit gestoßenem Zucker bestreut.

714. Oblatenküchlein

Aus großen weißen Backoblaten schneidet man gleich große, fingerlange, viereckige Stückchen, gibt auf die Mitte von je einem einen kleinen Löffel Hagebuttenmark oder sonst eine andere Art eingesottene Früchte und legt ein anderes gleich großes Oblatenstück darauf. Bereitet vorher einen ziemlich dicken Brandteig (Nr. 486), taucht jedes so zubereitete Stück an den vier Seiten fingerbreit in den Teig und legt eines nach dem andern sogleich in heißes schwimmendes Schmalz und übergießt sie fleißig, bis sie auf beiden Seiten schön braun gebacken sind, worauf man sie in einen Durchschlag legt. Noch warm werden sie mit Zucker bestreut und sogleich zu Tische gebracht.

715. Zuckerstrauben

Drei Kochlöffel Mehl, vier Esslöffel warmer Wein, sechs Loth Zucker, vier Eiweiß werden zu einem dicken Teig angerührt. In einer tiefen Pfanne wird Schmalz heiß gemacht, der Teig durch eine dreilöcherige Straubenform laufen gelassen und auf beiden Seiten hellgelb gebacken. Dann hebt man ihn vorsichtig heraus, biegt ihn warm über ein rundes dickes Holz (Nudelwalker) und überstreut die Strauben sogleich mit Zucker und Zimt.

716. Ochsengurgeln

Zwölf Loth Mehl, sechs Loth Butter, zwei ganze Eier, zwei Löffel sauerer Rahm, Salz und Zucker nach Belieben, werden auf dem Nudelbrett
zu einem Teig geknetet, bis derselbe so fein ist, dass er Blasen wirft;
dann lässt man ihn eine Stunde ruhen, walkt ihn messerrückendick aus,
rädelt oder schneidet dreifingerbreite und fingerlange Streifen daraus,
bindet sie mit einem Bindfaden über das Ochsengurgeleisen und bäckt
sie in heißem schwimmendem Schmalze. Fangen sie an gelb zu werden,
so löst man den Bindfaden langsam ab und bäckt sie noch fertig. Noch
warm bestreut man sie mit gestoßenem Zucker. Man kann auch Butterteig dazu verwenden, wobei dann dasselbe Verfahren einzuschlagen ist.

717. Hasenöhrlein

Sechs Loth Mehl, drei Loth Butter, ein ganzes Ei, ein Löffel sauerer
Rahm mit etwas Salz wird zu einem feinen Teig verarbeitet; alsdann
lässt man ihn zugedeckt eine halbe Stunde ruhen, walkt ihn dann messerrückendick aus, rädelt spitzige Fleckchen daraus und bäckt sie in
schwimmendem heißen Schmalz.

Man gibt sie gewöhnlich zu eingemachtem Hasen als Beilage.

718. Rosenküchlein

Zwölf Loth Mehl, sechs Loth gestoßenen Zucker, vier Eier, ein halbes
Quart Rahm und drei Löffel Wein rührt man zu einem dick flüssigen
Teig ab, taucht die Form in heißes Schmalz und dann in den Teig,
jedoch nicht zu weit, und bäckt die Küchlein in heißem Schmalz. Sind
sie halb gebacken, schüttet man sie von der Form herunter, damit sie
auch innen schön braun werden. Man gibt sie warm mit Zucker und
Zimt bestreut zu Tische.

719. Blinde Fische

Drei gestrige Milchbrote werden abgeschält oder abgerieben, dann
in vier bis fünf Scheiben geschnitten, jede in kalte Milch eingetaucht,

auf eine Platte gelegt und eine Viertelstunde ruhen gelassen. Dann werden drei Eier mit etwas Salz gut verrührt, jede der Scheiben darin umgewendet, in heißem Schmalz auf der Pfanne hellgelb gebacken. Nach Belieben können die Milchbrote auch nicht abgeschält oder abgerieben werden.

720. Bavesen mit Zwetschgen

Sechs Milchbrote vom vorigen Tage werden jedes in vier bis fünf Scheiben geschnitten, auf eine Scheibe ein Löffel voll eingekochte Zwetschgenmarmelade gestrichen und mit der andern Scheibe zugedeckt, und damit fortgefahren, bis alles Brot bestrichen ist; dann taucht man sie in kalte Milch ein, legt sie auf eine Platte, lässt sie eine Viertelstunde stehen, verrührt zwei kleine Löffel Mehl mit sechs Eiern gut (das Mehl verhütet die vielen Fäden beim Backen), wendet die Bavesen darin um, bäckt sie aus heißem Schmalz hellbraun und gibt sie warm mit Zucker bestreut zu Tische.

721. Holder- (Hollunder-) Küchlein

Man bereitet guten Milchstraubenteig (Nr. 486), taucht in denselben schöne aufgeblühte Hollundersträuße und bäckt sie schön hellgelb in schwimmendem Schmalz.

722. Faschingskrapfen

Man nimmt ein Quart guten Rahm und lässt sechs Loth Butter darin zerschleichen. Indessen schlägt man vier Eidottern in einem Hafen gut ab, nimmt zwei Löffel sehr gute Hefe dazu, gießt nach und nach Butter und Rahm, jedoch nur lauwarm, an die Eier. Von diesem allen macht man mit Mehl einen Teig (wie ein fester Dampfnudelteig), gibt Salz und Zucker nach Belieben dazu und lässt den Teig fast zwei Stunden gut gehen. (Der Teig muss um die Hälfte mehr geworden sein.) Bestaubt das Nudelbrett gut mit Mehl, walkt den Teig fingerdick aus, nimmt ein Schoppenglas, taucht es von oben in Mehl, sticht runde Plätzchen aus, füllt in die Mitte derselben einen Kaffeelöffel voll Eingesottenem hinein, bestreicht dieselben am Rande mit Eigelb, legt auf jedes ein rundes Blatt, drückt es am Rande gut zusammen, lässt sie wieder recht gut gehen (was oft eine Stunde dauert), indem man eine gewärmte Serviette darauf deckt und bäckt sie in heißem schwimmendem Schmalze recht langsam schön gelb, indem man sie fleißig mit Schmalz übergießt. Noch warm bestreut man sie gut mit gestoßenem Zucker, welcher mit gestoßenem Zimt vermischt ist.

723. Fastnachtsküchlein

Eine Maß feines Mehl wird in eine Schüssel getan, in dem Mehl in der Mitte von einem Schoppen lauwarmer Milch und zwei Löffel guter Hefe ein Dämpfel angesetzt, welches man gut aufgehen lässt. Dann lässt man sechs Loth Butter zerschleichen, gibt sie an das gegangene Dämpfel, sowie zwei ganze Eier, ferner eine Handvoll Weinbeeren, etwas Salz, Zucker und verarbeitet alles zu einem nicht zu festen Teig, welchen man an einem warmen Orte zugedeckt noch einmal aufgehen lässt. Alsdann sticht man mit einem Löffel Nudeln aus, legt dieselben auf ein mit Mehl bestaubtes Brett, deckt sie mit einem gewärmten Tuche zu und lässt sie wieder gut aufgehen, während dem macht man in einer tiefen Pfanne Schmalz heiß und bäckt sie langsam schön gelb, indem man sie fleißig mit Schmalz übergießt. Noch warm bestreut man sie mit gestoßenem Zucker.

724. Schwäbische Kücheln

Anderthalb Maß Mehl wird in eine Schüssel gegeben, in der Mitte desselben eine Vertiefung gemacht und alsdann von einem Schoppen lauwarmer Milch und zwei Löffel guter Hefe ein Dämpfel gesetzt. Bis dieses gegangen ist, rührt man sechs Loth Butter schaumig, schlägt zwei ganze Eier und zwei Eidottern daran. Ist das Dämpfel gegangen, rührt man die Butter und noch etwas lauwarme Milch, sowie zwei Esslöffel kleine Weinbeeren darunter. Der Teig soll wie fester Dampfnudelteig sein, man schlägt ihn recht gut, bis er Blasen wirft und lässt ihn wieder zugedeckt gehen; dann sticht man mit dem Löffel Nudeln aus, gibt sie auf ein mit Mehl bestaubtes Brett, lässt sie noch ein wenig gehen, zieht sie etwas in die Länge und bäckt sie langsam in schwimmendem heißen Schmalz, indem man sie fleißig mit Schmalz übergießt. Sind sie auf beiden Seiten braun, legt man sie in einen Durchschlag und bestreut sie noch warm mit Zucker.

725. Waffeln

Nachdem man acht Loth Schmalz schaumig gerührt hat, rührt man vier ganze Eier, vier Löffel sauerer Rahm, vier Löffel Mehl abwechselnd daran und gibt Salz und Zucker nach Belieben dazu. Das Waffeleisen wird sodann heiß gemacht, mit Speck oder Schmalz bestrichen, vier Esslöffel Teig hineingegeben, das Eisen wird geschlossen, jedoch im Anfang nicht zu fest, bis der Teig ein wenig angezogen hat, erst dann drückt man es zusammen und bäckt sie auf Kohlenglut auf beiden Seiten hellgelb. Wenn sie fertig sind, schabt man den vorstehenden schwarzen Rand mit einem Messer ab, hebt sie aus dem Eisen und bestreut sie noch warm mit Zucker, welcher mit gestoßenem Zimt vermischt ist.

726. Waffeln mit Hefe

Eine Maß Mehl wird in eine Schüssel gegeben, in der Mitte von einem Schoppen lauwarmer Milch und zwei Esslöffel guter Hefe ein Dämpfel angesetzt. Wenn dasselbe gegangen ist, wird ein halbes Pfund Butter schaumig gerührt, vier Dottern und zwei ganze Eier daran gerührt, mit einem Schoppen Milch, etwas Salz und feinem Zucker zusammen zu einem leichten Teig verarbeitet, tüchtig abgeschlagen und an einen warmen Ort zum Aufgehen gestellt. Wenn der Teig nochmals gegangen ist, so werden daraus Waffeln gebacken, wobei verfahren wird, wie unter Nr. 725 angegeben wurde.

727. Waffeln auf andere Art

Man nimmt ein Quart dicken saueren Rahm und schlägt ihn zu Schnee, gibt vier Eidottern, vierzehn Loth feines Mehl, etwas Zucker und Salz, vier Loth zerschlichene Butter hinein, rührt die Masse noch gut und hebt zuletzt den Schnee von vier Eiweiß leicht darunter. Das Eisen wird mit Butter bestrichen, zwei oder drei Löffel, je nach der Größe des Eisens, von der Masse hineingefüllt und ebenso verfahren, wie unter Nr. 725 beschrieben ist.

728. Brandnudeln

Man nimmt eine halbe Maß feines Mehl in eine Schüssel, brüht es mit einem Quart siedendem Rahm an und rührt es recht fein, rührt fünf bis sechs Eier, welche man kurze Zeit in warmes Wasser gelegt hat, jedes besonders hinein und gibt etwas Salz und Zucker hinzu. In einer tiefen Pfanne wird Schmalz heiß gemacht, mit einem Löffel die Nudeln eingelegt, dieselben mit einem Sieblöffel fleißig übergossen und, wenn sie braun sind, in einen Durchschlag gelegt, dann mit Zucker, welcher mit gestoßenem Zimt vermischt ist, bestreut. – Dazu gibt man Kompott.

739. Polsterzipfel

Acht Loth Butter, acht Loth Mehl, eine Dotter und ein ganzes Ei, ein Löffel Rahm, etwas Zucker, etwas Salz, wird zusammen auf einem Nudelbrett zu einem Teig verarbeitet, den man gut abknetet. Alsdann wird etwas Mehl auf das Brett gestreut, der Teig messerrückendick ausgewalkt, runde Flecke ausgerädelt, in die Mitte ein kleiner Löffel voll eingesottene Früchte hineingefüllt, der Rand mit Eiweiß bestrichen, zusammengeschlagen, fest zusammengedrückt und in schwimmendem heißem Schmalz gelb gebacken und noch warm mit gestoßenem Zucker bestreut.

730. Zuckergebackenes in Schmalz

Man rührt vier Loth feinen Zucker mit drei Eidottern schaumig, mengt alsdann acht Loth Mehl darunter, verarbeitet den Teig auf dem Nudelbrett recht gut, walkt ihn halbfingerdick aus, sticht beliebige Formen daraus oder schneidet ihn, wie es beliebt, dann bäckt man ihn in heißem, schwimmendem Schmalze. Noch warm bestreut man das Gebackene mit gestoßenem Zucker.

731. Herzkirschen in Brandteig

Man bereite einen guten Brandteig (nach Nr. 486), schneide von großen Herzkirschen die Stiele halb ab, tauche jede in Brandteig und backe sie in heißem schwimmendem Schmalz. Sie werden, noch heiß, mit gestoßenem Zucker, welcher mit gestoßenem Zimt vermischt ist, bestreut.

Creme

732. Zitronencreme

Bedarf: ¾ Pfd. Zucker, 2 Zitronen, 12 Eier, ½ Maß Rahm, 2 Loth Hausenblase oder 6 Loth Gelatine, 1 Maß Schlagrahm.

Drei viertel Pfund Zucker wird an der Schale von zwei Zitronen abgerieben, gestoßen, durchgesiebt und mit zwölf Eidottern in einem Hafen so lange geschlagen, bis es ganz dick und schaumig ist. An dieses wird eine halbe Maß guter kochender Rahm unter beständigem Rühren daran gegossen, in eine Pfanne oder Kasserol gegeben und auf dem Feuer so lange gerührt, bis es anfängt dick zu werden. Es darf jedoch nicht kochen, weil es leicht Bätzchen bekommt. Hierauf stellt man es zum Erkalten bei Seite und rührt es hie und da um, um das Entstehen einer Haut zu verhüten.

Zwei Loth feine Hausenblase[2] setzt man mit einem Quart Wasser zum Feuer und lässt sie langsam bis zur Hälfte einkochen; will man nur Gelatine nehmen, so hat man sechs Loth nötig, welche man ebenfalls kochen lässt. Beides muss warm gestellt werden, da es sonst bestehen würde.

Ist die Creme kalt, wird eine Maß Schlagrahm zu steifem Schnee geschlagen, die Creme durch ein Haarsieb in eine Schüssel gegossen, die Hausenblase oder Gelatine lauwarm hineingerührt und zuletzt der Schlagrahm mit allem gut vermengt.

Zwei mittelgroße Formen (soviel gibt die Masse) werden mit Mandelöl fein ausgestrichen, die Creme hineingegossen und über Nacht auf Eis gestellt. (Wenn man die aufgelöste Hausenblase einmal in die kalte Masse gegeben hat, muss man beständig rühren, bis es anfängt,

---

2   Die Hausenblase oder Gelatine kann, wenn man z.B. des Nachmittags die Creme bereitet, schon des Morgens gekocht werden, da sie wenigstens eine Stunde kochen muss, man darf sie dann nur in die Nähe des Ofens stellen, damit sie nicht besteht.

ein wenig dick zu werden, es ist dann nicht Zeit mehr, die Formen auszustreichen oder den Schlagrahm zu schlagen, beides muss schon bereit stehen, da namentlich die Gelatine sehr schnell sulzt. Ferner ist zu beobachten, dass zu allen Cremen verhältnismäßig sehr viel Zucker genommen werden muss.)

Vor dem Gebrauch wird die Creme an den Seiten von der Form gelöst und auf runde Platten gestürzt. Sollte sie sich nicht von der Form lösen, so legt man ein in heißes Wasser getauchtes, fest ausgedrücktes Tuch auf den Boden derselben und schüttelt sie ein wenig oder man stößt die Form schnell in heißes Wasser, doch sehr vorsichtig, damit die Masse nicht zerfließt.

Man kann die Creme mit kleinen Vanillebusserln garnieren.

733. Vanillecreme

Bedarf: 12 Eier, ¾ Pfd. Zucker, 18 kr. Vanille, ½ Maß Rahm, 2 Loth Hausenblase oder 1 Loth Hausenblase und 2 Loth Gelatine oder nur 6 Loth
Gelatine, Bisquit.

Zwölf Eidottern werden mit drei viertel Pfund fein gestoßenem Zucker in einem Hafen gut abgeschlagen. Alsdann wird für achtzehn Kreuzer Vanille zerschnitten, in einer halben Maß gutem Rahm eine Viertel-stunde gekocht und unter beständigem Rühren an die Eier gegossen, so lange auf dem Feuer gerührt, bis es anfängt dick zu werden; kochen darf es nicht. Dann stellt man es bei Seite zum Erkalten und rührt es hie und da um, damit es keine Haut bekommt. Ist es kalt, wird es durch ein Sieb in eine Schüssel gegossen, so auch zwei Loth aufge-löste Hausenblase (oder ein Loth Hausenblase und zwei Loth Gela-tine oder nur sechs Loth Gelatine) darangegeben. Während dem wird eine Maß guter Schlagrahm zu einem steifen Schnee geschlagen und darunter gemengt; der Rahm muss schon geschlagen sein, ehe man die Hausenblase hineinrührt. Hierauf bestreicht man eine Cremeform mit Mandelöl, legt sie mit Bisquit aus, füllt die Masse hinein und stellt die Form über Nacht auf Eis zum Sulzen, am andern Tage stürzt man sie auf eine Platte, wobei dasselbe Verfahren zu beobachten ist wie unter Nr. 732 angegeben.

734. Schokoladecreme

Bedarf: ¼ Pfd. Schokolade, ¾ Pfd. Zucker, 12 kr. Vanille, ½ Maß Rahm, ½ Maß Schlagrahm, 2 Loth Hausenblase.

Ein viertel Pfund geriebene feine Schokolade, drei viertel Pfund Zucker und für zwölf Kreuzer Vanille wird in einer halben Maß guten Rahm tüchtig gekocht, dann gießt man es durch ein Sieb in eine Schüssel und lässt es kalt werden, rührt es hie und da um. Sollte es nicht sehr süß sein, gibt man noch Zucker nach. Eine halbe Maß Schlagrahm wird zu steifem Schnee geschlagen, zwei Loth aufgelöste Hausenblase in die Schokolade gerührt, in kaltes Wasser oder auf Eis gestellt und, wenn es anfängt dick zu werden, schnell der geschlagene Schnee hineingerührt. Eine Form wird mit Mandelöl ausgestrichen, die Masse hineingegossen und auf Eis zum Sulzen gestellt. Vor dem Gebrauch wird die Form in heißes Wasser gestoßen und auf eine Platte gestürzt. Man kann es mit halbierten Bisquits garnieren.

735. Kaffeecreme

Bedarf: 3 Loth Kaffee (Mokka), ½ Pfd. Zucker, 24 kr. Vanille, 8 Eier, 2 Loth Hausenblase, 1 Maß Schlagrahm.

Von drei Loth gut gebranntem Kaffee (Mokka) wird nur eine Obertasse Kaffee bereitet. Ein halbes Pfund Zucker mit vierundzwanzig Kreuzer Vanille gestoßen, gesiebt und mit acht Eidottern schaumig gerührt, zwei Loth aufgelöste Hausenblase darunter gerührt. Eine Maß Schlagrahm wird zu steifem Schnee geschlagen und derselbe hineingerührt, zuletzt der Kaffee leicht daruntergehoben, sogleich in eine mit Mandelöl ausgestrichene Form gefüllt und über Nacht aufs Eis zum Sulzen gesetzt.

736. Milchcreme

Bedarf: 6 Loth Zucker, 6 Eier, Liqueur oder Arak, 1½ Loth Hausenblase, ½ Maß Schlagrahm.

Sechs Loth feiner Zucker wird mit sechs Eidottern schaumig gerührt, Arak oder Liqueur nach Belieben darunter gegeben, anderthalb Loth aufgelöste Hausenblase darunter gerührt, eine halbe Maß Schlagrahm zu steifem Schnee geschlagen und leicht unter die Masse gehoben. Nachdem man vorher eine Form mit Mandelöl fein ausgestrichen hat, wird die Masse hineingefüllt und über Nacht auf Eis zum Sulzen gestellt, des andern Tags auf eine Platte gestürzt. Sollte sie nicht gut herausgehen, wird die Form schnell in heißes Wasser gestoßen oder auf die Form außen ein in heißes Wasser getauchtes Tuch gelegt.

Diese Creme wird mit kleinen Schaumbusserln garniert.

737. Mandelcreme

Bedarf: ¼ Pfd. Mandeln, 12 kr. Vanille, ¾ Pfd. Zucker, ½ Maß Rahm, 12 Eier, 2 Loth Hausenblase, 1 Maß Schlagrahm.

Ein viertel Pfund süße und vier Stück bittere abgezogene, zu Staub gewiegte oder im Mörser mit Rahm gestoßene Mandeln werden mit Vanille (für ungefähr zwölf Kreuzer) und zwölf Loth Zucker in einer halben Maß Rahm gut gekocht, durch eine Serviette gegossen und gut ausgedrückt.

Die Mandelmilch wird wieder siedend gemacht, zwölf Eidottern mit zwölf Loth feinem Zucker in einem Hafen gut abgeschlagen, die Milch daran gegossen und so lange auf dem Feuer gerührt, bis es anfängt, dick zu werden; kochen darf es jedoch nicht. Dann wird sie durch ein Haarsieb in eine Schüssel geschüttet und zum Erkalten bei Seite gestellt, mehrmals umgerührt, damit es keine Haut bekommt. Eine Maß Schlagrahm wird zu steifem Schnee geschlagen, zwei Loth aufgelöste Hausenblase in die Creme gerührt und zuletzt der Schlagrahm, mit der Masse gut verrührt, sogleich in eine mit Mandelöl ausgestrichene bereit gehaltene Form gefüllt und auf Eis zum Sulzen gestellt.

738. Haselnusscreme

Bedarf: ¼ Pfd. Haselnusskerne, 12 kr. Vanille, ¾ Pfd. Zucker, ½ Maß Rahm, 12 Eier, 2 Loth Hausenblasen, 1 Maß Schlagrahm.

Wird ebenso wie Mandelcreme bereitet. Statt der Mandeln nimmt man ein viertel Pfund abgeschabte Haselnusskerne.

739. Kastaniencreme

Bedarf: 1 Pfd. Kastanien, ¾ Pfd. Zucker, ½ Stange Vanille, 2 Loth Hausenblase, ½ Maß Schlagrahm, 1 Gläschen Liqueur.

Ein Pfund Kastanien wird gebraten, abgeschält, ein viertel Pfund Zucker gelb geröstet, die Kastanien darin geröstet, hierauf eine halbe Maß Rahm daran gegossen und die Kastanien zu einem Mus verkocht. Alsdann werden sie im Mörser gestoßen und durch ein feines Sieb passiert. Dann gibt man sie in ein Kasserol zurück, rührt sechs bis sieben rohe Eidottern daran und lässt sie ein wenig anziehen. Hierauf gibt man es in eine Schüssel zum Erkalten, rührt ein halbes Pfund Zucker, welcher mit einer halben Stange Vanille gestoßen wurde und durchgesiebt ist, daran, bis es sehr süß ist. Dann rührt man zwei Loth aufgelöste Hausenblase hinein, sowie eine halbe Maß festgeschlagenen Schlagrahm, zuletzt ein Gläschen Vanilleliqueur. Dann füllt man die Creme in eine mit feinem Öl ausgestrichene Form und lässt sie auf Eis sulzen.

Man kann sie nach dem Stürzen mit glasierten Kastanien (Nr. 205) garnieren.

740. Vanillecreme mit Früchten und Makronen

Bedarf: ¾ Pfd. Zucker, 18 kr. Vanille, ½ Maß Rahm, 12 Eier, 3 Gläschen Liqueur, 3 Quart Schlagrahm, 2 Loth Hausenblase oder 1 Loth Hausenblase und 2 Loth Gelatine, Bisquit, Weinbeeren, Rosinen, 8 Makronen.

Drei viertel Pfund Zucker wird mit Vanille (für achtzehn Kreuzer) und einer halben Maß sehr gutem Rahm gekocht. Dann zwölf Eidottern in einem Hafen gut abgerührt und mit dem kochenden Rahm unter beständigem Rühren daran gegossen, dann so lange auf der Hitze gerührt, bis es anfängt dick zu werden (kochen darf es aber ja nicht). Dann lässt man es erkalten, indem man es hie und da umrührt, damit keine Haut sich bildet. Hierauf wird ein Gläschen Liqueur (Vanille oder Marasquino) daran gerührt.

Drei Quart Schlagrahm wird zu steifem Schnee geschlagen, zwei Loth aufgelöste Hausenblasen oder ein Loth Hausenblase und zwei Loth Gelatine an die Creme gerührt, dann ein Löffel Schlagrahm hineingerührt und der übrige schnell daruntergehoben. Zwei Cremeformen werden mit feinem Öl ausgestrichen, mit Bisquit ausgelegt, eine Lage Creme hineingegeben, dann eine Handvoll Rosinen und kleine Weinbeeren, welche man eine Stunde vorher in Wasser ein wenig aufkocht und mit einem Tuche abgetrocknet hat, darauf gestreut. Acht kleine Makronen übergießt man eine halbe Stunde vorher mit Liqueur, gibt dann wieder eine Lage Creme, Weinbeeren, Rosinen und zwei Makronen hinein, fährt so fort, bis die Formen voll sind und stellt sie in Eis. Am andern Tage, wenn sie gesulzt sind, stößt man sie schnell in heißes Wasser und stürzt sie auf eine flache Platte, taucht ein Tuch in heißes Wasser, drückt es fest aus und legt es auf die Form, schüttelt ein wenig und die Creme fällt heraus.

741. Russische Creme

Bedarf: 4 Loth Zucker, 4 Eier, 1 Loth Hausenblase, 2 Löffel Arak, ½ Maß Schlagrahm.

Vier Loth Zucker werden mit vier Eidottern schaumig gerührt, dann ein Loth aufgelöste Hausenblase und zwei Löffel guter Arak hineingerührt, zuletzt wird eine halbe Maß Schlagrahm zu festem Schnee geschlagen und gut darunter gemischt. Die Form mit Mandelöl ausgestrichen, eingefüllt und auf Eis zum Sulzen gestellt. Ist sie fest, wird sie auf eine Platte gestürzt, wie unter Nr. 740 beschrieben.

742. Marasquinocreme

Bedarf: 8 Loth Zucker, 8 Eier, 4 Löffel Liqueur, 2 Loth Hausenblase oder 4 Loth Gelatine, ½ Maß Schlagrahm.

Acht Loth Zucker wird mit acht Eidottern eine Viertelstunde gerührt, vier Löffel Liqueur (Marasquino) daran gegossen, zwei Loth aufgelöste Hausenblase oder vier Loth aufgelöste Gelatine darunter gerührt. Dann eine halbe Maß guten Schlagrahm zu steifem Schnee geschlagen, alles mitsammen gut vermengt und sogleich in eine mit Mandelöl ausgestrichene Form gegeben und auf Eis zum Sulzen gestellt. Wenn die Creme fest ist, wird sie auf eine Platte gestürzt, wie unter Nr. 740 näher beschrieben.

743. Weincreme

Bedarf: ½ Flasche Wein, 8 Eier, ½ Pfd. Zucker, Bisquit und eingesottene Früchte.

Eine halbe Flasche Weißwein macht man siedend, während dem schlägt man acht Eidottern mit einem halben Pfund gestoßenem Zucker in einem Hafen gut ab und gießt den Wein unter beständigem Rühren daran. Alsdann rührt man es auf dem Feuer so lange, bis es anfängt dick zu werden (kochen darf es ja nicht, da es sonst Bätzchen bekommt), stellt es dann zum Erkalten zurück und rührt es fleißig um, damit es keine Haut bekommt. Ist diese Masse kalt, so gießt man sie in eine Cremeschale und serviert Hohlhippen dazu.

Man kann auch auf eine Cremeschale fein geschnittenes Bisquit, mit Arak bespritzt, legen, ein wenig eingesottene Früchte darauf geben, wieder mit Bisquit zudecken und die Weincreme darüber gießen.

744. Kalte, gestürzte Eiercreme

Bedarf: 2 Loth Hausenblase, 3 Quart Wein, 10 Eier, ½ Pfd. Zucker, 1 Pomeranze, 1 Zitrone.

Man nimmt zwei Loth Hausenblase, schneidet sie recht klein und lässt sie in einem Quart Wein über Nacht stehen. Am andern Tage wird der Wein mit der Hausenblase recht gut gekocht und dann durch ein Haarsieb gegossen. Zehn Eidottern werden mit einer halben Maß kaltem Wein recht stark gerührt, ein halbes Pfund Zucker an einer Pomeranze und einer Zitrone abgerieben, dann fein gestoßen und der Saft ausgedrückt. Dies alles wird untereinander gemischt, auf das Feuer gesetzt und beständig gerührt, bis es anfängt dick zu werden. Hierauf wird der fest geschlagene Schnee von zehn Eiweiß leicht darunter gehoben.

Alsdann bestreicht man eine Form mit Mandelöl, füllt das Ganze hinein und stellt es auf Eis, bis es gesulzt ist, worauf man es stürzt.

745. Erdbeercreme

Bedarf: 1 Maß Erdbeeren, ½ Pfd. Zucker, ½ Maß Schlagrahm.

Eine Maß sehr reife Erdbeeren werden durch ein Sieb in eine Porzellanschüssel gestrichen und mit einem halben Pfund gestoßenem Zucker verrührt. Eine halbe Maß Schlagrahm wird zu steifem Schnee geschlagen, alles mitsammen vermengt, in eine Cremeschale gegeben und mit Erdbeeren oder Rahmschnee verziert und sogleich zu Tische gebracht.

746. Mandelsulze (Blanc-manger)

Bedarf: ½ Pfd. süße Mandeln, 1 Loth bittere Mandeln, 12 kr. Vanille, ½ Maß Rahm, 2 Loth Hausenblase.

Ein halbes Pfund süße und ein Loth bittere Mandeln werden gebrüht, abgeschält und ganz fein gewiegt oder gestoßen, mit Vanille (für zwölf Kreuzer) in einer halben Maß Rahm gekocht. Wenn es etwas ausgekühlt ist, wird es durch eine Serviette gepresst. Dann zum Erkalten bei Seite gestellt, indem man es hie und da umrührt, zwei Loth aufgelöste Hausenblase oder sechs Loth aufgelöste Gelatine werden durch ein Sieb gegossen, darunter gerührt, in eine mit Mandelöl ausgestrichene Form eingefüllt und auf Eis zum Sulzen gestellt. In einer Stunde ist sie gesulzt. Alsdann wird die Form aus dem Eis gehoben, abgetrocknet, mit dem Finger an den Seiten abgelöst und auf eine Platte gestürzt, sogleich zu Tische gegeben.

NB: Zu allen Mandelsulzen kann anstatt Hausenblase oder Gelatine auch Kälberstand genommen werden. Dieselbe wird bereitet aus vier rein geputzten Kälberfüßen, welche man vom Bein ablöst und sehr rein wäscht. Dann lässt man sie in zwei Maß Wasser in einem sehr reinen Gefäß so lange auf dem Feuer kochen, bis es nur eine halbe Maß ist. Während dem Kochen schäumt man sie fleißig ab, gießt sie dann durch ein Tuch und stellt sie über Nacht an einen kühlen Ort. Am andern Tage nimmt man das Fett ganz rein herunter, lässt den Kälberfußstand zerschleichen, ist er fast kalt, gießt man ihn an die gekochte Mandelmilch, verrührt diese gut damit und füllt sie sogleich in die mit Mandelöl ausgestrichene Form, worauf man sie auf Eis zum Sulzen stellt.

747. Gewürfeltes Blanc-manger

Bedarf: ½ Pfd. süße Mandeln, 1 Loth bittere Mandeln, 12 kr. Vanille, ½ Maß Rahm, 2 Loth Hausenblase.

Man macht Blanc-manger nach Nr. 746, gießt die Hälfte halbfinger-dick auf eine große, flache Platte und lässt es fest sulzen, dann schnei-det man es mit einem scharfen Messer der Länge nach in sechs gleiche Streifen, desgleichen über die Quer sechsmal ganz gleich voneinander, damit es viereckige Würfel werden. Nimmt alsdann ein Messer, hebt damit einen Würfel aus und setzt ihn auf eine flache viereckige Platte, ebensoviel als ein Würfel ausmacht, lässt man leer stehen und fährt so fort, bis die Platte voll ist. Nun nimmt man die andere Hälfte Blanc-manger, vermischt dieselbe mit zwei Täfelchen guter Schokolade, füllt die leeren Würfel damit ein, wodurch die Fläche eines Damenbretts hergestellt wird. Alsdann lässt man es sulzen.

Man kann auch statt Schokolade aufgelöstes Karmin nehmen; es werden dann die Felder rot und weiß.

748. Rotes, schwarzes und weißes Blanc-manger

Bedarf: 1/2 Pfd. süße Mandeln, 1 Loth bittere Mandeln, ½ Maß Rahm, 12 kr. Vanille, 1 Löffel aufgelöstes Karmin, 2 Täfelchen Schokolade, 2½ Loth Hausenblase.

Das nach Nr. 746 verfertigte Blanc-manger teilt man in vier gleiche Teile, bestreicht eine Form leicht mit Mandelöl, gießt eine Lage wei-ßes Blanc-manger hinein und lässt es sulzen, dann rührt man unter den einen Teil ein Löffelchen aufgelöstes Karmin, gießt es in die Form und lässt es wieder sulzen; den dritten Teil kocht man ohne Hausen-blase mit zwei Täfelchen fein geriebener Schokolade auf, lässt es kalt werden, rührt ein halbes Loth aufgelöste Hausenblasen darunter, gießt es dann abermals auf die Form und lässt es sulzen. Zuletzt gießt man wieder weiße Blanc-manger darauf, stellt es auf Eis zum Sulzen. In einer Stunde kann es gestürzt werden. Das Verfahren des Stürzens siehe unter Nr. 746.

749. Gerührtes Eier-Blanc-manger

Bedarf: 10 Eier, ½ Pfd. Zucker, 1 Zitrone, 2 Loth Gelatine.

Zehn Eidottern werden mit einem halben Pfund gestoßenem Zucker eine halbe Stunde gerührt, dann wird von einer ganzen Zitrone der Saft ausgedrückt, darangegeben und die Schale hineingerieben. Zwei Loth Gelatine mit einem Glas Wasser bis zur Hälfte eingekocht, lauwarm darunter gerührt, sowie von zehn Eiweiß der festgeschlagene Schnee darunter gerührt, was jedoch sehr schnell geschehen muss, da es rasch sulzt. Eine Cremeform wird mit frischem Wasser ausgespült, fein gestoßener Zucker hineingestreut, die Masse eingefüllt, auf Eis gestellt oder in ganz frisches Wasser. Nach drei Stunden ist es fest, dann wird es gestürzt und mit Schaumhäufchen (Nr. 696) garniert.

750. Süße Sulze von Rotwein

Bedarf: ½ Pfd. Zucker, 1½ Loth Hausenblase, 1 Quart Rotwein (Burgunder).

Ein halbes Pfund Zucker wird mit einem halben Quart Wasser geläutert und heiß durch ein Tuch gegossen, ebenso anderthalb Loth Hausenblase mit einem Quart Wasser ausgekocht, bis sie ganz klar ist; dann ebenfalls durch ein Tuch gegossen, jedoch in ein eigenes Gefäß. Ist beides lauwarm, so gibt man in eine sehr reine Schüssel ein Quart Rotwein (Burgunder), rührt von dem geläuterten Zucker hinein, bis es sehr süß ist. Zuletzt verrührt man mit dem Zucker und dem Wein die aufgelöste Hausenblase, füllt es in eine Sulzform und stellt es über Nacht auf Eis. Bei Weinsulzen hat man nicht nötig, die Form mit Öl auszustreichen.

751. Süße Sulze von Weißwein

Bedarf: 2 Zitronen, 2 Loth Hausenblase, ½ Pfd. Zucker, 1 Eiweiß, 6 Löffel Arak, 1 Quart Weißwein.

Die von zwei Zitronen fein abgeschälte Schale wird mit zwei Loth Hausenblase und einem Quart Wasser bis auf die Hälfte eingekocht, dann gießt man es durch ein Tuch. Ein halbes Pfund Zucker wird mit einem halben Quart Wasser geläutert, ein zu Schnee geschlagenes Eiweiß daraufgegeben, damit sich alles Unreine zusammenzieht, dann lässt man es gut kochen, nimmt das Eiweiß mit einem silbernen Löffel herunter und gießt den Zucker durch ein Tuch. Sollte es noch nicht rein sein, so gießt man es noch einmal durch das Tuch. Ist der Zucker fast kalt, so mischt man die reine Hausenblase, sechs Löffel feinen Arak und ein Quart Weißwein darunter, verrührt alles gut, füllt es in eine Form und stellt diese über Nacht auf Eis oder in kaltes Wasser. Vor dem Auftragen stößt man die Form schnell in heißes Wasser und stürzt die Sulze auf eine Platte. Oft hat man nicht nötig, beim Stürzen der Sulze die Form in heißes Wasser zu stoßen, man darf dann nur an den Seiten die Sulze mit den Fingern ein wenig ablösen, dieselben dicht über eine Platte halten, ein wenig schütteln und die Sulze fällt von selbst heraus. Wird die Form durch das ins-heiße-Wasser-Stürzen nur ein wenig zu heiß, so geht zwar die Sulze sehr leicht heraus, allein sie verliert dadurch an Ansehen.

752. Süße Sulze von Weißwein auf andere Art

Bedarf: 4 geputzte Kälberfüße, 2 Pomeranzen, 2 Zitronen, ½ Pfd. Zucker, 3 Eiweiß, ½ Maß Weißwein.

Vier sorgfältig geputzte Kälberfüße werden vom Beine befreit, gewaschen und in einem ganz reinen Geschirr mit zwei Maß Wasser zum Feuer gesetzt und bis zu einer halben Maß eingekocht. Während dem Kochen schäumt man sie sehr fleißig ab, gießt sie dann durch ein Tuch und lässt sie über Nacht stehen. Am andern Tage nimmt man das Fett rein herunter, gibt die Sulze in ein reines Kasserol, nebst einer Flasche Wein, der Schale und dem Saft von zwei Pomeranzen oder zwei Zitronen und einem halben Pfund geläutertem Zucker, lässt es auf dem Feuer zerschleichen, gibt drei Eiweiß dazu und schlägt es gut durcheinander, bis es anfängt zu kochen. Stellt es dann vom Feuer, deckt einen irdenen Deckel verkehrt darauf, legt auf diesen glühende Kohlen, damit das Unreine sich zusammenzieht. Nach einer Viertelstunde spannt man ein Tuch an die vier Füße eines umgekehrten Stuhles, stellt eine Schüssel darunter und lässt es langsam durchlaufen, indem man einen Suppenlöffel nach dem andern darauf gießt. Dann füllt man eine Form damit und stellt sie auf Eis zum Sulzen. Das Verfahren beim Stürzen ist unter Nr. 751 beschrieben.

753. Süße Sulze von Orangen

Bedarf: 6 Kälberfüße, 1 Maß Weißwein, 2 Orangen, 1 Zitrone, 3 Eiweis, ½ Pfd. Zucker.

Sechs Kälberfüße setzt man mit anderthalb Maß Wasser aufs Feuer, lässt sie langsam sieden, bis das Wasser bis auf ein Viertelmaß eingekocht ist, gießt den Absud durch ein Sieb und lässt ihn an einem kühlen Orte sulzen. Alsdann schabt man mit einem Löffel das Fett ganz rein ab, setzt den Kälberstand mit einer Maß Weißwein, dem Saft von zwei Orangen und einer Zitrone, einem halben Pfund Zucker auf Orangen abgerieben, nebst drei Eiweiß auf das Feuer und lässt es unter beständigem Rühren kochen, bis sich das Unreine zusammengezogen hat. Alsdann gibt man ein reines Tuch über einen Hafen, gießt die Sulze langsam durch, gibt sie dann in die Form, setzt sie auf Eis, bis sie bestanden ist. Vor dem Anrichten stößt man die Form schnell in heißes Wasser und stürzt sie auf eine flache Platte.

754. Liqueursulze

Bedarf: 2 Loth Haufenblase, ½ Pfd. Zucker, 1 Löffel Arak, 5 Löffel Liqueur (Vanille, Anisette oder Marasquino).

Hierbei wird ganz dasselbe Verfahren beobachtet wie bei Nr. 751; anstatt der sechs Löffel Arak nimmt man nur einen Löffel Arak und fünf Löffel Liqueur (Vanille, Anisette, Marasquino) oder einen andern beliebigen guten Liqueur.

755. Johannisbeersulze

Bedarf: 2 Maß reife Johannisbeeren, ½ Pfd. Zucker, 2 Loth Hausenblasen.

Zwei Maß reife schöne rote Johannisbeeren werden von den Stielen abgezupft und durch ein Tuch gepresst. Dann lässt man sie einen halben Tag stehen, legt eine Serviette auf eine Schüssel und lässt den Saft langsam durchlaufen. Es soll ungefähr ein Schoppen sein, gibt es nicht so viel, gießt man etwas Wein dazu. Ein halbes Pfund schön geläuterter Zucker, sowie zwei Loth aufgelöste Hausenblase werden dazu gegeben, alles gut verrührt und in die Form gefüllt, über Nacht auf Eis zum Sulzen gestellt, dann ebenso verfahren wie bei Nr. 753.

756. Himbeersulze

Bedarf: 2 Maß reife Himbeeren, ½ Pfd. Zucker, 2 Loth Hausenblase.

Mit dieser wird ebenso verfahren wie mit der Johannisbeersulze Nr. 755.

Gefrorenes

757. Vanillegefrornes

Bedarf: ½ Pfd. Zucker, 1 Stange Vanille, 10 Eier, 1 Maß Rahm.

Ein halbes Pfund Zucker wird mit einer Stange Vanille, welche man zerschneidet, in einer Maß sehr gutem Rahm gekocht. Zehn Eidottern werden in einem Hafen verrührt und der kochende Rahm unter beständigem Rühren daran gegossen, dann lässt man es auf dem Feuer anziehen, bis es anfängt dick zu werden, stellt es bei Seite, lässt es erkalten und rührt es hie und da um, damit es keine Haut bekommt.

Ist es kalt, wird es durch ein Sieb in die Gefrierbüchse gegossen. Diese Büchse wird in einen Zuber, worin gestoßenes, gut gesalzenes Eis sich befindet, gestellt und so lange gedreht, bis es dick ist; hie und da muss man es mit einem Löffel umrühren, jedoch dabei sehr vorsichtig sein, damit kein gesalzenes Eis in die Masse fällt. Wenn es gefroren ist, stellt man die Büchse in heißes Wasser und stürzt es auf eine Platte oder Glasschale.

758. Schokoladegefrornes

Bedarf: 3 Täfelchen Schokolade, ½ Pfd. Zucker, 1 Stange Vanille, 1 Maß Rahm, 12 Eier.

Drei Täfelchen (ungefähr drei Loth) geriebene Vanilleschokolade und ein halbes Pfund Zucker wird mit einem Stück Vanille in einer Maß Rahm gekocht, dann an zwölf mit etwas Wasser oder kalter Milch verrührten Eidottern gegossen und auf dem Feuer so lange gerührt, bis es anfängt dick zu werden. Hierauf stellt man es zum Erkalten, indem man es fleißig umrührt, damit es keine Haut bekommt. Im Übrigen wird verfahren wie beim Vanillegefrornen (Nr. 757).

759. Kaffeegefrornes

Bedarf: ¼ Pfd. feiner Kaffee (Mokka), 1 Maß Rahm, 1 Stange Vanille, ½ Pfd. Zucker, 12 Eier.

Ein viertel Pfund feiner Kaffee (Mokka) wird hellbraun gebrannt, die ganzen Bohnen in einer Maß gutem Rahm mit einem Stückchen Vanille und einem halben Pfund Zucker gekocht. Alsdann werden zwölf Eidottern mit etwas kalter Milch in einem Hafen gut verrührt, und der kochende Rahm an die Eier gegossen, auf dem Feuer so lange gerührt, his es anfängt dick zu werden, dann durch ein Sieb in eine Schüssel gegossen und hie und da umgerührt. Ist es kalt, wird es durch ein Sieb in die Gefrierbüchse gegossen und wie bei Nr. 757 verfahren.

760. Haselnussgefrornes

Bedarf: ¼ Pfd. Haselnusskerne, 1 Maß Rahm, 1 Stange Vanille, ½ Pfd. Zucker.

Ein viertel Pfund Haselnusskerne werden mit ein wenig Rahm in einem Mörser ganz fein gestoßen, in einer Maß Rahm mit einem Stückchen Vanille und einem halben Pfund gestoßenem Zucker gekocht, dann durch ein Tuch gepresst, wieder kochend gemacht und mit zwölf Eidottern mit etwas kalter Milch gut verrührt. Die kochende Milch wird unter beständigem Rühren daran gegossen, worauf man es auf dem Feuer so lange rührt, bis es anfängt dick zu werden. Dann wird es durch ein Sieb in eine Schüssel gegossen, hie und da umgerührt, damit es keine Haut bekommt. Im Übrigen ist dasselbe Verfahren wie bei Nr. 757.

761. Mandelgefrornes

Bedarf: ¼ Pfd. süße Mandeln, 1 Maß Rahm, 1 Stange Vanille, ½ Pfd. Zucker.

Ein viertel Pfund abgezogene süße und einige bittere Mandeln werden mit Rahm im Mörser gestoßen und verfahren wie beim Nussgefrornen (Nr. 760).

762. Aprikosengefrornes

Bedarf: 20 Stück Aprikosen, 1 Pfd. Zucker.

Zwanzig Stück sehr reife Aprikosen werden geschält, vom Kern befreit und durch ein Sieb passiert. Dann läutert man ein Pfund Zucker mit etwas Wasser, bis er spinnt, und schäumt ihn fleißig ab. Das Aprikosenmark wird mit einem Quart Wasser unter den Zucker gerührt, ein wenig gekocht, worauf man es erkalten lässt und es hie und da umrührt. Ist es ganz kalt, gibt man es in die Gefrierbüchse und verfährt damit wie bei Nr. 757.

763. Aprikosengefrornes auf andere Art

Bedarf: 20 Stück Aprikosen, 1 Pfd. Zucker, 1 Zitrone.

Zwanzig reife Aprikosen werden abgeschält, vom Kern befreit und durch ein Sieb passiert. Ein Pfund Staubzucker wird mit einem Quart Wasser und dem Saft einer Zitrone aufgelöst, dann noch eine halbe Maß Wasser unter das Mark gerührt, nicht gekocht, sogleich in die Gefrierbüchse gegeben und im Übrigen verfahren wie bei Nr. 757.

764. Weichselgefrornes

Bedarf: 2 Maß frische Weichseln, 1 Pfd. Zucker.

Zwei Maß sehr reife Weichseln werden von den Stielen befreit, durch ein Tuch gepresst, ein Pfund Zucker mit Wasser geläutert, bis er spinnt, der Weichselsaft darunter gerührt und noch ein wenig gekocht; dann zum Erkalten zurückgestellt. Hierauf in die Gefrierbüchse gegeben und ebenso verfahren wie bei Nr. 757.

765. Erdbeergefrornes

Bedarf: 2 Maß frische Erdbeeren, 1 Pfd. Zucker.

Zwei Maß sehr reife Erdbeeren werden durch ein Tuch gepresst, zwei Pfund Zucker mit Wasser geläutert, der Erdbeersaft darunter gerührt, ein wenig gekocht, zum Erkalten zurückgestellt, alsdann verfahren wie bei Nr. 757.

766. Himbeergefrornes

Bedarf: ½ Maß Saft von reifen Himbeeren, 1 Pfd. Zucker.

Eine halbe Maß Saft von reifen Himbeeren wird in einem Pfund geläuterten Zucker eingerührt, einmal aufgekocht und gut abgeschäumt. Ist der Saft kalt, wird verfahren wie unter Nr. 757 beschrieben.

767. Zitronengefrornes

Bedarf: 1 Pfd. Zucker, 8 Zitronen.

Ein Pfund Zucker wird mit einem halben Schoppen Wasser geläutert bis er spinnt. Den Zucker reibt man vorher an der Schale von drei Zitronen ab, gibt den Saft von acht Zitronen darunter, lässt es gut zusammenkochen und gibt es nach dem Erkalten in die Gefrierbüchse, wobei man verfährt wie bei Nr. 757.

768. Orangengefrornes

Bedarf: 1 Pfd. Zucker, 1 Quart Weißwein, 9 Orangen.

Ein Pfund fein gestoßener Zucker wird mit einem halben Schoppen Wasser angefeuchtet, dann mit einem Schoppen Weißwein so lange gekocht, bis er spinnt. Von neun abgeschälten süßen Orangen wird der Saft ausgepresst, dann Zucker beigefügt und nach dem Erkalten verfahren wie bei Nr. 757.

769. Ananasgefrornes

Bedarf: 1 sehr reife Ananas, 1 Pfd. Zucker, 2 Zitronen.

Von einer sehr reifen Ananas schält man die gelbe Haut ganz fein ab. Die Ananas wird alsdann auf einem Reibeisen fein gerieben, in ein Pfund geläuterten Zucker eingerührt, noch ein wenig gekocht, dann durch ein Sieb passiert, dann der Saft von zwei Zitronen und noch etwas Wasser (ein Quart) darunter gerührt. Kalt in die Gefrierbüchse eingefüllt, wobei man dasselbe Verfahren zu beobachten hat wie bei Nr. 757.

770. Gefrornes von Früchtensaft

Bedarf: 1 Pfd. Zucker, 1 Quart Früchtensaft.

Ein Pfund gestoßener und fein gesiebter Zucker wird mit einem Quart kaltem Wasser angefeuchtet, der eingekochte Früchtensaft darunter gemischt, noch eine halbe Maß Wasser daran gerührt, damit es recht flüssig wird, und leichter gefriert. Auf ein Pfund Zucker rechnet man ein Quart eingekochten Saft. Es bedarf keines Kochens. Alsdann wird es in die Gefrierbüchse gegossen; die fernere Behandlung ist wie bei Nr. 757.

Das Gefrorne wird auf diese Art sehr gut. Dazu kann man eingekochten Himbeersaft, Johannisbeersaft, Weichselsaft u. dgl. nehmen. Man verwendet die Früchtensäfte im Winter zum Gefrornen, im Sommer kann man sie aus frischen Früchten oder Marmeladen bereiten.

In Zucker eingemachte Früchte

771. Himbeeren

Drei viertel Pfund gestoßener Zucker und ein Pfund reife, rote Himbeeren werden in einer Messingpfanne so lange bei sehr mäßigem Feuer gekocht, bis sie, wenn man einen Tropfen auf einen Teller, fallen lässt, dieser besteht. Man rührt sie fleißig mit einem silbernen Löffel auf, um das Anbrennen zu verhüten und schäumt sie sorgfältig ab. Alsdann gießt man sie in eine Schüssel, sind sie etwas erkaltet, füllt man sie in ein Glas, damit sich eine dicke Haut bilde, sind sie ganz kalt, so nimmt man ein rundes, weißes in Spiritus eingetauchtes Papier, genau in der Größe des Glases, legt es darauf oder bestreut sie oben mit ganz fein gestoßenem Zucker und legt dann das Papier darauf, wonach man, sie mit Papier[3] oder Blase gut zubindet und an einem kühlen Orte aufbewahrt.

NB: Bei allen eingemachten Früchten muss hie und da nachgesehen werden, sollte sich oben Schimmel zeigen, so muss das unreine Papier vorsichtig heruntergenommen werden, auch die schimmlichen Früchte entfernt man mit einem silbernen Löffel ganz rein; dann werden die Früchte oder der Saft noch einmal aufgekocht, lauwarm in das dazu bestimmte, gereinigte Gefäß eingefüllt, ein frisches in Spiritus oder Arak getränktes Papier darauf gelegt und wieder gut zugebunden.

772. Johannisbeeren

Drei viertel Pfund Zucker wird mit etwas Wasser geläutert, bis er spinnt; dann nimmt man ein Pfund reife, große abgezupfte Johannis-

---

3   Zum Verschließen von Gefäßen mit eingesottenen Früchten u. dgl. bedient man sich mit Vorteil des sogenannten Pergamentpapiers.

beeren und kocht dieselben acht Minuten in dem Zucker. Schäumt sie fleißig ab und faßt sie mit einem Schaumlöffel in eine Schüssel heraus, lässt den Saft noch ganz dick einkochen, gießt ihn dann in die Beeren, lässt dieselben auskühlen, füllt sie in ein Glas und lässt sie zwei Tage unzugebunden stehen, streut etwas fein gestoßenen Zucker darauf und legt ein in Spiritus getauchtes Papier oben darauf, bindet sie gut zu und stellt sie an einen kühlen Ort.

773. Erdbeeren

Drei viertel Pfund gestoßener Zucker und ein Pfund frische, reife Erdbeeren werden so lange gekocht, bis sie Perlen werfen. Man rührt sie öfter um, schäumt sie fleißig ab und füllt sie lauwarm in ein Glas, wonach man mit ihnen verfährt wie mit den Himbeeren (Nr. 771).

774. Weichseln

Ein Pfund reife ausgesteinte Weichseln werden in drei viertel Pfund geläutertem Zucker eine Viertelstunde gekocht, gut abgeschäumt, die Weichseln mit einem Schaumlöffel herausgenommen, der Saft noch gut eingekocht, alsdann an die Weichseln gegossen und lauwarm eingefüllt. Nach zwei Tagen werden sie oben mit feingestoßenem Zucker bestreut und ein in Spiritus getauchtes Papier darauf gelegt, dann gut zugebunden und an einen kühlen Ort gestellt.

775. Kirschen

Ein halbes Pfund Zucker wird geläutert, ein Pfund ausgesteinte schwarze Kirschen, sowie ein kleines Stückchen Zimt und eine kleine Zitronenschale eine Viertelstunde darin gekocht, hie und da umgerührt und gut abgeschäumt, dann die Kirschen mit einem Schaumlöffel in eine Schüssel herausgenommen, der Saft, noch gut eingekocht, darüber gegossen und verfahren wie mit den Weichseln (Nr. 774).

776. Zwetschgen

Werden ebenfalls ausgesteint, indem man mit einem spitzigen Hölzchen oder Federkiel den Kern hinausstößt; im Übrigen wird verfahren wie mit den Weichseln (Nr. 774).

777. Aprikosen

Ein Pfund halbreife Aprikosen werden abgeschält und ausgesteint, halbiert, sogleich in frisches Wasser geworfen, alsdann auf einen Durchschlag gegossen, mit einem Tuche gut abgetrocknet, in einen steinernen tiefen Hafen gleichmäßig eingeschlichtet, ein Pfund dick geläuterter Zucker darüber gegossen und über Nacht an einen kühlen Ort gestellt. Den andern Tag werden Zucker und Aprikosen in einer messingenen Pfanne nur einmal aufgekocht. Dann hebt man die Aprikosen mit einem silbernen Löffel sorgfältig auf eine Platte heraus, kocht den zurückgebliebenen, sowie noch ablaufenden Saft der Aprikosen recht dick ein, legt die Aprikosen in einen steinernen Hafen oder Glas, gießt den Saft lauwarm daran, lässt sie zwei Tage stehen, bestreut sie oben mit seinem Zucker, legt ein in Spiritus getauchtes Papier darauf, bindet sie gut zu und stellt sie an einen kühlen Ort.

778. Pfirsiche

Ein Pfund nicht zu reife Pfirsiche werden abgeschält, halbiert und ausgesteint, in einen Hafen oder Schüssel gelegt, drei viertel Pfund dick geläuterter Zucker darüber gegossen, über Nacht an einen kühlen Ort gestellt, den andern Tag in einer messingenen Pfanne nur einmal aufgekocht, die Pfirsiche mit einem silbernen Löffel herausgehoben, der Saft dick eingekocht, lauwarm daran gegossen und im Übrigen verfahren wie bei den Aprikosen (Nr. 777).

NB: Alle feinen Obstgattungen darf man mit dem Zucker nur sehr wenig kochen, da sie sonst an Ansehen verlieren.

779. Reineclauden

Nicht zu reife Reineclauden werden von den Stielen befreit, und jede mit einer Gabel bis auf den Kern gestupft. Dann legt man sie in kaltes Wasser, setzt sie zum Feuer und lässt sie so lange auf der Hitze stehen, bis das Wasser heiß geworden, nimmt sie dann vom Feuer und lässt sie über Nacht in diesem Wasser stehen. Am andern Tage läutert man auf ein Pfund Reineclauden drei viertel Pfund Zucker mit etwas Wasser, bis derselbe schäumt, trocknet die Reineclauden mit einem Tuche gut ab, legt sie in einen Hafen, gießt den Zucker darüber, lässt sie wieder eine Nacht darin stehen, kocht sie den andem Tag nur einmal auf, hebt sie mit einem silbernen Löffel behutsam in ein Glas, kocht den Saft dick ein und gießt ihn lauwarm darüber. Das Glas muss ebenfalls gut verschlossen sein.

780. Stachelbeeren

Ein Pfund halbreife große Stachelbeeren werden von Butzen und Stielen befreit, mit kaltem Wasser zum Feuer gesetzt und so lange auf der Hitze gelassen, bis das Wasser heiß geworden ist; dann setzt man sie vom Feuer und lässt sie über Nacht in dem Wasser stehen. Am andern Tage werden sie mit einem Schaumlöffel herausgenommen, abgetrocknet und in eine Schüssel gelegt. Drei viertel Pfund Zucker läutert man, gießt denselben über die Stachelbeeren und lässt sie wieder über Nacht stehen. Den dritten Tag kocht man sie in dem Zucker einmal auf, faßt die Stachelbeeren mit einem silbernen Löffel in ein Glas heraus, kocht den Saft noch dick ein und gießt ihn lauwarm darüber, worauf man sie zwei Tage stehen lässt. Dann streut man feinen Zucker darauf, legt ein in Spiritus getränktes Papier darüber, bindet sie gut zu und bewahrt sie an einem kühlen Orte auf.

781. Mirabellen

Man läutert drei viertel Pfund Zucker, kocht ein Pfund nicht zu reife Mirabellen einigemale darin auf, schäumt sie gut ab, nimmt die Mirabellen mit einem silbernen Löffel heraus, legt sie in eine Schüssel, lässt den Saft gut einkochen, und gießt ihn über die Mirabellen. Lauwarm werden sie in ein Glas gefüllt, nach zwei Tagen mit feinem Zucker bestreut, ein in Spiritus getränktes Papier darauf gegeben, gut zugebunden und an einem kühlen Orte aufbewahrt.

782. Quitten

Reife schöne Quitten werden abgeschält, in vier bis sechs gleichmäßige Schnitze geteilt, vom Kernhaus befreit, sogleich in frisches Wasser gelegt, damit sie nicht gelb werden, dann in kochendes Wasser geworfen, und ein paarmal darin aufgekocht. Alsdann in einen Durchschlag zum Ablaufen gegossen. Auf ein Pfund Quitten nimmt man ein Pfund Zucker, läutert diesen mit etwas Wasser, worin die Quitten gekocht wurden, bis er spinnt, dann legt man die Quitten hinein und lässt sie kochen, bis sie ziemlich weich sind, bringt sie mit einem silbernen Löffel in eine Schüssel, lässt den Saft noch ganz dick einkochen, gießt denselben über die Quitten und füllt sie lauwarm in ein Glas, worin man sie einen Tag stehen lässt. Ein in Spiritus getränktes Papier wird darauf gelegt, das Glas gut zugebunden und an einem kühlen Orte aufbewahrt.

783. Welsche Nüße

Ende Juni nimmt man welsche ausgewachsene Nüsse, die noch keine harte Schale haben, durchsticht sie öfter mit einer langen Nadel oder Gabel und legt sie neun Tage in frisches Wasser, welches man täglich erneuern muss. Alsdann blanchiert man sie in kochendem Wasser und gibt sie in einen Seiher zum Ablaufen.

Man rechnet auf ein Pfund Nüsse ein Pfund Zucker, lässt den Zucker mit etwas Wasser kochen, bis er spinnt, kocht die Nüsse dann so lange darin, bis sie schwarz und weich sind. Dann legt man sie mit einem silbernen Löffel in ein Glas oder steinernen Hafen, kocht den Zucker noch recht dick ein, gießt ihn lauwarm über die Nüsse, bindet diese nach dem Erkalten zu und stellt sie an einen kühlen Ort.

784. Schwarzbeeren

Man läutert ein halbes Pfund Zucker mit einem halben Quart guten Weinessig, gibt ein Pfund schöne, reife Schwarzbeeren hinein und lässt sie unter fleißigem Umrühren eine halbe Stunde kochen; gießt sie dann sogleich in einen steinernen Hafen, legt nach dem Erkalten ein in Spiritus getauchtes Papier darauf, bindet sie zu und stellt sie an einen kühlen Ort.

785. Preiselbeeren

Vier Maß große dunkelrote Preißelbeeren werden rein ausgesucht, gewaschen und mit einem viertel Pfund Zucker gut gekocht, hie und da umgerührt und gut abgeschäumt, dann in einen steinernen Hafen gefüllt und nach vollständigem Abkühlen zugebunden. Vor dem Gebrauch vermengt man sie mit gestoßenem Zucker nach Belieben.

Marmeladen und Gelees

786. Äpfelmarmelade zum Aufbewahren

Man schäle große süße Äpfel, teile sie in zwei Teile und lasse sie in einem irdenen Gefäß mit etwas Wasser ganz weich dünsten, worauf man sie über Nacht an einem kühlen Orte stehen lässt. Am andern Tage läutert man Zucker mit Wasser, bis er spinnt, und schäumt ihn gut ab. Die Äpfel werden durch ein Sieb passiert. Das Mark wird alsdann in den Zucker gerührt, man rechnet auf drei Pfund Mark anderthalb Pfund Zucker und lässt es unter fleißigem Umrühren drei Viertelstunden kochen. Dann füllt man die Masse in einen steinernen Hafen, wenn sie erkaltet ist, legt man ein in Spiritus getränktes Papier darauf, bindet sie gut zu und bewahrt sie an einem kühlen Orte auf. Man verwendet diese Marmelade zu Kuchen und vermischt sie auch mit Aprikosenmarmelade.

787. Quittenmarmelade

Reife Quitten (Birnen und Äpfel durcheinander) werden rein gewaschen, in kochendem Wasser weich gesotten, dann aus dem Wasser gelegt und nach dem Erkalten mit einem scharfen Messer abgeschält, auf dem Reibeisen gerieben und durch ein Sieb passiert. Die Schalen der Quitten werden in Wasser gekocht und dieses Wasser zum Zuckerläutern verwendet, was ihm eine schöne rötliche Farbe gibt. Auf ein Pfund Mark rechnet man ein Pfund Zucker. Ist der Zucker mit einem Quart Quittenwasser gut geläutert, rührt man das Mark hinein und lässt es kochen, bis es eine schöne rote Farbe hat; es muss dabei fleißig umgerührt werden, da es sehr leicht anbrennt. Ist es fertig, taucht man beliebige größere und kleinere Blech- oder Kupferformen in frisches Wasser, gießt die Marmelade hinein, lässt sie erkalten und stürzt sie auf weißes Papier oder Porzellanplatten. Die Marmelade wird an einem kühlen Orte aufbewahrt.

788. Hagebuttenmarmelade

Nachdem die Hagebutten ausgekernt und recht rein gewaschen sind, lässt man sie einige Tage im Keller stehen, damit sie weich werden; dann schüttet man ein wenig Wasser daran und lässt sie kochen, indem man sie fleißig umrührt, sind sie ganz weich, passiert man sie durch ein Sieb. Auf ein Pfund Mark rechnet man drei viertel Pfund gestoßenen Zucker. Zucker und Mark lässt man einigemale unter fleißigem Umrühren aufkochen, dann füllt man sie in einen steinernen Hafen, legt nach dem Erkalten ein in Spiritus getränktes Papier darauf, bindet den Topf mit Papier oder Blase zu und stellt ihn an einen kühlen Ort.

789. Hagebuttenmarmelade auf andere Art

Ein Pfund ganz fein gestoßener Zucker wird mit einem Pfund Hagebuttenmark eine halbe Stunde in einer Schüssel gerührt, dann in ein Glas gefüllt, mit einem in Spiritus getränkten Papiere bedeckt, zugebunden und an einem kühlen Orte aufbewahrt.

790. Erdbeermarmelade

Schöne, reife Walderdbeeren werden durch ein Sieb passiert, alsdann mit Zucker in eine messingene Pfanne gegeben, gut verrührt und so lange gekocht, bis es dick ist. (Auf ein Pfund Mark rechnet man ein Pfund fein gestoßenen Zucker.) Dann füllt man es in ein Glas oder einen steinernen Hafen, streut nach dem Erkalten Zucker darauf, belegt es mit einem in Spiritus getränkten Papiere und bewahrt es gut zugebunden an einem kühlen Orte auf.

791. Aprikosenmarmelade

Ganz reife, weiche Aprikosen werden mit einem scharfen Messer abgeschält, von den Steinen befreit, mit gestoßenem Zucker in einer Schüssel gut abgerührt. (Auf ein Pfund Aprikosen rechnet man ein Pfund Zucker.) Alsdann gibt man sie in eine messingene Pfanne, lässt sie drei Viertelstunden tüchtig kochen und rührt sie während des Kochens fleißig um, damit das Anlegen verhindert wird. Sollte sich die Marmelade nur ein wenig an dem Boden angelegt haben, so muss dieselbe sogleich in eine andere Pfanne gefüllt werden, da sich sonst kleine schwarze Fasern darin zeigen würden und die Marmelade ihre schöne Farbe verlieren würde. Diese Masse füllt man noch warm in ein Glas oder in einen steinernen Hafen, lässt sie erkalten, belegt sie alsdann mit einem in Spiritus getränkten Papiere und stellt sie gut zugebunden an einen kühlen Ort.

Diese Marmelade lässt sich zwei bis drei Jahre aufbewahren.

792. Zwetschgenmarmelade

Reife schöne Zwetschgen werden ausgesteint, mit einem Stück Zucker ganz weich gekocht, durch einen Seiher passiert und dann noch recht dick eingekocht. Hierauf wird die Marmelade kalt in einen steinernen Hafen gefüllt, ein mit Spiritus getränktes Papier darauf gelegt, gut zugebunden und an einem kühlen Orte aufbewahrt.

793. Zwetschgenmarmelade auf andere Art

Die Zwetschgen werden in kochendes Wasser gelegt, alsdann abgeschält, vom Kern befreit, mit einem Stück Zucker dick eingekocht und dabei fleißig umgerührt. Alsdann lauwarm in einen steinernen Hafen gefüllt und ebenso verfahren wie vorstehend.

794. Zwetschgenmarmelade auf dritte Art

Reife große Zwetschgen werden ausgesteint, in einem irdenen Tiegel unter fleißigem Umrühren dick eingekocht. Sie müssen ein ganz dickes, schwarzes Mus bilden, was erst nach zwei- bis dreitagelangem Kochen erzielt wird. (Es ist hier angenommen, dass die Marmelade nur dann gekocht wird, wenn ohnehin Feuer in der Küche unterhalten wird, nämlich des Morgens und des Abends je zwei Stunden.) Alsdann füllt man sie in einen steinernen Topf, legt ein in Spiritus getränktes Papier darauf und bewahrt sie an einem kühlen Orte auf. Bei Gebrauch nimmt man einige Löffel von diesem Mus heraus, gibt einen Löffel Wasser daran und einige Stückchen Zucker, kocht dieses einigemale auf, verrührt einen Löffel Mehl mit etwas Wasser, gibt dieses Teiglein an das Mus und kocht es noch ein wenig, und die Marmelade ist fertig.

795. Quittengelee

Zwölf reife schöne Quittenäpfel und eben so viele Quittenbirnen werden rein gewaschen, in vier Teile geschnitten, vom Kernhaus befreit, mit kaltem Wasser zum Feuer gesetzt, weich gekocht und über Nacht im Wasser stehen gelassen. Am andern Tage nimmt man die schönsten Schnitze heraus, schält sie fein ab und legt sie eigens. Die Übrigen presst man mit dem Wasser durch ein Tuch. Dieses ist der Saft, woraus das Gelee bereitet wird.

Die Kerne werden eigens in Wasser gekocht, welches gleichfalls über Nacht stehen bleibt; dieses Wasser gehört zum Läutern des Zuckers. (Auf ein Pfund Zucker rechnet man eine halbe Maß Saft.) Ein Pfund Zucker wird mit einem Quart von diesem Wasser geläutert. Alsdann wird eine halbe Maß von dem Saft daran gegossen und eine Viertelstunde gekocht. Hierauf gibt man die zurückgelegten Schnitze hinein, nach einer Viertelstunde nimmt man sie mit einem silbernen Löffel heraus, gibt in den Saft eine Handvoll fein gestoßenen Zucker und kocht ihn wieder eine Viertelstunde, gibt die Schnitze abermals hinein und lässt sie wieder eine Viertelstunde kochen. Das alles wiederholt man, sodass die Schnitze am Ende dreimal im Safte gekocht wurden. Dann nimmt man sie heraus und lässt den Saft so lange kochen, bis er eine schöne rote Farbe bekommt und so dick ist, dass wenn man einen Tropfen auf einen Teller fallen lässt, derselbe sogleich besteht. Gießt ihn dann durch ein Sieb in eine weiße Schüssel und füllt ihn noch warm mit einem silbernen Löffel in kleine Geleegläser, welche man unzugebunden acht Tage an einem kühlen Orte stehen lässt. Nach dieser Zeit legt man auf jedes Geleeglas ein mit Spiritus getränktes Papier und bindet sie mit einem Papier oder Blase zu.

Die Quittenschnitze werden nur deshalb mitgekocht, damit das Gelee eine schöne rote Farbe bekommt. Die Schnitze werden in ein Glas gefüllt, einige Löffel Gelee darüber gegeben, nach zwei Tagen mit in Spiritus getränktem Papiere bedeckt, zugebunden und an einem kühlen Orte aufbewahrt.

Man kann diese Schnitze zwei bis drei Jahre aufheben und verwendet sie meistens zur Verzierung der Torten.

796. Himbeergelee

Reife, große Himbeeren presst man durch ein Tuch, lässt den Saft zwei bis drei Tage im Keller stehen, und gießt ihn dann mit Zurücklassung des Satzes herunter. Auf ein Pfund Saft rechnet man ein Pfund Zucker, welchen man ganz dick läutert, den Saft hineingibt, denselben fleißig abschäumt und so lange kocht, bis er ganz dick ist und Perlen macht. Dann füllt man es in kleine Geleegläser, welche man acht Tage an einem kühlen Orte offen stehen lässt, legt alsdann ein in Spiritus getränktes Papier darauf, bindet es gut zu und bewahrt es an einem kühlen Orte auf.

797. Johannisbeergelee

Ein Pfund fein gestoßener Zucker und ein Pfund rote Johannisbeeren werden in einer messingenen Pfanne sieben Minuten anhaltend gekocht, hierbei fleißig abgeschäumt und umgerührt. Dann lässt man diesen Saft durch ein Sieb in eine Schüssel laufen, füllt ihn noch warm in Gläser, bindet diese nach gänzlichem Erkalten mit Pergamentpapier oder einer Blase gut zu und stellt sie an einen kühlen Ort.

798. Weichselsaft

Reife, große Weichseln werden von den Stielen befreit, in einer Schüssel zerdrückt, eine Nacht an einen kühlen Ort gestellt und am andern Tage durch ein Tuch gut ausgepresst. Man rechnet auf eine Maß Saft ein Pfund Zucker, letzterer wird geläutert, alsdann der Saft hineingerührt, darin unter fleißigem Abschäumen und Umrühren acht Minuten gekocht.

Hernach gießt man den Saft durch ein Sieb in eine Schüssel, füllt ihn lauwarm in kleine Fläschchen und stöpselt ihn nach dem Erkalten gut zu. Er wird an einem kühlen Orte aufbewahrt.

Sollte sich später auf dem Safte Schimmel zeigen, so hebt man denselben rein herunter und lässt den Saft neuerdings noch ein paarmal aufkochen, wornach er sich mehrere Jahre hält.

799. Himbeersaft

Reife rote Himbeeren gibt man in eine Schüssel und stellt sie eine Nacht in den Keller, damit sie recht saftig werden. Am andern Tage gibt man sie in ein Tuch und presst sie aus. Diesen Saft stellt man abermals zwei bis drei Tage in den Keller, damit der Saft sich klärt. Ein Pfund Zucker läutert man mit einem Quart Wasser, gießt alsdann ein Pfund Saft dazu, den Bodensatz lässt man zurück, kocht ihn recht gut, indem man ihn hie und da umrührt und fleißig abschäumt. Bei den Säften muss man gerade die richtige Dicke erraten; ist der Saft zu dünn eingekocht, hält er sich oft nicht. Ist er zu dick, ist er dem Gelee ähnlich. Der Himbeersaft wird dann in eine Porzellanschüssel gegossen, lauwarm in kleine Fläschchen gefüllt, ist er kalt, werden neue Stöpsel darauf gegeben und besonders mit Papier überbunden. Will man den Saft verwenden, so ist es empfehlenswert, sogleich das ganze Fläschchen zu verbrauchen oder wenigstens nach einigen Tagen, da, wenn man einmal etwas von dem Safte herausgegossen hat, sich derselbe nicht mehr so gut hält.

In Dunst gekochte Früchte

800. Zwetschgen in Dunst

Reife, große Zwetschgen werden in Dunstgläser gefüllt, oben ein Esslöffel fein gestoßener Zucker darauf gegeben und mit Papier oder einer Blase fest zugebunden. Hierauf bedeckt man den Boden eines eisernen Kessels mit Heu, stellt die Gläser nebeneinander hinein, doch so, dass sie sich nicht berühren, was man dadurch verhindert, dass man Heu dazwischen gibt, dann gießt man so viel kaltes Wasser daran, dass es den Hals der Gläser erreicht. Der Kessel wird sodann zum Feuer gesetzt und die Zwetschgen so lange gekocht, bis hie und da eine aufspringt, worauf man sie vom Feuer nimmt, mit einem Tuche zudeckt und in dem Heu und Wasser eine Nacht stehen lässt.

Am andern Tage nimmt man die Gläser heraus, trocknet dieselben mit einem Tuche recht gut ab und bewahrt sie an einem kühlen trockenen Orte auf.

801. Weichseln in Dunst
802. Schwarzbeeren in Dunst
803. Mirabellen in Dunst
804. Kirschen in Dunst

Werden auf gleiche Weise bereitet.

805. Aprikosen in Dunst

Nicht zu reife Aprikosen werden abgeschält, halbiert, der Stein herausgenommen, in Dunstgläser eingefüllt.

Dann läutert man Zucker sehr dick und gießt ihn, wenn er lauwarm geworden, über die Aprikosen, bindet sie mit einer Blase gut zu und kocht sie acht Minuten in Dunst.

In Essig eingemachte Früchte

806. Preiselbeeren in Essig

Essig, Zucker nach Belieben, eine ganze Zimtrinde, einige Nelken lässt man gut zusammen kochen. Ist diese Flüssigkeit kalt, gießt man sie über die Preißelbeeren, lässt sie einige Wochen an der Sonne stehen, gießt den Essig herunter, kocht ihn abermals gut und gießt ihn kalt wieder über die Preißelbeeren, bindet dieselben zu und stellt sie an einen kühlen Ort.

807. Kirschen in Essig und Wein

Drei Pfund Zucker wird mit einem Quart weißen Wein und einem Quart Essig geläutert. Drei Pfund ausgesteinte schwarze Herzkirschen legt man in einen Hafen mit einem Stückchen ganzen Zimt und sechs Nelken. Wenn der Zucker erkaltet ist, schüttet man ihn über die Kirschen und stellt diese über Nacht an einen kühlen Ort. Am andern Tage gießt man den Saft ab, kocht ihn unter fleißigem Abschäumen wieder und gießt ihn kochend über die Kirschen, welche man unzugebunden über Nacht stehen lässt.

Am dritten Tage kocht man Zucker und Kirschen drei Minuten lang auf, gibt die Kirschen mit einem Schaumlöffel in einen steinernen Hafen, kocht den Saft nochmals gut auf und gießt ihn lauwarm über die Kirschen, lässt dieselben zwei Tage stehen, bindet sie mit einer Blase zu und stellt sie an einen kühlen Ort.

808. Weichseln in Essig

Guter Weinessig mit soviel Zucker, bis er sehr süß ist, einer kleinen Zimtrinde und einigen Nelken wird gut gekocht, wonach man den

Essig auskühlen lässt. Von großen schönen Weichseln werden mit der Scheere die Stiele halb abgeschnitten, die Weichseln in ein Glas gelegt und der Essig darüber gegossen, so dass derselbe die Weichseln vollständig bedeckt. Das Glas wird zugebunden und zwei bis drei Wochen zum Destillieren an die Sonne gestellt, dann an einem kühlen Orte aufbewahrt.

809. Schwarzbeeren in Essig

Werden ebenso behandelt wie Nr. 808.

810. Zwetschgen in Essig

Reife große Zwetschgen werden mit den Stielen gepflückt, jede mit einer Nadel einigemale gestupft und sorgfältig in einen steinernen Topf gelegt. Dann eine gleiche Mischung von Essig und Wein mit Zucker versüßt und mit einigen Nelken und einer Zimtrinde gekocht. Diese Mischung wird kalt über die Zwetschgen gegossen und muss einen Finger hoch darüber gehen.

Der Topf wird hierauf zugebunden und an einen kühlen Ort gestellt.

811. Zuckergurken

Mittelgroße Gurken werden abgeschält, der Länge nach halbiert, die Kerne mit einem kleinen silbernen Löffel ausgeschabt, dann jede Hälfte noch einmal durchschnitten, in eine Schüssel getan und, gut eingesalzen, eine Nacht stehen gelassen. Am andern Tage trocknet man die Gurken mit einem Tuche gut ab und legt sie in ein Glas.

Hierauf wird eine Maß Essig mit einem halben Pfund Zucker, vier bis sechs Nelken und einer Zimtrinde kochend gemacht, lauwarm über die Gurken gegossen, welche nach dem Erkalten zugebunden an einem kühlen Orte aufbewahrt werden.

812. Senfgurken

Die abgeschälten Gurken werden der Länge nach halbiert, von den Kernen befreit, in vier gleiche Teile geschnitten, eingesalzen und über Nacht in den Keller gestellt. Am andern Tage werden sie mit einem Tuche gut abgetrocknet und in einen steinernen Topf gelegt. Dann kocht man in gutem Weinessig einige Pfefferkörner, Gurkenkraut oder Basilikum, eine Schale spanischen Pfeffer, sowie um drei Kreuzer Senfmehl, welches man in ein leinenes Säckchen bindet. Dieses alles gießt man über die Gurken und wirft auch einige ganze Senfkörner hinein. Sind die Gurken kalt, bindet man sie zu und stellt sie an einen kühlen Ort.

813. Senfgurken auf andere Art

Mittelgroße Gurken werden abgeschält, halbiert, mit einem kleinen silbernen Löffel die Kerne rein ausgeschabt, in eine Schüssel gegeben, gut eingesalzen und über Nacht in den Keller gestellt. Am andern Tage werden die Gurken mit einem Tuche abgetrocknet, dann in einen steinernen Hafen gelegt und zwar so, dass immer zwischen einer Lage Gurken eine Anzahl Senfkörner gestreut werden. Auch wird eine halbe Stange Meerrettich, in kleine dünne Scheibchen zerschnitten, dazwischen gelegt und so fortgefahren, bis der Hafen fast voll ist. Alsdann wird so viel Weinessig, bis die Gurken damit gut bedeckt sind, kochend gemacht, heiß darüber gegossen und eine Schale spanischen Pfeffer darauf gelegt. Wenn der Essig kalt geworden ist, wird das Gefäß gut zugebunden und an einen kühlen Ort zum Aufbewahren gestellt.

814. Kleine Essiggurken

Kleine Gurken werden oben und unten zugeputzt, rein gewaschen und mit einem Tuche abgerieben. Auf den Boden eines steinernen Topfes oder, wenn man eine größere Quantität einzumachen hat, eines kleinen schon gebrauchten Weinfäßchens, werden reine Weintraubenblätter gelegt, hierauf eine Lage Gurken, dann ein Lorbeerblatt, Pfefferkörner, Gurkenkraut, Nelken, einige kleine Schnitzchen abgeschälten Meerrettich und Estragonkraut. So fährt man fort, bis es voll ist, gießt dann gewöhnlichen, ungekochten Essig daran, legt einen kleinen Deckel von Holz darauf, den man mit einem kleinen Stein beschwert. Nach vier Tagen wird der Essig heruntergegossen.

Auf zweihundert Stück nimmt man eine kleine Handvoll Salz; sehr guten Weinessig, einige Schalen spanischen Pfeffer, kocht ihn und gießt ihn über die Gurken. Sind dieselben erkaltet, deckt man sie mit Traubenlaub und einem Tuche zu, deckt einen Deckel von Holz darauf, beschwert sie mit einem nicht zu schweren Stein und stellt sie an einen kühlen Ort. – Nach vierzehn Tagen sind sie zum Gebrauche gut. Man nimmt sie jedesmal mit einem silbernen Löffel heraus.

815. Kleine Essiggurken auf andere Art

Kleine Gurken werden oben und unten ein wenig abgeschnitten, rein gewaschen, mit einem Tuche abgerieben, in eine Schüssel getan, eingesalzen und eine Nacht in den Keller gestellt. Am andern Tag trocknet man sie wieder gut ab und legt sie in einen steinernen Hafen. Nun kocht man gewöhnlichen Essig mit einigen Pfefferkörnern, ein paar Nelken, etwas Salz und gießt diesen Essig über die Gurken, welche nach dem Erkalten gut zugebunden und an einen kühlen Ort gestellt werden. Am achten Tag gießt man den Essig von den Gurken, macht sehr guten Weinessig mit Salz, Nelken, Lorbeerblatt, einer Schale spanischen Pfeffer und Pfefferkörnern kochend, und gießt ihn nach dem Erkalten an die Gurken, nebst etwas Gurkenkraut. Die Gurken bindet man gut zu und stellt sie an einen kühlen Ort.

Auf fünfhundert Gurken rechnet man zwei Maß Weinessig.

816. Eingeschnitzte Gurken

Mittelgroße Gurken werden abgeschält und feinblätterig geschnitten oder gehobelt, in eine Schüssel getan, gut eingesalzen und über Nacht in den Keller gestellt. Am andern Tage gibt man sie in ein Tuch, und presst sie gut aus, damit das Salzwasser wegkommt. Dann werden sie in einen steinernen Topf getan. Hierauf Essig, etwas Salz, Pfefferkörner, einige Nelken und zwei Schalen vom spanischen Pfeffer gekocht und an die Gurken gegossen. Sind diese erkaltet, so gießt man Salatöl, ohngefähr ein Fingerglied hoch, darüber und stellt sie an einen kühlen Ort. Vor dem Gebrauch hebt man mit einem silbernen Löffel das Öl zurück, faßt Gurken heraus, macht sie mit Essig, frischem Öl, Pfeffer und etwas Salz gut durcheinander und gibt sie zum Rindfleisch. Vom alten Öl darf nichts dazu kommen, da dasselbe gern ranzig wird und nur zum Zwecke des leichtern Aufbewahrens an die Gurken kommt.

817. Bohnen in Essig

Den Bohnen wird an beiden Seiten der Faden abgezogen, dieselben in viereckige Stückchen geschnitten, in einen steinernen Hafen gelegt, gut eingesalzen, Estragon- und Gurkenkraut dazu gegeben.

Dann macht man guten Weinessig mit Pfefferkörnern und Nelken kochend und gießt ihn an die Bohnen, welche man kalt werden lässt und gut zugebunden an einen kühlen Ort stellt.

Vor dem Gebrauch hebt man sie mit einem silbernen Löffel heraus, siedet sie in kochendem Salzwasser weich, gibt sie in einen Durchschlag, übergießt sie mit kaltem Wasser und fügt ihnen nach dem Erkalten geschnittene Zwiebeln, Essig, Öl, Salz und Pfeffer bei, worauf man sie gut durcheinander mischt.

818. Eingesalzene Bohnen

Die Bohnen werden von den Fäden befreit, gewaschen, länglich fein geschnitten, dann in ein Fäßchen oder Hafen, dessen Boden mit Weintraubenlaub belegt ist, getan und zwar in der Weise, dass eine Lage Bohnen, dann Salz und Bohnenkraut folgt; hierauf werden sie mit einem hölzernen Stempfel fest eingedrückt, bis sie Saft ziehen, dann kommt wieder eine Lage Bohnen, Salz und Bohnenkraut und wird wieder fest eingedrückt. Ist das Gefäß fast voll, legt man Weintraubenlaub, ein Tuch und einen hölzernen Deckel mit einem Stein beschwert darauf. Nach vierzehn Tagen schöpft man die Beize ab, wäscht das Tuch rein aus, auch das Brettchen reinigt man, nimmt nach Bedarf Bohnen heraus, gießt alsdann eine Maß Salzwasser daran, deckt das Tuch und das Brettchen darauf und beschwert es wieder mit dem

Stein. Die herausgenommenen Bohnen wässert man über Nacht ein, gießt das Wasser herunter, macht anderes Wasser mit Salz kochend und siedet die Bohnen darin weich, alsdann gießt man sie zum Ablaufen in einen Durchschlag.

Dann gibt man ein Stück Butter in einen Tiegel, dünstet die Bohnen mit etwas Pfeffer und einem Löffel voll Braten- und Fleischbrühe darin, staubt dann einen Esslöffel Mehl daran und lässt sie noch etwas kochen. Vor dem Anrichten rührt man ein wenig fein gewiegtes Petersilienkraut daran.

819. Sauerkraut einzumachen

Von festen Krautköpfen werden die äußeren Blätter abgelöst, mit einem Krautbohrer oder Messer der Stengel ausgestochen, dann nudelartig eingehobelt. Auf hundert Krautköpfe rechnet man anderthalb Pfund Salz. Zum Einmachen eignet sich am besten ein schon gebrauchtes Weinfäßchen, welches gut ausgebrüht und ausgewaschen wird. Auf den Boden desselben legt man reine Krautblätter, dann vier Finger hoch Kraut und Salz und stößt es mit einem hölzernen Stößel recht fest ein, bis es Wasser zieht, dann kommt wieder Salz und Kraut, welches ebenfalls eingestoßen wird, und so fährt man fort, bis Salz und Kraut zu Ende sind. Zur Erzielung einer schönen gelben Farbe kann man auch hie und da einige Erbsen darunter legen. Auf das Kraut legt man Krautblätter, ein weißes in Salzwasser ausgewaschenes Tuch, ein rundes Brett und einen schweren Stein. Sollte sich des andern Tages oben auf dem Kraut kein Wasser zeigen, so gießt man ungefähr eine Maß Wasser mit etwas Salz daran.

Man lässt das Kraut vierzehn Tage bis drei Wochen im Keller stehen, bis sich oben auf dem Wasser ein Häutchen bildet, dann schöpft man das Wasser, bevor man den Stein herunterhebt, ab, wäscht das Tuch mit reinem Wasser gut aus, ebenso das Brettchen. Sollte das Kraut an den Seiten verdorben sein, so putzt man es rein ab und nimmt nach Bedarf Kraut heraus. Beim Zumachen des Fäßchens bleiben dann die alten Krautblätter weg und man legt statt dessen das rein ausgewaschene Tuch darauf, sowie das Brettchen, und beschwert das Kraut mit einem weniger schweren Stein.

Getränke

820. Kaffee

Obwohl nichts einfacher und leichter ist als die Bereitung eines guten Kaffees, so trifft man doch sehr häufig, sowohl in Familien als auch in Wirtshäusern, einen nichts weniger als wohlschmeckenden Kaffee. Der Grund liegt allerdings in vielen Fällen in den aus Ersparungsrücksichten verwendeten Surrogaten; allein sehr oft kommt es auch vor, dass Kaffee von bester Qualität falsch behandelt zu einem ganz ungenießbaren Getränke wird. Es wird daher bei der heutigen allgemeinen Verbreitung des Kaffees hier am Platze sein, etwas eingehender dieses Kapitel zu behandeln.

Der feinste, aber auch teuerste Kaffee ist der Mocca, übrigens wegen seines Feuers vielen Menschen nicht zuträglich. Diesem kommt der Java, der in Farbe und Größe sehr verschieden ist, am nächsten. Die beste Sorte hat braune, große Bohnen, auch die gelbe ist noch gut; geringer sind die grünen Bohnen. Ein sehr guter ist der Surinam, auch der Portorico ist ein sehr angenehmer Kaffee. Ein sehr gangbarer Kaffee ist der Domingo, er ist weniger kräftig, aber mild und gesund, häufig aber unrein, mit Steinchen vermischt.

Bevor man den Kaffee brennt, muss man ihn genau durchsehen und von fauligen Bohnen und sonstigen Unreinigkeiten säubern. Es wird behauptet, dass der Kaffee durch Waschen an Stärke und angenehmem Geschmack gewinnt. Wir möchten das dahin gestellt sein lasten, jedenfalls aber wird er dadurch appetitlicher und außerdem wird der künstlich gefärbte Kaffee dadurch entfärbt. Will man den Kaffee waschen, so muss dies mit kaltem Wasser geschehen, man reibt ihn schnell zwischen den Händen, schüttet ihn dann auf einen Durchschlag und übergießt ihn mit frischem Wasser. Darauf trocknet man ihn mit einem Tuche ab und lässt ihn an einem warmen Orte trocknen.

Vom Brennen des Kaffees hängt der Geschmack wesentlich ab, er darf weder zu stark, noch zu schwach gebrannt sein. Beim Brennen bedient man sich einer von Eisenblech verfertigten Kaffeetrommel, es geschieht am besten bei einem nicht gar zu starken, aber doch lebhaften Feuer und zwar so lange, bis der Kaffee eine ganz gleichmäßige kastanienbraune Farbe hat und die Bohnen sich leicht brechen lassen. Zum sogenannten Schwitzen darf der Kaffee aber nicht kommen. Das Schwitzen ist das Hervortreten der öligen Teile; wenn es dazu kommt, so verliert er an Aroma. Sobald der Kaffee hinreichend geröstet ist, schüttet man ihn entweder in ein geschlossenes Gefäß, worin man ihn tüchtig schüttelt, oder auf ein flaches, offenes Geschirr. Zum schnellen Erkalten schüttet man ihn ausgebreitet auf ein großes Papier oder in ein großes, flaches Geschirr. Damit die feinen Schalen, die sich während dem Brennen ablösen und bei der Bereitung einen unangenehmen Geschmack Hervorbringen würden, davon abfliegen, wird der Kaffee noch warm leicht geschwungen und die Schalen abgeblasen. Hat man ihn jedoch in ein tiefes geschloßenes Gefäß gegeben, so genügt das Schütteln.

Zum Aufbewahren des Kaffees verwendet man am besten eine Blechbüchse oder eine Flasche mit weiter Halsöffnung, der Kaffee muss immer fest verschlossen aufbewahrt werden. Auch ist darauf zu achten, dass die Mühle, die man zum Mahlen verwendet, nicht zu grob, aber auch nicht all zu fein mahle.

Als allgemeine Regel zur Bereitung eines guten Kaffees ist zu beachten, dass derselbe stets frisch gebrannt, frisch gemahlen, und frisch bereitet sein muss. Es ist anzuraten, stets feine, wenn auch teuere Sorten zu kaufen, die geringen billigeren Sorten sind weniger wohlschmeckend und sind nicht so ausgiebig. Auf vier Tassen Kaffee rechnet man zu einem mittelstarken, guten Familienkaffee zwei Loth Kaffee. Zu einem starken Kaffee, den man gewöhnlich unmittelbar nach dem Mittagessen trinkt, nimmt man ein Loth Kaffee für jede Tasse. Nachdem man den gemahlenen Kaffee in die Maschine getan hat, drückt man ihn mit dem Stampfer gut nieder, übergießt ihn mit einer Tasse siedendem Wasser und deckt ihn sogleich zu. Ist dies Wasser durchgelaufen, so gießt man das übrige Wasser nach Verhältnis des verbrauchten Kaffees und der gewünschten Stärke darüber. Nachdem man hierauf den Kaffee noch etwa fünf Minuten ruhig stehen gelassen hat, ist er fertig.

Der Wohlgeschmack des Kaffees wird durch guten Rahm bedeutend erhöht, derselbe soll, sobald er abgekocht ist, sogleich verwendet werden.

821. Tee

Eine halbe Maß Wasser lässt man kochend werden, gibt in eine Kanne ein Loth Tee (zur Hälfte Perltee, zur Hälfte russischen); gießt vorher eine halbe Tasse kochendes Wasser daran, lässt ihn einige Minuten stehen, doch ja nicht auf der Hitze, denn dies macht den Tee scharf und schlecht, dann übergießt man ihn noch drei- bis viermal mit dem noch übrigen kochenden Wasser, lässt ihn einige Minuten anziehen und serviert ihn. Dazu gibt man rohen oder abgekochten Rahm, ganz nach Belieben.

822. Reformierter Tee

Man bereitet den Tee gleich dem vorbeschriebenen. – In einem Topfe werden inzwischen drei bis vier Eidottern mit soviel Zucker, bis es süß genug ist, gut abgerührt, eine Obertasse kochender Rahm und drei Obertassen kochender Tee unter beständigem Rühren daran gegossen, auf der Hitze gut abgestrudelt (abgequirlt), bis sich Schaum gebildet hat, hierauf gießt man ihn in eine Rahmkanne. Man serviert Arak dazu.

823. Kaisertee

Zwei Loth weißen Kandiszucker kocht man in drei Obertassen Wasser, verrührt zwei Eidottern mit einem Löffel Wasser in einem tiefen Hafen, gießt das Wasser unter beständigem Rühren daran, strudelt es gut ab und füllt den Tee sogleich in eine Rahmkanne.

824. Milchchaudeau

Ein Schoppen guter Rahm wird mit einem Stückchen Vanille oder einer Zitronenschale mit soviel Zucker, bis es süß genug ist, gekocht, drei Eidottern werden mit einem Löffel Wasser gut verrührt, mit dem kochenden Rahm unter beständigem Rühren angegossen, auf die Hitze gestellt und so lange gerührt, bis es anfängt dick zu werden, hierauf wird er gut abgestrudelt, dass es Schaum gibt, und darauf sogleich serviert.

825. Warmes Bier

Eine halbe Maß Bier, am besten weißes (Weizenbier), wird mit einer Zitronenschale und soviel Zucker, bis es süß genug ist, kochend gemacht und fleißig abgeschäumt. Indessen werden vier Eidottern mit zwei Löffel Milch in einem tiefen Hafen sehr gut verrührt, das kochende Bier daran gegossen und auf der Hitze gut gestrudelt, bis es dick und schaumig geworden ist.

826. Schokolade

In eine halbe Maß kochenden Rahm lässt man unter beständigem Rühren drei Täfelchen geriebene Schokolade einlaufen und gut aufkochen. Indessen rührt man vier Eidottern und einen Löffel kalte Milch in einem tiefem Gefäß gut ab, gießt die Schokolade unter beständigem Rühren daran, strudelt sie auf der Hitze ein wenig, bis sie dick wird und schäumt.

827. Schokolade in Wasser gekocht

Drei Obertassen Wasser lässt man kochend werden und rührt zwei Täfelchen geriebene Schokolade ein, welche man gut aufkochen läßt. Dann gießt man sie in einen tiefen Topf und strudelt sie auf der Hitze so lange, bis sie recht schaumig ist. Man kocht Zucker nach Belieben hinein oder serviert ihn eigens dazu.

828. Kakao

Man nehme ein Loth Kakaobohnen; nachdem die Schale entfernt ist, röstet man sie braun, dann lässt man sie kalt werden, stößt sie in einem Mörser ganz fein und lässt sie mit drei Obertassen Wasser kochen, wonach man sie durch ein Säckchen gießt und Rahm nebst Zucker dazu gibt.

829. Punsch

Ein Loth grüner Tee (Perl) wird mit einer Maß Wasser angebrüht und zugedeckt stehen gelassen.

In eine Suppenschüssel gibt man ein Pfund weißen Zucker, gießt durch ein Tuch den Tee daran, presst von zwei Zitronen und drei Orangen den Saft aus, gibt diesen Saft an den Tee. Zuletzt gibt man eine Flasche Weißwein, Arak oder Rum nach Belieben hinzu, gießt das Ganze wieder in eine Pfanne zurück und lässt es recht heiß werden, jedoch nicht kochen. Diese Portion gibt zwölf bis fünfzehn Gläser.

830. Punsch auf andere Art

Man lässt von zwei Zitronen und drei Orangen das Mark und die ganz feine Schale davon in zwei Maß Wasser kochen, gibt in eine Schüssel anderthalb Pfund Zucker, gießt das Wasser mit den Orangen und Zitronen durch ein Tuch daran, wobei man die letzteren gut auspresst, gießt eine Flasche Weißwein dazu, sowie Arak und Rhum nach Belieben und lässt das Ganze recht heiß werden.

831. Punsch auf dritte Art

Drei Maß Wasser gießt man kochend an ein halbes Loth grünen Tee und lässt dies zugedeckt eine Viertelstunde stehen. Von drei Zitronen und vier Orangen wird der Saft in eine Suppenschüssel gedrückt und ein Pfund Zucker hinzu gegeben. Dann gießt man das Teewasser daran, gibt noch ein Pfund Zucker nach, nebst einer Flasche Rum, und lässt alles zusammen recht heiß werden. Sollte der Punsch nicht stark genug sein, gibt man Rum nach.

832. Rotweinpunsch

Ein Loth Perltee wird in einen Topf gegeben und mit zwei Maß kochendem Wasser angebrüht, zugedeckt und eine Viertelstunde stehen gelassen. Eine Flasche Weißwein wird mit einem halben Pfund braunen Kandiszucker und einer Stange Vanille gekocht. Ein halbes Pfund Zucker reibt man an zwei Orangen und einer Zitrone ab. Gibt denselben in eine Suppenschüssel (von Porzellan), presst vier Orangen und zwei Zitronen (halbiert) durch ein Tuch und gibt diesen Saft an den Zucker. Hierauf gießt man den Tee durch ein Tuch und dann den gekochten Wein daran. Zuletzt gibt man eine halbe Flasche Rotwein, eine halbe Flasche Rum daran und verrührt alles gut. Damit der Punsch recht heiß bleibt, stellt man die Schüssel in kochendes Wasser.

833. Eierpunsch

Drei Loth Zucker, ein Schoppen Wasser, zwei Löffel Arak und der Saft einer halben Zitrone wird kochend gemacht, dann drei Eidottern mit einem Löffel Wasser glatt verrührt und unter beständigem Rühren das Wasser daran gegossen, gut abgestrudelt und in Punschgläser gefüllt.

834. Grog

In ein Glas heißes Wasser werden vier bis fünf Stückchen Zucker geworfen, drei Löffel voll Cognak, Rum oder Arak daran gegossen und heiß serviert.

835. Glühwein

Ein Glas Rotwein (Burgunder) wird mit einem Stückchen Zimt und zwei Nelken, nach Belieben auch mit einer Zitronenschale und hinreichend Zucker aufgekocht, durch ein Tuch gegossen und sogleich im Glase serviert.

836. Limonade

In ein Glas frisches Wasser wird von einer Zitrone der Saft gepresst (Kerne dürfen nicht hinein kommen) und hinreichend Zucker darangegeben.

Man kann sie auch warm servieren.

837. Mandelmilch

Ein viertel Pfund süße, abgezogene Mandeln werden in einem Mörser mit einem Löffel Wasser fein gestoßen, in eine Schüssel gegeben und mit einer Maß kaltem Wasser gut verrührt, dann durch ein reines Tuch gepresst und soviel gestoßener Zucker darangegeben, bis sie süß genug ist. Alsdann in Gläser gefüllt.

838. Cardinal

Zwei Bouteillen Weißwein und ein Pfund Zucker werden in eine Schüssel gegossen, der Zucker an zwei Orangen abgerieben, der Saft hievon ausgepresst, das Ganze eine Stunde auf Eis (oder in kaltes Wasser) gestellt, dann eine Flasche Champagner daran gegossen, in Gläser gefüllt und kalt serviert.

839. Maitrank (Maiwein)

In eine Punschbowle oder Suppenschüssel (von Porzellan) legt man zwei Handvoll frischen Waldmeister (asperula odorata), dann zwei Orangen, welche in dünne Scheiben geschnitten sind und sehr viel Zucker. Alsdann gießt man zwei bis drei Flaschen weißen (darunter nach Belieben auch etwas roten) Wein daran. Lässt das Ganze zugedeckt eine halbe Stunde stehen. Schöpft alsdann das Getränk mit einem silbernen Suppen- oder Punschlöffel in Gläser und serviert es sogleich. Man kann das Ganze auch, ehe man es zu Tische gibt, durch ein Tuch gießen.

840. Nussgeist

Zwanzig frische Nüsse, welche man Mitte Juli abnimmt, werden in kleine Schnitten zerteilt, in ein Glas gegeben, ein Maß sehr guten Spiritus darüber gegossen, gut zugebunden und vierzehn Tage an der Sonne destillieren gelassen. Dann gibt man den Spiritus samt den Nüssen in ein Tuch, presst sie gut aus, und wirft die Schalen weg. Der Spiritus kommt wieder in das Glas zurück. Drei viertel Pfund Zucker wird in einer halben Maß Wasser gekocht und nach dem Erkalten an den Spiritus gegeben, ferner zehn Nelken, zehn Pimentkerne, von einer ganzen Orange die feine gelbe Schale hinzugefügt. Dann lässt man ihn zehn bis zwölf Tage wieder in der Sonne destillieren, gießt ihn nach Ablauf derselben recht langsam durch ein Tuch, damit er recht rein wird, füllt ihn in Flaschen und bewahrt ihn auf.

841. Weichselbranntwein

Eine halbe Maß Weichseln, von denen man die Stiele entfernt hat, werden in eine Maß Spiritus gelegt, vierzehn Tage in der Sonne destilliert, alsdann durch ein Tuch gepresst, der Spiritus wieder in das Glas zurückgegeben und im Übrigen wie mit dem Nussgeist verfahren.

842. Orangenbranntwein

Anstatt der Weichseln nimmt man die fein abgeschälten oberen gelben Schalen von drei Orangen (auf eine Maß Spiritus), im Übrigen ist dasselbe Verfahren wie bei Nr. 840.

Bereitung einiger Essige und Senfe

843. Kräuteressig

Eine Handvoll Körbelkraut, vier Handvoll Estragon – je eben so viel Pimpernellkraut und Thymian, zwei weiße Zwiebeln, ein Häuptlein Knoblauch, zwei Handvoll Schalotten, eine ganze Muskatnuss, zwölf ganze Nelken, zwölf weiße Pfefferkörner und eine Schale spanischer Pfeffer, sowie sechs Maß sehr guter Weinessig werden in eine große Glasflasche gegeben, gut zugestöpselt und acht Tage in der Sonne stehen gelassen. Dann röstet man drei Esslöffel Salz hellgelb und gibt es daran, worauf man es sechs Wochen in der Sonne destillieren lässt.

Dieser sehr vorzügliche Essig eignet sich besonders zu braunen Saucen, Wildbret etc. und kann ein ganzes Jahr aufbewahrt werden.

844. Estragonessig

Man zupft eine Handvoll Estragonblätter ab, gibt sie mit einem Esslöffel Salz in eine Flasche und gießt zwei Maß sehr guten Weinessig darauf. Die Flasche wird mit einem Korkstöpsel gut verschlossen, mit Papier zugebunden und drei Wochen an die Sonne gestellt. Nach dieser Zeit wird der Essig durch ein leinenes Tuch geseiht, in eine Flasche gefüllt und gut verkorkt aufbewahrt.

Dieser Essig ist namentlich gut zu Wildbret, kann aber auch zum Salat verwendet werden.

845. Himbeeressig

(Ein sehr kühlendes Getränk.)

Man gibt drei Maß sehr reife rote Himbeeren in eine Schüssel, gießt daran eine halbe Maß Burgunderessig, lässt sie drei bis vier Tage im Keller stehen, rührt sie während dieser Zeit hie und da um. Alsdann presst man das Ganze durch ein Tuch. Auf ein Pfund Saft rechnet man ein Pfund Zucker. Der Zucker wird mit etwas Wasser geläutert, alsdann der Saft dazu gegeben, fleißig abgeschäumt und hie und da mit einem silbernen Löffel umgerührt, nur so lange gekocht, bis er nicht mehr schäumt. Hierauf gießt man ihn in eine Schüssel, ist er kalt, füllt man ihn in Flaschen und bewahrt ihn an einem kühlen Orte auf.

846. Süßer Senf

Vier Loth grünes und vier Loth gelbes Senfmehl gibt man nebst acht Loth Farinzucker in eine Schüssel und mischt dies gut durcheinander. Hierauf wird ein Quart guter Weinessig gekocht und mit dem Senf und Zucker glatt gerührt.

Nach dem Erkalten füllt man diesen Senf in eine Flasche oder Senftopf und bewahrt ihn gut verschlossen auf.

847. Senf ohne Zucker

Eine halbe Maß guter Weinessig wird mit sechs Pfefferkörnern, zwei Nelken, einer Schale vom spanischen Pfeffer und etwas Salz gekocht, ist er erkaltet, werden vier Loth grünes und vier Loth gelbes Senfmehl glatt damit angerührt; hierauf wird er in eine Flasche gefüllt, gut gestöpselt und an einem kühlen Orte aufbewahrt.

Nachtrag und Anhang

848. Gesulzter Reis

Ein viertel Pfund sehr guter Reis (Mailänder oder Carolinenreis) wird rein ausgesucht, heiß und dann kalt gewaschen. Hierauf lässt man ihn mit sehr viel Zucker, einem Quart Weißwein ein und ein wenig Wasser nebst einer Orangen- oder Zitronenschale bei mäßiger Hitze ziemlich weich dämpfen, die Körner müssen ganz bleiben, aber doch weich sein. Sollte der Reis zu trocken sein, so gießt man noch Wein nach. Zuletzt rührt man ein Glas Arak (besser noch guten Liqueur) darunter. Spült eine Form mit frischem Wasser aus, drückt den Reis recht fest hinein und stellt ihn über Nacht auf Eis oder in frisches Wasser.

Alsdann wird er auf eine Platte gestürzt, mit Gelee verziert und ein beliebiger Früchtensaft dazu gegeben.

849. Überzuckerte Orangenschalen

Die Orangenschalen werden zweimal vierundzwanzig Stunden in frisches Wasser gelegt. Das Wasser täglich gewechselt. Alsdann lässt man anderes Wasser kochend werden, gibt die Orangenschalen hinein und kocht sie darin weich, jedoch nicht zu weich, da sie sonst ihr schönes Ansehen verlieren. Hierauf gießt man sie in einen Seiher oder Durchschlag und lässt sie erkalten, worauf man jede Schale mit einem Tuche abtrocknet. So schwer die Schalen wiegen, so viel wird Zucker genommen, derselbe mit etwas Wasser geläutert, dann werden die Schalen hineingelegt und eine Viertelstunde darin gekocht. Hierauf legt man die Schalen mit einem silbernen Löffel auf eine Platte heraus, stellt sie über Nacht an einen kühlen Ort, damit der Zucker trocknet.

Am andern Tage gibt man sie in ein Glas, stöpselt dasselbe gut zu und bewahrt sie an einem trockenen Orte auf.

850. Butterteigpastete

Man bereitet Butterteig nach Nr. 485, walkt denselben messerrücken-dick aus und schneidet daraus zwei runde Platten und zwar die eine, welche als Boden dienen soll, fingerbreit größer, so groß als man die Pastete haben will. Nun bestreicht man ein Blech leicht mit Schmalz, legt den Boden darauf, auf die Mitte desselben setzt man eine runde blechene Form in Gestalt einer umgestülpten Wagschale, welche oben ein kleines Loch haben muss, damit man, wenn die Pastete gebacken ist, den Deckel leicht abheben kann. Die Form bestreicht man vorher gut mit Butter, überzieht sie ganz glatt mit der kleineren Teigplatte, und legt um den Rand einen fingerbreiten ausgerädelten Streifen. Vom übrigen Teig rädelt man mit einem Backrädchen fünf kleine Blätt-chen und legt dieselben in Gestalt einer Blume oben auf den Deckel. Hierauf wird alles gut mit Eigelb, welches mit etwas Wasser verrührt ist, bestrichen, und die Pastete bei mäßiger Hitze im Rohr eine halbe Stunde schön gelb gebacken. Alsdann wird mit einer Gabel der Deckel abgehoben und die Blechform herausgenommen. Der Boden der Pas-tete wird mit Reh-, Hasen-, Tauben- oder Zungenragout belegt, jedoch mit wenig Sauce, welche die Pastete weich machen würde. Die Sauce wird eigens dazu serviert. Hierauf deckt man den Deckel darauf, stellt die gefüllte Pastete noch ein wenig ins Rohr, damit sie warm wird und gibt sie sogleich zu Tische.

851. Hefeteig

Die dazu verwendete Milch darf nur lauwarm, nie aber heiß oder kalt darangegeben werden. Der Teig muss immer zugedeckt in die Nähe des Ofens oder an einen warmen Ort gestellt werden. Die Hefe muss, wenn es frische Bierhefe ist, mit frischem Wasser verrührt werden, und durch ein Haarsieb oder Tuch gegossen werden, damit alles Unreine zurückbleibt. Hat sich die Hefe zu Boden gesetzt, wird das alte Wasser abgegossen und frisches darangegeben. Dieses Verfahren muss zweibis dreimal wiederholt werden. Dadurch verliert die Hefe den bittern Geschmack. Trockene Hefe kann man am besten an einem kühlen Orte aufbewahren. Dieselbe muss mit lauwarmer Milch und etwas fein gestoßenem Zucker flüssig gemacht werden.

852. Süßer Rahmschnee

Vor allem ist darauf zu achten, dass der Rahm nur einen Tag alt sein darf, er muss süß schmecken und sehr dick abgenommen werden. Ehe man den Rahm schlägt, tut man gut, denselben eine Stunde vorher an einen kühlen Ort oder auf Eis zu stellen; je kälter der Rahm, desto schneller und fester lässt er sich schlagen. Man schlägt ihn am beß- ten an einem kühlen Orte und in einem messingenen Kessel mittelst eines Drahtbesens immer nach einer Seite unausgesetzt, bis er ganz steif geworden ist.

853. Das Schneeschlagen von Eiweiß

Je frischer die Eier, desto fester lässt sich der Schnee schlagen. Beim Aufschlagen der Eier muss sehr acht gegeben werden, dass nicht das mindeste von der Dotter unter das Eiweiß kommt. Man kann den Schnee auf einer flachen Platte mit einer hölzernen Gabel schlagen, auch in einem hohen Hafen oder messingenen Kessel mit einem Schneeschläger von verzinntem Eisendraht. Der Schnee muss so fest sein, dass man ihn mit dem Schneeschläger herausheben kann. Er muss sogleich verwendet werden, da er sonst zerfallen würde.

854. Das Einrühren des Eierschnees unter die Mehlspeisen

Bei allen Mehlspeisen und Backwerken, welche mit Eierschnee berei- tet werden, ist sehr darauf zu achten, dass er sehr fest geschlagen ist. Derselbe darf ja nicht hineingerührt, sondern muss leicht darunter gehoben (gezogen) werden.

855. Das Reinigen der Rosinen und Weinbeeren

Dieselben werden sehr gut ausgesucht da sich oft kleine Steinchen darunter befinden, dann die Stiele davon entfernt. Alsdann in lauwarmem Wasser gewaschen auf ein reines Tuch gegeben und gut abgetrocknet.

856. Das Abschälen der Mandeln

Um Mandeln abzuschälen, übergießt man sie mit heißem Wasser und lässt sie zugedeckt kurze Zeit stehen, worauf sich die Haut ganz leicht ablösen lässt. Hierauf werden sie in kaltem Wasser gewaschen und mit einem Tuche abgetrocknet.

857. Das Feinstoßen der Mandeln

Um die Mandeln leichter und feiner stoßen zu können muss in den Mörser ein Ei gegeben werden. Verwendet man die Mandeln zur Mandelmilch, Creme oder Blanc-manger, so müssen dieselben mit etwas kalter Milch gestoßen werden.

858. Krebsbutter

Zwölf große Krebse werden in kochendem Salzwasser gesotten bis sie schön rot sind, alsdann reinigt man sie vom Schmutze, legt die Schwänzchen zurück, die Schalen werden in einem Mörser mit einem viertel Pfund Butter fein gestoßen, worauf man sie in einen Tiegel gibt und gut dünsten lässt, dann mit Wasser auffüllt und noch gut auskocht. Man gießt es dann durch ein Haarsieb in frisches Wasser, die Butter wird mit einem Löffel sorgfältig abgenommen, an einem kühlen Orte bis zum Gebrauch aufbewahrt.

859. Sardellenbutter

Zwölf Sardellen werden rein gewaschen, von den Gräten befreit und mit einem viertel Pfund Butter fein gestoßen, das Ganze durch ein Sieb passiert und dann nach Belieben verwendet.

860. Wachholderbeersauce

Vier hartgekochte Eidottern werden in einer Schüssel zerdrückt und dann fein verrührt. Alsdann gibt man vier Löffel sehr gutes Öl (Provenser- oder Olivenöl) einen Löffel guten Senf, einen Löffel Essig und eine Prise spanischen oder gewöhnlichen Pfeffer daran. Zuletzt stößt man zehn Wachholderbeeren mit ein wenig Salz sehr fein und gibt es an die Eier, indem man alles gut mitsammen verrührt. Diese Sauce gibt man zu Schwarzwildbret oder gesulztem Schweinskopf.

861. Pöckelfleisch

Nachstehendes Rezept ist für acht Pfund Fleisch berechnet und kann sowohl für Schweinefleisch als auch für Rindfleisch verwendet werden. Nimmt man Schweinefleisch, so ist das Rückenstück am geeignetsten, vom Rindfleisch nimmt man am besten die sogenannte bloße Rippe. Zuerst verreibt man eine halbe Handvoll Wachholderbeeren und einige Schalotten mit zwei Handvoll Salz recht gut, reibt dann das Fleisch, welches vorher sehr rein gewaschen sein muss, recht gut damit ein. Alsdann legt man es in ein kleines hölzernes Gefäß (Zuber, Schaff). Inzwischen kocht man drei Loth Salpeter mit einem Quart Wasser und gießt es, nachdem es erkaltet ist, über das Fleisch, nimmt dann ein kleines Brettchen, welches so groß ist wie die obere Öffnung vom Gefäß und legt es auf das Fleisch, so dass es ganz damit bedeckt ist. Oben legt man einen nicht zu schweren Stein darauf, drei Wochen lässt man es in dieser Beize liegen, wendet es aber während dieser Zeit vier bis fünfmal um.

Dieses Fleisch ist sehr gut, wenn es leicht geräuchert ist. Da in den wenigsten Haushaltungen Gelegenheit ist, um Fleisch gut zu räuchern, tut man am besten dasselbe einem Schweinemetzger zum Räuchern zu übergeben, nach drei bis vier Tagen gehöriger Räucherung ist es fertig.

862. Pöckelzungen

Nachdem man zwei Rindszungen gut gewaschen hat, nimmt man zwei Handvoll Salz, sechs Schalotten und fünfzehn zerstoßene Wachholderbeeren und reibt dieselben gut damit ein und legt sie dann in das zum Einpöckeln bestimmte Gefäß.

Dann kocht man drei Loth Salpeter mit einem Quart Wasser, nach gänzlichem Erkalten übergießt man die Zungen damit, legt ein kleines Brettchen, welches die Zungen ganz bedeckt, darauf und beschwert sie mit einem nicht zu schweren Stein. Lässt sie vierzehn Tage in dieser Beize liegen, wendet sie jedoch während dieser Zeit vier bis fünfmal um. Sollte sich nach dieser Zeit die Haut der Zungen nicht hart fühlen, so muss man sie noch acht Tage länger beizen. Alsdann werden sie in Wasser zwei bis drei Stunden gesotten, bis sie weich sind. Man kann sie warm oder kalt essen. Die Beize kann noch einmal verwendet werden, man salzt dann die Zungen etwas schwächer, auch Wasser und Salpeter nimmt man weniger. Diese Zungen sind auch sehr gut, wenn sie geräuchert sind, man darf sie dann nur drei bis vier Tage in den Rauch hängen.

863. Spanferkel zu räuchern

Nachdem das Spanferkel am vorhergegangenen Tage abgestochen und rein geputzt ist, wird es gut mit Salz, Pfeffer und einigen Wachholderbeeren eingerieben. Hierauf der Länge nach gespalten, jede Hälfte wieder der Quere nach durchschnitten. Alsdann legt man es in ein Geschirr, kocht ein Quart Wasser mit einem Loth Salpeter und gießt es kalt über das Spanferkel. Dann deckt man ein Brettchen darauf, beschwert es leicht mit einem Stein und lässt es in dieser Beize acht Tage liegen, indem man es während dieser Zeit einige Male umwendet. Hierauf wird es heraus genommen, gut abgetrocknet, im kühlen Rauch einige Tage leicht geräuchert.

864. Karpfen zu räuchern

Ein sechs Pfund schwerer Karpfen wird abgeschuppt, ausgenommen, rein gewaschen, abgetrocknet und gut mit Salz und Pfeffer eingerieben, worauf man ihn einen Tag liegen lässt. Alsdann wird er abermals abgetrocknet und zwei Tage lang geräuchert. Hierauf legt man ihn in warmes Wasser, zieht ihm die Haut ab und dünstet ihn mit Butter weich.

865. Huchen zu räuchern

Ein sechs Pfund schwerer Huchen wird abgeschuppt, ausgenommen und gewaschen. Hierauf reibt man ihn gut mit Salz und Pfeffer ein, gibt ihn in ein Geschirr, macht ein Quart Wasser mit einem Loth Salpeter kochend. Wenn es kalt ist, gießt man es an den Fisch, legt ein Brettchen darauf, beschwert ihn mit einem Stein und lässt ihn acht Tage darin liegen. Während dieser Zeit wendet man ihn hie und da um. Alsdann wird er einige Tage leicht geräuchert. Hierauf in Wasser weich gekocht.

866. Hirsch- oder Rehwildbret einzumachen, um es recht lange aufzubewahren

Die Knochen löst man aus dem Schlegel ganz heraus. Den Ziemer zerhaut man in zwei bis drei Stücke oder löst ebenfalls das Fleisch der Länge nach von den Rippen ab. Dem Fleische zieht man die Haut ab, reibt es mit einem feuchten Tuche gut ab, besprengt es leicht mit Salz und reibt es mit zerdrückten Wachholderbeeren, gestoßenem Pfeffer, Nelken und Almodegewürz (Piment) gut ein. Nun legt man es schichtenweise in einen steinernen Hafen oder in ein hölzernes Gefäß, besprengt jede Lage ein wenig mit Essig, deckt ein Tuch darauf, welches man an den Seiten ganz fest einsteckt, damit gar keine Luft eindringen kann und deckt ein hölzernes rundes Brettchen, so groß das Gefäß oben ist, darauf und beschwert es mit einem Stein.

Wenn man von dem Fleische verwenden will, so muss man das Zurückbleibende stets gut mit dem Tuche wieder bedecken und das Brettchen mit dem Stein wieder darauf legen.

867. Stockfisch zu wässern

Der getrocknete Stockfisch wird mit einem Holzschlegel sehr gut geklopft, alsdann einige Tage in Flusswasser gelegt, worauf man ihm die Haut abzieht. Alsdann legt man ihn vierundzwanzig Stunden in reine Holzlauge, hierauf acht Tage in Regen- oder Brunnenwasser, welches man während dieser Zeit öfter erneuert. Der Stockfisch ist alsdann zum Kochen fertig.

868. Auflösen der Hausenblase

Zwei Loth Hausenblase werden fein geschnitten, rein gewaschen mit einem Quart Wasser zum Feuer gesetzt, langsam gekocht und fleißig abgeschäumt. Ist diese Flüssigkeit bis zur Hälfte eingekocht, gießt man sie durch ein Haarsieb oder ein nasses Tuch. Diese Hausenblase verwendet man kalt, jedoch noch flüßig zu Creme. Sollte sie zu Gelee verwendet werden, so muss man vom Anfange an eine kleine Zitronen- oder Orangenschale mitkochen, auch etwas mehr Wasser nehmen. Ein Eiweiß wird dann zu festem Schnee geschlagen, darauf gegeben und so lange damit gekocht, bis die Hausenblase ganz rein geworden ist, alsdann gießt man sie durch ein reines, nasses Tuch.

869. Auflösen der Gelatine

Vier Loth Gelatine wird mit einem Quart Wasser zum Feuer gesetzt, langsam gekocht und fleißig umgerührt, ist sie bis zur Hälfte eingekocht, so gießt man sie durch ein Haarsieb. Man kann sie auch nur in kochendem Wasser auflösen, indem man sie in einem halben Schoppen heißes Wasser legt und fleißig umrührt.

870. Eier zu färben

Die Eier werden in der gewünschten Farbe mit Wasser hart gesotten. Will man rote Eier haben, nimmt man Fernambukholz oder Kugellack. Will man dieselben gelb haben, so nimmt man gelbe Zwiebelschalen, wünscht man sie violett, so nimmt man Brasilspäne. Haben die Eier die gewünschte Farbe, so werden sie herausgenommen und abgetrocknet, noch heiß mit aufgelöstem Gummi oder Leimwasser überstrichen, damit sie Glanz bekommen.

Auf die Eier kann man, wenn sie gefärbt und kalt sind, mit Scheidewasser Verse und Namen schreiben.

Speisezettel

für bürgerliche Haushaltungen für die
sieben Wochentage eines jeden Monats im Jahre

Januar

MONTAG: Sagosuppe. – Rindfleisch mit kaltem Meerrettich. – Salat von roten Rüben oder eingemachten Gurken. – Wirsing mit gebackener Kalbsleber.

DIENSTAG: Weißbrotknödelsuppe. – Rindfleisch mit Kartoffelpüree. – Mehlschmarrn mit Zwetschgenkompott.

MITTWOCH: Reissuppe. – Rindfleisch mit eingesottenen Preißelbeeren oder mit Senf oder sauren Weichseln. – Gelbe Rüben und Hirnbavesen.

DONNERSTAG: Bisquitsuppe. – Rindfleisch mit blauem Kohl. – Ausgezogene Strudeln.

FREITAG: Erbsensuppe. – Gebackener Fisch mit Salat. –Dampfnudeln mit Vanillesauce.

SAMSTAG: Rollgerstensuppe. – Rindfleisch mit Meerrettich in der Fleischsuppe. – Sauerkraut mit Würsten oder gebratenem Schweinefleisch.

SONNTAG: Nudelsuppe. – Rindfleisch mit Schwarzwurzeln. – Gansbraten mit Kartoffelsalat. – Äpfelkuchen.

Februar

MONTAG: Griessuppe. – Rindfleisch mit Heringsalat. – Erbsengemüse mit geräuchertem Fleisch.

DIENSTAG: Flädelsuppe. – Rindfleisch mit gerösteten Kartoffeln. – Auflauf von geriebener Gerste mit Kompott.

MITTWOCH: Schwarzbrotsuppe mit Bratwürsten oder Eiern. – Rind-

fleisch mit Zwiebelsauce, Brokelgemüse (Rosenkohl) mit Brat-
würsten oder Kalbskoteletts.
DONNERSTAG: Kräutersuppe. – Rindfleisch mit Kartoffelgemüse. –
Milchnockerln.
FREITAG: Suppe mit gerösteter Brotgerste. – Hecht mit Buttersauce
und Kartoffeln. – Wespennester mit Zwetschgenkompott.
SAMSTAG: Einlaufsuppe. – Rindfleisch mit Selleriesalat. – Wirsing
mit geräucherten oder Bratwürsten.
SONNTAG: Suppe mit Leberknödeln. – Rindfleisch mit Blaukraut. –
Gefüllte Kalbsbrust mit Salat. – Hefenkranz.

März

MONTAG: Suppe mit geriebenem Teig. – Rindfleisch mit saurem Kar-
toffelgemüse. – Omeletstrudel.
DIENSTAG: Linsensuppe. – Rindfleisch mit Sardellensauce. – Süß ge-
dünstetes Weißkraut mit Schweinskoteletts oder Schinken.
MITTWOCH: Schinkenknödeln. – Rindfleisch mit Endiviengemüse. –
Reisauflauf mit Äpfel.
DONNERSTAG: Reissuppe. – Rindfleisch mit Petersiliensauce. – Spi-
nat mit Eieromelets.
FREITAG: Kartoffelsuppe. – Karpfen in brauner Sauce mit Brotknö-
deln. – Äpfelnudeln.
SAMSTAG: Hirnsuppe. – Rindfleisch mit Senf- oder Essiggurken. –
Bayerische Rüben mit gebratenem Schweinefleisch.
SONNTAG: Fleckelsuppe. – Rindfleisch mit Schwarzwurzelgemüse. –
Kapaunenbraten mit Salat. – Strauben.

April

MONTAG: Lebersuppe. – Rindfleisch mit Bohnenpüree. – Regenwürmer.
DIENSTAG: Nockerlsuppe. – Rindfleisch mit Eiersauce mit Schnittlauch. – Linsengemüse mit geräucherten Würsten.
MITTWOCH: Grüne Kernsuppe. – Rindfleisch mit Wirsing. – Abgetrocknete Milchnudeln mit Prünellenkompott.

DONNERSTAG: Makkaronisuppe. – Rindfleisch mit Brunnenkresse. – Gefüllter Wirsing.

FREITAG: Rognersuppe. – Gebratener Karpfen mit saurem Rahm und Kartoffeln. – Dampfnudeln mit Kompott von getrockneten Kirschen.

SAMSTAG: Baumwollsuppe. – Rindfleisch mit Kartoffelpüree. – Saure Lunge mit Brotknödeln.

SONNTAG: Griesknödelsuppe. – Rindfleisch mit Hopfengemüse. – Lammsbraten mit Salat. – Windkücheln.

Mai

MONTAG: Linsensuppe. – Rindfleisch mit Meerrettich in der Milch. – Kohlrabigemüse mit gebackener Rindszunge.

DIENSTAG: Hirnpfanzelsuppe. – Rindfleisch mit Gemüse von grünen Erbsen. – Zwetschgenbavesen.

MITTWOCH: Panadelsuppe. – Rindfleisch mit kleinen Rettichen. – Brechspargelgemüse mit Knackwürsten.

DONNERSTAG: Leberspatzensuppe. – Rindfleisch mit Spinat. – Reismus mit Zucker und Zimt.

FREITAG: Krebssuppe. – Fischpudding mit Sauce. – Kugelhupf mit Kirschenkompott.

SAMSTAG: Rollgerstensuppe. – Rindfleisch mit grünem Salat und Eiern. – Hopfengemüse mit Bratwürsten.

SONNTAG: Markknödelsuppe. – Rindfleisch mit Spargelsalat. – Rindsfilet mit Makkaroni.

Juni

MONTAG: Griesnockensuppe. – Rindfleisch mit Gurkensalat. – Spargelgemüse mit Schinken.

DIENSTAG: Kräutersuppe. – Rindfleisch mit gelben Rüben und grünen Erbsen. – Reisschmarrn mit Zucker und Zimt.

MITTWOCH: Bavesensuppe. – Rindfleisch mit Morcheln in Sauce. – Schinkenspeise.

DONNERSTAG: Verrührte Schwarzbrotsuppe mit saurem Rahm. –

Rindfleisch mit Kohlrabi. – Semmelnudeln und Zwetschgen-
kompott.
FREITAG: Brennsuppe. – Spinat mit gebackenen Froschschenkeln. –
Hecht mit Kartoffeln. – Gesottener Brotpudding mit Aprikosen-
sauce.
SAMSTAG: Braune Sagosuppe. – Rindfleisch mit Schwämmen in Es-
sig. – Wirsing mit Netzkoteletts.
SONNTAG: Gebackene Erbsensuppe. – Rindfleisch mit Rettich und
Gurkensalat. – Kalbsschlegel mit Rahmsauce und Kartoffeln. –
Weinpudding mit Weinsauce (Chaudeau).

Juli

MONTAG: Striezelsuppe. – Rindfleisch mit Bohnengemüse. – Gries-
schmarrn und frisches Kirschenkompott.
DIENSTAG: Goldwürfelsuppe. – Rindfleisch mit Bohnensalat. –
Hammelkoteletts mit Kohlrabi.
MITTWOCH: Omelettsuppe. – Rindfleisch mit Gemüse von weißen
Rüben. – Kirschenauflauf.
DONNERSTAG: Reisschleimsuppe. – Rindfleisch mit Schnittlauch-
sauce. – Scheverbsengemüse mit gebackenem Hirn oder Gries.
FREITAG: Fischsuppe. – Hecht mit gelber Buttersauce und Kartof-
feln. – Schneckennudeln mit Kirschenkompott.
SAMSTAG: Spargelsuppe. – Rindfleisch mit roten Rüben in Essig. –
Gemüse von gelben Rüben mit Fleischcroquett.
SONNTAG: Bisquitsuppe. – Rindfleisch mit warmem Meerrettich. –
Gebratene Tauben mit Salat. – Sandkuchen mit Kirschen.

August

MONTAG: Wirsingsuppe. – Rindfleisch mit Spargelsalat. – Kartoffel-
gemüse mit Bratwürsten.
DIENSTAG: Lebernockerlnsuppe. – Rindfleisch mit Bohnengemüse. –
Brotkuchen mit Kirschen.
MITTWOCH: Brotgerstensuppe. – Rindfleisch mit Rettich und Gur-
ken. – Weiße Rüben und Hammelfleisch.

DONNERSTAG: Suppe von grünen Erbsen. – Rindfleisch mit Kartoffeln in Petersiliensauce. – Gewöhnlichen Mehlauflauf mit Birnenkompott.

FREITAG: Weinsuppe. – Schill mit Butter und Kartoffeln. – Rohrnudeln mit Kompott.

SAMSTAG: Schwarzbrotsuppe mit Ei. – Rindfleisch mit geriebenem Rettich. – Gemüse von Kopfsalat mit geräucherter Zunge.

SONNTAG: Suppe mit Fleischknödeln. – Rindfleisch mit Brechspargelgemüse. – Gebratenes Huhn mit Salat. – Weichselkuchen.

September

MONTAG: Endiviensuppe mit gebackenem Brot. – Rindfleisch mit Heringsalat. – Blaukraut mit Brat- oder geräucherten Würsten.

DIENSTAG: Fleckelsuppe. – Rindfleisch mit gerösteten Kartoffeln. – Kalbszunge in Sauce mit Mehlschmarrn.

MITTWOCH: Griessuppe. – Rindfleisch mit Gurken und Rettich. – Bohnengemüse mit Hammelskotelett.

DONNERSTAG: Spinatkrapfensuppe. – Rindfleisch mit gelben Rüben. – Zwetschgensuppe.

FREITAG: Geröstete Griessuppe. – Forellen mit Buttersauce und Kartoffeln. – Aufgezogenes Mehlmus mit Kompott von frischen Zwetschgen.

SAMSTAG: Kräutersuppe. – Rindfleisch mit Schwämmen. – Spinat mit Eiern (Ochsenaugen).

SONNTAG: Leberknödelsuppe. – Rindfleisch mit Sauerampfergemüse. – Gansbraten mit Salat. – Äpfelkrapfen von Butterteig.

Oktober

MONTAG: Wurzelsuppe mit gebackenem Brote. – Rindfleisch mit Salat von roten Rüben oder Senf. – Blumenkohl mit Hirnbavesen.

DIENSTAG: Flädelsuppe – Rindfleisch mit Gemüse von weißen Rüben. – Omeletstrudel.

MITTWOCH: Reissuppe mit Ei. – Rindfleisch mit geriebenem Rettich. – Kohlrabigemüse mit Kalbskoteletts.

Donnerstag: Leberpfanzelsuppe. – Rindfleisch mit Kartoffelgemüse. – Äpfelauflauf.

Freitag: Erbsensuppe mit Nudeln. – Fischkoteletts mit Kopfsalat und Eiern. – Dampfnudeln mit Vanillesauce.

Samstag: Hirnsuppe. – Rindfleisch mit Kartoffelpüree. – Sauerkraut mit Leber und Blutwürsten.

Sonntag: Abgetriebene Knödelsuppe. – Rindfleisch mit Rosenkohl. – Entenbraten mit Salat. – Butterteigkuchen mit Äpfeln und Eierguss.

November

Montag: Suppe mit geriebener Gerste. – Rindfleisch mit eingemachten Gurken. – Linsengemüse mit geräucherten Würsten.

Dienstag: Kartoffelsuppe. – Rindfleisch mit Wirsinggemüse. – Brandnudeln mit Kirschensauce.

Mittwoch: Schinkenknödelsuppe. – Rindfleisch mit Sardellensauce. – Kohlrabigemüse mit gebackener Kalbsleber.

Donnerstag: Suppe mit Makkaroni. – Rindfleisch mit gelben Rüben. – Geschnittene Nudeln mit Guss.

Freitag: Linsensuppe. – Huchfisch mit Butter und Kartoffeln. – Rohrnudeln und Kompott.

Samstag: Schleimsuppe. – Rindfleisch mit Krautsalat. – Blauen Kohl mit Kastanien und Würsten.

Sonntag: Endiviensuppe mit gebackenen Erbsen. – Rindfleisch mit Meerrettich. – Rehbraten mit Salat oder Kompott. – Linzertorte.

Dezember

Montag: Schwarzbrotsuppe mit Bratwürsten. – Rindfleisch mit Kartoffelschnitzen. – Regenwürmer.

Dienstag: Suppe mit Griesknödeln. – Rindfleisch mit roten Rüben oder Gurken. – Weiße Rüben mit Hirnpfanzel.

Mittwoch: Brotgerstensuppe. – Rindfleisch mit Schwarzwurzelgemüse. – Semmelmehlspeise mit Kompott.

DONNERSTAG: Sagosuppe. – Rindfleisch mit Zwiebelsauce. – Geröstete Kartoffeln mit Schinken.
FREITAG: Schneckensuppe. – Schellfisch mit Butter und Kartoffeln. – Reispudding mit Äpfeln.
SAMSTAG: Nudelsuppe. – Rindfleisch mit Meerrettich. – Kartoffelgemüse mit warmem Schinken.
SONNTAG: Nudelsuppe. – Rindfleisch mit Blaukraut. – Hasenbraten mit Salat und Kompott – Punschblätter.

Abendessen
für die Wochentage in jedem Monat eines Jahres

Januar

MONTAG: Kalbsbraten und Salat.
DIENSTAG: Beefsteaks mit Kartoffeln.
MITTWOCH: Eingemachtes Kalbfleisch mit Pfannkuchen oder Kartoffeln.
DONNERSTAG: Lendenbraten mit Kartoffeln.
FREITAG: Gebackener Karpfen mit Eiersalat.
SAMSTAG: Gansjung mit Kartoffeln oder Knödeln.
SONNTAG: Abgebräuntes Rindfleisch oder kalten Braten mit Salat.

Februar

MONTAG: Kalbskoteletts mit Salat.
DIENSTAG: Rindszunge in Sauce mit Kartoffeln.
MITTWOCH: Gefüllte Kalbsbrust mit Salat.
DONNERSTAG: Sauere Leber mit Kartoffeln oder Wassernudeln.
FREITAG: Hecht in Sauce mit Kartoffeln.
SAMSTAG: Gedünstete Kalbsschulter mit Salat.
SONNTAG: Pfannkuchen mit Salat oder Kompott.

März

MONTAG: Gefüllte Tauben mit Salat.
DIENSTAG: Sauere Kalbslunge mit Brotknödeln.
MITTWOCH: Nudelsuppe mit einer alten Henne.
DONNERSTAG: Gebackene Kalbsschnitze mit Salat.
FREITAG: Gebratener Karpfen mit Kartoffeln.
SAMSTAG: Gulaschfleisch mit Kartoffeln.
SONNTAG: Knackwürste oder Schinken mit Eiern.

354

April

MONTAG: Schinkenmehlspeise.
DIENSTAG: Gebratenes Lammfleisch mit Salat.
MITTWOCH: Boeuf à la mode mit Kartoffelknödeln.
DONNERSTAG: Rindsbraten mit Kartoffeln.
FREITAG: Mehlschmarrn mit Kompott oder Salat.
SAMSTAG: Schweinskoteletts mit Kartoffelsalat.
SONNTAG: Fleischpflanzel mit grünem Salat.

Mai

MONTAG: Kalbskoteletts mit Salat.
DIENSTAG: Beefsteak mit Ei und Kartoffeln.
MITTWOCH: Gebackene Bücklinge mit Salat.
DONNERSTAG: Nierenbraten mit Salat.
FREITAG: Fischpudding mit Salat.
SAMSTAG: Kalbszunge mit Sauce mit Wasserspatzen oder Kartoffeln.
SONNTAG: Hasche von Kalbsbraten mit Kartoffeln.

Juni

MONTAG: Saueres Gänsejung mit Kartoffelnudeln.
DIENSTAG: Würste und geröstete Kartoffeln.
MITTWOCH: Schlegel in der Rahmsauce mit Kartoffeln.
DONNERSTAG: Abgebräunte Rindszunge mit Salat und Eiern.
FREITAG: Blaugesottene Forellen mit Kartoffeln.
SAMSTAG: Rehwildbret mit Kartoffeln.
SONNTAG: Schinken mit eingerührten Eiern.

Juli

MONTAG: Kalbsfricandeau mit Kartoffeln.
DIENSTAG: Gefüllter Wirsing.
MITTWOCH: Gebratener Schafschlegel mit Kartoffelsalat.
DONNERSTAG: Ochsenschweif mit Knödeln oder Spatzen.

FREITAG: Eierkuchen mit grünem Salat und Eiern.
SAMSTAG: Lungenpfanzel mit Kartoffelsalat.
SONNTAG: Eingemachtes Gansjung mit Kartoffeln.

August

MONTAG: Gänseleber in Sauce mit Kartoffeln.
DIENSTAG: Kalbsbraten mit Salat.
MITTWOCH: Gebratene Hühner mit Salat oder Kompott.
DONNERSTAG: Sauere Lunge mit Kartoffeln oder Knödeln.
FREITAG: Fuhrmannsküchlein mit grünem Salat.
SAMSTAG: Eingemachtes Kalbsbries mit Kartoffeln.
SONNTAG: Kalter Kalbsbraten mit grünem Salat.

September

MONTAG: Rindszunge in Sardellensauce mit Kartoffeln.
DIENSTAG: Gedünstetes Schaffleisch mit Kartoffeln.
MITTWOCH: Sauere gebratene Tauben und geröstete Kartoffeln.
DONNERSTAG: Hasenbraten mit Kartoffeln oder Salat.
FREITAG: Gebackene Fische mit Kartoffelsalat.
SAMSTAG: Schweinebraten mit Kartoffelsalat.
SONNTAG: Kalter Braten und Salat.

Oktober

MONTAG: Entenbraten mit Salat oder Kompott.
DIENSTAG: Rostbraten mit Kartoffeln.
MITTWOCH: Hasenpfeffer mit Kartoffelknödeln.
DONNERSTAG: Hammelschlegel auf Wildbretart mit Kartoffeln.
FREITAG: Schellfisch mit Butter und Kartoffeln.
SAMSTAG: Gansbraten mit Kartoffelsalat.
SONNTAG: Schinken mit gerösteten Kartoffeln.

November

MONTAG: Sauere Leber oder Nieren mit Kartoffeln.
DIENSTAG: Nierenbraten mit Kartoffelsalat.
MITTWOCH: Leberknopf mit Salat.
DONNERSTAG: Schwarzwildbret in Sauce mit Kartoffeln.
FREITAG: Bücklinge mit Eiern.
SAMSTAG: Hühnerbraten mit Salat.
SONNTAG: Sauere Sulze mit Kartoffeln.

Dezember

MONTAG: Hammelbraten mit Kartoffelsalat.
DIENSTAG: Fleischpfanzel mit grünem Salat.
MITTWOCH: Kalbskoteletts mit Salat.
DONNERSTAG: Sauere Nieren mit Kartoffeln.
FREITAG: Karpfen in brauner Sauce mit Knödeln.
SAMSTAG: Gebratener Hase mit Kartoffeln.
SONNTAG: Fleischstrudel mit Salat.

Gabelfrühstück

1.

Bouillon mit Eiern. – Blaugesottene Forellen mit Kartoffeln und Butter. – Schinken, Zunge und Spargel in der Sauce. – Hühnerbraten. –
Dessert.

2.

Braunes Bouillon. – Hecht mit Kartoffeln und Butter. – Beefsteak mit
grünen Erbsen oder Blumenkohl. – Kalter Rehbraten oder Rebhühner mit Aspik garniert. – Dessert.

3.

Bouillon – Rühreier und Sardellen. – Bratwürste mit Senf. – Hammelkoteletts mit gerösteten Kartoffeln. – Rebhühnerbraten. – Kompott. –
Dessert.

4.

Bouillon. – Schellfisch mit Butter und Kartoffeln. – Spargel mit
Kalbskoteletts. – Hühnerbraten mit Salat oder Kompott. – Dessert.

5.

Bouillon. – Gansleberpastete mit Aspik garniert. – Kalbsfricandeau
gedünstet mit Spinat. – Schnepfenbraten mit Kompott. – Dessert.

6.

Bouillon. – Sardellenbrot. – Schellfisch mit Kartoffeln. – Kapaunenbraten mit Salat und Kompott. – Dessert.

7.

Bouillon. – Westphälischer Schinken mit Spargel und Buttersauce. – Gelbe Rüben mit Lammskoteletts. – Rehbraten mit Salat und Kompott.

8.

Bouillon. – Beefsteak mit Ei (Ochsenaugen). – Endiviengemüse mit Hühnerkoteletts. – Hasenbraten mit Kartoffeln und Kompott. – Dessert.

9.

Bouillon. – Rehbraten mit Kartoffelpüree. – Blumenkohl mit französischen Omeletts. – Hühnerbraten mit Salat und Kompott. – Gesülzte Gansleber. – Dessert.

10.

Bouillon. – Sardinen in Öl. – Bohnengemüse mit Hammelkoteletts. – Gemsbraten. – Dessert.

11.

Bouillon. – Geräucherter Rheinlachs mit Butter. – Spinat mit Kalbsschnitzeln. – Fasanenbraten mit Aprikosen oder Orangenkompott. – Dessert.

12.

Bouillon. – Kaviar, Radieschen mit Butter. – Huch mit Butter und Kartoffeln. – Haselhuhn und Pfirsichkompott oder Äpfelkompott. – Dessert.

Alltagsessen bei festlichen Gelegenheiten

Januar

Suppe mit gebackenen Knödeln. – Butterteigpastete mit Farce gefüllt. – Rindfleisch mit warmem Meerrettich, Essiggurken oder Preißelbeeren. – Sauerkraut mit Rebhühnern. – Schellfisch mit Butter und Kartoffeln. – Indianbraten mit Kompott und Salat. – Abgetrockneter Brotpudding mit Hagebuttensauce. – Sandkuchen und kleines Dessert.

Februar

Reissuppe mit Huhn. – Meermuscheln mit Mayonnaise gefüllt. – Gebratenes Rindfleisch (Lenden) garniert mit Gemüse und Makkaroni. – Schwarzwurzelgemüse mit Kalbskoteletts. – Forellen mit Sauce und Kartoffeln. – Kapaunenbraten mit Kompott und Salat. – Russische Creme gestürzt. – Punschblätter und kleines Deffert.

März

Suppe von Verschiedenem (Eierkäs, kleine Knödeln etc.). – Rissolen. – Rindfleisch mit Zwiebelsauce, marinierter Hering oder Gurken. – Rosenkohl mit geräucherter warmer Zunge. – Gebratener Hecht mit Sardellensauce und Kartoffeln. – Rehbraten mit Salat und Kompott. – Englischer Pudding mit Chaudeau. – Brottorte und kleines Dessert.

April

Kräutersuppe mit gebähten Schnitten. – Schellfisch mit Kartoffeln und Butter. – Rindfleisch mit Kartoffelpüree, Petersilien- oder Schnittlauchsauce. – Gefüllter Wirsing mit gelber Buttersauce. – Tauben in

Blutsauce mit Butterteig garniert. – Lammsbraten mit Salat und Kompott. – Nudelmehlspeise mit Hagebuttensauce. – Gefüllte Bröseltorte, kleines Dessert.

Mai

Bisquitsuppe. – Sardellen mit Eiern und Aspik garniert. – Rindfleisch mit Morauchen, kleinen Rettichen und Weichseln in Essig. – Spargel mit gekochtem Schinken. – Kalbsfricandeau. – Gansbraten. – Schokoladecreme. – Bisquittorte und kleines Dessert.

Juni

Spargelsuppe mit gebackenem Brot. – Forellen blau gesotten mit Kartoffeln und Butter. – Rindfleisch mit Meerrettich in Milch. – Kleine Rettiche und Zwetschgen in Essig. – Kohlrabi mit gebackenem Bris. – Junge Hühner gebraten mit Salat und Kompott. – Mandelpudding mit Kirschensauce. – Punschtorte, Käse und frische Butter, Obst und kleines Dessert.

Juli

Krebssuppe. – Sardellenbrot. – Gebratenes Rindfleisch mit gebratenen oder gerösteten Kartoffeln. – Bohnengemüse mit Lammskoteletts. – Scheidfisch mit Butter und Kartoffeln. – Hirschbraten mit Salat und Kompott. – Schokoladeauflauf. – Kirschkuchen von Sandteich. – Obst und kleines Dessert.

August

Mocturtelsuppe (falsche Schildkrötensuppe). – Schinkengateau. – Rindfleisch mit Kapernsauce. – Gurken und Salat von roten Rüben. – Blumenkohl und Hühnerkoteletts. – Hecht mit Butter und Kartoffeln. – Hühnerragout mit gedünstetem Reis garniert. – Entenbraten mit Salat und Kompott. – Karthauserklöse mit Kirschensauce. – Weichselkuchen, Obst und kleines Dessert.

September

Nudelsuppe mit Huhn. – Große Krebse. – Rostbraten mit Kartoffeln und Makkaroni garniert. – Spinat mit Kalbsschnitzeln. – Gebratener Schill mit Sardellen und Kartoffeln. – Rebhühner mit Sauerkraut und Kompott. – Vanillecreme, Schokoladetorte, Hohlhippen und kleines Dessert.

Oktober

Lebersuppe. – Hering mit Aspik. – Rindfleisch mit Kartoffeln und grüner Sauce. – Bohnensalat. – Blaukraut mit Bratwürsten. – Gebratener gespickter Karpfen mit Kartoffeln. – Indianbraten mit Salat und Kompott. – Zitronenauflauf mit Zwetschgenkompott. – Mandeltorte. – Obst und kleines Dessert.

November

Suppe mit Markknödeln und Karfiol. – Gesülzte Gansleber, gebratenes Rindfleisch mit Kartoffeln und Makkaroni garniert, gelbe Rüben mit Hirnbavesen. – Huchfisch mit Butter und Kartoffeln. – Hase in Sauce mit gebackenen Kartoffelwürstchen. – Gansbraten mit Salat und Kompott. – Äpfelcharlot. – Zimttorte, Obst und kleines Dessert.

Dezember

Leberknödelsuppe. – Gansleberpastete mit Aspik garniert. – Rindfleisch mit Sardellensauce oder Selleriesalat oder geriebenem Rettich. – Rebhühner mit Sauerkraut. – Kalbsschlegel mit Rahmsauce und gebratenen Kartoffeln. – Mehlpudding mit Hagebuttensauce. – Gefüllte Mandelblätter, Obst und kleines Dessert.

Abendessen mit vier Speisen

Januar

Schleimsuppe. – Schill mit Butter und Kartoffeln. – Rehbraten mit Orangenkompott und Salat. – Schinken und Zunge mit Aspik. – Dessert.

Februar

Suppe mit geriebenem Teig. – Hecht mit Butter und Kartoffeln. – Kapaunenbraten mit Salat und Äpfelkompott. – Gesülztes Schwarzwildbret. – Dessert.

März

Nudelsuppe. – Huchfisch mit Butter und Kartoffeln. – Lendenbraten mit Makkaroni. – Kaffeecreme mit kleinem Bisquit garniert. – Dessert.

April

Fleckelsuppe. – Beefsteak mit Kartoffeln. – Kalbsbries in Sauce, mit gebackenen und gesottenen Knödeln garniert. – Gebratene Tauben mit Salat und Zwetschgenkompott. – Dessert.

Mai

Legierte Griessuppe. – Forellen blau gesotten mit Kartoffeln. – Kalbkoteletts mit Spargel in Sauce. – Mandelcreme. – Dessert.

Juni

Reisschleim. – Hühnerragout mit Blumenkohl garniert. – Gefüllte Kalbsbrust mit Salat und Kirschenkompott. – Große Krebse mit frischer Butter. – Dessert.

Juli

Einlaufsuppe. – Gebratenen Karpfen mit Sardellen und Kartoffeln. – Gebratene Hühner mit grünem Salat und Eiern. – Gefüllte Bisquitrouladen. – Dessert.

August

Sagosuppe. – Scheidfisch mit Butter und Kartoffeln. – Hirschbraten mit Salat. – Gesülzte Hühner. – Dessert.

September

Baumwollsuppe. – Gansleber in Sauce und Kartoffeln. – Rebhühner mit Salat und Birnenkompott. – Süße gefüllte Omeletts. – Dessert.

Oktober

Gemischte Suppe. – Hasenbraten mit Salat und Prünellen. – Kalbkoteletts mit Huch und Kartoffeln. – Gesülzter Hecht. – Dessert.

November

Makkaronisuppe. – Gebackenen Karpfen mit Salat. – Entenbraten mit Äpfelkompott. – Hohlhippen mit Weinchaudeau. – Dessert.

Dezember

Hirnsuppe mit gebackenem Brot. – Kalbszungen in Sardellensauce mit Kartoffeln. – Gansbraten mit Salat und Äpfelkompott. – Äpfelkuchen von Butterteig. – Dessert.

Mittagessen
für eine Hochzeit oder eine sonstige festliche
Gelegenheit mit acht warmen Speisen[4]

Januar

Gemischte Suppe (gebackene Erbsen, Eierkäse, fein geschnittenes Fleisch). – Kleine Butterteigpasteten mit Farce. – Gespickten Lendenbraten, garniert mit Kartoffeln und Makkaroni. – Schwarzwildbret in Sauce. – Schellfisch mit Butter und Kartoffeln. – Indianbraten und Rehbraten. – Mandelpudding mit Kirschensauce. – Zwei Torten, vier Teller kleines Dessert und vier Teller Obst.

Februar

Leberknödelsuppe. – Hecht mit Butter und Kartoffeln. – Gebratenes Rindfleisch mit gerösteten Kartoffeln garniert. – Sauerkraut mit Rebhühnern. – Kapaune in Sauce mit Butterteig garniert. – Rehbraten mit Salat und Orangenkompott. – Kabinetspudding. – Früchtegefrornes. – Zwei Torten, sechs kleine Teller Dessert, Obst.

März

Wurzelsuppe mit kleinen Brotknödeln. – Gesülzte Pöckelzunge. – Gebratenes Rindfleisch mit Makkaroni und Kartoffelpüree. – Gebratenen Schill mit Sardellenbutter und Kartoffeln. – Blaukraut mit Bratwürsten und Schinken. – Kalbssfricandeau. – Indianbraten. – Gesottener Mehlpudding mit Hagebuttensauce. – Vanillegefrornes. – Zwei Torten, vier kleine Teller Dessert und Obst.

---

4   Für vierundzwanzig Personen rechnet man für jedes Gericht zwei Schüsseln oder Platten.

April

Hirnbavesensuppe. – Schinkengateau. – Gebratenes Rindfleisch mit Kartoffeln garniert. – Scheidfisch mit Butter und Kartoffeln. – Kohlrabengemüse mit Kalbskoteletts. – Rehbraten mit Salat und gemischtem Früchtenkompott. – Kaffeecreme. – Zwei Torten, sechs Teller kleines Dessert, Obst.

Mai

Nudelsuppe mit Huhn. – Gesülzte Hühner. – Gebratenes Rindfleisch und Kartoffeln. – Spargel mit Sauce und Schinken. – Schellfisch mit Butter und Kartoffeln. – Gansbraten mit Salat und Eiern. – Reispudding mit Kirschensauce. – Mandelgefrornes. – Zwei Torten, vier Teller kleines Dessert und Obst.

Juni

Grüne Erbsensuppe mit gebackener Nuss. – Neue Heringe mit Aspik. – Rindfleisch mit Meerrettich, Gurken in Essig und Öl, Weichseln in Essig. – Kohlraben mit warmer geräucherter Rindzunge. – Hecht mit Butter und Kartoffeln. – Enten in Sauce mit Butterteig garniert. – Gebratene Hühner mit Salat und Eiern. – Kalte Weincreme mit Bisquit. – Zwei Torten, vier Teller kleines Dessert, Obst.

Juli

Spargelsuppe mit gebackenen Brotknödeln. – Forellen blau gesotten mit Kartoffeln. – Gebratenes Rindfleisch mit Kartoffeln und grünen Erbsen garniert. – Bohnengemüse mit Hammelskoteletts. – Rehbraten mit Salat und frischem Kirschenkompott. – Gansbraten mit grünem Salat und Eiern. – Schwarzbrotpudding mit Rotweinsauce. – Früchtengefrornes. – Zwei Torten, vier Teller kleines Dessert und Obst.

August

Hirnknödelsuppe. – Gebratenes Rindfleisch garniert mit grünen Bohnen und Makkaroni, Gurken in Essig und Öl. – Blumenkohl mit warmer Rindszunge. – Hühner in Sauce mit Butterteig garniert. – Hecht gebraten, mit Sardellen und Kartoffeln. – Entenbraten mit Salat. – Rehbraten mit frischem Kirschenkompott. – Englischen Pudding mit Chaudeau. – Zwei Torten, vier Teller kleines Dessert, Obst.

September

Leberknödelsuppe. – Hering mit Mayonnaise. – Gesottenes Rindfleisch, Zwiebelsauce, Eiersauce mit Schnittlauch, Gurken in Essig und Weichseln. – Wirsing mit Hammelkoteletts. – Hirschfricandeau mit Butterteig garniert. – Rebhühnerbraten mit Salat und Birnenkompot. – Gesülzte Gansleber. – Schokoladecreme. – Zwei Torten, vier Teller kleines Dessert und Obst.

Oktober

Abgetrocknete Brotknödelsuppe. – Gebratenes Rindfleisch mit gerösteten Kartoffeln garniert. – Blumenkohl mit gebackenen Hühnern. – Schill mit Butter und Kartoffeln. – Indian mit Salat und Birnenkompott. – Mehlpudding mit Hagebuttensauce. – Weiße Zitronensulze. – Zwei Torten, vier Teller kleines Dessert, Obst.

November

Gemischte Suppe (Eierkäs, Knödeln). – Gesottenes Rindfleisch mit Sardellensauce. – Gurken und Preißelbeeren. – Gestürztes Sauerkraut mit Rebhühnern. – Hasenragout mit Butterteig garniert. – Forellen, blau abgesotten mit Sauce. – Gansbraten mit Salat und Äpfelkompott. – Kalte Weincreme mit Bisquit. – Vanillegefrornes. – Zwei Torten, vier Teller keines Dessert und Obst.

Dezember

Krebssuppe. – Gebratenes Rindfleisch mit Blumenkohl und Kartoffeln garniert. – Blaues Kraut mit Schinken. – Kalbsfricandeau. – Scheidfisch mit Buttersauce. – Kapaunbraten, Salat und Orangenkompott. – Abgetrockneten Brotpudding mit Kirschensauce. – Erdbeergefrornes. – Zwei Torten, vier Teller kleines Dessert und Obst.

Abendessen

bei Hochzeiten oder bei sonstigen festlichen Gelegenheiten für vierundzwanzig Personen mit sechs Speisen

Januar

Krebssuppe. – Huchfisch mit Butter und Kartoffeln. – Enten in Sauce mit Butterteig garniert. – Kapaunenbraten mit grünem Salat. – Rehbraten mit Prünellenkompott. – Vanillecreme. – Zwei Torten, drei Teller kleines Dessert, Obst.

Februar

Gemischte Suppe. – Gebratenes Rindfleisch mit Kartoffeln und Makkaroni garniert. – Schill mit Butter und Kartoffeln. – Kalbsfricandeau. – Indianbraten mit Salat und Äpfelkompott. – Reispudding mit Hagebuttensauce. – Zwei Torten, drei Teller kleines Dessert, Obst.

März

Reissuppe mit Huhn. – Scheidfisch mit Butter und Kartoffeln. – Schwarzwildbret in Sauce. – Kapaunenbraten mit Salat und gemischtem Früchtenkompot. – Mandelpudding mit Chaudeau-Sauce. – Vanillegefrornes. – Zwei Torten, vier Teller kleines Dessert, Obst.

April

Nudelsuppe. – Gebratenes Rindfleisch mit Kartoffeln und Makkaroni garniert. – Hecht mit Butter und Kartoffeln. – Hühnerragout mit Kalbsbries gemischt. – Rehbraten mit Salat und Orangenkompott. – Kaffeecreme. – Zwei Torten, vier Teller kleines Dessert, Obst.

Mai

Schleimsuppe. – Forellen blau abgesotten. – Rehfricandeau mit Butterteig garniert. – Gansbraten mit Salat und Prünellenkompott. – Schinken und Zunge mit Aspik garniert. – Pudding von Schwarzbrot mit Rotwein.

Juni

Krebssuppe. – Gebratenes Rindfleisch mit Makkaroni garniert. – Spargel mit Buttersauce und Schinken. – Schill mit Salat und Eiern. – Russische Creme mit Bisquit garniert. – Zwei Torten, vier Teller kleines Dessert. – Obst.

Juli

Gemischte Suppe. – Hecht mit Butter und Kartoffeln. – Kalbsfricandeau. – Gansbraten mit Salat und Eiern. – Gesülzte Zunge. – Mehlpudding mit Kirschensauce. – Zwei Torten, vier Teller kleines Dessert und Obst.

August

Reissuppe mit Huhn. – Gebratenes Rindfleisch mit Bohnen und Wassernudeln garniert. – Enten in Sauce mit Butterteig garniert. – Schill mit Butter und Kartoffeln. – Rehbraten mit Salat und Kompott. – Abgetrockneter Brotpudding. – Zwei Torten, vier Teller kleines Dessert und Obst.

September

Hirnpfanzelsuppe. – Forellen mit Sauce und Kartoffeln. – Hühner in Sauce mit Blumenkohl garniert. – Hasenbraten mit Salat und Zwetschgenkompott. – Gesülztes Schwarzwildbret. – Kalte Weincreme. – Zwei Torten, vier Teller kleines Dessert und Obst.

Oktober

Gemischte Suppe. – Rindsfilet mit Kartoffeln und kleinen Spatzen garniert. – Huchfisch mit Butter und Kartoffeln. – Hasenragout mit Butterteig garniert. – Indianbraten mit Salat und Apfelkompott. – Englischen Pudding mit Chaudeau. – Zwei Torten, vier Teller kleines Dessert. – Obst.

November

Krebssuppe. – Scheidfisch mit Butter und Kartoffeln. – Rebhühner in Sauce mit Butterteig garniert. – Kapaunbraten mit Salat und Birnenkompott. – Schinken mit Aspik garniert. – Mehlpudding mit Kirschensauce. – Zwei Torten, vier Teller kleines Dessert. – Obst.

Dezember

Nudelsuppe. – Rindsfilet mit Makkaroni und Kartoffeln garniert. – Hecht mit Butter und Kartoffeln. – Hirschfricandeau mit Butterteig garniert. – Kapaunbraten mit Salat und Orangenkompott, Vanille- und Erdbeergefrornes – Zwei Torten, vier Teller kleines Dessert.

Register

376

385

Printed in the USA
CPSIA information can be obtained
at www.ICGtesting.com
LVHW090348090924
790474LV00010B/483